Jan Zelenka

Vom Beneficial- zum Lehnswesen

Geschichte
History

Band/Volume 167

LIT

Jan Zelenka

Vom Beneficial- zum Lehnswesen

Eine vergleichende Analyse sächsischer und böhmischer Quellen des 10. – 14. Jahrhunderts

LIT

Umschlagbild:
Zeichnung des Autors. Als Vorlage diente ein Ausschnitt des Heidelberger Sachsenspiegel aus dem 14. Jahrhundert.

Begutachtungen:
Prof. PhDr. Jan Klápšte, CSc.
Mgr. Robert Novotný, Ph.D.

Das Buch wurde mit Unterstützung des Historischen Instituts der Tschechischen Akademie der Wissenschaften (Strategie AV 21 – Europa und Staat. Zwischen Zivilisierung und Barbarei) vorbereitet.

Bibliografische Information der Deutschen Nationalbibliothek
Die Deutsche Nationalbibliothek verzeichnet diese Publikation in der Deutschen Nationalbibliografie; detaillierte bibliografische Daten sind im Internet über http://dnb.dnb.de abrufbar.

ISBN 978-3-643-14281-8 (br.)
ISBN 978-3-643-34281-2 (PDF)

Verlagskontakt:
Fresnostr. 2 D-48159 Münster
Tel. +49 (0) 2 51-62 03 20
E-Mail: lit@lit-verlag.de http://www.lit-verlag.de

Auslieferung:
Deutschland: LIT Verlag, Fresnostr. 2, D-48159 Münster
Tel. +49 (0) 2 51-620 32 22, E-Mail: vertrieb@lit-verlag.de

E-Books sind erhältlich unter www.litwebshop.de

Danksagung

Die vorliegende Monographie erschien zunächst im tschechischen Original unter dem Titel „*Beneficium et feudum. Podoba a proměny lenního institutu*“ (Beneficium et feudum. Formen und Wandlungen des Lehnswesens) im Jahre 2016. Für die deutsche Übersetzung wurde der Text überarbeitet und insbesondere in jenen – dem böhmischen Milieu gewidmeten Kapiteln – erweitert, um so dem Leser, der nicht mit der Entwicklung der Přemyslidenherrschaft vertraut ist, in gewissem Sinne einen grundlegenden – über die böhmischen Verhältnisse hinausgehenden – Kontext zu präsentieren. Dessen ungeachtet geht es nicht um eine erschöpfende Interpretation der mittelalterlichen Geschichte Böhmens und der damit zusammenhängenden Probleme. Der Text konzentriert sich primär ausschließlich auf Fragen, die in unmittelbarer Beziehung zum behandelten Themenkomplex stehen.

Zur Entstehung des Buches haben zahlreiche Kollegen beigetragen, deren namentliche Nennung vermutlich niemals vollständig ausfallen würde. Um niemanden von ihnen zu vergessen, beschränke ich mich auf einen allgemeinen Dank an alle Freunde und Kollegen, denen ich mich für Ratschläge, Konsultationen, Korrekturen und der Bereitschaft, über die behandelte Thematik zu diskutieren, tief verbunden fühle. Dank gebührt auch den beiden Lektoren und zugleich den Rezensenten der tschechischen Ausgabe, deren Anregungen und kritische Einwände zu einer eingehenderen Reflektion und Analyse einiger thematischer Problemkreise beigetragen haben. Zu Dank verpflichtet bin ich außerdem meiner wissenschaftlichen Institution, dem Historischen Institut der Akademie der Wissenschaften der Tschechischen Republik, das meine Forschungen kontinuierlich unterstützt hat. Nicht zuletzt gehört mein Dank Dr. Thomas Krzenck, der die keineswegs leichte Übersetzung des anspruchsvollen Textes bewerkstelligte, sowie Dr. Sandra B. Weiss für die sprachlichen Korrekturen. Das Buch widme ich meinen Eltern und meiner Frau.

Inhalt

Einleitung 9
Der Streit um ein Modell 9
Das Lehnswesen 12
Möglichkeiten des Vergleichs – Quellen, Region, Methodik 14
Verlust durch Übersetzung 18
Die Struktur des Buches 20

I/1 Das Lehnswesen in sächsischen Quellen 23
Verliehene Güter 25
Besitzer und Erblichkeit 29
Pflichten 35
Lehen und Pfand 38
Prekarien und Auftragslehen 40
Investitur, Vasallen, Homagium, Fidelitas... 43
Das Lehnsverhältnis in narrativen Quellen 45

I/2 Lehns- oder Leihewesen? Herangehensweisen der Historiographie 51

I/3 Was ist das Lehnswesen? 59
Das rechte Lehen 59
Ius ministerialium 64
„... damit das Kloster in Heiningen nicht seines ihm gebührenden Ertrages beraubt werde“ 69
„Durch die Belehnung entfremdet [...] in die Hände weiterer Laien vielfach erteilt“ 73
Frauen und Lehnsbesitz 76
Zusammenfassung 80

I/4 „...meinem Herrn gegenüber bewahre ich unverbrüchliche Treue“ 83
Zusammenfassung 94

II/1 Das Lehnswesen in böhmischen Quellen 97
Die Quellen des 13. Jahrhunderts 100
Verpflichtungen, Besitzstruktur und Vererbbarkeit 110

II/2 „Eine Streitfrage der böhmischen Socialgeschichte“ 117
Das Lehnswesen in der tschechischen Geschichtsschreibung 122

II/3 Benefizium und Lehen im 13. Jahrhundert 129
„... iure feodali seu eciam emphyothetico, quod vulgari burchrecht nuncupatur“ 133
Beneficium – beneficiarius 136
Zusammenfassung 144

II/4 Die přemyslidischen Benefizien im Frühmittelalter 147
„Fürsten kämpfen für den Sieg, die Gefolgsleute für den Fürsten“ 147
Die Bedeutung des Grundbesitzes 158
Die Statuten Konrad Ottos 165
Zusammenfassung 173

Schlussbemerkungen 177

Anhang 183

Summary 193

Abkürzungsverzeichnis 197

Literatur- und Quellenverzeichnis 199
Diplomata 199
Narrative Quellen 200
Literatur 202

Ortsnamen- und Personenregister 217

Einleitung

Einige Themen nehmen in der Geschichtsschreibung einen Dauerbrennerstatus ein, während andere immer wieder zeitweise in den Blickpunkt der Forschung geraten, selbst wenn sie auf den ersten Blick als gelöst und abgeschlossen gegolten haben. Keineswegs handelt es sich dabei zufällig um Themen der weiter zurückreichenden Geschichte. Die Arbeit des Historikers ist vom Quellenmaterial abhängig, das in erheblichem Maße die Möglichkeiten und Methoden der Forschung mitbestimmt. Je weniger Quellen und eindeutige Informationen überliefert sind, desto mehr Raum bleibt für Hypothesen, Modelle und neue Formulierungen von alten Fragen. Die Quantität des überlieferten Quellenmaterials weicht in den einzelnen europäischen Regionen stark voneinander ab. Allgemein gilt, dass jene Bereiche der Mediävistik, die sich auf das Spätmittelalter fokussieren, immer noch mit bislang nichtedierten und unerforschten Quellen arbeiten, die das Potential besitzen, der weiteren Forschung auch in Zukunft neue Impulse zu verleihen. Im Gegensatz dazu ist das Materialkorpus für die früh- und hochmittelalterlichen Verhältnisse – von archäologischen Funden einmal absehen – scheinbar ausgeschöpft.

Aus diesem Grund können wir auch den Kreis möglicher Forschungsthemen in gewisser Weise als abgeschlossen betrachten. Neue methodische Herangehensweisen bzw. unterschiedliche Perspektiven bei der Betrachtung eines Themas ermöglichen zwar weiterhin überraschende Feststellungen und liefern Impulse für eine Fortsetzung der Forschung. Ihr Potential ist auf der anderen Seite keineswegs unbegrenzt. Auch sophistisch angehauchte Herangehensweisen bleiben zudem abhängig von der Aussagefähigkeit der überlieferten Quellen. In einigen Fällen kann man sich des Eindrucks nicht erwehren, dass wir es anstelle neuer Forschungszugänge lediglich mit einer – allein in Bezug auf Termini und Phrasen entsprechend aktueller methodologischer Modetrends eingefügten – Modifikation bereits einmal erzielter Ergebnisse zu tun haben. Eine wichtige Anforderung an die Mediävistik des 21. Jahrhunderts, die nicht allein den Bereich der Forschung, sondern zugleich auch die Erziehung einer weiteren Forschergeneration betrifft, stellt somit die einfache Frage dar: „Wohin weiter"?

Der Streit um ein Modell

Die Einschränkungen, die auf dem wissenschaftlichen Forschungsstand fußen, spiegeln sich auch in der Diskussion wider, die bereits seit einigen Jahren innerhalb der auf die Geschichte des Früh- und Hochmittelalters ausgerichteten tschechischen Historiographie mit unterschiedlicher Intensität verläuft. Umstritten bleibt hier der Charakter des „Staates" der Přemysliden selbst. Die Fragen betreffen dabei das Verhältnis zwischen den Přemyslidenherzögen bzw. -königen und den Eliten, die Verteilung der Macht und die Entwicklung des Eigentums bzw. der Rechte der einzelnen Akteure. Die hierbei diskutierten Fragen sind keineswegs neu. Die aktuell wieder angestoßene Debatte kehrt im Grunde genommen zu den Wurzeln der modernen tschechischen Geschichtsschreibung zurück. Die Argumente und Schlussfolgerungen, die wir in Studien und Monographien der zurückliegenden Jahre finden, stimmen in vielerlei Hinsicht mit den bereits am Ende des 19. und in den ersten Dekaden des 20. Jahrhunderts geführten Diskussionen überein.[1] Eine Ursache hierfür lässt sich vor allem im Stand der Quellenbasis finden, zumal letztere seit dieser Zeit keine wesentlichen Veränderungen zu verzeichnen hat. Neu entdeckte und edierte Quellen, vornehmlich diplomatisches Material, haben in der Debatte zu keiner grundsätzlichen Wende geführt.

Der Tatsache, dass sich einige Forschungsthemen in einer Sackgasse befanden, war sich dabei bereits zu Beginn des vergangenen Jahrhunderts der renommierte Historiker, Professor und spätere Rektor der Karlsuniversität in Prag Josef Pekař bewusst. In einem der mittelalterlichen Agrargeschichte Böhmens gewidmeten Beitrag merkte er kritisch an, dass Forschungen zur ältesten Geschichte eher zum Schlachtfeld von Theorien und Hypothesen geworden seien. Als Ausgangspunkt sah er in diesem Zusammenhang die größere Aufmerksamkeit, die den Blick der Forschung einerseits auf die jüngere Zeit und andererseits auf außerböhmische Quellen und eine sich daran anschließende komparative Betrachtung lenkte.[2] Pekařs Glosse besitzt in vielerlei Hinsicht auch zu Beginn des dritten Jahrtausends ihre Gültigkeit. Gleichzeitig stellt sich jedoch die Frage, ob und wie sich die vorgeschlagenen Lösungen für die aktuelle Forschung anwenden lassen. Die beiden erwähnten Herangehensweisen erweisen sich als problematisch. Wenngleich die Quellen der jüngeren Zeit wesentlich detailliertere Informationen etwa hinsichtlich des Funktionierens der Verwaltungsstrukturen und vor allem des Rechts bieten, bleibt eine Applikation ihrer Aussagen auf die ältere Zeit stets widersprüchlich. Wir müssen zwar nicht in Zweifel ziehen, dass das „Ältere" einen grundlegenden Baustein für das „Jüngere" bildet. Wie dabei jedoch beide Schichten in den Quellen unterschieden werden können, bleibt selbst im günstigeren Falle unsicher. Am deutlichsten zeigen dies die keineswegs überzeugenden Versuche einer retrospektiven Zurückprojezierung der Rechtsbräuche. Wesentlich ertragreicher erscheint hingegen ein Vergleich beider Milieus innerhalb eines identischen Zeithorizonts. Allerdings stößt auch die Anwendung dieser Methode an gewisse Grenzen. Diese ergeben sich aus der Notwendigkeit, zumindest kontextual das entsprechende Wissen an Daten, Tatsachen, Erscheinungen etc. zu vergleichen. Hierbei

1 Eine Übersicht zur Diskussion bei Pavlína RYCHTEROVÁ, *Aufstieg und Fall des Přemyslidenreiches: Erforschung des böhmischen Früh- und Hochmittelalters in der gegenwärtigen tschechischen Mediävistik*, ZHF 34/4, 2007, S. 629–647. Eingehender hierzu weiter unten in Kapitel II/2.

2 Josef PEKAŘ, *K českým dějinám agrárním ve středověku* [Zur böhmischen Agrargeschichte im Mittelalter], ČČH 7, 1901, S. 327.

handelt es sich um ein grundlegendes Problem gerade für die Erforschung der mittelalterlichen Geschichte. Neben dem Mangel an Quellen sieht sich die Forschung vor allem mit deren Aussagewert konfrontiert. Diesen beeinflussen dabei sowohl subjektive Faktoren, die mit der Entstehung des Textes zusammenhängen, zugleich aber auch mit den Möglichkeiten seiner Interpretation in Verbindung stehende Fragen. Das Vergleichspotential begrenzt folglich in entscheidendem Maße der Umstand, dass sich anstelle der historischen Realität für einen Vergleich eher deren einzelne Interpretationen anbieten.

Der tschechischen Mediävistik war bereits seit deren Anfängen als historischer Disziplin eine spezifische Form des „Vergleichs" eigen. Dabei handelte es sich jedoch nicht um das Ergebnis einer wohldurchdachten methodischen Ausrichtung, sondern eher um den unwillkürlichen Einfluss der Geschichte des 19. und 20. Jahrhunderts, in der das Verhältnis der sich neu formierenden tschechischen und deutschen Nation eine tragende Rolle spielte. Bereits František Palacký, der Begründer der modernen tschechischen Historiographie, erklärte das „uralte" Ringen zwischen Tschechen und Deutschen mit dem unterschiedlichen Charakter von Slawen und Germanen. Obwohl sich Palackýs romantisierende Vorstellungen als gänzlich abwegig erwiesen, nahmen die Beziehungen zum deutschen Nachbarn ungeachtet dessen einen wichtigen Platz in der Interpretation der mittelalterlichen Geschichte Böhmens ein.[3] Wohl am deutlichsten spiegelte sich dies in der Frage wider, ob das přemyslidische Böhmen einen Bestandteil des Reiches bildete und welchen Platz es gegebenenfalls in dessen Verband einnahm. Heftige, häufig stark nationalistisch eingefärbte Scharmützel um die Bedeutung einzelner Handlungen, Huldigungen, Schlachten, Privilegien und um die Stellung des přemyslidischen Herzogs und Prager Bischofs unter den anderen Reichsfürsten kennzeichneten die Literatur bis in die zweite Hälfte des 20. Jahrhunderts. Dies war jedoch keineswegs das einzige Thema, in dem der Vergleich der beiderseitigen Beziehungen und Entwicklungstrends eine wichtige Rolle spielte. Sowohl in der Wirtschafts-, Rechts- und Kulturgeschichte als auch in der Literaturgeschichte fand die Thematisierung der deutschen Nachbarschaft und der Einflüsse auf die böhmischen Verhältnisse ihren Niederschlag. Einen wichtigen Platz nimmt der Verweis auf das deutsche Milieu auch in der bereits erwähnten Diskussion über den Charakter und das Funktionieren des Přemysliden-„Staates" ein. Innerhalb der hierbei geführten Debatte spielt die Frage des Lehnswesens eine wesentliche Rolle. Dabei geht es freilich nicht darum, dass sich die tschechische Geschichtsschreibung grundlegend der Erforschung des Phänomens der Lehnsbeziehungen gewidmet hätte, zumal diese Frage in der Forschung eher zu den Randthemen gehört. Der Verweis auf das Lehnswesen stellt jedoch einen Bezugspunkt dar, der abhängig vom jeweiligen Autor entweder der Betonung des spezifischen Charakters der böhmischen Entwicklung dient oder im umgekehrten Fall die Ähnlichkeit mit den Verhältnissen im Reich hervorhebt. Die Frage des Lehnswesens bildet somit zugleich eine interessante Schnittstelle, die das auf den ersten Blick

3 Vgl. Jiří ŠTAIF, *Historici, dějiny a společnost. Historiografie v českých zemích od Palackého a jeho předchůdců po Gollovu školu 1790–1900* [Historiker, Geschichte und Gesellschaft. Die Historiographie in den böhmischen Ländern von Palacký und seinen Vorgängern bis zur Goll-Schule 1790–1900], Bd. I., Praha 1997, insbes. S. 92–96.

fernliegende Thema der přemyslidischen Herrschaft mit der seit mehr als zwei Jahrzehnten in der westeuropäischen Mediävistik geführten Diskussion um das Lehnswesen verbindet.

Das Lehnswesen

Die Thematik des Lehnswesens erlebte ihre wissenschaftliche Blütezeit in der Geschichtsforschung am Ende des 19. und zu Beginn des 20. Jahrhunderts, während die jüngere Forschung sich bereits auf ein erheblich erweitertes Modell stützen konnte, das seinen Eingang darüber hinaus in die Schulbücher und das allgemeine Bewusstsein gefunden hat.[4] Eine Veränderung bewirkte die Monographie der englischen Historikerin Susan Reynolds *Fiefs and Vassals* aus dem Jahre 1994.[5] Der gewählte Untertitel „*The Medieval Evidence Reinterpreted*" deutete die ambitionierte Absicht der Autorin an, die das vorherrschende Konzept der feudo-vasallitischen Beziehungen und dessen Verwendung für die Interpretation der früh- und hochmittelalterlichen Quellen fundamental kritisierte. Sie gelangte zu der Schlussfolgerung, dass die zeitgenössische Geschichtswissenschaft das Opfer eines allzu großen Festhaltens an den Ergebnissen der rechtsgeschichtlichen Forschung des 19. und 20. Jahrhunderts geworden sei. So sei es zu einer Verallgemeinerung der Aussagen der Rechtsbücher gekommen. Darüber hinaus habe man die Formen der Rechtskultur jüngerer Zeit in gewissem Maße schablonenartig auch für das Verständnis des älteren Mittelalters benutzt. Reynolds zufolge hatten Generationen von Mediävisten die überlieferten Quellen auf der Grundlage der automatischen Vorstellung interpretiert, dass diese über die Lehnsbindungen zwischen Herren und Vasallen Auskunft boten. Dieselben Quellen büßen jedoch auch ohne eine mechanische Übertragung des erwähnten Modells nichts von ihrer Aussagekraft ein. Sie zeichnen eher ein abweichendes, weniger kompaktes Bild des Funktionierens der gesellschaftlichen und ökonomischen Strukturen.

Reynolds war dabei keineswegs die erste, die auf dieses Problem aufmerksam machte. In vielerlei Hinsicht knüpfte sie an jene Vorstellungen an, die Mitte der siebziger Jahre des vergangenen Jahrhunderts die amerikanische Historikerin Elizabeth A. R. Brown in einer Studie zusammengefasst hatte, deren Titel im Zusammenhang mit dem Konzept des Feudalismus direkt von der „Willkürherrschaft eines Konstrukts" sprach.[6] Erst Reynolds lieferte jedoch eine in sich geschlossene Darstellung auf der Grundlage einer brei-

---

4 Einen interessanten Überblick über das Vordringen des Modells Lehnswesen in die Schulbücher präsentiert Christoph BRAMANN, *Das „Lehnswesen" im Geschichtsschulbuch – Bildungsadministrative und fachwissenschaftliche Einflussfaktoren auf die Darstellungen zum Lehnswesen in hessischen Geschichtsschulbüchern für das Gymnasium zwischen 1945 und 2014*, Eckert. Beiträge 2017/2.

5 Susan REYNOLDS, *Fiefs and Vassals. The Medieval Evidence Reinterpreted*, Oxford 1994.

6 Elizabeth A. R. BROWN, *The Tyranny of a Construct: Feudalism and Historians of Medieval Europe*, The American Historical Review 79/4, 1974, S. 1063–1088.

teren komparativen Analyse, wobei die einzelnen Kapitel des Buches die Problematik der Lehen, der Vasallität und der Entfaltung des Lehnsrechts in Frankreich, Italien, England sowie auf dem Territorium des Heiligen Römischen Reiches behandeln.

Die ersten Rezensionen der angelsächsischen Historiker sparten nicht mit kritischen Anmerkungen zur Methodik sowie partiellen Schlussfolgerungen. Zugleich jedoch erkannten sie der Arbeit einen bedeutenden Stellenwert zu und sprachen von einem Wendepunkt, der in grundlegender Weise die nachfolgende Forschung beeinflussen werde.[7] Eine wesentlich kühlere Aufnahme fand die Monographie innerhalb der deutschen Historiographie. In treffender Weise illustriert diese Einschätzung der Titel „*Die Abschaffung des Feudalismus ist gescheitert*", den für seine Besprechung in der *Frankfurter Allgemeinen Zeitung* Otto Gerhard Oexle wählte.[8] Wenngleich die deutsche Forschung gegenüber den resolut formulierten Schlussfolgerungen in der Frage des Fehlens von Belegen für die Lehnsbeziehungen in früh- und hochmittelalterlichen Quellen kritisch blieb, erkannte sie mit der Zeit die Berechtigung der von der Autorin geäußerten Kritik am methodischen Herangehen an die Frage des Lehnswesens an. Einzelne Quellenstudien haben aufgezeigt, dass die ältere Forschung zuweilen doch sehr stark der Diktion der Rechtsspiegel des 13. Jahrhunderts unterlag und das gewonnene Bild auf die vorangegangene Epoche projizierte, ohne sich der Gültigkeit der erreichten Schlussfolgerungen und der damit verbundenen methodischen Korrektheit des Herangehens rückzuversichern.[9]

---

7 Steven G. LANE, in: The Medieval Review 95.12.01 (https://scholarworks.iu.edu/dspace/bitstream/handle/2022/4018/95.12.01.html?sequence=1&isAllowed=y); Frederic L. CHEYETTE, in: Speculum 71/4, 1996, s. 998–1006; Stephen D. WHITE, in: Law and History Review 15/2, 1997, S. 349–355; Paul R. HYAMS, „The End of Feudalism?", in: Journal of Interdisciplinary History, 1997, S. 655–662.

8 Otto Gerhard OEXLE, *Die Abschaffung des Feudalismus ist gescheitert. Susan Reynolds' Versuch, das Vasallentum zu leugnen und die Mittelalterforschung umzukrempeln*, in: Frankfurter Allgemeine Zeitung Nr. 116 vom 19. 5. 1995, S. 41. Oexles Titel ist in gewissem Sinne irreführend. Reynolds richtete ihr Augenmerk nicht primär auf das Gesamtkonzept des Feudalismus, sondern auf die feudal-vasallitischen Beziehungen, für die die deutsche Geschichtsschreibung die Gesamtbezeichnung „Lehnswesen" verwendet, worauf in seiner Analyse zu Recht Karl KROESCHELL, *Lehnrecht und Verfassung im deutschen Hochmittelalter*, Erste europäische Internetzeitschrift für Rechtsgeschichte, Artikel vom 27. April 1998, http://fhi.rg.mpg.de/98_04/krsch.htm, hinwies. Unter den weiteren Besprechungen vgl. u. a. Karl-Friedrich KRIEGER, in: Historische Zeitschrift 264/1, 1997, S. 174–179; Johannes FRIED, in: German Historical Institute London Bulletin 19, 1997, s. 28–41.

9 Die Überlegungen von Susan Reynolds fanden ein Echo besonders in den Forschungen von B. Kasten. Vgl. Brigitte KASTEN, *Beneficium zwischen Landleihe und Lehen – eine alte Frage, neu gestellt*, in: Dieter R. Bauer – Rudolf Hiestand – Brigitte Kasten – Sönke Lorenz (Hrsg.), Mönchtum – Kirche – Herrschaft 750–1000, Sigmaringen 1998, S. 243–260; Eadem, *Das Lehnswesen – Fakt oder Fiktion?*, in: Walter Pohl – Veronika Wieser (Hrsg.), Der frühmittelalterliche Staat – europäische Perspektiven, Wien 2009, S. 331–353; Eadem, *Zum Gedankengut der Fürstenerhebungen im 12. und 13. Jahrhundert*, in: Karl-Heinz Spieß (Hrsg.): Ausbildung und Verbreitung des Lehnswesens im Reich und in Italien im 12. und 13. Jahrhundert. Ostfildern 2013, S. 159–

Wenn auch das neu hervorgerufene Interesse eine breite Diskussion auslöste, stoßen die entsprechenden Ergebnisse doch an gewisse Grenzen. Die Forschung konzentrierte sich vornehmlich auf den Zeitraum bis zur Mitte des 13. Jahrhunderts. Die Ergebnisse beschränkten sich insbesondere auf in Sammelbänden bzw. wissenschaftlichen Periodika präsentierte Fallstudien. Die Forschungen mündeten nicht in umfangreichere monographische Darstellungen, die die Thematik in breiterer Perspektive behandeln, etwa im Rahmen einer konkreten Region über einen längeren zeitlichen Horizont.[10] Einige Forschungsrichtungen beschränkten sich somit eher auf Andeutungen, etwa in der Frage der ökonomischen Dimension der gesamten Problematik,[11] ohne dass man diese nachfolgend weiter entfaltet hätte. Trotz des neu entfachten Interesses und zahlreicher anregender Aufsätze erscheint das Potential des Themas somit keineswegs erschöpft.

Möglichkeiten des Vergleichs – Quellen, Region, Methodik

In der tschechischen historiographischen Forschung gehört die Frage des Lehnswesens keineswegs zu den populärsten Themen. Die innerhalb der internationalen Mediävistik geführten Diskussionen fanden in der tschechischen Historiographie kaum ein nennenswertes Echo. Die Literatur begnügte sich zumeist mit einem allgemeinen Verweis auf das Lehnswesen und dessen Ähnlichkeit mit (bzw. Abweichung von) den böhmischen Verhältnissen, wobei der Leser in einer Anmerkung auf auswärtige, häufig jedoch bereits jahrzehntealte Arbeiten zum Thema verwiesen wurde. Naturgemäß liegt es außerhalb der Möglichkeiten jeder einzelnen Arbeit, eine grundlegende Quellenanalyse zu sämtlichen Teilaspekten des jeweils behandelten Themas durchzuführen. Zu Problemen kommt es jedoch, wenn sich im Rahmen jenes Phänomens, auf das verwiesen wird, ein Paradigmenwechsel vollzieht, der das Gerüst der bisherigen Interpretation erschüttert und damit zugleich sämtliche Verweise auf das ursprünglich gültige Modell obsolet macht. Dieses Problem könnte durch den Einbezug zusätzlicher Quellen nichtböhmischer Provenienz, vor allem aus dem Reich, in die Diskussion über das Funktionieren der přemyslidischen

---

186. Einen Überblick über die deutsche Forschung und die Diskussion über das Buch von Susan Reynolds bietet Jürgen DENDORFER, *Zur Einleitung*, in: Jürgen Dendorfer – Roman Deutinger (Hrsg.), Das Lehnswesen im Hochmittelalter. Forschungskonstrukte – Quellenbefunde – Deutungsrelevanz, Ostfildern 2010, insbes. S. 14–23. Ausführlicher zu den Herangehensweisen der Forschung vgl. weiter unten S. 51ff.

10 Vgl. insbes. *Das Lehnswesen im Hochmittelalter. Forschungskonstrukte – Quellenbefunde – Deutungsrelevanz*, Jürgen Dendorfer – Roman Deutinger (Hrsg.), Ostfildern 2010 und *Ausbildung und Verbreitung des Lehnswesens im Reich und in Italien im 12. und 13. Jahrhundert*, Karl-Heinz Spieß (Hrsg.), Ostfildern 2013. Eine Ausnahme bildet die synthetisierende Abhandlung von Steffen PATZOLD, *Das Lehnswesen*, München 2012.

11 Vgl. Oliver AUGE, *Ausbildung und Verbreitung des Lehnswesens im Reich und in Italien im 12. und 13. Jahrhundert – eine Zusammenfassung*, in: Karl-Heinz Spieß (Hrsg.), Ausbildung und Verbreitung des Lehnswesens im Reich und in Italien im 12. und Jahrhundert, Ostfildern 2013, S. 337–355, hier S. 353.

Herrschaft gelöst werden. Der tschechischen Forschung würde diese Methode die Möglichkeit bieten zu prüfen, inwieweit ausländische Erklärungsmodelle zum besseren Verständnis der böhmischen Quellen beitragen können. Eine derart konzipierte Herangehensweise könnte auch die internationale Forschung anregen, indem Schlüsse aus dem böhmischen Quellenmaterial probeweise auf das ursprüngliche Modell zurückübertragen werden könnten.

Wie bereits angemerkt wurde, schränken die überlieferten Quellen das Potential eines Vergleichs nicht unerheblich ein. Das Quellenmaterial unterscheidet sich nicht allein hinsichtlich der Qualität und Quantität der Überlieferung, außerdem erweist sich als problematisch auch der Vergleich innerhalb derselben Quellengattung, insbesondere im Bereich der narrativen Quellen. Die einzelnen Werke werden einerseits geformt durch die Absichten und Ambitionen des Autors und andererseits spiegelt der Text auch dessen literarische Fähigkeiten, seine Herangehensweise an intertextuelle Verweise u.ä. Nicht zuletzt müssen wir damit rechnen, dass Schilderungen, die auf den ersten Blick übereinstimmen, auf gänzlich unterschiedliche dahinter liegende soziale Realitäten verweisen können. Auch bei gründlicher Kenntnis der einzelnen Quellen sind wir somit nicht davor gefeit, eigentlich nicht Vergleichbares miteinander zu vergleichen.

Dennoch ist ein Vergleich nicht völlig unmöglich. Sämtlichen Quellenarten ist der eigentliche, grundlegende Textbaustein – das Wort an sich – gemein. Die Suche nach dem Auftreten einer neuen Terminologie, ihres Kontextes und möglicher Veränderungen ist im Übrigen traditionell Teil der Erforschung des Lehnswesens, da sich das historiographische Konzept auf ein bestimmtes, allgemein akzeptiertes terminologisches Gerüst stützt. Die ausschließliche Konzentration auf konkrete Termini hat allerdings den Nachteil, dass sie Quellnachrichten, in denen die untersuchten Termini nicht verwendet werden, ausschließt, auch wenn sie sehr wohl für das Thema relevant sein könnten. Dessen ungeachtet ist es ein wesentlicher Vorteil der genannten Methode, dass sie den Wortlaut der Quellen so weit wie nur irgend möglich bewahrt und universell anwendbar ist. Die benutzten Termini stellen für sich genommen eine objektive historische Realität dar, deren Bedeutung sich mit Hilfe einer quantitativ angewendeten Analyse überprüfen und verifizieren lässt. Eine solche Analyse kann zugleich von einer breiten Auswahl unterschiedlicher Quellen ausgehen, da die Untersuchung vor allem darauf abzielt, eine möglichst breite Vorstellung von der Bedeutung der analysierten Termini zu gewinnen, und mögliche Unterschiede und Veränderungen zu erfassen.

So wie alle von der historischen Semantik ausgehenden Methoden – und sei es in noch so vereinfachter Form –, hängt die Qualität der Ergebnisse in erster Linie von einer ausreichend großen Zahl von Daten ab. Die Wahl des Untersuchungszeitraums – die Herrschaft der Přemyslidendynastie (1. Hälfte 10. Jahrhundert – 1306) – bestimmt nicht allein die chronologische Eingrenzung, sondern auch die Auswahl der Quellen böhmischer Provenienz. Aufgrund der gewählten Methode und der Ausrichtung auf die terminologische Analyse liegt das Hauptaugenmerk auf dem urkundlichen Material, das seit der Mitte des 12. Jahrhunderts, in zunehmender Dichte dann vor allem für das 13. Jahrhundert, überliefert und nahezu vollständig in der Editionsreihe *Codex diplomaticus et epistolaris regni Bohemiae* gesammelt ist. In gleicher Weise wird auch das Quellenkorpus der aus der Přemyslidenzeit stammenden narrativen Quellen ausgewertet.[12]

In diesem Kontext stellt sich nun die Frage, welches Quellenkorpus geeignet scheint und sich durch ähnliche Merkmale auszeichnet, um für einen Vergleich mit dem böhmischen Material herangezogen werden kann? Primäres Ziel dieses Buches ist es, ein Bild des Lehnswesens aus den zeitgenössischen Quellen deutscher Provenienz – d. h. aus dem Heiligen Römischen Reich – zu zeichnen, um es mit der Situation in Böhmen zu vergleichen. Aus verständlichen Gründen ist es unmöglich, alle zeitgenössischen Quellen aus dem Reich zu analysieren. Ausschlaggebend ist die Tatsache, dass das so gewählte Vergleichsmaterial aus demselben Zeitraum stammen und darüber hinaus eine gewisse Nähe zum böhmischen Milieu aufweisen sollte. Dabei geht es nicht allein um einen Kontakt im Rahmen einer Grenzregion, sondern auch mit Blick auf eine vergleichbare gesellschaftliche Entwicklungsstufe. Das Lehnswesen erscheint in den Quellen aus dem Reich keineswegs als homogenes System. Ein wenig vereinfacht kann man sagen, dass sich das Lehnswesen von den südlichen und südwestlichen Gebieten Richtung Norden ausbreitete.[13] Auch in den böhmischen Ländern erfolgte eine Rezeption der kulturellen Trends, Rechtsbräuche etc. mit einer gewissen zeitlichen Verzögerung. Ein weiterer Faktor, der insbesondere für das 13. Jahrhundert nicht außer Acht gelassen werden darf, ist die Frage der Lehnrechtsbücher. In erster Linie betrifft dies den *Sachsenspiegel*, den ältesten Rechtsspiegel dieser Art, der die Wahrnehmung des Lehnswesens in der Forschung stark beeinflusst. Aus diesen genannten Gründen erscheint Obersachsen, das die angegebenen Kriterien fast vollständig erfüllt, objektiv gesehen als logischste Wahl für einen Vergleich. Auch im Rahmen dieses begrenzten Territoriums müssen wir jedoch weitere Einschränkung treffen, da die überlieferten Quellen nur ungleichmäßig ediert sind und die Ausrichtung der Arbeit es unmöglich macht, die gewaltige Menge an nichtediertem Material zu untersuchen. Eine gewisse Richtschnur bei der Auswahl der Quellen bietet gerade der *Sachsenspiegel* bzw. die Person seines Verfassers.

Eine mit dem böhmischen Milieu vergleichbare Quellensituation findet sich im Harzvorland, d. h. in jener größeren Region, in der Eike von Repgow lebte und wirkte. Als Ausgangspunkt für einen Vergleich lassen sich die Urkundenbücher der Bistümer Halberstadt, Hildesheim, Merseburg, Meißen und Naumburg heranziehen, deren Diözesen sich auf diesem Territorium erstreckten und deren edierte Urkunden den Untersuchungszeitraum abdecken. Die bischöflichen Urkundenbücher werden darüber hinaus ergänzt durch die Urkundensammlungen der beiden mächtigsten weltlichen Fürstenfamilien, der Welfen und Askanier, die über lange Zeit großen Einfluss in der Region aus-

12 Ausführlicher weiter unten in Kap. II/1.

13 Vgl. z. B. Oliver AUGE, *Hominium, tributum, feudum. Zu den Anfängen des Lehnswesens im Nordosten des Reiches bis 1250*, in: Jürgen Dendorfer – Roman Deutinger (Hrsg.), Das Lehnswesen im Hochmittelalter. Forschungskonstrukte – Quellenbefunde – Deutungsrelevanz, Ostfildern 2010, S. 195–215.

übten, sowie – ähnlich wie im böhmischen Milieu – um narrative Quellen.[14] Die erwähnten Urkundenbücher verkörpern zwar kein homogenes Quellenkorpus wie das böhmische Urkundenmaterial, doch dessen ungeachtet zeichnen sie sich durch eine eindeutige geographische und chronologische Verbindung aus. Sie lassen sich also aus diesem Grund als geschlossene Sammlung in kompakter Form in die Untersuchung einbeziehen.

Die meisten Urkundenbücher stammen aus der zweiten Hälfte des 19. bzw. vom Beginn des 20. Jahrhunderts, wobei bei einigen dieser Werke der für moderne Editionsreihen charakteristische Apparat – insbesondere die nähere Analyse zur Echtheit der Urkunden – fehlt.[15] Mit Hilfe der gewählten methodischen Herangehensweise, die sich an der verwendeten Terminologie orientiert, lässt sich dieser Nachteil jedoch ausgleichen. Nicht wichtig erscheint dabei, ob sich ein Ereignis real in der beschriebenen Weise zu einer bestimmten Zeit abgespielt hat. Uns interessiert vor allem das „Bedeutungsfeld" der verwendeten Begriffe – der Inhalt, den die Zeitgenossen den Termini zuschrieben. Einer möglichen Verzerrung, die sich aus der Einbeziehung von Fälschungen ergeben könnte, sollen die gewählte Zeitspanne und die Zahl der Urkundenbücher vorbeugen. Die vorliegende Arbeit richtet ihr Augenmerk auf die Beschreibung allgemeinerer Trends und möglicher Veränderungen, die ihre Reflexion in den sieben hierfür herangezogenen und einen längeren Zeitraum erfassenden Urkundensammlungen finden, wobei auch Fälschungen keinen wesentlichen Einfluss ausüben dürften. Eine ähnliche Annahme gilt auch für die narrativen Quellen. Wenngleich es sich um Werke unterschiedlicher Aus-

14 Unter den untersuchten Quellen fehlen demgegenüber die Urkundenbücher der Magdeburger Erzbischöfe und der Markgrafen von Meißen. Ein Grund hierfür ist der Stand der Erschließung, da die Editionen nur bis in das ausgehende 12. bzw. den Beginn des 13. Jahrhunderts reichen und demgemäß keine Vergleichsbasis mit Blick auf die übrigen Sammlungen bieten.

15 Askanier: *Codex diplomaticus Anhaltinus* I (936–1212), Otto von Heinemann (Hrsg.), Dessau 1867–1873; *Codex diplomaticus Anhaltinus* II (1212–1300), Otto von Heinemann (Hrsg.), Dessau 1875 (nachfolgend CDA I–II); Halberstadt: *Urkundenbuch des Hochstifts Halberstadt und seiner Bischöfe* I (bis 1236), Gustav Schmidt (Hrsg.), Leipzig 1883; *Urkundenbuch des Hochstifts Halberstadt und seiner Bischöfe* II (1236–1302), Gustav Schmidt (Hrsg.), Leipzig 1884 (nachfolgend UB Halb. I–II); Hildesheim: *Urkundenbuch des Hochstifts Hildesheim und seiner Bischöfe* I (815–1221), Karl Janicke (Hrsg.), Leipzig 1896; *Urkundenbuch des Hochstifts Hildesheim und seiner Bischöfe* II (1221–1260), Hermann Hoogeweg (Hrsg.), Hannover – Leipzig 1901; *Urkundenbuch des Hochstifts Hildesheim und seiner Bischöfe* III (1260–1310), Hermann Hoogeweg (Hrsg.), Hannover – Leipzig 1903 (nachfolgend UB Hild. I–III); Meißen: *Urkundenbuch des Hochstifts Meissen* I, E. G. Gersdorf (Hrsg.), Leipzig 1864 (nachfolgend UB Meiss. I); Merseburg: *Urkundenbuch des Hochstifts Merseburg* I (962–1357), Paul Fridolin Kehr (Hrsg.), Halle 1899 (nachfolgend UB Mers. I); Naumburg: *Urkundenbuch des Hochstifts Naumburg* I (967–1207), Felix Rosenfeld (Hrsg.), Magdeburg 1925; *Urkundenbuch des Hochstifts Naumburg* II (1207–1304), Hans K. Schulze (Hrsg.). Auf der Grundlagen der Vorarbeiten von Felix Rosenfeld und Walter Möllenberg bearbeitet von Hans Patze und Josef Dolle, Köln – Weimar – Wien 2000 (nachfolgend UB Naum. I–II.); Welfen: *Die Urkunden Heinrichs des Löwen, Herzogs von Sachsen und Bayern*, MGH Laienfürsten und Dynastenurkunden 1, Karl Jordan (Hrsg.), Leipzig 1941 (nachfolgend UHdL); *Urkunden zur Geschichte der Herzögen von Braunschweig und Lüneburg*, Hans Sudendorf (Hrsg.), Hannover 1859 (nachfolgend UGHBL).

richtung (Chroniken und Annalen) und Umfangs (von großen chronikalischen Werken bis hin zu kleinen anonymen Texten mit Bezug zu den einzelnen Diözesen bzw. Fürstenhöfen) handelt, deren Verfasser mit unterschiedlichen Intentionen ihre Texte verfassten, werden wir nicht den Wahrheitsgehalt bzw. die Formen der Aussagen überprüfen, sondern lediglich Ort und Bedeutung, den die analysierten Begriffe innerhalb des Geschehens einnehmen, untersuchen.

Analysiert wird in erster Linie die lateinische Terminologie sowie deren Bedeutung zwischen dem 10. und dem beginnenden 14. Jahrhundert. Was die Überlieferung der Urkunden anbetrifft, liegt die Hauptaufmerksamkeit innerhalb des Untersuchungszeitraums auf den beiden letzten Jahrhunderten. Dabei stehen zunächst die Varianten der Begriffe *beneficium* und *feudum* (*ius beneficiale/feudale*) im Fokus – das Auftreten der Termini im Urkundenmaterial, die Struktur der Güter, die so bezeichnet wurden, deren Besitzer sowie die Rechte und Pflichten, die aus der Verleihung entsprangen. In ähnlicher Weise erfolgt die Analyse weiterer Begriffe, die die Bindung an das Lehnswesen als *vasallus, homagium/hominium, consilium et auxilium, fidelitas* usw. aufzeigen können. An die Analyse der Urkundenbücher schließt sich in gleicher Weise die Analyse der narrativen Quellen an.

Man könnte zwar einwenden, dass eine Analyse der erwähnten Termini lediglich eine Übersicht des Inhalts präsentiert, den die Aussteller und Schreiber der Urkunden bzw. die Verfasser von Chroniken und Annalen den Begriffen subjektiv zuschrieben. Dank der weitgehend eingeschränkten Struktur des überlieferten Quellenmaterials nähern wir uns jedoch auf den Seiten der Urkunden sehr stark einem Punkt, den wir ein wenig übertrieben als „Realität des Alltags" bezeichnen könnten. Die Urkunden geben Auskunft über die alltägliche Verwaltung kirchlicher und weltlicher Herrschaft. Da sie über die Verleihungen von Gütern informieren, den Umfang des Besitzes, die Rechte und Pflichten definieren und allgemein Aussagen über die Aufnahme und das Funktionieren persönlicher Bindungen liefern, dürfen wir zu Recht annehmen, dass die Beteiligten mit der inhaltlichen Formulierung des Textes einverstanden waren. Folglich dürfte der Kontext der Termini weitgehend der zeitgenössischen Realität entsprechen. Die Analyse der diplomatischen Quellen soll zugleich ein Korrektiv zum „theoretisierenden" Text des Rechtsspiegels und einen Einblick in die praktische Form des Lehnswesens und seine Entwicklung bieten. Der Umfang der Reflexion des *Sachsenspiegels* innerhalb des Urkundenmaterials in jenem Territorium, in dem Eike von Repgow agierte, soll darüber hinaus andeuten, inwieweit der Spiegel als ein geeignetes Instrument zur Interpretation weiterer Quellen erscheint.

Verlust durch Übersetzung

Die Terminologie mittelalterlicher Quellen stellt nicht die einzige Hürde bei der Behandlung des vorliegenden Themas dar. Eine zentrale Rolle innerhalb der Untersuchung spielt der Begriff *Lehen*. Der Terminus hat sich für die Bezeichnung eines verliehenen Gutes eingebürgert. Die Verleihung begründete ein bestimmtes „rechtliches" Verhältnis zwischen dem Verleihenden (Herrn) und dem Empfänger (Vasall), wobei dieses Verhältnis die Verpflichtung zum Schutz durch den Senior sowie die Treue und den Dienst (insbesondere den militärischen) durch den Vasallen beinhaltete. Zu den Streitpunkten der aktuellen Diskussion gehört hierbei gerade die Verknüpfung zwischen den lateinischen Begriffen *beneficium/feudum* und dem Terminus *Lehen*, dessen Inhalt das Lehnsrecht im Spätmittelalter und die hieran anknüpfende rechtsgeschichtliche Forschung stark beeinflusste.

Für unsere Darstellung findet daher der Ausdruck *Lehen* im übertragenen Sinne des allgemeineren Begriffs *Leihe* Verwendung. Unter *Lehen* wird dabei jedes in den Quellen als *beneficium* bzw. *feudum* bezeichnete Gut verstanden, ohne dass dessen Verleihung automatisch ein Merkmal für eine konkrete Beziehung darstellen würde, die wiederum eine spezifische Form der Verpflichtung begründete. Eine genauere Beschreibung der Erscheinungsformen, die sich hinter den erwähnten lateinischen Ausdrücken verbergen, ist eines der Ziele des vorliegenden Buches. In ähnlicher Form bezeichnet auch der Terminus *Lehnsträger* den Inhaber eines *Lehens*, ungeachtet seiner sozialen Stellung bzw. der Art der Verpflichtung. Demgegenüber dienen der Begriff *Vasall* und hiervon abgeleitete Zusammensetzungen (beispielsweise *Vasallenlehen*) der Kennzeichnung jener Beziehung, wie sie einleitend im vorangegangenen Abschnitt beschrieben wurde.

Regelmäßig tauchen im Text der Begriff „Allod" sowie weitere als dessen Synonyme verwendete Termini auf (z. B. patrimoniale, freie und private Besitzungen). Die Frage des Eigentums verkörpert innerhalb der Mediävistik ein heftig diskutiertes und nur schwer klar greifbares Thema. Auch der Begriff „Allod" ist problembehaftet, zumal das lateinische Wort *allodium* den erblichen Besitz – ohne Rücksicht auf das Besitzverhältnis – bezeichnete. Obwohl Allod in den Quellen (etwa im *Domesday Book*) als Gegensatz zum Feudalbesitz hervortritt, bewahrte sich der Terminus eine allgemeine, d. h. breitere Bedeutungsebene.[16] Für unsere Zwecke wird der Begriff Allod in maximaler Vereinfachung als dem Inhaber als volles Eigentum zur Verfügung stehender Privatbesitz interpretiert, also als im Gegensatz zu verschiedenen Formen verliehenen Besitzes stehender Terminus. In kaum geringerer Zahl tauchen die Begriffe Aristokratie, Adel sowie in den, dem böhmischen Milieu gewidmeten Kapiteln, die Termini Greis bzw. Magnat auf. Der Adel als elitäre soziale Gruppe, dessen privilegierter Status auf erblichen „genetischen" Eigenschaften und Besitzhintergrund fußte, lässt sich in den sächsischen Quellen fassen. Als wesentlich problematischer erweist sich die Verwendung des Begriffes Adel innerhalb des böhmischen Milieus, was insbesondere für den Zeitraum zwischen dem 10. und 12. Jahrhundert gilt, als diese gesellschaftliche Schicht eine dynamische Entwicklung und Verän-

16 Vgl. LexMA 1 (2000), 440–441. Darüber hinaus siehe James Clarke HOLT, *Colonial England, 1066–1215*, London – Rio Grande 1997, S. 115ff., 197–221; vgl. des Weiteren auch das Lemma *alodis* in: Du Cange et al., *Glossarium mediæ et infimæ latinitatis* (http://ducange.enc.sorbonne.fr/ALODIS).

derungen durchlebte.[17] Alle erwähnten Begriffe werden auf allgemeinerer Ebene für Personen von privilegierter Stellung verwendet, die ihren Anspruch auf eine Machtbeteiligung deklarierten und zugleich selbst über niedere freie Schichten der Gesellschaft herrschten, ohne Rücksicht auf die eigene Besitzausstattung bzw. eine weit zurückreichende genealogische Tradition. Weitere, weniger häufig verwendete Termini werden an der entsprechenden Stelle im Text bzw. im Anmerkungsapparat erklärt.

Die Struktur des Buches

Der Zielsetzung des Buches trägt die Gliederung des Textes Rechnung. Das Einleitungskapitel widmet sich den sächsischen Quellen und dem Aussagewert des Urkundenmaterials – der Zahl der Urkunden, die die analysierten Termini enthalten, der Zusammensetzung und dem Umfang der bezeichneten Güter sowie der Beschreibung damit zusammenhängender Ereignisse und Erscheinungen. In ähnlicher Weise wird der Inhalt der narrativen Quellen analysiert. Zu dem Kapitel gehört ein Anhang mit einer Zusammenfassung der in den Urkunden belegten Lehnsgüter auf der Basis der Form des Besitzes und seines Umfangs. Erst das nachfolgende Teilkapitel behandelt den gegenwärtigen Forschungsstand bzw. die Herangehensweise der Forschung zum Thema. Das anschließende Kapitel überprüft die verwendeten Interpretationsschemata und präsentiert zugleich eine eigene Interpretation der in den Quellen verzeichneten Vorgänge für jene Fälle, in denen die Aussage der Quellen nicht vollständig mit bisherigen Forschungsergebnissen übereinstimmt. Da es zugleich um einen Vergleich der jeweiligen Machtstrukturen geht, stehen im Schlusskapitel die Beziehungen zwischen Senior und Vasall im Zentrum. Steht in den vorangegangenen Kapiteln in erster Linie das Urkundenmaterial selbst im Vordergrund, werden nunmehr die Aussagen der narrativen Quellen als Ausgangspunkt gewählt. Das gleiche Deutungsschema findet auch im zweiten, dem böhmischen Milieu gewidmeten Teil des Buches, seine Anwendung. Das erste Kapitel behandelt die eigentliche Quellengrundlage und hier verwendete Terminologie. Dem schließt sich eine Übersicht über den Forschungsstand zu Charakter und Funktionsweise der přemyslidischen Herrschaft unter besonderer Berücksichtigung der Frage des Lehnswesens an. Im Schlussteil wird die Interpretation der böhmischen Quellen in den Kontext der im ersten Teil der Arbeit erzielten Ergebnisse eingeordnet.

Die hier beschriebene Aufteilung des Textes soll es dem Leser erleichtern, sich möglichst übersichtlich und detailliert mit den Aussagen der Quellen, mit interpretatorischen Herangehensweisen, deren Schwächen und möglichen Korrekturen, die anhand des Quellenkorpus formuliert werden können, vertraut zu machen. Zugleich soll diese Herangehensweise eine rasche Orientierung in der behandelten Problematik, der angewandten Interpretation und Argumentation sowie die Möglichkeit einer Falsifizierung der vom Autor gezogenen Schlussfolgerungen bieten. Dabei wird deutlich, dass die vorlie-

17 Zur Definition des Adels im böhmischen Milieu vgl. insbesondere Josef MACEK, *Česká středověká šlechta* [Der böhmische Adel im Mittelalter], Praha 1997, S. 9ff.

gende Untersuchung nicht Antworten auf alle Fragen zu liefern vermag. Einigen Problemen konnte darüber hinaus keine nähere Aufmerksamkeit geschenkt werden, was insbesondere die Gesamtinterpretation der Entstehung und Entwicklung des přemyslidischen Böhmen anbetrifft. Die Arbeit beschränkt sich somit lediglich auf einen Ausschnitt innerhalb eines breiter angelegten Themenspektrums, wobei vor allem die Möglichkeiten, die die Analyse eines konkreten Phänomens innerhalb der Quellenkorpora aus unterschiedlichen Regionen bietet, im Blickpunkt stehen. Ursprünglich war die vorliegende Untersuchung als Beitrag zu einer spezifischen Diskussion innerhalb der tschechischen Mediävistik konzipiert und sollte einen möglichen Weg aus dem Geflecht von Interpretationen innerhalb der doch begrenzten Quellenbasis in Böhmen andeuten. Dessen ungeachtet sind wir davon überzeugt, dass die gewählte Richtung, Art und Weise sowie die Forschungsergebnisse auch ausländische Kollegen interessieren dürften.

I/1 Das Lehnswesen in sächsischen Quellen

In dem untersuchten diplomatischen Material finden sich insgesamt 1233 Urkunden, in denen an Laien verliehener Besitz durch die Termini *beneficium* bzw. *feudum* (eventuell die Form einer Zuteilung *iure beneficiali/feudali*) bezeichnet wird.[18] Das gesamte Quellenkorpus zeichnet sich durch eine einheitliche terminologische Entwicklung aus. Bis in die zweite Hälfte des 12. Jahrhunderts dominiert die Verwendung des Begriffes *beneficium*. Erst am Ende des betreffenden Jahrhunderts beginnt die Bezeichnung *feudum* stärker hervorzutreten, die dann in der ersten Hälfte des 13. Jahrhunderts immer mehr dominiert. Nach 1250 werden als *beneficium* ausschließlich kirchliche Präbenden bezeichnet, während sich für die weltlichen Personen verliehenen Güter in der Kanzleipraxis der zweite Terminus – *feudum* – voll durchsetzt.[19]

Sporadisch tauchen die Termini *iustum/verum beneficium/feudum* auf. Unter den so titulierten Gütern erscheinen Burgen und Städte,[20] größere territoriale Einheiten und einzelne Güter,[21] Geldrente und Zehnt,[22] einen Weingarten,[23] ebenso Geld- und Naturalerträge, die die Witwe Margarete vom Bischof zu Meißen *nomine dotalicii tenet sive possidet titulo iusti feudi*.[24] Hinweise auf ein „rechtes Lehen“ finden sich auch in Pfandver-

18 In dieser Zahl sind jene Fälle nicht berücksichtigt, in denen mit dem Terminus *beneficium* die Präbende eines kirchlichen Würdenträgers bezeichnet wird. Keine Berücksichtigung fanden darüber hinaus Urkunden, die zwar von einer Verleihung eines Besitzes sprechen, jedoch diesen Besitz nicht mit Hilfe der verwendeten „Lehns-“Terminologie spezifizieren.

19 Ausnahmen bilden die Urkunden UB Halb. II, Nr. 877 (1253); Nr. 922 (1257); UB Naum. II, Nr. 254 (1252); Urkunde CDA II, Nr. 379 (1270 – benutzt die Verbindung *in beneficio feudali*); UB Halb. II, Nr. 1453 (1283) führt an, dass der Kaplan eine Jahresrente *iure pheodali* besaß.

20 Bis auf zwei Fälle stammen sämtliche Zeugnisse für ein „rechtes Lehen“ aus der zweiten Hälfte des 13. bzw. aus dem Beginn des 14. Jahrhunderts. UB Halb. II, Nr. 1159 (1267 – *iusto titulo pheodali*); UB Hild. I, Nr. 263 (1150 – *in beneficio iusto*); UB Meiss. I, Nr. 206 (1268 – *verum feodum*); UB Mers. I, Nr. 568 (1292 – *iusto feodali tytulo*); UB Naum. II, Nr. 445 (1276 – *iusto feodali tytulo*); Nr. 525 (1284 – *iusto tytulo feodali*); Nr. 699 (1294 – *iusto tytulo feodali*); UGHBL, Nr. 114 (1289 – *iusto titulo feodali*).

21 UB Naum. II, Nr. 630 (1290 – *iusto titulo feodali*); Nr. 713 (1295 – *iusto titulo feodali*); Nr. 786 (1300 – *tytulo iusti feudi*); Nr. 831 (1304 – *titulo iusti feudi*).

22 UB Halb. II, Nr. 1570 (1291 – *iusto pheodali titulo*); UB Naum. II, Nr. 803 (1302 – *iusto titulo feodali*).

23 UB Naum. II, Nr. 755 (1297 – *tytulo iusti feudi*).

24 UB Meiss. I, Nr. 350 (1313), in ähnlicher Weise besaß auch eine Witwe *de Stosene* mit ihren Söhnen eine Hufe *iusto titulo feudali*, UB Naum. II, Nr. 492 (1284). Zur Absicherung der Witwe durch das sog. *dotalicium* vgl. weiter unten.

trägen, die bei einer Nichtbezahlung der vereinbarten Summe dem Gläubiger und dessen Nachkommen den erblichen Besitz der verpfändeten Güter sicherten.[25]

In einigen Fällen spezifizieren die Urkunden das Lehnsverhältnis mit Hilfe eines Verweises auf das „Ministerialrecht", wie etwa ein Diplom aus dem Jahre 1283, das von *iure feodali ministerialium, quod vulgariter dicitur hovelen* spricht.[26] Vor allem in der zweiten Hälfte des 13. Jahrhunderts wurde in lateinischen Urkunden beim Hinweis auf das Ministerialrecht der deutsche Ausdruck *hovelen* (Hoflehen) verwendet, vornehmlich in der Verbindung *pheodo, quod vulgariter vocatur hovelen* bzw. *feodali iure, quod hovelen vulgariter apellatur*.[27] In ähnlicher Weise treffen wir in lateinischen Texten auf die deutsche Präzisierung im Falle sog. „Burglehen". Sowohl die deutsche Form *burglehen/burglen* als auch das lateinische Äquivalent *castrense feodum* tritt in den untersuchten Quellen wiederum vornehmlich in der zweiten Hälfte des 13. Jahrhunderts auf.[28] Lediglich in einem einzigen Fall lässt sich die Wortverbindung *Erb-lehen* nachweisen.[29]

Deutsch verfasste Urkunden tauchen erst in der zweiten Hälfte des 13. Jahrhunderts auf, allerdings bleibt deren Zahl bis zum Ende des Untersuchungszeitraumes gering. Analog verhält es sich mit den Termini *lehen/lene/leen*, die wir in einigen wenigen Urkunden vom Ende des 13. und dem Beginn des 14. Jahrhunderts finden.[30] Wiederum stoßen wir

---

25 CDA II, Nr. 156 (1242 – *„iusto feodo* [...] *erimus nos et nostri heredes predicti feodi perpetui possessores*); UB Hild. III, Nr. 627 (1283 – *pro iusto feodo iure hereditario remanerent*); Nr. 864 (1290 – *iure iusti pheodi apud nos et heredes nostros perpetuo remanebunt*").

26 UB Hild. III, Nr. 652; weitere belegte Hinweise auf das *ius ministerialium*: UB Halb. II, Nr. 1040 (1262); UB Hild. I, Nr. 422 (1183); Nr. 522 (1196); Nr. 526 (1196/1197); Nr. 531 (1197); Nr. 751 (1220); UB Hild. II, Nr. 262 (1222); Nr. 337 (1228); UB Hild. III, Nr. 577 (1281).

27 CDA II, Nr. 278 (1262); Nr. 384 (1271); UB Halb. II, Nr. 676 (1238); Nr. 775 (1247); Nr. 886 (1254); Nr. 1040 (1262); Nr. 1203 (1269); Nr. 1233 (1271); Nr. 1269 (1273); Nr. 1341 (1279); Nr. 1692 (1300); UB Hild. III, Nr. 632 (1282); Nr. 652 (1283).

28 UB Halb. II, Nr. 733 (1244); Nr. 877 (1253); Nr. 1512 (1288); UB Hild. III, Nr. 487 (1278); UB Meiss. I, Nr. 242 (1278); Nr. 338 (1305); UB Mers. I, Nr. 318 (1265); UGHBL, Nr. 141 (1295). In einem Fall benutzt die Urkunde den Terminus „Burglehen" nicht, führt jedoch aus, dass ein gewisser *miles* Albert Güter *„pro custodia castri nostri Sconenbert* Güter *in beneficio*" besaß, UB Naum. II, Nr. 26 (1217).

29 UB Mers. I, Nr. 41 (1013): *„ereditarium beneficium, quod vulgo erbelehen dicitiur*".

30 UB Hild. III, Nr. 1693 (1309); UB Meiss. I, Nr. 338 (1305); UB Neum. II, Nr. 422 (1274); Nr. 681 (1292); UGHBL, Nr. 169 (1302). Eine Ausnahme bildet die Urkunde Heinrichs VI. für das Kloster Bosau aus dem Jahre 1196, mit der der Kaiser das Dorf *„Marienthal cum XX duobus mansis, qui in vulgari dicuntur lehen*" schenkt. UB Naum. I., Nr. 366. In diesem Falle bezeichnete jedoch der Ausdruck *lehen* offenbar nicht die Form des Besitzes, sondern wurde lediglich als Terminus des betreffenden Gutes verwendet. Ein ähnliches Beispiel bietet das Verzeichnis der Einnahmen des Hildesheimer Dekans Johannes aus den Jahren 1277–1286, wo wir die nachfolgenden Einträge finden: *„In Aleg(remissen) sunt v mansi, qui dicuntur lenhove, quorum quilibet dat viii sol. und illa bona que dicuntur lene de Luule ii tal.*", UB Hild. III. Nr. 484. Zur Benutzung des Terminus beneficium, feudum, lehen ausschließlich zur Bezeichnung bestimmter Güter vgl. z. B. Gertrud THOMA, *Leiheformen zwischen Grundherrschaft und Lehnswesen. Beneficia, lehen und feoda in hochmittelalterlichen Urbaren*, in: Jürgen Dendorfer – Roman Deutinger (Hrsg.),

auf die Form der Belehnung *zu rechteme lene*, wobei es sich in einem Fall um eine gleichlautende deutsche Ausfertigung der bereits erwähnten lateinischen Urkunde handelt, die die Formulierung *iusto feodali tytulo* verwendet.[31] Unter den *zu rechteme lene* verliehenen Gütern werden das ursprüngliche Burglehen sowie die Einnahmen aus der Vogtei der Stadt Hildesheim verzeichnet, die Elisabeth, Witwe des Bürgers Heinrich Schönekind, vom Bischof für sich, ihre Söhne und deren Erben erwarb.[32]

Nicht immer unterscheidet die Urkunde den verliehenen Besitz. Lediglich in 955 Fällen wird das konkrete Gut vermerkt bzw. näher beschrieben. Die übrigen Diplome sprechen lediglich allgemein von vergebenen Lehen. Für den gesamten Untersuchungszeitraum erweist sich die Struktur der belegten Lehnsgüter als stabil. Wenngleich im Allgemeinen Erwähnungen über den Besitz von Boden dominieren, lässt sich nicht sagen, dass für einen bestimmten Zeitraum lediglich der Erwerb einer bestimmten Güterart charakteristisch gewesen sei. Das Verhältnis zwischen den einzelnen Güterformen gestaltete sich in etwa ausgewogen.

Verliehene Güter

Den in den Quellen nachweisbaren Besitz können wir in drei Grundkategorien einteilen: unbewegliches Eigentum, Mobilien (Geld- bzw. Naturaleinkünfte) und Ämter/Rechte. Das unbewegliche Eigentum, das ungefähr 63 Prozent aller überlieferten Lehen bildet, setzte sich vornehmlich aus – in Hufen (*mansus*) vermessenem – Landbesitz zusammen.[33] Am häufigsten kommen dabei Flächen in einem Umfang von bis zu fünf Hufen vor. Die entsprechenden Güter machen annähernd 41 Prozent des gesamten Quellenma-

Das Lehnswesen im Hochmittelalter. Forschungskonstrukte – Quellenbefunde – Deutungsrelevanz, Ostfildern 2010, S. 367–386 (hier S. 375–377).

31 UB Mers. I, Nr. 568 (1292).

32 UB Meiss. I, Nr. 338; UB Hild. III, Nr. 1693: „[...] *vruwen Ilseben wedewen Henrickes Schonekindes unde oren sonen Hermene, Iohanne, Conrade, Benrike unde oren erven teyn mark gheldes lodiges sulveres in unser voghedie to Hildensem vor hundert lodighe mark unde gheleghen to rechteme lene.*" Überliefert ist zudem die vonseiten der Frau Elisabeth ausgefertigte Urkunde, vgl. *Urkundenbuch der Stadt Hildesheim I*, Richard Doebner (Hrsg.), Hildesheim 1881, Nr. 605. Angesichts der Tatsache, dass das Diplom von der Möglichkeit des Bischofs und Kapitels spricht, die Einnahmen zu erwerben, handelt es sich im Grunde genommen um eine Verbindung von Lehen und Pfandschaft, hierzu vgl. weiter unten.

33 Die Bemessung einer Hufe führen die Urkunden vereinzelt an, in einem Falle ist sie auf 30 Morgen (*iugera*) festgelegt, UB Hild. III, Nr. 908. In zwei weiteren Fällen umfasst die Hälfte einer Hufe 15 bzw. 16 Morgen, UB Hild. II, Nr. 516; UB Hild. III, Nr. 700. Die durchschnittliche Größe einer Hufe lag so offenkundig zumeist bei etwa 30 Morgen, wenn auch die Urkunden auch 18 Morgen, UB Hild. III, Nr. 810, oder 42 Morgen anführen, UB Hild. III, Nr. 1429. Die entsprechend der Größe des Besitzes in Kategorien eingeteilten Urkunden finden sich im Anhang und werden deshalb im Anmerkungsapparat nicht beschrieben. Verweise auf Urkunden finden sich lediglich dann, wenn im Text auf konkrete Fälle bzw. Ausnahmen aufmerksam gemacht wird.

terials (und bis zu 66 Prozent der erfassten Liegenschaften) aus.[34] Die Verleihung einer größeren Zahl an Hufen lässt sich in knapp sieben Prozent (bzw. zehn Prozent des unbeweglichen Besitzes) aller Fälle belegen.[35] Dörfer bzw. Teile derselben machen nicht ganz vier (sechs) Prozent aus, was in gleichem Maße für Burgen oder „Städte" gilt. In kleinerer Zahl – zwei (drei) Prozent – stoßen wir auf eine selbständige Verleihung von Wirtschaftshöfen ohne Angabe der dazugehörigen Landfläche, sowie von Mühlen bei zwei (drei) Prozent und von Waldflächen mit zwei (bzw. drei) Prozent. In Einzelfällen tauchen in den Quellen außerdem auch Felder, Gärten, Wiesen, Weinberge, Häuser bzw. Salinen auf. In zwei Fällen besaß eine weltliche Person eine Kirche *iure beneficii* bzw. *in feodo*.[36] Diese Erwähnungen scheinen jedoch eher auf die Ausübung von Patronatsrechten als auf das eigentliche Objekt bezogen zu sein. In einem Fall begegnen wir der Verleihung einer Fähre/Furt (*passagium*).[37] Rund neun Prozent bilden Lehen, die sich aus unterschiedlichem Grundbesitz zusammensetzen, ergänzt mitunter durch variable Einnahmen und die Ausübung von Rechten.[38]

Eine bedeutende Rolle innerhalb der Lehnsgüter spielten die aus Natural- und Gelderträgen bestehenden Einnahmen, die im gesamten Quellenkorpus 19 Prozent ausmachen. In der übergroßen Mehrzahl werden diese als Zehnt (*decima*) bezeichnet. Weniger häufig erscheinen sie als Einnahmen aus Münze, Zoll oder Geldrente.[39] In einer kleineren Zahl der Fälle führen die Urkunden an, wovon der Zehnt erhoben wird,[40] zumeist beschränken sie sich auf die einfache Feststellung des Besitzes. Obwohl der Zehnt an ganze Dörfer bzw. mehrere Dutzend Hufen gebunden sein konnte,[41] kamen auch Zehnteinnahmen von einem einzigen Feld (*campus*) bzw. einigen Morgen vor.[42] Für gewöhnlich

---

34 Aus den in Klammern genannten Berechnungen, d. h. in Relation zum unbeweglichen Besitz, wurde die Kategorie Nr. XXVIII. (siehe Anhang) herausgenommen, da sich die aus einer größeren Zahl verschiedener Besitzstände (Liegenschaften, Einnahmen, Rechte) zusammensetzenden Lehen nicht quantitativ wie die übrigen Kategorien klassifizieren lassen.

35 Auch hier dominiert bis auf Ausnahmen eine Fläche bis zu 15 Hufen, vgl. die Übersicht auf S. 186.

36 UB Hild. I, Nr. 210; UB Naum. II, Nr. 409.

37 UB Naum. II, Nr. 131.

38 Nicht einmal im Falle von aus verschiedenen Arten von Gütern sich zusammensetzenden Lehen kann jedoch übersehen werden, dass es sich zumeist nicht um umfangreicheren Besitz handelte. Vgl. die Übersicht S. 189–191.

39 CDA I, Nr. 298; CDA II, Nr. 156; Nr. 384; Nr. 720; UB Halb. I, Nr. 206; Nr. 503; UB Hild. I, Nr. 760; UB Hild. II, Nr. 665; Nr. 744; UB Hild. III, Nr. 1673; UB Meiss. I, Nr. 64;Nr. 295; Nr. 297; UB Naum. II, Nr. 315; Nr. 381; Nr. 392; Nr. 703; UGHBL, Nr. 32; Nr. 70;UHdL, Nr. 52.

40 CDA II, Nr. 385; Nr. 795; UB Halb. I, Nr. 239; Nr. 375; Nr. 440; Nr. 500; Nr. 517; Nr. 534; UB Halb. II, Nr. 713; Nr. 726; Nr. 1117; Nr. 1190; Nr. 1191; Nr. 1194; Nr. 1320; Nr. 1369; Nr. 1508; Nr. 1519; Nr. 1541a; Nr. 1629; UB Hild. I, Nr. 201; UB Hild. II, Nr. 441; UB Hild. III, Nr. 557; Nr. 994; UB Meiss. I, Nr. 188; Nr. 303; UB Mers. I, Nr. 449; UB Naum. I, Nr. 155; UB Naum. II, Nr. 471; Nr. 477.

41 UB Meiss. I, Nr. 303; UB Halb. II, Nr. 1194.

42 UB Halb. II, Nr. 726; UB Halb. I, Nr. 440.

wurden lediglich Teile der Zehnteinnahmen (Hälfte, Viertel, Achtel usw.) verliehen, manchmal zur gemeinsamen Nutzung mehrerer Besitzer.[43] Lediglich in Ausnahmefällen erhalten wir Kenntnis von der Höhe der Zehnteinnahmen eines bestimmten Gutes.[44]

Die letzte in den Quellen erwähnte Gruppe bilden mit neun Prozent Ämter bzw. die Ausübung von Rechten. Bis auf wenige Ausnahmen handelt es sich hierbei um die Verleihung von Vogteirechten (*advocatia, advocatus*), lediglich in Einzelfällen finden wir die Vergabe von Patronatsrechten,[45] Grafschaften (*comitatus*)[46] und anderen Rechten oder Ämtern.[47] Ähnlich wie beim Zehnt lassen sich auch mit Blick auf die Vogteirechte nur sehr spärliche Informationen gewinnen, worauf sich diese konkret beziehen. In den überlieferten Fällen wird lediglich deutlich, dass die Rechtsgewalt des Vogtes mehrere Dutzend Hufe betreffen konnte, ebenso wie auch nur eine einzige Hufe.[48] Neben den erwähnten Kategorien findet sich vereinzelt auch der Hinweis auf den Besitz von Personen *in beneficio* bzw. *tytulo pheodali*.[49]

Ein auf den ersten Blick offenkundiges Problem der erwähnten Lehen stellt die eingeschränkte Möglichkeit ihrer qualitativeren Unterscheidung dar. Dies betrifft nicht allein die Zehnten und die Vogteirechte, bei denen wir in den meisten Fällen weder den dazugehörigen Besitz noch den Umfang und die Struktur der damit verbundenen Rechte

43 Zum Beispiel UB Hild. III, Nr. 1184.

44 UB Halb. II, Nr. 1508 (*decimam unius mansi, scilicet duo hyemalis et duo maldra estivalis annone*); UB Meiss. I, Nr. 188 (*decimam, videlicet quinque maldaria et quatuor modios, medietatem, de sedecim mansis*); Nr. 303 (*decimam in villa Baytitz, videlicet duodecim soccos sic distinctos, tres scoccos tritici, totidem siliginis et sex avenae, et in villa Torsewitz sedecim scoccos, videlicet octo siliginis et octo avenae*); UB Mers. I, Nr. 449 (*decimam de tredecim mansis* [...] *non in sexagenis, sed in mensuris solvitur isto modo: quilibet mansus octo solvit mensuras quadruplicis annone et duos pullos, ita quod quatuor mensure tres heimezzen Pigauienses faciunt usuales*); UB Naum. II, Nr. 769 (*quinque sexagenas siliginis et totidem avene*); Nr. 830 (*duodecim modios siliginis et triginta avene*).

45 CDA II, Nr. 404; Nr. 592; UB Halb. I, Nr. 629; UB Mers. I, Nr. 296; Nr. 321; UB Naum. II, Nr. 23; Nr. 801.

46 UB Halb. I, Nr. 76; UB Halb. II, Nr. 953; UB Hild. I, Nr. 86; UB Hild. II, Nr. 285; UB Naum. II, Nr. 592; Nr. 838; UGHBL, Nr. 13; Nr. 19; Nr. 49.

47 CDA II, Nr. 607 (*villicatio*); UB Halb. II, Nr. 1247 (*beneficium porte*); UB Hild. II, Nr. 160 (*dapyferatus*).

48 CDA II, Nr. 247; Nr. 267; Nr. 394; Nr. 886; UB Halb. II, Nr. 673; Nr. 676; Nr. 752; Nr. 927; Nr. 986; Nr. 1348; Nr. 1484; UB Hild. I, Nr. 592; UB Hild. II, Nr, 432; UB Hild. III, Nr. 329; Nr. 1058; UB Meiss. I, Nr. 93; UB Naumb. II, Nr. 371; Nr. 531; Nr. 538; Nr. 607; Nr. 815.

49 Im Verzeichnis der durch Luthard von Meinersen verliehenen Lehen, zu deren Aufzeichnung es vermutlich um 1226 kam, wird ein gewisser Gerradus erwähnt, der u. u. *quinquaginta homines in beneficio* besaß, UGHBL, Nr. 10, S. 8; im gleichen Urkundenbuch findet sich auch ein Lehnsregister des Mindener Bischofs Gottfried vom Beginn des 14. Jahrhunderts, in dem ein in *hanouere decem mansos et quatuor homines* besitzender Tydericus, darüber hinaus ein *über tres mansos in hupede iure ministeriali et quosdam homines tytulo pheodali* verfügender Ludolf sowie Bertram und Wilbrand Erwähnung finden, die neben Hufen auch *quosdam homines* besaßen, UGHBL, Nr. 184, S. 108 und 110; den Besitz von Boden zusammen mit Menschen erwähnt des Weiteren UB Hild. III, Nr. 852.

kennen. Die Situation gestaltet sich auch bei Liegenschaften als schwierig, was am besten anhand von Tauschgeschäften deutlich wird: Die Urkunden bezeugen beispielsweise den Tausch eines Dorfes gegen vier Dörfer oder den Tausch von acht Hufen gegen 12 ½ Hufe, von fünf Parzellen und die Salzerträge. In einem Fall werden zehn Hufen und zwei Mühlen gegen die Hälfte eines Dorfes, den hiervon abzuführenden Zehnten, das Patronatsrecht über die dortige Kirche sowie fünf Hufen in einem weiteren Dorf getauscht.[50] Die erwähnten Beispiele dokumentieren nicht Vor- oder Nachteil des entsprechenden Tausches, sondern sind eher ein Beleg für die schwer zu fassende Bewertung der erwähnten Güter. Der eigentliche Umfang der Güter entspricht keineswegs automatisch ihrem Wert, der sich zweifellos zugleich von der Qualität des Bodens, dem Umfang und dem realen Zustand des Dorfes bzw. den Erträgen der Mühle sowie weiteren Faktoren ableitete, über die die Urkunden selbst jedoch keine Auskunft geben.

Dessen ungeachtet darf bei der Aufzählung der Liegenschaften nicht übersehen werden, dass in den analysierten Urkunden die Verleihung bzw. Übertragung der aus kleinerem Bodenbesitz bestehenden Lehen dominierte. Dieser Umstand entspricht keineswegs automatisch dem durch entsprechende Personen in Besitz gehaltenen realen Umfang der Güter.[51] Erwähnung verdient vielmehr die Tatsache, dass sich im Quellenkorpus nur in Einzelfällen umfangreichere Besitzungen und durch kirchliche Institutionen sächsischen Fürsten- und Grafenfamilien verliehene Rechte nachweisen lassen.[52] Spätestens seit der

50 UB Halb. II, Nr. 736; UB Hild. III, Nr. 408; UB Naum. I, Nr. 175.

51 Innerhalb des Urkundenbestands finden sich leider lediglich vier umfangreichere Verzeichnisse von Lehen. Wohl um das Jahr 1226 ließ Luthard von Meinersen ein Register der Güter anlegen, die seine *milites* als Lehen (*in beneficio*) von ihm erhalten hatten. Es handelt sich um eine einfache Übersicht der Personen, zusammen mit Angaben zum Umfang, gegebenenfalls der Lage des verliehenen Gutes. Luthards Männer besaßen ein heterogenes Konglomerat von Gütern, die unbewegliches Eigentum, Vogteirechte und Geldeinnahmen umfassten. Der Umfang der Güter bewegte sich dabei von einer halben Hufe bis hin zu einem Besitz im Umfang eines halben Zehnten, von 46 ½ Hufen, die sich in mehreren Lokalitäten befanden, dem Ort für eine Mühle, einem halben Zehnten und einer Vogtei über 154 Hufen. UGHBL, Nr. 10. Ein ähnliches, nahezu identische Merkmale aufweisendes Verzeichnis ließen die Nachfolger Luthards für das Jahr 1279 ausfertigen, UGHBL, Nr. 79. Aus dem Jahr 1258 stammt der offenbar unvollständige Teil eines Verzeichnisses der Güter, die der Graf von Blankenburg vom Herzog von Braunschweig verliehen bekommen hatte. Vgl. UGHBL, Nr. 45. Das umfangreichste Register stellt ein Lehnsverzeichnis des Bistums Minden aus den Jahren 1304–1324 dar, das 768 Angaben über die Besitzer Mindener Lehen enthält, wobei bei einigen jedoch eine Angabe über das verliehene Gut fehlt. Wiederum handelt es sich lediglich um eine einfache Aufzählung mit Namen und knapper Beschreibung des Lehens, UGHBL, Nr. 184. Angesichts der äußeren Form der erwähnten Register ist es ziemlich schwierig, diese für eine qualitative Analyse der Lehnsgüter zu nutzen. Die Angaben über den Umfang der Güter können sich als irreführend erweisen, da wir nicht den realen Wert des verliehenen Gutes kennen.

52 Auf umfangreichere Kirchengüter in Händen von Adeligen verweist beispielsweise Georg WAITZ, *Deutsche Verfassungsgeschichte* 6, bearbeitet von Gerhard Seeliger, Berlin 1896², S. 106–108. Am Beispiel des Lehnsverzeichnisses der Grafen von Regenstein und Blankenburg haben Umfang und Zusammensetzung der Lehnsgüter ausführlich beschrieben Lutz FENSKE – Ulrich

Mitte des 12. Jahrhunderts präsentieren die Urkundenbücher dabei eine geschlossene Reihe von Urkunden, deren Zahl sich dann mit Beginn des darauffolgenden Jahrhunderts weiter vergrößert. Wenngleich sich in diesem mehr als 150 Jahre umfassenden Zeitraum sowohl ein Generationenwechsel auf Seiten des sächsischen Adels als auch auf den Bischofsstühlen der untersuchten Diözesen vollzog, finden wir lediglich vereinzelt innerhalb des untersuchten Quellenmaterials Urkunden, die eine Konfirmation bzw. Erneuerung des Lehnsverhältnisses sowie eine Aufzählung der übertragenen Lehen enthalten. Es handelt sich darüber hinaus um Fälle, in denen der verliehene Besitz oder ein Teil desselben einen Streitfall darstellte.[53] Dieser Umstand ist vermutlich nicht allein der faktischen Erblichkeit der Lehen geschuldet, sondern reflektiert zugleich die Nutzung der Schriftagenda. Die Kanzleien griffen für gewöhnlich zu einer Beurkundung in Streitfällen, bei Veränderungen bzw. bei der Aufnahme eines Lehnsverhältnisses, und zwar ohne Rücksicht auf Lage und Bedeutung des Besitzes. Bei Angelegenheiten hingegen, die sich – wie im Falle des Übergangs von Lehen auf die Nachfahren bzw. weitere Erben – durch eine langfristige Kontinuität auszeichneten, dominierte vermutlich die Konfirmation bzw. Erneuerung mittels eines symbolischen Akts ohne die Notwendigkeit eines schriftlichen Zeugnisses.

Besitzer und Erblichkeit

Die soziale Struktur der Belehnten umfasst sämtliche Glieder innerhalb der gesellschaftlichen Hierarchie. Unter den Lehnsleuten finden wir bedeutende Fürsten, Grafenfamilien und weitere *nobiles*, geringer gestellte *milites*, Ministeriale,[54] landfremde Kolonisten, aber auch Stadtbürger und eher dem Dienstpersonal zuzurechnende Personen wie etwa einen Koch.[55] Die mit dem Status eines *iure feodali* ausgestatteten Güter konnten am

---

SCHWARZ, *Das Lehnsverzeichnis Graf Heinrichs I. von Regenstein 1212/1217. Gräfliche Herrschaft, Lehen und niederer Adel am Nordostharz*, Göttingen 1990, insbes. S. 90–92.

53 UB Naum. II, Nr. 592; UGHBL, Nr. 11; Nr. 23; ebenso sporadisch stoßen wir auf die Erneuerung eines Lehnseids gegenüber weltlichen Herren. Im Friedensvertrag mit Markgraf Heinrich (dem Erlauchten) von Meißen versprachen die thüringischen Grafen und Herren, sie würden nunmehr von Heinrich sämtliche Lehen in Empfang nehmen, die ihnen der Landgraf verliehen habe. Vgl. CDA II, Nr. 181. In einer Urkunde aus dem Jahre 1293 forderte Graf Heinrich von Wohldenberg seine Vasallen, die bislang für die verliehenen Güter den Treueid (*homagium*) in seine und die Hände seines Sohnes geschworen hatten, auf, sie sollten fortan Güter ausschließlich von dem Zweitgenannten empfangen. Vgl. UB Hild. III, Nr. 992.

54 Die Besitzer von Lehen, definiert als *comites, nobiles, milites* bzw. *ministeriales*, bilden die eindeutige Mehrheit der Belehnten, wobei deren vollständige Aufzählung an dieser Stelle für unsere Untersuchung keinen Erkenntnisgewinn bringen würde.

55 Die Belehnung von Kolonisten zeigen u. a. CDA I, Nr. 454; CDA II, Nr. 272; zur bezeugten Belehnung von Stadtbürgern bzw. verschiedene Berufe ausübende Personen: CDA II, Nr. 267; Nr. 272; Nr. 324; Nr. 379; Nr. 386; Nr. 795; Nr. 843; UB Halb II, Nr. 721; Nr. 973; Nr. 1511; Nr. 1578; Nr. 1581; Nr. 1618; Nr. 1629; UB Hild. I, Nr. 269; Nr. 564 (*cocus*); Nr. 762 (*cantor*);

Ende auch persönlich anhängige *litones* erwerben.[56] Anhand der Verkäufe und Tauschgeschäfte, bei denen alle etwaigen Besitzer des Lehens Verzicht übten, können wir beobachten, wie die Lehen de facto an Personen aus dem gesamten sozialen Spektrum vergeben wurden. Markgraf Dietrich von Meißen erhielt ein Dorf vom Bistum Naumburg, das er selbst an einen gewissen Bertold von Boblas verlieh, der es wiederum an den *miles* Albert weitergab. Doch auch Albert stand keineswegs am Ende dieser Kette von Verleihungen, denn aus seinen Händen empfingen namenlose *milites* Teile des Dorfes.[57] In ähnlicher Weise können wir den Weg des Zehnten verfolgen, den das Bistum Halberstadt dem adligen (*nobilis*) Hermann verlieh, der mit diesem die Brüder Wasmod und Heinrich sowie deren Gemahlinnen belehnte. Wasmod wiederum verlieh jedoch seine Hälfte des Zehnten *in feodo* an zwei Brüder, zwei Braunschweiger Bürger und deren Söhne, weiter.[58] Eine ähnliche „Wanderung“ erlebte eine nicht näher genannte Zahl von Hufen des Bistums Merseburg, die zunächst Burggraf Siegfried von Leisnig verliehen bekam, der wiederum diese Hufen dem *miles* Albert übertrug, der daraufhin seinerseits mit fünf Morgen den Merseburger Bürger Dietrich belehnte.[59] Insbesondere die erstgenannte Eintragung kann als eine Art Musterbeispiel für den Heerschild gelten, bei dem die schrittweise Weitergabe eines Dorfes die einzelnen Stufen der Lehnspyramide versinnbildlicht. Darüber hinaus finden sich auch Beispiele für die Belehnung der Bürger und Dienstmannen unmittelbar aus den Händen kirchlicher bzw. weltlicher Fürsten.[60]

UB Hild. III, Nr. 47; Nr. 226; Nr. 282; Nr. 273; Nr. 498; Nr. 504; Nr. 704; Nr. 908; Nr. 1128; Nr. 1182; Nr. 1315; Nr. 1507; Nr. 1600; UB Mers. I, Nr. 231; Nr. 579; Nr. 559; UB Naum. II, Nr. 39; Nr. 262; Nr. 466; Nr. 492; Nr. 703; Nr. 711; Nr. 712; Nr. 727; Nr. 824; Nr. 830; UGHBL, Nr. 79 (*sartor*); UHdL, Nr. 27.

56 *Litones* (*liti, lizzi*) gehörten in der zweiten Hälfte des 13. Jahrhunderts (1266), aus der die Urkunde stammt, im Prinzip zur „unfreien“ und an den Boden gefesselten Schicht der Bevölkerung, vgl. LexMA 5, (2000), 2016–2017, was im Übrigen auch der entsprechende Eintrag bestätigt, in dem diese als Angehörige der Goslaer Kanoniker in Erscheinung treten, CDA II, Nr. 324: „[...] *Olricus et Henricus fratres milites dicti de Wedestorp advocatiam* [...] *litonibus et hominibus eiusdem Goslariensis vendiderunt* [...] *et eisdem litonibus in feodo porrexerunt iure feodali* [...] *Promiserunt etiam, quod ipsi et ipsorum pueri et heredes eorum ipsis litonibus et eorum heredibus prefatam advocatiam in Reinstede priigere tenentur absque aliqua exatione, et hoc dictis litonibus et eorum heredibus a sepe dictis Olrico et henrico et eorum posteris in perpetuum servabitur inconvulsum*“.

57 UB Naum. I, Nr. 418 (1204): „[...] *marchione Theodorico eandem villam nobis resignante, quam iure feodi a nobis tenuerat et eodem iure Bertoldo de Bobeluz contulerat, a quo item Albertus miles iure beneficii eam possederat* [...] *et milites, qui parte eisdem ville ab eo inbeneficiati fuerant*“.

58 UB Halb. II, Nr. 721 (1243).

59 UB Mers. I, Nr. 231 (1236).

60 Vgl. CDA II, Nr. 379; UB Halb. II, Nr. 1581; Nr. 1629; UB Hild. I, Nr. 762; UB Hild. III, Nr. 498; UGHBL, Nr. 131; UHdL, Nr. 27. Zu den grundlegenden Arbeiten zählt Julius FIKKER, *Vom Heerschilde. Ein Beitrag zur deutschen Reichs- und Rechtsgeschichte*, Innsbruck 1862, wenn auch die Auffassungen des Autors teilweise veraltet sind. Während Ficker im *Heerschild*, wie er insbesondere im *Sachsenspiegel* festgehalten ist, trotz zahlreicher Abweichungen ein funktionales Bild der Lehnspyramide erblickte, die für jede Stufe einen bestimmten verbindlichen Rechtsrahmen festlegte, haben neuere Arbeiten zur Interpretation des Heerschilds dessen eher idealisier-

Regelmäßig stoßen wir auf eine gemeinsame Belehnung von Brüdern bzw. weiteren männlichen Verwandten.[61] Gemeinsamer Besitz findet auch im Falle von Eheleuten Erwähnung,[62] zudem äußerten die Ehefrauen ihre Zustimmung zur Abtretung eines Lehens als Folge eines Verkaufs oder Tausches.[63] Frauen selbst treten als Besitzerin eines Lehens vor allem als Witwen in Erscheinung,[64] wobei sich häufig der Zusatz findet, es handele sich um ein sog. *lipgedinge* (*Leibgedinge*), also das Recht, das der Frau bis zu ihrem Lebensende die Nutzung von Lehen bzw. zumindest von Teilen desselben nach dem Tode ihres Mannes sicherte.[65] Die Verleihung eines Lehens an eine Frau ohne kon-

---

te Vorstellungen aufgezeigt, die zwar nicht völlig von der Realität abwichen, jedoch einer klar vorgegebenen rechtlichen Normierung und Allgemeingültigkeit entbehrten – „[...] *nicht ein System zwingender Normen, sondern von Ordnungsvorschriften, leges imperfectae.*", Heinrich MITTEIS, *Lehnsrecht und Staatsgewalt. Untersuchungen zur mittelalterlichen Verfassungsgeschichte*, Weimar 1933, S. 438. Hierzu vgl. Karl-Friedrich KRIEGER, *Die Lehnshoheit der deutschen Könige im Spätmittelalter (ca. 1200–1437)*, Aalen 1979, insbesondere S. 119ff. Auf allgemeiner Ebene vgl. sodann Gerhard THEUERKAUF, *Lex Speculum, Compendium iuris: Rechtsaufzeichnung und Rechtsbewusstsein in Norddeutschland vom 8. bis zum 16. Jahrhundert*, Forschungen zur Deutschen Rechtsgeschichte 6, Köln – Graz 1968.

61 CDA II, Nr. 404; Nr. 466; Nr. 592; Nr. 795 (mit Schwager); UB Halb I, Nr. 123; Nr. 362; Nr. 499; UB Halb. II, Nr. 721; Nr. 773; Nr. 796; Nr. 922; Nr. 927; Nr. 1004; Nr. 1511; Nr. 1570; Nr. 1643; Nr. 1692 (Brüder gemeinsam mit Onkel); UB Hild. I, Nr. 201; Nr. 282; Nr. 348; Nr. 401; Nr. 409; Nr. 422; Nr. 433; Nr. 508; Nr. 564; Nr. 577; Nr. 614; Nr. 625 (Brüder gemeinsam mit Neffen); Nr. 639 (Brüder gemeinsam mit Schwager); Nr. 663; Nr. 772; UB Hild. II, Nr. 262; Nr. 281; Nr. 327; Nr. 458; Nr. 463; Nr. 469; Nr. 482; Nr. 514; Nr. 575; Nr. 636; Nr. 717; Nr. 719; Nr. 845; Nr. 871; Nr. 966; Nr. 1006; Nr. 1147; UB Hild. III, Nr. 9; Nr. 176 (Onkel mit Neffen); Nr. 218; Nr. 271; Nr. 708; Nr. 712; Nr. 762; Nr. 772; Nr. 864; Nr. 992 (mit Onkel und Vetter); Nr. 1482; Nr. 1507; UB Meiss. I, Nr. 188; Nr. 206; UB Mers. I, Nr. 353; Nr. 579; UB Naum. II, Nr. 131; Nr. 158; Nr. 207; Nr. 247; Nr. 262; Nr. 283; Nr. 300; Nr. 310; Nr. 430; Nr. 437; Nr. 492; Nr. 537; Nr. 652; Nr. 667; Nr. 703; Nr. 711; Nr. 767; Nr. 776; Nr. 831; UGHBL, Nr. 10; Nr. 17. Eine gemeinsame Belehnung mehrerer Personen, die nicht in einem verwandtschaftlichen Verhältnis standen, finden wir bei Stadtbürgern, wobei das Lehen an zwei, ebenso aber auch an bis zu elf Besitzer erteilt werden konnte. Vgl. hierzu CDA II, Nr. 267 (11); UB Halb. II, Nr. 1578 (2); Nr. 1581 (7); Nr. 1629 (2).

62 CDA I, Nr. 500; CDA II, Nr. 58; Nr. 257; Nr. 278; Nr. 794; Nr. 843; UB Halb. I, Nr. 499; UB Halb. II, Nr. 714; Nr. 715; Nr. 721; Nr. 722; Nr. 886; Nr. 1362; Nr. 1700; UB Hild. I, Nr. 409; Nr. 434; Nr. 522; Nr. 526; UB Hild. II. Nr. 475; Nr. 932; UB Hild. III, Nr. 47; Nr. 852; Nr. 908; UB Meiss. I, Nr. 192; UGHBL, Nr. 9; Nr. 79.

63 UB Halb. II, Nr. 678; Nr. 687; Nr. 1339; UB Hild. I, Nr. 348; Nr. 365; Nr. 570; Nr. 631; Nr. 638; Nr. 1111; UB Hild. II, Nr. 464; Nr. 550; Nr. 570; Nr. 574; Nr. 664; Nr. 914; UB Hild. III, Nr. 498; Nr. 718; Nr. 1332; UB Meiss. I, Nr. 211; Nr. 214; Nr. 238; UB Naum. II, Nr. 298; Nr. 667; Nr. 817.

64 CDA II, Nr. 126; Nr. 126; Nr. 257; UB Halb. I, Nr. 638; UB Halb II, Nr. 671; Nr. 760; Nr. 1183; UB Hild. I, Nr. 372; Nr. 722; UB Hild. III, Nr. 5; Nr. 762; Nr. 1123; UB Mers. I, Nr. 564; UB Naum. II, Nr. 798.

65 Zum *Leibgedinge* (bzw. zur *Leibzucht*) vgl. LexMA 5, 1848. Zu den bezeugten Fällen vgl.: UB Halb. I, Nr. 499; UB Hild. I, Nr. 169; Nr. 567; UB Hild. II, Nr. 237; Nr. 262; UB Meiss. I, Nr. 206; Nr. 214; Nr. 252; Nr. 295; UB Naum. II, Nr. 310; Nr. 318; Nr. 755; Nr. 776; Nr. 786. In einigen

krete Beschreibung als Witwenanteil bzw. eine andere Einschränkung tritt uns in kleinerer Zahl von Fällen entgegen.[66]

Dessen ungeachtet taucht in den Urkunden relativ häufig der Besitzanspruch weiblicher Erben auf Lehnsgüter auf. Im gesamten Quellenkorpus finden sich 155 Urkunden, die die Rechte von Nachfahren betonen. Unter diesen Diplomen sprechen 65 allgemein von Kindern bzw. Erben,[67] 53 von den Rechten der Söhne,[68] 22 von Söhnen und Töch-

---

Urkunden (UB Meiss. I, Nr. 238; Nr. 297; Nr. 350; UB Naum. II. Nr. 610; Nr. 630) erfahren wir, dass eine Frau Lehnsgüter als *dotalicium* verliehen bekommen sollte, d. h. in Form eines vom Mann am Tag der Hochzeit erhaltenen Geschenks, welches als eine lebenslange Absicherung für den Fall der Witwenschaft bestimmt war. Vgl. LexMA 3 (2000), 1328–1329. Das *dotalicium* musste nicht zur Absicherung allein der Ehefrau dienen: Als im Jahr 1295 zwei Bürger auf die ihnen *in feodo* verliehenen Hufen verzichteten, erkannte die Urkunde deren lebenslange Nutzung der Gemahlin und der Schwiegermutter eines der beiden Brüder an. Vgl. UB Naum. II, Nr. 712. Obwohl in der Literatur die Formen des Besitzes als *dotalicium* und *Leibgedinge* eigenständig behandelt werden, scheinen sie in den Quellen eher zu verschmelzen, wie UB Naum. II, Nr. 134 und 776 (*dotalicium* [...] *quod vulgariter lippgedinge dicitur*) unterstreicht. Lediglich in einem einzigen Fall wird betont, dass die Witwe Lehen in Form eines *lipgedinge* unter der Vormundtschaft (*tutelam*) ihres Vaters besitzen sollte. Vgl. UB Meiss. I, Nr. 252.

66 Der Lehnsbesitz ist bei Frauen aus allen sozialen Schichten bezeugt. Im Jahre 1292 beispielsweise verkauften die aus dem Stadtbürgertum stammenden Eheleute Friedrich und Elisabeth aus Halberstadt eine Hufe an das Kloster Adersleben. Sie benötigten hierfür jedoch die Zustimmung des Eigentümers, des *nobilis* Everhard, dem das Ehepaar das Gut abtreten musste, um es an das Kloster zu verleihen. Wenngleich die Urkunde vom Verzicht beider Ehepartner spricht, spezifiziert sie im weiteren Text, dass Elisabeth die besagte Hufe von Everhard erhalten habe: „*Fridericus de Fallersleve laicus, civis Halberstadensis, et Elisabeth uxor ipsius proprietatem unius mansi siti in campis ville Parvi Quenstidde, quem mansum dicta Elisabeth a nobis tenebat titulo pheodali*“. Vgl. CDA II, Nr. 754. Weitere belegte Beispiele CDA I, Nr. 692; UB Halb. I, Nr. 298; UB Hild. I, Nr. 624; UB Hild. II, Nr. 447; UB Hild. III, Nr. 1693; UB Naum. II, Nr. 585; UHdL, Nr. 18.

67 CDA I, Nr. 298; Nr. 453; Nr. 500; Nr. 784; CDA II, Nr. 149; Nr. 267; Nr. 324; Nr. 393; Nr. 434; Nr. 516; Nr.795; UB Halb. I, Nr. 298; Nr. 328; Nr. 499; UB Halb. II, Nr. 678; Nr. 687; Nr. 791; Nr. 805; Nr. 820; Nr. 1024; Nr. 1105: Nr. 1128; Nr. 1194; Nr. 1295; Nr. 1379; Nr. 1581; UB Hild. I, Nr. 239; Nr. 422; Nr. 638; UB Hild. II, Nr. 26; Nr. 676; UB Hild. III, Nr. 172; Nr. 487; Nr. 498; Nr. 590; Nr. 652; Nr. 653; Nr. 708; Nr. 727; Nr. 1261; Nr. 1332; UB Meiss. I, Nr. 206; Nr. 238; Nr. 245; Nr. 296; UB Mers. I, Nr. 342; Nr. 352; Nr. 514; UB Naum. I, Nr. 230; Nr. 239; UB Naum. II, Nr. 313; Nr. 335; Nr. 337; Nr. 381; Nr. 445; Nr. 467; Nr. 479; Nr. 585; Nr. 633; Nr. 667; Nr. 755; Nr. 803; UGHBL, Nr. 99; UHdL, Nr. 43; Nr. 112.

68 Die darüber hinaus genannten Verzeichnisse umfassen die namentlichen Erwähnungen von Erben sowie Fälle, in denen in der Urkunde vom Lehnsbesitz der Eltern zusammen mit den Nachkommen die Rede ist bzw. die Kinder ihre Zustimmung zur Abtretung des Lehnsgutes zum Ausdruck bringen. Alle diese Fälle lassen sich als Beleg für den Anspruch der Nachkommen auf den entsprechenden Besitz interpretieren: CDA I, Nr. 205; Nr. 413; Nr. 675; Nr. 696; CDA II, Nr. 38; Nr. 272; Nr. 278; Nr. 329; Nr. 393; Nr. 522; Nr. 607; UB Halb. I, Nr. 447; Nr. 500; Nr. 638; UB Halb. II, Nr. 1040; Nr. 1510; UB Hild. I, Nr. 86; Nr. 169; Nr. 526; Nr. 537; Nr. 566; UB Hild. II, Nr. 125; Nr. 398; Nr. 464; Nr. 665; Nr. 689; Nr. 1024; UB Hild. III, Nr. 47; Nr. 81; Nr. 186; Nr. 212; Nr. 214; Nr. 218; Nr. 606; Nr. 710; Nr. 1609; Nr. 1633; UB Meiss. I, Nr. 251;

tern[69] und 15 wiederum ausschließlich von Töchtern.[70] In den Urkunden, die das Geschlecht des Nachfahren nennen, ist somit die Erblichkeit von Töchtern in einem Drittel der belegten Fälle bezeugt. Ähnlich wie bei den Söhnen versicherten die Bürgen beim Verkauf bzw. der Abtretung der Lehen für die zu diesem Zeitpunkt minderjährigen Mädchen, dass sie nach Erreichen der Volljährigkeit die Güter abtreten werden.[71] Auch kam es vor, dass die – bei der Ausfertigung der Urkunde – abwesenden Töchter ihre Zustimmung zur Entfremdung später vor dem Lehnsherrn bestätigen mussten.[72] Die Ansprüche weiblicher Erben auf Lehnsgüter bezeugen schließlich auch die Zustimmungen der Schwestern (mitunter der Söhne der Schwestern) zum Verkauf (Tausch, Geschenk usw.) des belehnten Gutes.[73] In einem Fall ist vom Recht die Rede, das Lehen einem nicht näher definierten Verwandten zu vermachen,[74] in einem anderen Fall durfte ein Stadtbürger das Lehen einem Freund übergeben.[75]

Es bleibt die Frage, in welchem Umfang die hier angeführten Beispiele die Erblichkeit der Lehen dokumentieren. Karl-Friedrich Krieger hat in diesem Kontext zu Recht darauf hingewiesen, dass es sich beim Übergang von Lehen auf Nachfahren häufig nicht automatisch um eine reale Erbfolge handeln musste, sondern nur der Anspruch (Folgerecht) auf Übernahme der Güter geltend gemacht wurde.[76] Der Unterschied zwischen faktischer Erblichkeit und reinem Anspruch konnte jedoch leicht verschwimmen, vor allem wenn letzterer erfolgreich über mehrere Generationen aufrechterhalten wurde. So tauchen beispielsweise in der Urkunde Albrechts des Bären 1155 Güter auf, die mehr als 80 Jahre unter den männlichen Erben des ursprünglichen Besitzers weitergegeben worden waren.[77] Als 1146 Bischof Bernhard I. von Hildesheim das Kloster St. Gotthard gründete, findet sich in der Urkunde zugleich eine Bestimmung über das Vogteiamt. Dieses wurde nicht als *beneficium* definiert, so dass der Vogt es weder an beliebige Personen delegieren noch an Nachfahren (*posteros*) weitergeben durfte, wie dies bei Benefizien der

---

Nr. 335; UB Mers. I, Nr. 41; Nr. 282; UB Naum. I, Nr. 235; Nr. 334; UB Naum. II, Nr. 100; Nr. 298; Nr. 310; Nr. 437; Nr. 445; Nr. 452; Nr. 607; Nr. 667; UGHBL, Nr. 93; UHdL, Nr. 39.

69 CDA II, Nr. 267; Nr. 386; Nr. 830; Nr. 843; UB Halb. II, Nr. 671; Nr. 775; Nr. 886; Nr.1339; Nr. 1589; Nr. 1617; Nr. 1700; UB Hild. I, Nr. 263; Nr. 337; UB Hild. II, Nr. 223; Nr. 237; Nr. 428; Nr. 500; Nr. 555; UB Hild. III, Nr. 718; UB Mers. I, Nr. 236; UB Naum. II, Nr. 276; UHdL, Nr. 30.

70 CDA I, Nr. 692; CDA II, Nr. 794; UB Halb. II, Nr. 1051; UB Hild. I, Nr. 522; Nr. 526; Nr. 531; Nr. 567; Nr. 631; Nr. 642; UB Hild. II, Nr. 463; Nr. 676; UB Hild. III, Nr. 5; Nr. 143; UB Mers. I, Nr. 564; UB Naum. II, Nr. 478.

71 UB Hild. II, Nr. 463.

72 UB Halb. II, Nr. 1700.

73 UB Halb. I, Nr. 348; UB Halb. II, Nr. 676; Nr. 1453; Nr. 1469; Nr. 1516; Nr. 1544; Nr. 1589; Nr. 1692; UB Hild. I, Nr. 348; UB Hild. II, Nr. 717; Nr. 914; Sohn der Schwester: UB Halb. II, Nr. 1379; UB Hild. I, Nr. 625; UGHBL, Nr. 99; UB Hild. II, Nr. 281; Empfang des Lehens für „sich selbst" und die Schwester UB Halb. II, Nr. 961.

74 UB Halb. I, Nr. 206.

75 UB Hild. III, Nr. 1507.

76 K.-F. KRIEGER, *Die Lehnshoheit*, S. 48–52.

77 CDA I, Nr. 413.

Fall war.[78] Die Weitergabe eines Benefiziums an Nachkommen galt folglich vor der Mitte des 12. Jahrhunderts als Kennzeichen des Lehnsbesitzes. Dem entspricht die Tatsache, dass die Urkunden ein Lehen als „Erbe" (*hereditas*) bezeichnen bzw. im Falle des Lehnsbesitzes unmittelbar auf das „Erbrecht" (*ius hereditarium*) verwiesen wird.[79]

Dies bedeutet keinesfalls, dass die Zeitgenossen nicht zwischen allodialem und Lehnsbesitz unterschieden hätten.[80] Unabhängig davon machte gerade die Weitergabe von Lehen an die „Söhne der Söhne" bzw. „von Erbe zu Erbe", wie die Urkunden den Lehnsbesitz regelmäßig beschreiben,[81] die verliehenen Güter zu einem festen Bestandteil des „erblichen" Besitzes nicht allein bei Adeligen, sondern auch bei stadtbürgerlichen Familien aus.[82] Bei einigen Urkunden stoßen wir auf einen ausdrücklichen Ausschluss bzw. eine „generationsbezogene" Einschränkung der Erblichkeit. Auf den Lehnsbesitz von Witwen in Form der Leibgedinge wurde bereits hingewiesen. In ähnlicher Weise ist in einigen Fällen die Rede von einer Belehnung, begrenzt auf die Zeit des irdischen Lebens des so Belehnten (mitunter auch seiner Ehefrau) unter Ausschluss der Nachfah-

78 UB Hild. I, Nr. 239: „*Reliquorum vero prediorum ecclesiasticorum advocatum volumus ut abbas cum fratribus suis consilii maturioris eligat eique illorum tuitionem pro salute anime sue iniungat non in beneficium, sed tamquam comissum permansurum ei, si patronatus pius fuerit; sin autem alii committendum nec in posteros cuiusquam beneficii more transiturum*".

79 CDA I, Nr. 675; CDA II, Nr. 404; Nr. 886; UB Halb. I, Nr. 447; UB Hild. II, Nr. 790; UB Hild. III, Nr. 627; Nr. 943; UB Mers. I, Nr. 41; Nr. 282; Nr. 373; UGHBL, Nr. 87; UHdL, Nr. 17. Als anschauliches Beispiel für die besitzmäßig keineswegs festgeschriebene Verwendung des Begriffes „Erbe", der ebenfalls den verliehenen Besitz umfassen konnte, kann die Urkunde des Naumburger Bischofs Meinher aus dem Jahr 1278 gelten. Der Text weist darauf hin, dass der ursprüngliche Besitzer die erworbenen Hufen *non tamquam foedum vel hereditas, sed tamquam vera proprietas* innehatte. Lehen und „Erbe" werden darin ausdrücklich in einen Gegensatz zum „wahren Eigentum" gestellt, UB Naum. II, Nr. 461.

80 Vom Gegenteil zeugen am besten jene Fälle, in denen ein Teil des Besitzes sich in allodialem Eigentum befand, während der übrige Teil als Lehen gehalten wurde. In einem solchen Fall verweisen Begriffe wie *ius hereditarium* und *ius feudale* offenkundig auf unterschiedliche Besitzformen. So erwarb beispielsweise Bischof Bernhard I. von Hildesheim 30 Hufen, die die Verkäufer *partim hereditario, partim beneficiali iure* besaßen. Vgl. UB Hild. I, Nr. 210. In ähnlicher Weise vergaß Bischof Volrad von Halberstadt, als er aufgrund von Schulden der Erzdiözese Magdeburg die Grafschaft Seehausen verkaufte, nicht zu betonen, diese befände sich nicht in Lehnsbesitz, sondern sei „frei" (*comitiam domino Rudolpho archiepiscopo Magdeburgensi et ecclesie sue vendidimus liberam et non infeudatam*), UB Halb. II, Nr. 930. Wenngleich selbstverständlich nicht von Allodialbesitz gesprochen wird, zeigt die Urkunde den Unterschied zwischen den beiden eigentumsrechtlichen Titeln – dem frei disponierbarem Besitz und den verliehenen Gütern mit eingeschränkten Nutzungsmöglichkeiten.

81 In den Urkunden finden sich Beschreibungen der Vererbbarkeit durch den Verweis auf die Weitergabe von Generation zu Generation. Vgl. CDA I, Nr. 413 (*filii filiorumque*); Nr. 453 (*ab herede ad heredem*); CDA II, Nr. 38 (*filii filiorum*).

82 Vgl. u. a. CDA II, Nr. 267; Nr. 795; UB Halb. II, Nr. 1581; UB Hild. I, Nr. 239; UB Naum. II, Nr. 478.

ren.[83] In anderen Fällen sollte das Gut nach dem Tod des Kindes des aktuellen Nutzers wieder in die Hände des Verleihers übergehen.[84]

Pflichten

Auf eine Auflistung der mit dem Besitz eines Lehens verbundenen Pflichten stoßen wir im Urkundenmaterial nur vereinzelt. Die Verpflichtung zu militärischem Dienst verbirgt sich häufig hinter der allgemeinen Formulierung „zur Hilfe bereit sein" bzw. „dienen".[85] Eine detailliertere Aufzählung der militärischen Verpflichtungen finden wir vor allem bei der Belehnung mit einer Burg, wobei der Umfang der damit verbundenen Pflichten unterschiedlich ausfallen konnte. Die Brüder Hermann und Otto von Harbke sollten auf der gleichnamigen Burg 20 „Bewaffnete" (*armatos*) bereithalten, für die Heerzüge Kaiser Ottos IV. fünf *milites* entsenden und dem Welfen insgesamt treu „gegen alle Personen" (*contra omnes homines*) dienen.[86] Aicho von Dorstadt erhielt für die Überlassung der eigenen Güter an das Bistum Hildesheim Hof und Burg als Lehen. Er verpflichtete sich dabei, den Bischöfen Zugang zur Burg zu gewähren, sofern diese hier Gericht zu halten beabsichtigten. Auf eigene Kosten sollte Aicho zudem gegen die die bischöflichen Güter attackierenden Slawen vorgehen und den in der Grenzregion von Bistum und Westfalen reisenden „Höflingen" (*curialibus*) Schutz gewähren. Eine weitere Teilnahme an Heerzügen bzw. Diensten stand ihm frei. Aichos Söhne sollten nach der Übernahme des Erbes für den Bischof auf eigene Kosten 15 *milites armatos* bereitstellen. Weitere Verpflichtungen nennt die Urkunde nicht.[87]

Der militärische Dienst der Vasallen konnte Begrenzungen unterliegen, insbesondere was die Person des möglichen Gegners betraf. Der Hildesheimer Bischof Adelog hatte die Brüder Ludolf und Adolf von Dassel mit einer Hälfte der Burg Homburg belehnt, während die andere Hälfte zwei weitere Brüder, ein gewisser Bodo und sein Bruder Bertold, erhielten. Das erstgenannte Brüderpaar und deren Nachkommen verpflichteten sich im Falle eines Krieges dem Bistum militärische Hilfe zu leisten. Dies geschah unter der Voraussetzung, dass die Belehnten die verwandtschaftlichen Bande bzw. die Treuepflicht gegenüber einer dritten Seite (*consanguinitatis vinculum vel fidelitatis debitum*) nicht vernachlässigten. Die auf Weisung der Brüder in der Burg stationierten Männer

---

83 UB Halb. II, Nr. 714; Nr. 715; UB Hild. I, Nr. 409; UB Meiss. I, Nr. 192; UB Naum. II, Nr. 126; Nr. 417.

84 CDA II, Nr. 257.

85 CDA II, Nr. 174; Nr. 181; UB Halb. I, Nr. 123; UB Hild. I, Nr. 263; Nr. 563; UGHBL, Nr. 114; Nr. 123; Nr. 124. Die Urkunden verzeichnen darüber hinaus die Formulierung „negativer" Pflichten, um dem Lehnsherrn keinen Schaden zuzufügen (UB Halb. II, Nr. 1407) bzw. die Befreiung vom militärischen Dienst (CDA II, Nr. 267), mitunter einen Streit zwischen dem Bistum Merseburg und Dietrich von Landsberg, der Vasallen und Klerus des Bistums zu militärischem Dienst und Kontributionen gezwungen hatte (UB Mers. I, Nr. 365; Nr. 427).

86 UB Halb. I, Nr. 499 (1217).

87 UB Hild. I, Nr. 169 (1119).

mussten allerdings den Bischof gegen jede andere Person unterstützen. Die *beneficiati* und *ministeriales* des Bistums sollten auch weiterhin in der Burg sowohl in eigenen als auch in bischöflichen Angelegenheiten Aufnahme finden und Hilfe erhalten. Zu den gleichen Bedingungen erfolgte die Belehnung der Brüder Bodo und Bertold mit der anderen Hälfte der Burg. Der Unterschied bestand jedoch darin, dass diese und deren eigene Leute ausnahmslos gegen jeden Gegner Dienst leisten sollten.[88]

Gerade die Frage der genauen Bestimmung, wem gegenüber die Lehnsträger keinen Dienst leisten sollten, wird im Rahmen der sonst eher allgemein formulierten Verpflichtung, „Hilfe“ (*auxilium*) zu gewähren, am meisten spezifiziert. Die Vasallen mussten beispielsweise keinen Dienst gegen das Reich (*imperio*) leisten.[89] Ebenso vereinbarte man Ausnahmen hinsichtlich weiterer Lehnsherren. Heinrich von Hodenhagen überließ die gleichnamige Burg Herzog Albrecht von Sachsen, von dem er den Besitz als Lehen (*iusto titulo feodali*) zurückübertragen erhielt. Gemeinsam mit den Erben verpflichtete er sich dabei, den Herzog gegen „alle“ Personen zu unterstützen, mit Ausnahme seines „eigenen Herrn“ (*domino nostro excepto*), des Herzogs von Lüneburg.[90] Da die Verpflichtung zur Hilfe auf Gegenseitigkeit beruhte, findet sich eine ähnliche Einschränkung auch auf der Seite des Lehnsherrn. Bischof Ludolf von Minden gelobte zwar seinem Lehnsmann, dem Grafen Johann von Wunstorf, gegen jeden nur denkbaren Feind beizustehen, mit Ausnahme des Herzogs von Lüneburg, des Grafen von Wölpe, des Erzbistums Köln, des Bistums Osnabrück, des Stiftes Herford, sowie der Grafen von Schauenburg und Ravensberg.[91]

Neben den militärischen Pflichten taucht in den Urkunden auch die Verpflichtung auf, vom erteilten Lehen Abgaben in Gestalt einer Geldrente oder Naturalleistung zu entrichten. Eine von Markgraf Albrecht dem Bären 1155 ausgefertigte Urkunde bestätigte dem Kloster St. Simonis und Judä in Goslar, dass man seit über 80 Jahren alljährlich einen Solidus von drei Hufen und sieben Parzellen erhalten habe. Den Besitz hatte dereinst dem Kloster ein gewisser Niuta übertragen, der die Güter nachfolgend *in beneficium* erhalten habe, wobei die Güter nach seinem Tode an seine Gemahlin und ihre Söhne und Erben fallen sollten. Die jährliche Zahlung versinnbildlichte zugleich den Besitzanspruch (*per quem ei possessionem suam recognoscat*). Mit dem Tode des letzten Erbberechtigten fiel der Besitz an das Kloster zurück.[92] Ein im Grunde analoges Bild zeigt eine mehr als ein Jahrhundert später ausgestellte Urkunde. 1280 erwarb der Altenburger Bürger Richard gemeinsam

88 UB Hild. I, Nr. 422 (1183). Mit der Möglichkeit auf der als Lehen vergebenen Burg Schutz vor Feinden zu suchen, rechneten auch Bischof und Kapitel zu Halberstadt, als sie die Burg Gatersleben verliehen. Vgl. UB Halb. II, Nr. 1040.

89 UB Hild. I, Nr. 237 (1227); ähnlich auch UB Hild. II, Nr. 262 (1228), als die belehnten Brüder darüber hinaus schworen, sie würden die kommenden vier Jahre ohne Anspruch auf Entlohnung auf jeder beliebigen bischöflichen Burg Dienst leisten und, sofern einer von ihnen stürbe, für den Verstorbenen einen anderen *milites* entsenden.

90 UGHBL, Nr. 114 (1289).

91 UGHBL, Nr. 160 (1300).

92 CDA I, Nr. 413.

mit seiner Frau, der Tochter und den möglichen Erben *in feodo* eine Hufe von der Kollegiat-Kirche St. Marien in Naumburg. Dafür sollte an den Probst alljährlich ein Talent Wachs geliefert werden, wobei die Zahlung wiederum eine Art Huldigung darstellte.[93]

Gegen eine jährliche Zahlung vergebene Lehen finden wir zumeist in Händen von Bürgern, Ministerialen bzw. nicht genauer einzuordnenden *milites*. So hatte der Halberstädter Münzmeister Werner vom Bischof für sich und seine Nachfahren *iure pheodatico* zwei Hufen gegen eine jährliche Zahlung von zehn Solidi je Hufe erhalten.[94] Ein gewisser *famulus* Werner wiederum hatte für sich, seine Gemahlin, die Tochter und ihre weiteren Erben drei Hufen als Lehen erworben, für die eine Abgabe von zwölf Solidi alljährlich zu St. Michael entrichtet werden musste. Bei einer verspäteten Geldzahlung kam bereits mit Beginn des Folgetages eine dann stetig wachsende Geldstrafe hinzu.[95] Ein gewisser *miles* Heinrich verkaufte den Kanonikern von St. Michael in Aken vier Hufen, die er selbst von Albrecht I. von Anhalt *in feodo* verliehen bekommen hatte. Hiervon musste jeder Besitzer zwei Maß Getreide und ein Schwein (*porcum*) im Wert von einem halben Gulden abführen.[96] Als der *miles* Gerbord im Jahre 1262 Neuankömmlinge in einem für die Kolonisation (*indago*) bestimmten Teil des Waldes die Ansiedlung ermöglichte, verpflichtete er diese Kolonisten zugleich zu Geld- und Naturalabgaben. Obwohl die Urkunde den Akt beschreibt, den wir als Emphyteuse bezeichnen können, führt Gerbord am Ende wortwörtlich aus, dass er alles den genannten *civibus* erteilt habe *iure pheodali ita, ut eodem iure devolvantur ad uxores et pueros eorum et ad alios ipsorum consanguineos et cognatos*.[97] In einem Ausnahmefall erhalten wir Kenntnis, welchem Zweck die auf dem Lehen beruhende Zahlung diente. Zwei Solidi, die der *dominus Borchardus de Berwinkele* von einer halben, *in pheodo* vom Hildesheimer Bistum verliehenen Hufe entrichtete, waren dabei für Kerzen (*ad lumen*) in der Kirche des gleichnamigen Dorfes bestimmt.[98]

---

93 UB Naum. II, Nr. 478 (*qui in homagii singulis annis in festo assumpcionis sancte Marie in talento cere domino proposito respondebunt*).

94 UB Halb. II, Nr. 1128 (1265).

95 CDA II, Nr. 794 (1295).

96 CDA II, Nr. 557 (1283).

97 CDA II, Nr. 272. Auf die Verbindung von Kolonisierung und Lehnsterminologie stoßen wir auch im Jahre 1159, als der Abt des Klosters Ballenstedt zwei Dörfer flämischen Kolonisten übertrug, damit sie diese nach ihren Rechten besitzen sollten. Zugleich jedoch belehnte er mit dem ganzen Unternehmen (*inbeneficiatis*) zwei „Vorsteher“ (*Burmestere*) der Kolonisten. Vgl. CDA I, Nr.454.

98 UB Hild. III, Nr. 113 (1266); weitere bezeugte Einnahmen: CDA II, Nr. 386 (1271); Nr. 843 (1297); UB Halb. II, Nr. 1391 (1282); Nr. 1427 (1283); UB Hild. II, Nr. 114 (1224); UB Hild. III, Nr. 9 (1260); Nr. 212 (1268); Nr. 787 (1287); UB Meiss. I, Nr. 238 (1275); UB Naum. II, Nr. 181 (1241); Nr. 525 (1285); UGHBL, Nr. 184 (1304–1324). Auch einer Urkunde aus dem Jahre 1296 zufolge hatten die vom Kloster Frose mit ihren Gütern belehnten (*infeodati*) „Pächter“ (*censuales homines*) einen Solidus pro Morgen zu entrichten. Vgl. CDA II, Nr. 810. Die bislang aufgeführten Beispiele belegen deutlich, dass die Zahlung eine Pacht für ein verliehenes Lehen darstellte. Weitere Urkunden benutzen freilich lediglich Formulierungen in Gestalt von „*unum mansum* [...] *annuatim persolventem*“ bzw. „*duos mansos* [...] *solventes*“ usw. Aus Sicht des Ausstellers (Lehnsherrn) lässt sich auch dieser stilisierte Eintrag als Angabe über eine Pacht für das Lehen interpretieren. Es scheint aber auch möglich, dass die Urkunde lediglich den Betrag verzeichnet,

Allgemein kann festgestellt werden, dass wir eine genaue Beschreibung der Pflichten – sei es nun in Form militärischer bzw. anderer Dienste oder der Abgaben – im analysierten Quellenmaterial lediglich in einer begrenzten Zahl von Fällen finden. Wir wollen nunmehr erneut die Frage stellen, inwieweit dieser Zustand auf die Vererbbarkeit der Lehen sowie die Art und Weise der Ausnutzung der Schriftagenda zurückzuführen ist. Mehr als 80 Jahre hatten Niuta und dessen Nachfahren einen Solidus in die Schatztruhe des Klosters entrichtet. Die jährliche Zahlung bestätigte die Rechte des Klosters sowie der Besitzer. Als aufgrund des Aussterbens der unmittelbar von Niuta ausgehenden Erblinie die Kontinuität der Zahlungen und des damit verbundenen Symbolwerts nicht mehr gewährleistet war, erforderte die neue Situation einen erneuten schriftlichen Eintrag. Wenngleich die Bedeutung der Schriftagenda unbestritten fortwährend zunahm,[99] lässt sich die insgesamt geringe Zahl urkundlicher Einträge über die Pflichten nicht als eine mangelhafte Verwaltung der Güter interpretieren. Sofern ein symbolischer Akt kontinuierlich die Erinnerung an die Bindung (und die sich hieraus ableitenden Verpflichtungen) zwischen dem Eigentümer des Gutes und dessen aktuellem Besitzer bewahrte, entstand das Bedürfnis nach einer schriftlichen Aufzeichnung erst in dem Augenblick, in dem sich die ursprüngliche Erinnerung veränderte bzw. nicht mehr ausreichte und stattdessen eine Neuformulierung erfolgen musste. In dieses Bild passt die bereits erwähnte begrenzte Zahl an Urkunden, die die Weitergabe von Lehen an die Erben konfirmierten.

Lehen und Pfand

Dem Lehnswesen begegnen wir regelmäßig in Verbindung mit einem weiteren Akt der Besitzverleihung – nämlich der Verpfändung. Der Schuldner verpflichtete sich hierbei, den Schuldbetrag innerhalb einer bestimmten Frist zu begleichen. Geschieht dies nicht,

---

der aus dem Gut an den aktuellen Besitzer zu entrichten war. Sofern das Diplom einen konkreten Termin für die Abgabe nennt, darf davon ausgegangen werden, dass es sich eher um die erstgenannte Möglichkeit handelt. Die Festlegung und das Einhalten der Termine für die Abgaben besaß gerade für den Lehnsherrn Bedeutung, der möglichst genau die aus dem verliehenen Gut fließende Abgabe betont. Vgl. CDA II, Nr. 416 (1273); UB Meiss. I, Nr. 207 (1269); Nr. 251 (1281); Nr. 286 (1286); UB Mers. I, Nr. 585 (1295); Nr. 598 (1298); UB Naum. II, Nr. 767 (1299). In den übrigen Fällen können beide Möglichkeiten Relevanz besitzen. Vgl. CDA I, Nr. 674; Nr. 678; CDA II, Nr. 278; Nr. 379; Nr. 690; UB Halb. I, Nr. 277; Nr. 309; Nr. 348; Nr. 579; UB Halb. II, Nr. 777; Nr. 796; Nr. 973; Nr. 1233; Nr. 1338; Nr. 1343; Nr. 1692; Nr. 1723; Nr. 1726; UB Hild. II, Nr. 676; UB Hild. III, Nr. 1609; UB Meiss. I, Nr. 211; Nr. 214; UB Mers. I, Nr. 481; Nr. 493; Nr. 617; UB Naum. I, Nr. 284; Nr. 418; UB Naum. II, Nr. 26; Nr. 38; Nr. 131; Nr. 295; Nr. 300; Nr. 466; Nr. 515; Nr. 628; Nr. 754; Nr. 786; Nr. 831; Nr. 846; UHdL, Nr. 25; Nr. 78; UGHBL, Nr. 79.

99 Dies geht bei einem ersten Blick in die Urkundenbücher aus der Zahl der überlieferten Diplome für die einzelnen Zeitabschnitte selbst hervor.

sollten die Güter im Besitz des Gläubigers als Lehen verbleiben.[100] Die Verbindung von Verpfändung und Lehen wird in der Forschung als eine Art Rückversicherung des Schuldners gedeutet, die im Falle der Nichtbegleichung der verliehenen Summe zumindest teilweise den vollständigen Besitzverlust verhinderte.[101] Diese Auffassung teilte man jedoch am Sitz des Bischofs der Diözese Hildesheim zu Beginn der achtziger Jahre des 13. Jahrhunderts offenkundig nicht ganz. Bischof Siegfried II. hatte einige seiner *bona epischopalia* verpfändet, die im Falle einer Nichtbegleichung *pro iusto feodo iure hereditario* beim Gläubiger verbleiben sollten. Als der Zahlungstermin nahte, fehlten dem Bischof die erforderlichen Geldmittel. Er wandte sich daraufhin an das Kapitel mit der Bitte, man möge mit dessen Unterstützung die *bona*, die schon „verloren schienen" (*quasi alienata viderent*), der Kirche zurückgeben. Das Kapitel löste die Güter zwar ein, doch geschah dies unter der Bedingung, diese sollten fortan auch in dessen Besitz verbleiben.[102] Aus dem Text der Urkunde wird nicht sichtbar, dass aus Sicht der Kirchenvertreter die Verbindung von Pfand und Lehen dem Schuldner eine Sicherung des verpfändeten Besitzes eingebracht hätte. Die Furcht vor einem erblichen Lehnsgut, das Bischof und Kapitel zufolge einem Verlust der Güter gleichkam, verweist eher auf den Vorteil einer solchen Transaktion für den Gläubiger. Im Übrigen taucht das Argument, eine Verleihung von Gütern als Lehen bedeute deren „Entfremdung" (*alienatio*), regelmäßig im untersuchten Urkundenmaterial auf. Die Vertreter von Kircheninstitutionen verpflichten sich dabei, die Güter nicht als Lehen zu vergeben, wobei sie hierzu auch durch den Papst aufgerufen werden,[103] und zwar sogar unter Androhung einer Exkommunizierung.[104]

Das Beispiel aus der Diözese Halberstadt deutet darüber hinaus auch an, dass die Verleihung eines verpfändeten Gutes an den Gläubiger als Lehen keineswegs eine vermeintliche Absicherung sein musste. In einer Urkunde von Anfang April 1261 erinnert Burggraf Burchard von Querfurt daran, er habe für die Schulden von Bischof und Kapitel

---

100 Einige Urkunden sprechen nicht direkt von einem Pfand (*nomine pignoris*, *obligatio* usw.), sondern lediglich von der Verleihung eines Lehens für eine bestimmte Summe, nach deren Begleichung das Lehnsgut wiederum in die Hände des Eigentümers wechselt. Auch diese Fälle kann man unter Verpfändungen zusammenfassen. Vgl. CDA II, Nr. 249; UB Halb. II, Nr. 700; Nr. 1004; Nr. 1023; Nr. 1075; Nr. 1097; Nr. 1510; UB Hild. I, Nr. 337; UB Hild. II, Nr. 414; UB Hild. III, Nr. 708; Nr. 852; Nr. 864; Nr. 1261; Nr. 1595; Nr. 1693; Nr. 1673.

101 Vgl. K.-F. KRIEGER, *Die Lehnshoheit*, S. 56–58. Karl-Heinz SPIEß, *Lehnsrecht, Lehnspolitik und Lehnsverwaltung der Pfalzgrafen bei Rhein im Spätmittelalter*, Wiesbaden 1978, S. 231 gelangte zur Auffassung: *„Die Lehnsbindung beinhaltete eine ausgezeichnete Absicherung des Pfalzgrafen gegen jede Willkür der Pfandhalter* [...]".

102 UB Hild. III, Nr. 627 (1283).

103 Vgl. CDA I, Nr. 104; Nr. 118; Nr. 121; Nr. 122; Nr. 124; Nr. 134; Nr. 184; Nr. 477; Nr. 513; Nr. 567; CDA II, Nr. 86; UB Halb. I, Nr. 142; Nr. 150; Nr. 152; Nr. 213; Nr. 249; Nr. 282; UB Halb. II, Nr. 877; Nr. 934; Nr. 964; Nr. 1026; Nr. 1078; Nr. 1242; Nr. 1249; Nr. 1271; Nr. 1280; Nr. 1656; UB Hild. I, Nr. 206; Nr. 235; Nr. 315; Nr. 413; UB Hild. II, Nr. 160; UB Hild. III, Nr. 515; Nr. 862; Nr. 1624; UB Mers. I, Nr. 282; Nr. 316; Nr. 626; UB Naum. II, Nr. 61; Nr. 67; Nr. 185.

104 UB Hild. I, Nr. 235.

zu Halberstadt bei den Juden in Quedlinburg „verbindlich eingestanden" (*obligati fuimus*). Hierfür habe er vom Bistum *iure feodali* eine Burg und zwei nicht weiter beschriebene *officia* erhalten. Sei nun zum festgelegten Termin eine Einlösung der Güter nicht möglich, sollte Burchard diese zum höchstmöglichen Preis verkaufen. Sofern die eingenommene Summe die Höhe der Schuld übersteige, fiele der so erzielte Gewinn an das Bistum. Für den Fall einer geringer ausfallenden Verkaufssumme müssten dagegen Bischof oder Kapitel die Differenz begleichen.[105] Die Ausnutzung des Lehnswesens war hier also der gewöhnlichen Verpfändung gleichgestellt, ohne das dies dem Schuldner irgendeinen sichtbaren Vorteil gebracht hätte.[106]

Im Urkundenmaterial findet sich des Weiteren ein Beispiel, bei dem der Lehnsträger das verliehene Gut in die Hände des Eigentümers zurückverpfändete. Die Brüder Johann und Bertold überließen dem Kloster Dorstadt für 30 Mark Silber einen Teil jener Güter, die sie vom Kloster *iure feodali* bekommen hatten, unter der Bedingung, dass das Kloster diese für einen Zeitraum von sechs Jahren nutzen werde. Der Vertrag legte fest, dass für den Fall, es käme nicht zum Rückkauf der Güter, diese dem Kloster für weitere sechs Jahre verbleiben sollten. Könnten die Brüder die Schuld auch nach Verstreichen dieser Frist nicht begleichen, bestünde noch die Möglichkeit, in den drei Folgejahren die Summe zu zahlen. Sollte dies nicht passieren, werde das Kloster den Brüdern, sofern diese noch am Leben seien, oder eben deren Nachfahren bzw. der Mutter zehn Mark zahlen und der Besitz verbleibe beim Kloster.[107]

Die Verknüpfung von Lehen und Pfand beweist nicht allein das Ineinanderfließen verschiedenartiger Kategorien des verliehenen Besitzes. Zusammen mit der Absicht, die Verleihungen von Kirchengütern zu beschränken, unterstreicht sie zugleich auch die starke „eigentumsmäßige" Beziehung gegenüber dem übertragenen Besitz sowie das sich hieraus ergebende Problem kirchlicher Institutionen, eine Bindung an die verliehenen Güter aufrecht zu halten. Der Fall, in dem sich ein Kloster den eigenen Besitz aus den Händen von Lehnsmännern „anmietete", ohne dass damit der Anspruch auf die Güter irgendwie aufgegeben worden wäre, illustriert in treffender Weise, warum Lehen als *hereditas* galten.

Prekarien und Auftragslehen

Innerhalb des Urkundenmaterials begegnen wir auch dem Phänomen der sog. *Auftragslehen,* die an die Form des als Prekarie bezeichneten Besitzes erinnern.[108] Ein charakteristi-

105 UB Halb. II, Nr. 1023.

106 Dies schließt selbstverständlich nicht aus, dass in anderen Fällen die Verbindung von Lehnsrecht und Pfand diese Funktion erfüllte, wie dies K.-F. KRIEGER, *Die Lehnshoheit*, S. 52f. und K.-H. SPIEß, *Lehnsrecht*, S. 230ff. aufgezeigt haben.

107 UB Hild. III, Nr. 218 (1268); ein ähnlicher Fall in UB Hild. III, Nr. 1055.

108 Zur Charakteristik des Auftragslehens vgl. Karl-Heinz SPIEß, *Das Lehenswesen in Deutschland im hohen und späten Mittelalter*, Idstein 2009, S. 37–39; zu prekarialen Bindungen B. KASTEN,

sches Merkmal der erwähnten Art der Verleihung eines Lehens bestand darin, dass der Belehnte sich an der „Transaktion" in gewisser Weise mit dem eigenen Besitz beteiligte. Im untersuchten Quellenkorpus finden wir mehrere Typen dieser Belehnungsart. Diese erfolgte sehr häufig in den Fällen, wenn es den Lehnsherrn zu entschädigen galt. So konnte es geschehen, dass Lehnsträger das Lehen einer anderen Person, einer Stadt oder insbesondere einer kirchlichen Institution schenkten oder verkauften. Dabei kompensierten sie dem Senior zugleich den Verlust durch eigene Güter, die sie nachfolgend wiederum als Lehen empfingen. In gleicher Weise erfolgte eine Entschädigung, wenn der Lehnsträger vom Herrn ein Lehen als Eigentum erwarb.[109] Darüber hinaus finden sich Beispiele, in denen die Besitzer Allodialgüter abtraten, die sie dann in Form eines Lehens zurückgewannen.[110] Der Grund für eine Überlassung der eigenen Güter lag offenkundig in der Absicht, sich unter den Schutz eines höher gestellten Herrn zu stellen. Mit Blick auf kirchliche Institutionen konnte es sich jedoch auch um eine bestimmte Form der frommen Stiftung handeln.[111] Die Besitzabtretung bildete in einigen Fällen die Voraussetzung für die Erteilung eines Lehens. Die künftigen Lehnsträger verzichteten zu Gunsten des neuen Herrn auf bestimmte Güter, für die sie dann andere als Lehen erhielten. Als Beispiel hierfür mag die bereits erwähnte Belehnung Aichos von Dorstadt dienen.[112] Mitun-

---

Beneficium, S. 243–260. In der tschechischen Historiographie widmete sich der Frage von Prekarie und Benefizium vor allem auf der Grundlage bayerischer Quellen Jaroslav KUDRNA, *Studie k otázce beneficia a prekarie* [Eine Studie zur Frage des Benefiziums und Prekarie], SPFFBU C 5, 1956, S. 25–37; Idem, *Studie k barbarským zákoníkům Lex Baiuvariorum a Lex Alamanorum a počátkům feudálních vztahu v jižním Německu* [Studien zur Lex Baiuvariorum und Alamanorum und den Anfängen des Feudalismus in Südwestdeutschland], Praha 1959, insbes. S. 66–74.

109 CDA II, Nr. 387; Nr. 838; UB Halb. I, Nr. 485; Nr. 488; Nr. 573; Nr. 606; UB Halb. II, Nr. 666; Nr. 782; Nr. 851; Nr. 1087; Nr. 1102; Nr. 1298; Nr. 1723; UB Hild. I, Nr. 474; UB Hild. III, Nr. 92; Nr. 271; Nr. 364; Nr. 355; Nr. 384; Nr. 408; Nr. 426; Nr. 577; Nr. 715; Nr. 727; Nr. 848; Nr. 914; UB Meiss. I, Nr. 272; UB Mers. I, Nr. 482; UGHBL, Nr. 25; UHdL, Nr. 18.

110 CDA I, Nr. 413; UB Hild. I, Nr. 242; Nr. 522; Nr. 526; Nr. 531; UB Hild. III, Nr. 1372; Nr. 1482; UGHBL, Nr. 99; Nr. 114; Nr. 155.

111 Vgl. K.-H. SPIEß, *Das Lehnswesen*, S. 38; B. KASTEN, *Beneficium*, S. 249. Dabei stellt sich natürlich die Frage, ob in einem solchen Fall dem Lehnsträger bessere Bedingungen, Erleichterungen bzw. Privilegien im Zusammenhang mit dem Lehen eingeräumt wurden. In einigen Fällen konnte es sich beispielsweise um die Nachfolge in weiblicher Linie handeln (vgl. unten S. 82). Es hat jedoch nicht den Anschein, dass dies selbstverständlich gewesen sei. Als im Jahre 1289 Heinrich von Hodenhagen seine gleichnamige Burg in die Hände Herzog Albrechts von Sachsen übergab, verpflichtete er sich zu einem unbegrenzten Dienst „gegen alle" für seine eigene Person und seine Erben. Die einzige Ausnahme stellte die mögliche Hilfe gegen einen weiteren Lehnsherrn, Herzog Heinrich von Lüneburg, dar. Und auch der bereits mehrfach erwähnte Niuta und dessen Erben bezahlten einen jährlichen Solidus in die Klosterkasse. Vgl. CDA I, 413; UGHBL, Nr. 114. Beide Fälle unterschieden sich somit nicht sichtbar von der gewöhnlichen Verleihung eines Lehens, das aus dem Besitz des Seniors stammte.

112 UB Hild. I, Nr. 169; ähnliche Fälle: CDA I, Nr. 453; UB Halb. I, Nr. 123.

ter erwarb der ursprüngliche Besitzer die abgetretenen Güter in Form eines um weitere, neu verliehene Güter erweiterten Lehens zurück.[113]

Gerade die Urkunde für Aicho von Dorstadt beschreibt dabei den gesamten Akt der Belehnung als Prekarie.[114] Die Wurzeln der Prekarie reichen bis in die Antike zurück. Der Terminus leitet sich offenkundig von der Bezeichnung „Bitte" (*prex*) ab, mit der der Interessent um die Verleihung eines ausgewählten Gutes bat. Im Frühmittelalter bildete die Prekarie eine Form der Belehnung, die dem Empfänger zumeist gegen eine festgelegte Pacht die Nutzung und den Ertrag aus den verliehenen Gütern garantierte. Obwohl bei kirchlichen Institutionen die Verleihung in Form der Prekarie überwog, ist diese Art auch zwischen weltlichen Personen bezeugt. Neben der vorherrschenden Form der Pacht konnte die Prekarie auch die Gestalt einer anderen persönlichen Verpflichtung, Vasallendienste eingeschlossen, annehmen. Der Besitz war in der Regel zeitlich begrenzt, etwa bis zum Tod des Empfängers. Der Vertrag konnte jedoch auch eine bestimmte Form der Vererbbarkeit enthalten. Für die als *precaria oblata* bzw. *precaria remuneratoria* beschriebenen Formen des Prekariats war dabei charakteristisch, dass der Vertrag die oben angedeutete Abtretung des eigenen Besitzes des zukünftigen Empfängers der Prekarie erforderte. Die frühmittelalterlichen Quellen verwenden im Zusammenhang mit der Prekarie den Ausdruck *beneficium*, womit das verliehene Gut bezeichnet wurde.[115]

In der Forschung findet sich die These, die prekarialen Bindungen seien bereits im Frühmittelalter auf die Verleihung an nichtadelige Personen beschränkt gewesen. Den erwähnten Prozess begleitete zudem eine terminologische Differenzierung. Im Unterschied zur Prekarie sollte der Terminus *beneficium* weiterhin auf das Lehnswesen und die Bindungen zwischen Adeligen verweisen. Diese Annahme dürfte allerdings nicht ganz berechtigt sein, was nicht allein die Urkunde für Aicho von Dorstadt unterstreicht. Eine Verleihung *in precariam* finden wir noch zu Beginn des 12. Jahrhunderts auch bei Angehörigen von Grafenfamilien.[116] Das Phänomen der sog. Auftragslehen entspricht darüber hinaus in der Sache der Form älterer prekarialer Verträge. Eine Veränderung konnte sich also lediglich in der verwendeten Terminologie zeigen.[117]

113 UB Halb. II, Nr. 1166; UB Meiss. I, Nr. 95.

114 UB Hild. I, Nr. 169: „*Et ut huius precarie institutio stabilis et inconvulsa futuro permaneat evo, hanc inde paginam conscribi eamque signa dominice passionis et sigilli nostri precepimus impressione insigniri*".

115 B. KASTEN, *Beneficium*, S. 247ff.; J. KUDRNA, *Studie*, S. 69–74.

116 UB Hild. I, Nr. 158; vgl. darüber hinaus B. KASTEN, *Beneficium*, S. 258–259.

117 Brigitte KASTEN, *Zum Gedankengut der Fürstenerhebungen im 12. und 13. Jahrhundert*, in: Karl-Heinz Spieß (Hrsg.), Ausbildung und Verbreitung des Lehnswesens im Reich und in Italien im 12. und 13. Jahrhundert, Ostfildern 2013, S. 159–186.

Investitur, Vasallen, Homagium, Fidelitas...

Neben Hinweisen auf Lehen und Lehnsverhältnis finden sich in den Urkundenbüchern in geringerer Anzahl weitere, mit dem Lehnswesen verbundene Termini. Lediglich in Ausnahmefällen verweisen die Urkunden auf die Lehnsübergabe mittels des Begriffs *investura*.[118] Als Symbole der übertragenen Güter dienten Banner (*vexillum*), Birett (*bereta*) und Bischofshut (*capucium*).[119] Die Investitur ist sowohl für ganze Herrschaften bezeugt, als auch für die Verleihung einer einzigen Hufe.[120] Den eigentlichen Verlauf dieses Akts beschreiben die Urkunden nicht näher.

In sehr allgemeinem Kontext erscheint auch der Begriff Vasall (*vasallus*).[121] Die Vasallen charakterisierte vor allem die Treue (*fidelitas*), die klar erkennbare „negative" Konturen besaß. Gemeint ist die Pflicht, dem Herrn keinen Schaden zuzufügen, wie dies in der Begründung des Aufrufs zur Exkommunizierung der Markgrafen von Brandenburg aufgrund ihrer Übergriffe auf die Güter des Bistums Halberstadt klar zum Ausdruck kommt.[122] Inhalt und Umfang der „positiven" Seite der Treue bleiben, mit Ausnahme der Urkunden mit klar definierten Verpflichtungen, hingegen unbestimmt und vage.[123] Ein weiteres, im Prinzip identisches Problem betrifft vereinzelte Erwähnungen der Gewäh-

---

118 UB Hild. III, Nr. 652; Nr. 1021; UB Meiss. I, Nr. 335; UGHDL, Nr. 70–71; UHdL, Nr. 30; Nr. 86. Zu Bedeutung und Verlauf der geistlichen und weltlichen Investitur (Belehnung) Hagen KELLER, *Die Investitur. Ein Beitrag zum Problem der ‚Staatssymbolik' im Hochmittelalter*, FMSt 27, 1993, S. 51–86; in breiterem vergleichenden Kontext darüber hinaus *Investitur- und Krönungsrituale. Herrschaftseinsetzungen im kulturellen Vergleich*, Marian Steinicke – Stefan Weinfurter (Hrsg.), Köln 2005.

119 UB Meiss. I, Nr. 335; UHdL, Nr. 30; Nr. 86.

120 UB Hild. III, Nr. 1021; UHdL, Nr. 30. Der investierende konnte gegebenenfalls auch der Dekan des zuständigen Bistums sein, vgl. UB Hild. III, Nr. 652.

121 UB Halb. I, Nr. 576; UB Halb. II, Nr. 882; Nr. 1407; Nr. 1723; UB Hild. III, Nr. 992; Nr. 1607; UB Meiss. I, Nr. 257; UB Mers. I, Nr. 236; Nr. 340; Nr. 365; Nr. 427; UB Naum. II, Nr. 181; UHdL, Nr. 112; in einem Falle benutzt die Urkunde des Bischofs Konrad von Hildesheim den Terminus *ligius siver liber homo noster*, UB Hild. II, Nr. 237. Die Urkunde des Bischofs Iso von Verden aus dem Jahre 1228 spricht ohne nähere Einzelheiten vom „Recht" der Verdener Vasallen (*ius vasallorum nostrorum*), UGHBL, Nr. 11. Bei dem häufig verwendeten Begriff *miles* lässt sich im Grunde genommen nicht sagen, ob hier auf das Vasallenverhältnis der entsprechenden Personen verwiesen wird oder eher die soziale Zuordnung in die breite Gruppe des niederen Adels bzw. der Ministerialität gemeint ist.

122 UB Halb. II, Nr. 1407: „[...] *debite fidelitatis, qua eidem episcopo et ecclesie Halb., quorum vassalli existunt, tenentur, obliti*". Zur Definition „negativer Treue" vgl. Klaus van EICKELS, *Vom inszenierten Konsens zum systematisierten Konflikt. Die englisch-französischen Beziehungen und ihre Wahrnehmung an der Wende vom Hoch- zum Spätmittelalter*, Stuttgart 2002, S. 20–21; G. ALTHOFF, *Verwandte*, S. 88ff.

123 Verweise auf die Treue der Lehnsträger (*fidelitas*; *fidelitas debita* usw.): UB Halb. II, Nr. 882; Nr. 884; UB Hild. I, Nr. 563; UB Mers. I, Nr. 341; Nr. 342; UGHBL, Nr. 70. Als im Jahre 1293 Otto I. von Anhalt 34 Hufen dem Kloster Michaelstein schenkte, wies er die Besitzer dieser Lehen darauf hin, dass sie dem Abt des Klosters den gleichen Respekt erweisen sollten (*respectem habeant*), wie sie dies ihm gegenüber getan hatten, CDA II, Nr. 739.

rung von Rat und Hilfe (*consilium et auxilium*). In Urkunden, die das Lehnsverhältnis kennzeichnen, treffen wir auf diese terminologische Verbindung lediglich in Ausnahmefällen. Vasallen und Lehnsherren versprachen ganz allgemein *auxilium* zu gewähren.[124]

Die Verpflichtung zur Treue und zur Gewährung von Rat und Hilfe zeichnete im Übrigen nicht allein das Lehnsverhältnis aus. Ein Scholastiker der Kollegiat-Kirche „Zum Heiligen Kreuz“ in Hildesheim etwa nahm im Jahr 1259 ein Treuebekenntnis (*fidelitatis debite iuramentum*) von einer unbekannten „Unfreien“ (*litonissa*) für die Verleihung von zwei Hufen *litonum iure* entgegen.[125] Von Rat und Hilfe sprechen immer häufiger gerade jene Urkunden, die nicht ein Lehnsverhältnis betreffen. Die Verpflichtung, sich gegenseitig *consilium et auxilium* zu gewähren, charakterisierte vielmehr die Beziehungen zwischen Verbündeten,[126] kirchlichen Institutionen,[127] innerhalb des Kapitels[128] und in der Hierarchie des kirchlichen Ordens.[129] Ebenso wurden durch „Rat und Hilfe“ von Vermittlern Konflikte gelöst.[130] Treue, Rat und Hilfe galten ohne Rücksicht auf deren politische, gesellschaftliche und ökonomische Funktion oder Stellung der Interessierten Personen als moralische Imperative für alle Arten zwischenmenschlicher Beziehungen.[131]

Ein ähnliches Problem zeigt sich bei dem Begriff *homagium/hominium*. Aus der Diktion der Urkunden wird deutlich, dass die Huldigung den Gründungsakt des Lehnsverhältnisses darstellte, der der Investitur mit dem verliehenen Besitz voranging. Die Bedeutung des *homagiums* zeigen Fälle, in denen die Termini *iure hominii* bzw. *racione homagii* als Umschreibungen des Lehnsverhältnisses dienten.[132] Wenngleich der Treueschwur zur Begründung des Lehnsverhältnisses gehörte, unterscheiden die Urkunden beide Akte vereinzelt.[133] Der Begriff *homagium/hominium* fand dabei offenbar stellvertretend für die gesamte Lehnshuldigung Verwendung.[134] In ähnlicher Weise galt dies für den Hinweis auf das *iuramentum fidelitatis*.[135]

---

124 Vgl. weiter oben insbesondere die Anmerkungen zu belegten militärischen Verpflichtungen. In einer Urkunde aus dem Jahre 1300 versprach König Albrecht dem Bischof von Merseburg, er werde bei ihm um *consiliis et auxiliis* nachsuchen. Vgl. UB Mers. I, Nr. 620. „Rat und Hilfe“ bezogen sich auf alle Lebenssituationen, was eine Urkunde aus dem Jahre 1206 treffend illustriert, als aufgrund von *consilio et auxilio* durch den Naumburger Bischof Bertold II. die Tochter eines seiner Lehnsträger im Kloster Zeitz Aufnahme fand, UB Naum. I, Nr. 427.

125 UB Hild. II, Nr. 1117.

126 UGHBL, Nr. 55.

127 UB Halb. II, Nr. 930.

128 UB Meiss. I, Nr. 345.

129 UB Hild. III, Nr. 1020.

130 Beispielsweise UB Hild. III, Nr. 1075; UB Meiss. I, Nr. 260.

131 Vgl. G. ALTHOFF, *Verwandte*, (passim).

132 UB Hild. I, Nr. 751; UB Hild. II, Nr. 262; Nr. 337; Nr. 522; Nr. 547; Nr. 1111; UB Mers. I, Nr. 102; UB Naum. I, Nr. 230; UGHBL, Nr. 173.

133 UB Hild. II, Nr. 262; UB Mers. I, Nr. 620.

134 CDA I, Nr. 675; UB Hild. I, Nr. 230; Nr. 563; UB Hild. III, Nr. 992; Nr. 1372; UB Naum. II, Nr. 452; UGHBL, Nr. 23; Nr. 70.

135 UB Halb. II, Nr. 882; Nr. 884; UB Mers. I, Nr. 340; Nr. 341. Zur Verwendung des Ausdrucks *homagium/hominium* für den gesamten Akt der Errichtung eines Lehnsverhältnisses bzw. dessen

Wiederum beachtet werden muss, dass der eigentliche Terminus auf ein breiteres Beziehungsspektrum hinweist. In dem bereits geschilderten Fall, in dem als *homagium* eine jährliche Wachslieferung durch den Bürger Richard und seine Familie für die verliehene Hufe bezeichnet wurde, handelte es sich – wie beim obengenannten „Treueschwur" einer unbekannten Unfreien – wohl nicht um die Begründung eines Vasallenverhältnisses, sondern eher um eine symbolische Betonung der vereinbarten Pachtbedingungen.[136] Mit dem Begriff *hominium/homagium* wollte der Verfasser der Quellennachricht somit wohl ganz allgemein eine Art der Huldigung ansprechen.[137] Mit Blick auf alle hier genannten Begriffe kann somit die Feststellung von Heinrich Mitteis über den Zusammenhang von Lehen und Vasallität paraphrasiert werden.[138] Auch die Termini *fidelitas, consilium et auxilium, homagium/hominium* waren nicht kausal mit dem Lehnswesen verknüpft.

Das Lehnsverhältnis in narrativen Quellen

Die narrativen Quellen sächsischer Provenienz verwenden die bislang erläuterten Termini im Untersuchungszeitraum in viel geringerer Zahl. Auf den ersten Blick lässt sich allerdings eine wohl ähnliche Entwicklung in der Verwendung des Lehnsbegriffes erkennen. Noch zu Beginn des 13. Jahrhunderts benutzte Arnold von Lübeck den Begriff *pheodum* lediglich in Ausnahmefällen, nicht einmal ein halbes Jahrhundert später jedoch findet sich im Werk des Albert von Stade scheinbar eine komplett veränderte Situation. Bei genauerem Hinsehen verdrängte der Ausdruck *feudum* den Terminus *beneficium* jedoch

---

Zusammenfassung unter dem Begriff „Huldigung", André HOLENSTEIN, *Die Huldigung der Untertanen. Rechtskultur und Herrschaftsordnung (800–1800)*, Stuttgart – New York 1991.

136 Vgl. Georg DROEGE, *Landrecht und Lehnrecht im hohen Mittelalter*, Bonn 1969, S. 76.

137 So bereits H. MITTEIS, *Lehnsrecht*, S. 482ff. Der Verwendung des Terminus *homagium* begegnen wir regelmäßig gerade im städtischen Milieu. So traten beispielsweise im Jahr 1291 Landgraf Albrecht von Thüringen und Markgraf Otto von Brandenburg die Stadt Leipzig zu Gunsten Bischof Heinrichs von Merseburg ab. Die Fürsten ließen die Bürger wissen, sie sollten Bischof und Bistum gegenüber huldigen (*homagium, quod hulden in teutonico dicimus, obedientes benivole eidem, ut vestro domino de iure tenemini obidire*), UB Mers. I, Nr. 559. In ähnlicher Weise gelobten Ratsherren und Bürger von Lüneburg der Herzogin Mathilde im Jahre 1288 *fidelitatem et homagium*. Vgl. UGHBL, Nr. 111. Auch die Schneider in Lüneburg wurden nach Ablegen des „Lehns-"Eides feierlich durch den Bürgermeister mit ihrem Handwerk *als mit einem rechten Mannlehen* belehnt. Vgl. Wilhelm EBEL, *Über den Leihegedanken in der deutschen Rechtsgeschichte*, in: Theodor Mayer (Hrsg.), Studien zum mittelalterlichen Lehenswesen, Vorträge und Forschungen 5, Lindau – Konstanz 1960, S. 22–24. Zum Fall der Lüneburger Schneider Eduard BODEMANN, *Die älteren Zunfturkunden der Stadt Lüneburg*, Hannover 1883, S. XXVI–XXVII.

138 H. MITTEIS, *Lehnrecht*, S. 519: *„Vasallität und Benefizium waren niemals und nirgends zwangsläufig miteinander verbunden."*

keineswegs so eindeutig wie in den untersuchten Urkundenbüchern.[139] Nur in einem einzigen Fall ist die Bezeichnung „rechtes Lehen“ belegt.[140]

Wenn sich in den erzählenden Quellen der Hinweis auf ein konkretes Lehen findet, handelt es sich in erster Linie um den Besitz einer Grafschaft.[141] Dies ist insofern nachvollziehbar, zumal die handelnden Hauptpersonen in den Chroniken neben dem Herrscher und kirchlichen Würdenträgern vor allem Angehörige der Herzogs-, Markgrafen- und Grafengeschlechter sind. Doch finden sich auch Ausnahmen. Der *Sächsische Annalist* beschrieb Mitte des 12. Jahrhunderts die Gründungslegende Goslars. König Heinrich III. genoss angeblich während einer Jagd dort die Gastfreundschaft eines Bauern (*rusticus*). Für dessen Aufwendungen habe ihm der König *in beneficium* einen unweit gelegenen Hügel, den Rammelsberg, verliehen, zu dessen Füßen der Bauer dann gemeinsam mit anderen Personen eine Stadt gründete und mit dem Erzabbau begann.[142]

Die narrativen Quellen hegen keinen Zweifel an einem erblichen Lehnsanspruch. Bereits Thietmar von Merseburg schreibt, dass nach dem Tod des Grafen Dedi dessen Sohn Dietrich vom König die väterliche Grafschaft und das gesamte *beneficium* nach geltendem Recht und auf Empfehlung der Königin sowie verschiedener Adeliger erhalten

139 Vgl. *Arnoldi Chronica Slavorum*, MGH SS rer. Germ. in usum scholarum separatim editi XIV, Johann Martin Lappenberg (Hrsg.), Hannover 1868, II/2, S. 255–256; *Annales Stadenses auctore Alberto*, MGH SS XVI, Johannes Lappenberg (Hrsg.), Hannover 1859. Wenngleich beispielsweise die Autoren der *Chronicae Principum Brunsvicensium Fragmentum*, MGH SS XXX/1, Oswald Helder-Egger (Hrsg.), Hannover 1896, S. 24 (zwischen 1269–1277) und der *Cronica ducum de Brunsvick*, Deutsche Quellen II, Ludwig Weiland (Hrsg.), Hannover 1877, S. 582 (1282) bei der Wiedergabe der Geschichte des Sächsischen Analisten (Annalista Saxo, MGH SS VI, Georg Waitz (Hrsg.), Hannover 1844, S. 764) über den Vorfahren der Welfen mit Namen Eticho (Welf), der ein *egregie libertatis princeps* war, da er niemandem *pro aliquo beneficio se subdidit dominio*, beneficium gerade durch den Terminus *pheodum* ersetzten, benutzten sie in der weiteren Schilderung der Handlung wiederum den erstgenannten Begriff.

140 Eintrag über die Entstehung des Herzogtums Braunschweig-Lüneburg (1235) in: *Sächsische Weltchronik*, MGH Deutsche Chroniken II, Ludwig Weiland (Hrsg.), Hannover 1877, S. 251 spricht von einem *rechtem lene*.

141 Wiederum sind lediglich die Fälle verzeichnen, in denen der Besitz konkret als *beneficium* bzw. *feudum* bezeichnet wird. *Thietmari Merseburgensis episcopi chronicon*, MGH SS rer. Germ., NS IX, Rober Holtzmann (Hrsg.), Berlin 1935, V/21, S. 245; VI/16, S. 295; VI/50, S. 337–338; *Arnoldi chronica*, II/22, S. 67; V/23, S. 186–188; *Annales Stadenses*, S. 320–322; mitunter Burgen/Städte: *Thietmari*, VI/29, S. 309–311; *Annales Pegavienses et Bosovienses*, MGH SS XVI, Georg Heinrich Pertz (Hrsg.), Hannover 1859, S. 251; *Gesta episcoporum Halbderstadensium*, MGH SS XXIII, Ludwig Weiland (Hrsg.), Hannover 1874, S. 109; *Annales Erphordenses*, MGH SS XVI, Georg Heinrich Pertz (Hrsg.), Hannover 1859, S. 30; Herzogtümer: *Annalista Saxo*, S. 776; *Sächsische Weltchronik*, S. 251; des Weiteren ist z. B. der Zehnt belegt: *Helmoldi presbyteri Bozoviensis Cronica Slavorum*, MGH SS rer. Germ. in usum scholarum separatim editi XXXII, Post Iohannem M. Lappenberg recognovit Bernhardus Schmeidler, Hannover 1937, I/77, S. 145–146; Einnahmen aus der Stadt Lübeck: *Arnoldi Chronica*, II/21, S. 66; bzw. 200 Scheffel Hafer: ibidem, III/13, S. 99.

142 *Annalista Saxo*, S. 660.

habe.[143] Am Ende der dreißiger Jahre des 12. Jahrhunderts resultierten die Ansprüche Heinrichs des Stolzen von Bayern auf das Herzogtum Sachsen aus der Ehe mit der Tochter des Kaisers (und ursprünglichen sächsischen Herzogs) Lothar von Süpplingenburg, der Heinrich Sachsen als Lehen verliehen hatte. Anspruch auf die Herzogswürde erhob jedoch auch Albrecht der Bär, da ihm Sachsen *beneficiali iure* nach Ahnenrecht zufiele.[144] Auch die Chronisten sahen im Lehen einen Bestandteil des „Erbes", wie es für das Jahr 1268 heißt, als Otto IV. die Markgrafschaft Brandenburg als *hereditatem* seines Vaters empfing.[145]

Aufgrund der Tatsache, dass die Chronisten ihren Blick vornehmlich auf die politische Geschichte richteten, findet sich häufiger eine Beschreibung des militärischen Dienstes bzw. der allgemeinen Hilfe für den Lehnsherrn. Auf die persönliche Bindung zwischen Senior und Vasall verweist Arnold von Lübeck bei der Schilderung des Mainzer Hoftags im Jahre 1184. Der Abt von Fulda hatte bei der feierlichen Messe den Platz links neben dem Kaiser beansprucht, wo jedoch bereits der Kölner Erzbischof saß. Der König forderte den Erzbischof auf, den Platz frei zu machen, worauf sich der gekränkte Prälat entschied, die Messe zu verlassen. Dem Erzbischof schlossen sich dessen adelige Lehnsträger an, die vor dem Kaiser die Pflicht betonten, dem eigenen Herrn zu folgen.[146] Voller Spott kommentierte die Situation der Anhänger der gegnerischen Partei Pfalzgraf Ludwig, ein Lehnsmann des Abts von Fulda, der einem der erzbischöflichen Gefolgsleute gegenüber äußerte, er habe sich an diesem Tag sein *beneficium* verdient.[147]

Obwohl auf den Seiten der Chroniken regelmäßig ganze Heerscharen von Vasallen den Herren beistehen, stoßen auch hier militärische Unterstützung und Treue an ihre Grenzen. Wiederholte militärische Auseinandersetzungen des sächsischen und bayerischen Herzogs Heinrichs des Löwen führten bei dessen Getreuen zu materieller Erschöpfung. Eine mögliche finanzielle Entschädigung stellten Lösegelder für gefangene Gegner dar. Nach einem Feldzug beanspruchte der Herzog Gefangene für sich, da ihm dies zustehe. Während ein Teil der Vasallen zustimmte, lehnten andere dies mit dem Hinweis ab, sie handelten auf eigene Kosten, die sie ohne die Lösegelder nicht würden

143 *Thietmari*, VI/50, S. 338: „*Proximum natale Domini rex in Palethi celebravit et ibidem Thiedrico predicti comitis filio comitatum ac omne beneficium iure et ortatu reginae ac principum suimet dedit.*"

144 *Annalista Saxo*, S. 776: „*Heinrici et Adalberti, quorum unus dux in Bawaria pro desponsatione filie Lotharii imperatoris, etiam Saxonie ab eo ducatum acceperat, alter eum avito beneficii iure vendicans aput Conradum regem optinuerat*".

145 *Excerptum Chronicae Principum Saxoniae*, MGH SS XXV, Oswald Helder-Egger (Hrsg.), Hannover 1880, S. 482: „[...] *in hereditatem patris Ottonis tertiii successit et homagium in Marchia cepit.*" Auch Albert von Stade notierte bei der Schilderung der Geschichte der gleichnamigen Grafschaft, wie diese vom Vater auf den Sohn überging. Vgl. *Annales Stadenses*, S. 320.

146 *Arnoldi Chronica*, III/9, S. 99: „*Domine, homo sum domnini Coloniensis, iustum est ut eum sequar, quocunque ierit.*"

147 Ibidem: „*Bene hodie beneficium vestrum meruistis.*"

decken können.[148] Die Situation wiederholte sich bei einem weiteren Heerzug und führte schließlich zu einem bewaffneten Konflikt zwischen Heinrich und einigen seiner Lehnsträger. Deren Haltung ließ der Chronist durch Adolf III. von Schauenburg zum Ausdruck bringen. Der Graf versicherte dem Herzog seine Treue und Ergebenheit, zugleich jedoch unterstrich er, er habe derart gewaltige Mittel aufgewandt und viele Pferde verloren, dass, wenn er die Gefangenen herausgäbe, ihm nichts anderes übrig bliebe, als zu Fuß nach Hause zurückzukehren.[149] Wir wissen natürlich nicht, ob sich die Ereignisse wortwörtlich wie in der Schilderung Arnolds von Lübeck abgespielt haben. In jedem Fall jedoch sah der zeitgenössische Chronist den Umfang der Verpflichtungen des Vasallen eher als Ergebnis eines beständig gefundenen Konsenses denn als fest fixierte Konstante.[150]

Bis zur Mitte des 13. Jahrhunderts verwenden die Quellen für die Lehnsträger die Termini *miles* und *homo*, Helmold von Bosau benutzt darüber hinaus den Begriff *satelles*.[151] Dem Begriff *vassallus* begegnen wir erst im Werk des Albert von Stade.[152] Ähnlich wie im diplomatischen Material zeichnet sich auch in der narrativen Quellen der Lehnsträger durch Treue aus, die den Ausgangspunkt für eine aktive Unterstützung bildet.[153] Die Intensität der Treue und Hilfe konnte sich jedoch – in Abhängigkeit von der gegebenen Situation – wesentlich unterscheiden, was im Übrigen die beiden vorangegangenen Beispiele aus der Chronik Arnolds von Lübeck zeigen. Deutlicher als in den Urkunden tritt in den narrativen Quellen die Bedeutung der Lehnshuldigung und der Investitur in den Vordergrund. Als beispielgebend kann hier insbesondere die Ansprache des Mainzer Metropoliten Konrad auf dem Reichstag in Gelnhausen 1186 angesehen werden. Der Erzbischof bekundete vor der Versammlung, dass die Geistlichen dem Kaiser, dem man das *hominium* geschworen und von dem man die Temporalien erhalten habe, gegenüber

148 Ibidem, II/13, S. 51–52: „*Econtra illi dicebant, se de propriis stipendiis militare, et ideo iustum esse, ut de captivis sua reciperent, nec omnino stipem militie se habere posse dicebant, si eorum captivi in usus alienos tollerentur.*“

149 Ibidem, II/16, S. 56–57: „[...] *quod semper fidelis domino meo perseveraverim, egrediens et regrediens et pergens ad imperium eius* [...] *Domne, noveritis, ait, me in hac expeditione omnia mea consumpsisse, equos militum, runcinos servorum innumeros perdidisse, et nunc si captivos vobis reddidero, nichil superest, nisi ut pedes ad domum meam revertar.*“

150 Ausführlicher hierzu in Kap. I/4.

151 *Miles*: *Widukindi monachi Corbeiensis rerum gestarum Saxonicarum libri tres*, MHG SS rer. Germ. in usum scholarum separatim editi LX, Paul Hirsch – Hans-Eberhard Lohmann (Hrsg.), Hannover 1935, I/23, S. 35; III/20, S. 115; *Thietmari*, VIII/27, S. 209; *Brunos Buch vom Sachsenkrieg*, MGH Kritische Studientexte II, Hans-Eberhard Lohmann (Hrsg.), Leipzig 1937, S. 28–30; *Helmoldi*, II/105, S. 207; *homo*: u. a. *Helmoldi*, I/67, S. 124–126; I/77, S. 145–146; *Arnoldi*, III/9, S. 99; *satteles* z. B. *Helmoldi*, I/65, S. 122; II/97, S. 192; II/105, S. 206

152 *Annales Stadenses*, S. 320, 326, 360.

153 Vgl. u. a. *Cronica ducum de Brunsvick*, S. 581, der zufolge Kaiser Heinrich (V.) *fidelitatem et constanciam* des Ministerialen Widukind von Wolfenbüttel gewinnen wollte und diesem deshalb zahlreiche Güter *iure pheodali* verlieh.

verpflichtet seien, diesen in allen gerechten Angelegenheiten zu unterstützen.[154] Eine nahezu identische Beschreibung findet sich für ein Gespräch zwischen dem Bremer Erzbischof Hartwig und Bischof Vizelin von Oldenburg. Der Metropolit erinnerte den Bischof daran, wie eifrig weltliche Herren ihre Hände Kirchenfürsten reichen würden, um Benefizien zu erhalten.[155] Ebenso wie die Verfasser der Urkunden unterschieden auch die Autoren der Chroniken nicht zwischen dem eigentlichen Hominium und dem Eid. Beide Akte werden nur vereinzelt zusammen erwähnt, während der Verweis auf das Hominium überwiegt.[156]

Wiederum dürfen wir freilich den sich verändernden Kontext der Begriffe nicht außer Acht lassen. Das Hominium legten die Könige von Dänemark, der wendische Herzog und der englische König Richard in die Hände des Kaisers. Als Hominium bezeichnete Helmold den Eid der dänischen *principes* gegenüber dem neuen Herrscher.[157] Doch auch Graf Adolf III. von Schauenburg legte das Hominium gegenüber dem dänischen König Knut ab, als er sich gegen eine größere Geldsumme entschied, den Dänen gegen den Thronprätendenten, König Sven, zu unterstützen. Den gleichen Ausdruck verwendet der Chronist wenige Zeilen weiter, als er schildert, wie Sven versuchte, einen Aufstand der Bewohner Holsteins gegen den Grafen anzuzetteln. An die Spitze des Aufstands trat ein gewisser Etheler, der jedem, der sein *homo* zu werden wünschte, als Belohnung *byrrum, clypeum vel equum* anbot. Die Gefolgsleute des Grafen sollten demgegenüber Ethelers Getreue entweder zum Verzicht der Eidleistung überreden oder aber diese aus dem Land vertreiben (*aut renuntiarent hominio aut provincia secederent*).[158] Schließlich stoßen wir auf den Begriff auch im Verlaufe der Satisfaktion eines Beschuldigten, wobei das Hominium als ein Akt der Buße diente.[159]

Verweise auf *consilium et auxilium* können in narrativen Quellen auf Verpflichtungen hindeuten, die mit einem Lehnsverhältnis verbunden waren. So klagte beispielsweise

---

154 *Arnoldi Chronica*, III/19, S. 108: „[...] *vobis autem, quem Deus principem et imperatorem Romani orbis exaltavit, cui hominium fecimus, a quo et temporalia possidemus, ad exsequendas omnes iustitias vestras iure tenemur assitere*."

155 *Helmoldi*, I/69, S. 132–133: „*Ubi enim dux vel marchio, ubi in regno principatus, quantumlibet magnus, qui pontificibus manus non offerat, recusatus oportune inportune se non ingerat? Certatim currunt, ut homines fiant ecclesiae et participes fiant beneficiorum eius.*"

156 Im Jahre 1182 empfingen die sächsischen Adeligen vom neuen Herzog Bernhard ihre Lehen und *hominium ei facerent et fidelitatem ei per sacramenta confirmarent*, *Arnoldi Chronica*, III/1, S. 69; ähnlich die *Annales Stadenses*, S. 322; vgl. auch *Annalista Saxo*, S. 772; *Helmoldi*, I/88, S. 173; II/105, S. 205; *Arnoldi Chronica*, II/7, S. 44; II/17, S. 58; IV/3, S. 117; *Excerptum Chronicae principum Saxoniae*, S. 482.

157 *Helmoldi*, I/50, S. 100; I/73, S. 139; *Arnoldi Chronica*, IV/8, S. 131; III/2, S. 71; *Gesta episcoproum Halberstandensium*, S. 110; als *ewige hulde* wird die Belehnung Přemysl Ottokars II. durch König Rudolf von Habsburg bezeichnet. Vgl. *Sächsische Weltchronik*, S. 302.

158 *Helmoldi*, I/67, S. 125.

159 *Arnoldi Chronica*, II/2, S. 255–256. Zu diesen Beispielen lassen sich im Übrigen auch einige oben erwähnte Huldigungen, insbesondere der dänischen Herrscher, Richard Löwenherz' bzw. Přemysl Ottokars II., hinzufügen. Zum sog. *homagium poene/emendae* vgl. MITTEIS, *Lehnsrecht*, S. 484ff.

auf dem bereits erwähnten Reichstag in Gelnhausen Friedrich I. über die antikaiserliche Haltung des Papstes, wobei er sich seinerseits auf *consilium et auxilium* und die Treue der Bischöfe berief. Gerade diese kaiserlichen Worte waren es, die Erzbischof Konrad von Mainz zu der bereits erwähnten Reaktion veranlassten.[160] Zugleich finden wir jedoch die Termini im Kontext anderer unterschiedlicher Lebenssituationen. Markgraf Wiprecht von Groitzsch, der bei einem Feuer starke Brandwunden erlitten hatte, bat auf dem Sterbebett den Magdeburger Erzbischof und weitere Bischöfe um *auxilium et consilium ad animae suae remedium*. König Wilhelm von Holland seinerseits erwählte sich dank des Rats und der Hilfe eines Legaten eine Gemahlin.[161]

Allgemein gelten somit für die Terminologie der narrativen Quellen die gleichen Schlussfolgerungen wie im Falle des Urkundenmaterials. Alle bislang analysierten Quellen zeigen darüber hinaus für den gesamten Untersuchungszeitraum ein sehr heterogenes Bild jener Vorgänge, die Zeitgenossen mit den erwähnten Begriffen verbanden. Dies wirft nun die Frage auf, wie sich das gesamte Quellenkorpus interpretieren und nutzen lässt.

160 *Arnoldi Chronica*, III/19, S. 107. In ähnlicher Weise bekannte auch der Bischof von Halberstadt, er habe, von allen Seiten des *consilii et auxilii* verlustig gegangen, beschlossen, sich mit Otto IV. zu versöhnen, *Gesta episcoporum Halberstadensium*, S. 122.

161 *Annales Pegavienses*, S. 254; *Annales Erphordenses*, S. 38; weiterhin vgl. u. a. *Henrici de Antwerpe Tractatus de Captione urbis Brandenburg*, MGH SS XXV, O. Helder-Egger (Hrsg.), Hannover 1880, S. 483; *Chronicon Montis Sereni*, Ernest Ehrenfeuchter (Hrsg.), MGH SS XXIII, Hannover 1874, S. 203.

I/2 Lehns- oder Leihewesen? Herangehensweisen der Historiographie

Versuche einer genaueren Klassifizierung von Phänomenen, die sich in den Quellen hinter den Begriffen *ius beneficiale/feudale* bzw. *beneficium/feudum* verbergen, reichen weit in das Mittelalter zurück. Von den italienischen *Libri feudorum* des 12. Jahrhunderts über mittelalterliche Rechtsspiegel mit ihren kommentierten Glossen und neuzeitliche Rechtskompendien sowie gelehrte Abhandlungen findet sich eine kaum überschaubare Vielzahl von Schriften, die sich mit dem Thema bislang auseinandergesetzt haben.

Als zu Beginn des 19. Jahrhunderts Georg Michael Weber in seinem monumentalen vierbändigen *Handbuch des in Deutschland üblichen Lehnrechts* in Anknüpfung an den „akademischen" Diskurs der vorangegangenen Jahrhunderte den Versuch unternahm, dem Leser den Unterschied zwischen *„eigentlichem"* und *„uneigentlichem"* Lehen zu erklären, gelangte dieser zu dem Schluss, dass eine Unterscheidung davon abhänge, ob es in dem betreffenden Fall zu einer Abweichung von der *„allgemeinen Natur der Lehen"* käme. Im gleichen Atemzug fügte er jedoch hinzu, dass sich diese „allgemeine Natur" auf Grundlage der rechtlichen bzw. gewohnheitsrechtlichen Normen allein in verschiedenen Reichen, Provinzen, aber auch auf einzelnen Höfen unterscheiden könne. So sei es leicht möglich, dass das, was an einem Ort als „unrecht" gelte, anderswo als „wahr" angesehen werde. Weber gelang es zugleich, eine Vielzahl von Belegen für unterschiedliche Lehnsobjekte zu sammeln: vom Grundeigentum und Ämterwürden bis hin zur Verleihung von Henkerlehen oder am Ende sogar Hurenhäusern. Als grundlegende Voraussetzung der Entwicklung des Lehnswesens sah er die Zusicherung des militärischen Dienstes an, auch wenn die „Authentizität" des Lehens nicht einmal die Zahlung von Mieten bzw. andere Dienste vonseiten der Bauern verhinderte.[162]

Im Verlaufe des 19. Jahrhunderts setzte die kritische Historiographie in der Forschung neue Standards im Umgang mit Quellen und formulierte zugleich neue Fragen-

162 *„Der Unterschied zwischen eigentlichem und uneigentlichem Lehen hängt bloß davon ab, ob dieselben von der allgemeinen Natur der Lehen abweichen oder nicht; da die allgemeine Natur aber diejenige ist, welche Gesetz und Gewohnheiten jedes Reiches, Provinz und jeder Lehenscurie zu bemessen, und es kann sich leicht zutragen, dass die Lehen, welche an dem einen Orte zu den uneigentlichen gehören, an dem anderen, ohne dass es eines besonderen Vertrages hierzu bedürfte, zu den eigentlichen müssen gerechnet werden."*, Georg Michael WEBER, *Handbuch des in Deutschland üblichen Lehnrechts*, 4 Teile, Leipzig 1807–1818, Zitat 2, S. 23, zu den Lehnsobjekten und Pflichten vgl. insbes. 2. (passim); 3, S. 330–332.

komplexe.[163] Dem Lehnswesen begegnete die Geschichtsschreibung nicht allein ausgestattet mit einem modernen methodischen Rüstzeug, sondern zugleich auch unter dem Einfluss der sich entfaltenden Rechtswissenschaft. Die Lehnsproblematik nahm darüber hinaus einen wichtigen Platz im zentralen Thema innerhalb der Forschung des 19. und zu Beginn des 20. Jahrhunderts – der Frage der deutschen Staatlichkeit – ein.[164] Einen Streitpunkt innerhalb des gesamten Fragenkomplexes bildete das Verhältnis zwischen Lehen und Vasallität, das sich an der unterschiedlichen methodischen Herangehensweise von Paul Roth und Georg Waitz exemplarisch verdeutlichen lässt. Während Waitz, ungeachtet seiner Kenntnis zahlreicher Abweichungen und Spezifika, fest davon überzeugt war, dass bereits in der Karolingerzeit eine Verbindung zwischen Lehen und Vasallität bestand, zeigte sich Roth vom Gegenteil überzeugt.[165] Letzterem Standpunkt schloss sich in den Kommentaren zur zweiten, nach dem Tode von Waitz erschienenen Auflage des sechsten Bandes der *Deutschen Verfassungsgeschichte*, auch der Herausgeber Gerhard Seeliger an. Dieser bestritt keineswegs eine Verbindung von Lehen und Vasallität, legte dessen ungeachtet jedoch Wert auf die Feststellung, dass beide Erscheinungen zu keinem Zeitpunkt kausal miteinander verbunden gewesen seien und das Vasallenlehen lediglich einen, wenn auch den bedeutendsten Bestandteil der Gruppe der Benefizien ausmachte.[166]

Hinter dem scheinbaren Randproblem verbirgt sich in Wahrheit die weitaus allgemeiner gehaltene Entwicklung des historiographischen Diskurses und Paradigmas. Die Anziehungskraft der Frage der „Staatlichkeit" führte dazu, dass sich die Aufmerksamkeit auf die „öffentlich-rechtliche" Dimension des Lehnswesens richtete. Der Einfluss der Rechtsgeschichte förderte zugleich eine gründliche Systematisierung der heterogenen Masse der Quellenangaben, wobei die zeitgenössischen Normativquellen – die Rechts-

---

163 Die Entwicklung der Historiographie zu diesem Thema im europäischen Kontext zu verfolgen, würde eine eigenständige Untersuchung erfordern. Nachfolgende Übersicht widmet sich deshalb lediglich der deutschen Forschung. Es handelt sich dabei nicht um die vollständige Zusammenfassung aller bedeutungsvollen Büchern oder Studien, sondern nur um einen elementaren Grundriss der methodischen Herangehensweise zum Thema.

164 Einen grundlegenden Überblick des Forschungsstandes liefert Jürgen DENDORFER, *Zur Einleitung*, S. 14–23; Werner HECHBERGER, *Das Lehnswesen als Deutungselement der Verfassungsgeschichte von der Aufklärung bis zur Gegenwart*, in: Jürgen Dendorfer – Roman Deutinger (Hrsg.), Das Lehnswesen im Hochmittelalter. Forschungskonstrukte – Quellenbefunde – Deutungsrelevanz, Ostfildern 2010, S. 41–56; Brigitte KASTEN, *Beneficium*, insbes. S. 243–247; Eadem, *Das Lehnswesen*, v. a. S. 331–335.

165 G. WAITZ, *Deutsche Verfassungsgeschichte* 6, S. 1–52, das Zitat auf S. 48: „*Schon in der Karolingischen Epoche war die Verbindung von Vassalität und Beneficium die Regel.*"; vgl. Paul ROTH, *Geschichte des Beneficialwesens von den ältesten Zeiten bis ins 10. Jahrhundert*, Erlangen 1850, S. 383–386, 427–430.

166 G. WAITZ, *Deutsche Verfassungsgeschichte* 6, S. 50, Anm.: „*Allerdings beruht das Lehnwesen auf der Verbindung von Vasallität und Beneficialität. Aber dabei ist eben einmal zu beachten, dass niemals alle Beneficien bloß gegen Empfang des Hominiums verliehen wurden, dass vielmehr auch in späterer Zeit die vassalitischen Beneficien nur eine – obschon die wichtigste – Gruppe der Beneficien bildeten. Und ferner ist zu bedenken, dass mit der Vassalität lange Zeit nicht nothwendig die Beneficialität verbunden war.*"

spiegel mit dem Sachsenspiegel an erster Stelle – eine geeignete Richtschnur boten. In den ausgehenden achtziger Jahren des 19. Jahrhunderts unterschieden sich die Auffassungen Karl Lamprechts noch nicht allzu sehr von Webers Standpunkt. Wenngleich Lamprecht Lehen mit ihrer wirtschaftlichen Funktion (*Zinslehen, Bauernlehen* usw.) von politischen „*hohen Lehen*" unterschied, wichen diese in der Frage ihres Charakters (Verleihung eines beliebigen Gutes gegen materielle oder persönliche Leistungen) und der Entwicklungstrends (beispielsweise der Erblichkeit) nur wenig voneinander ab. Der bereits erwähnte Gerhard Seeliger sprach sich auch zwei Jahrzehnte später dagegen aus, den Begriff „rechtes Lehen" zu verwenden und „*für echte Lehn den Gegensatz zu Gütern im grundherrlichen Verband anwenden zu wollen.*"[167] Dennoch: Je stärker der „Staat", dessen politische Struktur und folglich das durch ein Vasallenverhältnis charakterisierte Ritterlehen in den Vordergrund traten, desto größer zeigte sich die imaginäre Schere zwischen derart definierten „rechten" Lehen und weiteren Typen des in den Quellen als *beneficium* bzw. *feudum* bezeichneten Besitzes.

Vermutlich am deutlichsten offenbarte sich dieser Trend in einer Arbeit, die Lehen und Staatlichkeit in ihrem Titel vereinte. Als im Jahre 1933 Heinrich Mitteis seine Untersuchung *Lehnrecht und Staatsgewalt* veröffentlichte, beschrieb der Verfasser das Verhältnis beider Erscheinungen, auf welche der Titel des Buches hinwies, als grundlegendes Problem der Geschichte des 10.–13. Jahrhunderts.[168] Zugleich war sich Mitteis jedoch der Tatsache bewusst, lediglich einen Ausschnitt aus dieser umfangreichen Erscheinung zu behandeln. Dabei konzentrierte er sich auf die politische Seite der gesamten Problematik, machte aber zugleich deutlich, dass er die Existenz der Lehen ohne Vasallenverhältnis und Vasallen ohne Lehen keineswegs bestreite. Ebenso wie Seeliger, auf den sich Mitteis im Übrigen berief, bezeichnete er das vasallitische Lehen lediglich als eine mögliche Form und warnte vor einem gefährlichen Dogmatismus, der auf einem allzu großen Vertrauen in den Aussagewert der Rechtsspiegel beruhe.[169] In dem 700 Seiten umfassenden Werk vertiefte er diese Feststellung aber nicht weiter. Sein Hauptaugenmerk richtete er auf das Beziehungsgeflecht zwischen Vasallität, Lehnsrecht und Entwicklung des „Staates". Es gelang ihm dabei, ein in sich geschlossenes und im Grunde genommen leicht verständliches Bild der Evolution und des Funktionierens des Lehnssystems zu zeichnen.

Heinrich Mitteis zählte zu den anerkanntesten Persönlichkeiten innerhalb der deutschen Historiographie. Seine Abhandlung wurde schnell zum Standardwerk, auf das in

---

167 Vgl. Karl LAMPRECHT, *Deutsches Wirtschaftsleben im Mittelalter auf Grund der Quellen zunächst des Mosellandes 1.2*, Leipzig 1886, v. a. S. 900ff.; Gerhard SEELIGER, *Forschungen zur Geschichte der Grundherrschaft im früheren Mittelalter*, HV 10, 1907, insbes. S. 343ff, das Zitat auf S. 351: „*Es geht meines Erachtens nicht an, hier den Begriff ‚rechtes' Lehen einschalten und für echte Lehn den Gegensatz zu Gütern im grundherrlichen Verband anwenden zu wollen.*" Obwohl der Verfasser seine Schlussfolgerungen auf das Frühmittelalter bezog, deuten die zusammengetragenen Zeugnisse aus dem Quellenmaterial jüngerer Zeit deren allgemeinere Gültigkeit an.

168 H. MITTEIS, *Lehnrecht*, S. 1: „*Lehnrecht und Staatsgewalt – das ist das große, beherrschende, entscheidende Problem in den dunklen, kampferfüllten Zeiten zwischen dem 10. und 13. Jahrhundert.*"

169 Vgl. ibidem, S. 13, 130–131, 519.

jeder Arbeit verwiesen wird, die sich auch nur flüchtig mit dem Thema Lehnswesen befasst. Während Mitteis bewusst nur einen Ausschnitt aus dem Gesamtkomplex in den Mittelpunkt stellte, übertrug die nachfolgende Forschung seine Ergebnisse auf den gesamten Themenkomplex des Lehnswesens. Ein exemplarisches Beispiel hierfür ist das häufig zitierte, wenn auch eher als Übersichtswerk anzusehende Buch *Das Lehnswesen in Deutschland im hohen und späten Mittelalter*. Der Autor spricht gerade – unter Hinweis auf Mitteis – von der Terminologie der lateinischen Quellen, in denen neben *„dem schillernden Terminus ‚beneficium' der eindeutige terminus technicus ‚feudum' für das vasallitische Lehen"* begegnet.[170] Mitteis hatte freilich den Begriff *feudum* nicht als so exakt definiert angesehen, sondern im Gegenteil konstatiert, dass es sich auch hierbei um einen nicht eindeutig definierten Begriff handele.[171] Mit Blick auf den deutschen Begriff Lehen verweist der Verfasser zwar darauf, dass dieser auch bäuerlichen und weitere Formen von verliehenem Besitz umfassen konnte, doch schenkt er diesen keine weitere Aufmerksamkeit.[172] Diese Herangehensweise charakterisiert treffend das Verhältnis, das in der Nachkriegsmediävistik diesbezüglich dominierte. Das Lehnswesen beschränkte sich ausschließlich auf die politische Dimension, als einziges Lehen verblieb das mit der Vasallität verbundene „rechte Lehen".[173]

Die Problematik des mittelalterlichen Lehnswesens bestimmte im Jahr 1956 das Thema einer Tagung des Konstanzer Arbeitskreises. Bereits die einleitende Studie des entsprechenden Tagungsbandes *Vorträge und Forschungen* setzte sich kritisch mit der vorherrschenden Eingrenzung des Themas auseinander. Wilhelm Ebel, Professor für Rechtsgeschichte an der Universität Göttingen, wies darauf hin, dass die lehnsrechtsgeschichtliche Forschung des 19. und 20. Jahrhunderts durch die Orientierung auf die militärisch-vasallitische Bindung eine scharfe Grenze zwischen Ritterlehen und bäuerlicher Leihe gezogen habe. Ebel zeigte in seinem Beitrag auf, dass sich die mit einem solch beschränkten Lehnsverhältnis verbundene Terminologie in Wahrheit nicht von den Begriffen unterscheide, wie sie die Quellen für andere Formen abhängiges Besitzes, beispielsweise im Umkreis des Berg-, Stadt- bzw. „bäuerlichen" Rechts, verwendeten. Ebel zufolge deckte die Form der (Ver-)Leihung alle sozialen und rechtlichen Bereiche, wobei das durch Vasallität definierte Lehnswesen lediglich weitere, mit dem Thema untrennbar verbundene Erscheinungsformen in den Hintergrund drängte.[174]

---

170 K.-H. SPIEß, *Das Lehnswesen*, S. 17.

171 Vgl. H. MITTEIS, *Lehnrecht*, S. 111: *„Ein lehnrechtlicher terminus technicus war es von Haus aus ebenfalls nicht* [...]"; und weiter S. 130 mit Blick auf Rechtsbücher und „rechtes Lehen": *„Hier bildete das vasallitische Lehen immer nur eine der möglichen Formen, allerdings eine besonders ausgezeichnete, eine gehobene, mit besonderen Rechtsgarantien ausgestattete, immerhin aber nur eine historische, empirische, keine logische Kategorie."*

172 K.-H. SPIEß, *Das Lehnswesen*, S. 16. Der Autor analysiert näher lediglich „Sonderformen" des Lehens, zu denen er sog. *Auftragslehen, Rentenlehen, Burglehen* zählt, ibidem, S. 37–41.

173 Vgl. W. EBEL, *Über den Leihegedanken*, insbes. S. 12–15; B. KASTEN, *Beneficium*, S. 244–247.

174 W. EBEL, *Über den Leihegedanken*, (passim), Zitat S. 14–15 und 36: *„Erst die lehnrechtlichsgeschichtliche Forschung unserer Tage, mehr auf die Wurzeln als auf die Krone des Baumes schauend, hat offensichtlich nur das militär-vasallitische Lehen zum Leitbild genommen, es zum Lehen*

Ebels Kritik und Schlussfolgerungen konnten freilich den aktuellen Diskurs nicht nachhaltig beeinflussen, was offenkundig mit der Tatsache zusammenhing, dass weder Ebel noch andere Forscher nach ihm es vermochten, eine eigene, in sich geschlossene – mit der Darstellung von Mitteis vergleichbare – Interpretation zu liefern.[175] Die Vorstellung, eine Trennung von Vasallenlehen sowie anderen Formen abhängigen Besitzes gehe eher von der Auffassung der Rechtsgeschichte als von der Diktion der Quellen aus, lehnte darüber hinaus ein weiterer berühmter Mediävist ab. Karl-Friedrich Krieger knüpfte hier in vielen Punkten an die Arbeit von Mitteis an, auch wenn er einen diametral entgegengesetzten Standpunkt in der Frage der Bedeutung des Lehnswesens für die Errichtung des „Staates" vertrat.

Der entsprechenden Frage widmete sich Krieger ganz aus Sicht des Königshofes, wobei er Entwicklung und Bedeutung der Lehnsabhängigkeit der Herrscher im Spätmittelalter hervorhob. Insbesondere jene Schriftdokumente, die aus der königlichen Kanzlei stammten, bezeugen laut Krieger – zumindest auf der Ebene der untersuchten Reichsverfassung – eine klare Differenzierung der erwähnten Eigentumsformen in der zeitgenössischen Rechtspraxis.[176]

Krieger beschrieb die sog. Normalformen des Lehnsverhältnisses, zu denen er insbesondere „Mannlehen" und „rechte Lehen" zählte, die ein Vasallenverhältnis begründeten und für die sich die Mannschaftsleistung als charakteristisch erwies.[177] Güter, aus denen anstelle von Vasallenpflichten beispielsweise die Pflicht jährlicher Zahlungen erwuchs, finden sich ihm zufolge unter den Reichslehen nur in Ausnahmefällen. Krieger charakte-

---

schlechthin erklärt. Nur daher kommt die scharfe Trennung von Ritterlehen und bäuerlicher Leihe in den Darstellungen des deutschen Privatrechts, oder die Abscheidung der Dienstmannlehen, oder ganz allgemein die Vorstellung von einer in der Feudum-Zeit einsetzenden Ausdehnung des Lehnbegriffs und seiner Anwendung auf mancherlei nicht mehr lehnrechtliche Gegenstände als sozusagen unechte Sekundärbildungen des Lehnsgedankens. Die mittelalterliche Verwendung des Lehnbegriffs in anderen Rechtsbereichen als der ritterlichen Welt gilt als juristische Metaphorie, nicht viel anders als die sprachliche, wie sie die Minnesänger liebten, wenn sie ihrer Dame ihr Herz zu Lehen auftrugen. [...] *Man erfaßt die Struktur des militärischen Agrarfeudalismus, aber nicht die Größe des Lehngedankens und nicht die rechtsgeschichtliche Rolle des Begriffs ‚Lehen', wenn man beim vasallistischen beneficium, beim Mannlehen, haltmacht.*"

175 B. KASTEN, *Beneficium*, S. 246, Anm. 14. Mit Ebels Überlegungen identifizierte sich eher die auf die Frage der Leihe und des Verhältnisses zum Boden bei nichtadeligen, „bäuerlichen" Schichten ausgerichtete Forschung. Vgl. Karl Siegfried BADER, *Rechtsformen und Schichten der Liegenschaftsnutzung im mittelalterlichen Dorf*, III, Wien – Köln – Granz 1973, S. 16–17, 28–30, 50–51.

176 K.-F. KRIEGER, *Lehnshoheit*, S. 34, Anm. 35: „*Insofern wird man der Ansicht W. Ebels* [...], *daß die Trennung zwischen ritterlichem Lehen und bäuerlicher Leihe in der Rechtsanschauung des Mittelalters keine Grundlage finde und allein auf die einseitige Betrachtungsweise der modernen historischen Forschung zurückzuführen sei, – jedenfalls für den Bereich des Reichslehnwesens – kaum zustimmen können. Die ihm Rahmen dieser Untersuchung herangezogenen Quellen zeigen deutlich, daß nicht nur die Rechtsbücher, sondern auch die mittelalterliche Rechtspraxis andere Leiheformen, wie z. B. die bäuerliche Leihe nach Hofrecht, nicht als ‚Lehen' – auch nicht im weiteren Sinne – ansah, sondern vom Lehnsverhältnis grundsätzlich unterschied.*"

177 Ibidem, S. 34–36.

risierte diese zwar als vom Normallehen abweichend, aufgrund der Tatsache, dass auch hier eine Lehnshuldigung bezeugt ist, erkannte er ihnen jedoch ebenfalls den Status eines echten Lehens zu.[178] Dieses rechte Zinslehen unterschied Krieger darüber hinaus von den Verleihungen, die Bürgern und Bauern nach städtischem Erbzinsrecht oder bäuerlichem Hofrecht verliehen wurden und die Krieger zufolge nicht als „rechte“ Lehen bezeichnet werden können. In der entsprechenden Fußnote zitierte Quellen verweisen jedoch mit Blick auf die Bauerngüter wortwörtlich auf die Verleihung *cze rehtem lehen*, bzw. ist die Rede lediglich von Lehen.[179]

Unbestritten zeichnet sich die Darstellung Kriegers durch eine herausragende Gelehrsamkeit aus. Außerdem hat er sich darüber hinaus insbesondere um die veränderte Wahrnehmung des Lehnsverhältnisses als Instrument königlicher Gewalt im Reich verdient gemacht. Trotzdem stellt sich die Frage, ob die von Krieger vorgelegte, detaillierte rechtliche Klassifizierung und Einteilung des Lehnsbesitzes Ebels Einwände nicht eher bestätigen als widerlegen.

Der scheinbar eingetretene Stillstand in der Beschäftigung mit dem mittelalterlichen Lehnswesen vermochte erst eine bereits erwähnte Monographie Susan Reynolds aufzubrechen. Die an Reynolds Thesen anknüpfende Diskussion und den aktuellen Forschungstand fasste im Jahr 2010 der Tagungsband *Das Lehnswesen im Hochmittelalter. Forschungskonstrukte – Quellenbefunde – Deutungsrelevanz* zusammen.[180] Einige Beiträge verweisen auf die Relevanz der älteren Forschung und betonen die Bedeutung, die die Verbindung von Lehen und Vasallität für die zeitgenössischen Machtstrukturen besaß.[181] Andere Autoren hingegen weisen auf die Schwammigkeit der Terminologie hin, die das breite Spektrum möglicher Phänomene und Beziehungen umfasst.[182] Ebenso werden die regionalen Unterschiede und die stufenweise Entwicklung angesprochen, die zwar übereinstimmende Merkmale aufwiesen, die allerdings nicht vollständig in ein Schema einge-

178 Ibidem, S. 64–65.

179 Ibidem, S. 65, Anm. 195.

180 *Das Lehnswesen im Hochmittelalter. Forschungskonstrukte – Quellenbefunde – Deutungsrelevanz*, Jürgen Dendorfer – Roman Deutinger (Hrsg.), Ostfildern 2010. Ein ähnliches Bild bietet auch ein anderer Sammelband zum Thema an. Vgl. *Ausbildung und Verbreitung des Lehnswesens im Reich und in Italien im 12. und 13. Jahrhundert*, Karl-Heinz Spiess (Hrsg.), Ostfildern 2013.

181 Karl-Heinz SPIEß, *Das Lehnswesen in den frühen deutschen Lehnsverzeichnissen*, in: Jürgen Dendorfer – Roman Deutinger (Hrsg.), Das Lehnswesen im Hochmittelalter. Forschungskonstrukte – Quellenbefunde – Deutungsrelevanz, Ostfildern 2010, S. 91–102.

182 Vgl. Steffen PATZOLD, *Ein klösterliches Lehnswesen? Der Zusammenhang von Besitz und personalen Bindungen im Spiegel von Klosterchroniken des 12. Jahrhunderts*, in: Jürgen Dendorfer – Roman Deutinger (Hrsg.), Das Lehnswesen im Hochmittelalter. Forschungskonstrukte – Quellenbefunde – Deutungsrelevanz, Ostfildern 2010, S. 103–124; G. THOMA, *Leiheformen zwischen Grundherrschaft und Lehnswesen*, in: ibidem, S. 367–386, Jan KEUPP, *Ministerialität und Lehenswesen. Anmerkungen zur Frage der Dienstlehen*, in: ibidem, S. 347.366; Philippe DEPREUX, *Lehnsrechtliche Symbolhandlungen. Handgang und Investitur im Bericht Galberts von Brügge zur Anerkennung Wilhelm Ditos als Graf von Flandern*, in: ibidem, S. 387–399; Klaus van EICKELS, *Verwandtschaft, Freundschaft und Vasallität: Der Wandel von Konzepten personaler Bindung im 12. Jahrhundert*, in: ibidem, S. 401–411.

ordnet werden können.[183] Inhalt und Ausrichtung der Beiträge zeigen das Lehnswesen des Hochmittelalters als bunte Palette von Formen und Einflüssen, das politische, auf gegenseitiger Treue und Diensten beruhende Bindungen ebenso umfasste wie wirtschaftlich orientierte Beziehungen im Rahmen der Grundherrschaft. Keineswegs zufällig stellte einer der Herausgeber des Bandes, Roman Deutinger, in der Zusammenfassung der Ergebnisse und dem Aufzeigen der Perspektiven der Forschung die Frage, ob es nicht möglich sei, auch im mitteleuropäischen Raum zum Terminus Feudalismus und dem hiermit zusammenhängenden Grundkonzept zurückzukehren. Der Feudalismus-Begriff findet nicht allein noch immer Verwendung in der westeuropäischen Forschung, er reflektiert vielmehr zugleich die politischen und wirtschaftlichen Aspekte der gesamten Problematik, die in der deutschen Mediävistik eine heterogene Typologie trennte.[184]

Mit ein wenig Übertreibung lässt sich die methodische Herangehensweise der deutschen Historiographie an das Thema unter Zuhilfenahme von Tolkiens-Gleichnis über eine Reise dorthin und wieder zurück beschreiben. Nach einem Jahrhundert hat sich die Forschung in vielfältiger Weise wieder dem Ausgangspunkt angenähert. Es stellt sich folglich die Frage, inwieweit uns die hier skizzierte Übersicht möglicher Herangehensweisen in der Forschung bei der Interpretation der Quellennachrichten zu helfen vermag, die wir im vorangegangenen Teil vorgestellt haben.

Der Grund, weshalb wir uns in der Forschungsübersicht vor allem darauf konzentriert haben, wie die Geschichtswissenschaft den Lehnsbesitz klassifizierte, ist offenkundig. Die Quellen diplomatischer Provenienz, von denen ein Großteil der Nachrichten ausgeht, bieten primär lediglich Begriffe (*beneficium*, *feudum*, *ius beneficiale/feudale*, *homagium* etc.). Deren Einordnung in einen konkreten Kontext bildet den Bestandteil einer sekundären Interpretation, die im Grunde genommen die Möglichkeit hat, zwei Wege zu beschreiten. Außer Zweifel steht, dass sich mindestens bis zum Beginn des 13. Jahrhunderts in der Terminologie der Quellen – ohne genauere Kenntnis jedes einzelnen, konkreten Falles – keine vom Kenntnisstand des Lehnsrechts der nachfolgenden Zeit ausgehende Interpretation vornehmen lässt. Mit anderen Worten: Es lassen sich als eine Art Referenzrahmen die mittelalterlichen Rechtsspiegel und die hieran anknüpfende Systematisierung der rechtshistorischen Forschung des 20. Jahrhunderts nicht heranziehen.[185] Dieses Problem verliert jedoch offenkundig im Verlaufe des 13. Jahrhunderts

183 Vgl. Hubertus SEIBERT, *Non predium, sed beneficium esset ... Das Lehnswesen im Spiegel der bayerischen Privaturkunden des 12. Jahrhunderts (mit Ausblicken auf Tirol)*, in: ibidem, S. 143–163; Thomas ZOTZ, *Das Lehnswesen in der privaturkundlichen Überlieferung des Herzogtums Schwaben*, in: ibidem, S. 163–175; Oliver AUGE, *Hominium, tributum, feudum. Zu den Anfängen des Lehnswesens im Nordosten des Reiches bis 1250*, in: ibidem, S. 195–215.

184 Roman DEUTINGER, *Das hochmittelalterliche Lehnswesen: Ergebnisse und Perspektiven*, in: ibidem, S. 472: „*Das hätte unter anderem den Vorteil, dass man sich dem Usus anderer europäischer Sprachen angleicht („feudalism", „féodalité", „feudalesimo" usw.). Zugleich böte sich damit die Möglichkeit, die – jedenfalls in Deutschland – üblicherweise als getrennt voneinander betrachteten Felder von Lehnswesen und Grundherrschaft begrifflich zusammenzuführen, wie es in anderen Ländern ebenfalls gang und gäbe ist.*"

185 Vgl. K. van EICKELS, *Verwandtschaft*, S. 411.

– insbesondere nach 1250 – an Bedeutung. Die Ausnutzung der Lehnstypologie der Rechtsspiegel und der Rechtsgeschichte besitzt insofern unbestritten Vorteile, da sie einen festen Rahmen liefert, mit dessen Hilfe wir eine geschlossene Interpretation der Quellenangaben vornehmen können. Ein offensichtlicher Nachteil besteht jedoch darin, dass beispielsweise der Verweis auf das „rechte Lehen" automatisch bestimmte Vorgänge ins Zentrum rückt, während andere an den Rand gedrängt werden oder am Ende ganz außerhalb des Interpretationsrahmens erscheinen, wodurch das so präsentierte Bild eher dem im Vorfeld gewählten Model als der konkreten Aussage des Quellenmaterials entsprechen könnte.

Angesichts der im vorangegangenen Kapitel zusammengetragenen Quellen wird darüber hinaus nicht sichtbar, dass – wenn wir eine Unterscheidung des Terminus *beneficium* für kirchlichen und des Ausdrucks *feudum* für weltlichen Besitz unberücksichtigt lassen – innerhalb der heterogenen Masse der Quelleninformationen im 13. Jahrhundert eine deutlichere Veränderung im Vergleich zur vorherigen Epoche eingesetzt hätte. Wir können das gesamte Quellenkorpus freilich auch unter der Vorgabe analysieren, dass wir für den Untersuchungszeitraum alle Hinweise auf *beneficium/feudum* als gleichberechtigten Bestandteil des umfassenderen Phänomens Leihewesen interpretieren. Durch eine derartige Herangehensweise ließe sich eine ausgewogene Charakterisierung aller politischen, wirtschaftlichen und anderen Bestandteile des behandelten Phänomens erreichen. Gleichzeitig droht dabei natürlich die Gefahr eines Voluntarismus bei der Einordnung der in den Quellen beschriebenen Vorgänge. Andererseits besteht die Möglichkeit, nicht grundsätzlich die Ebene einer reinen Beschreibung der in den Quellen enthaltenen Informationen zu überschreiten, gerade wenn vage gehaltene Nachrichten weder eine genauere Klassifizierung und Interpretation noch die Beschreibung eines kompakteren Bildes erlauben.

Ungeachtet der genannten Schwächen haben wir uns gerade für diese Herangehensweise entschieden, zumal dadurch ein einheitliches methodisches Vorgehen an das gesamte Quellenmaterial möglich wird. Der ausgewählte Zeitraum und die aus mehreren Institutionen stammenden Quellen einer relativ kleinen Region sollen darüber hinaus die angedeuteten Gefahren verhindern. Sofern es im Verlaufe des 13. Jahrhunderts wirklich zu einer grundlegenden Veränderung in der Entwicklung des Lehnsrechts kam, müsste sich diese im Urkundenmaterial widerspiegeln, das im unmittelbaren „Aktionsradius" des bedeutendsten Rechtsspiegels dieser Zeit, des *Sachsenspiegels*, entstand. Unter Umständen können wir davon ausgehen, dass gerade in den amtlichen Quellen, zu denen die Urkunden gehören, spätestens nach der Mitte des 13. Jahrhunderts ein solcher Referenzrahmen erkennbar wird und selbst eine genauere Klassifizierung hervorbringt. Für den Fall, dass dies nicht so sein sollte, dürfte die Frage naheliegen, in welchem Umfang sich das Lehnsrecht im Vergleich zur vorangegangenen Epoche wirklich entwickelte und systematisierte. In einem solchen Fall würde das gewählte methodische Vorgehen eine mögliche „modellhafte" Verzerrung verhindern, selbst wenn am Ende lediglich ein negatives Ergebnis stünde.

I/3 Was ist das Lehnswesen?

Zunächst wollen wir nochmals auf die verwendete Terminologie zu sprechen kommen. Die Unterscheidung zwischen den Bezeichnungen *beneficium* für kirchliche Präbenden und *feudum* für an Laien verliehene Güter spiegelt nicht allein die sprachliche Entwicklung wider. Die Definition der beiden unterschiedlichen Besitzkategorien zeigt zweifellos die fortschreitende Entwicklung und die damit verbundene Präzisierung des Kontexts, auf den die Termini verweisen. Die übereinstimmende Diktion der Urkundenbücher lässt klar deutlich werden, dass sich spätestens nach der Mitte des 13. Jahrhunderts anhand der Verwendung des einen oder anderen Begriffes die beiden Typen der Besitzverleihung erkennen lassen. Während der erste Begriff dabei auf die geistliche Karriere des Besitzers und das lebenslänglich seiner Versorgung dienende kirchliche „Amts"-Gut verweist, verrät der Terminus *feudum* den weltlichen Inhaber des Gutes. Es verbergen sich hinter dem Ausdruck jedoch noch weitere Zusammenhänge, die keineswegs so klar und eindeutig erscheinen. Damit gelangen wir zu der Frage, inwieweit sich in den Quellen überhaupt jene Veränderungen im Kontext der benutzten Terminologie etwa zwischen 1110, als Aicho von Dorstadt eine Burg *iure beneficiali* erwarb, und dem ausgehenden 13. Jahrhundert, als Dietrich von Berge seine Burg *titulo pheodali* erhielt, erfassen lassen?[186] Dasselbe gilt für die Zeit zwischen 1182, als eine gewisse Reginhaldis vom Halberstädter Bischof für die Abtretung eines Waldanteils drei Hufen *in feodo* erhielt,[187] und dem Jahr 1309, in dem die bereits erwähnte Elisabeth eine Rente *to rechteme lene* käuflich erwarb.

Das rechte Lehen

Die Zahl der belegten Fälle zeigt, dass die Quellen eine genauere Spezifizierung des vergebenen Lehens unter Zuhilfenahme einer weiteren terminologischen Präzisierung nur sporadisch bieten. Der Verweis auf ein „rechtes Lehen" taucht im gesamten Quellenkorpus erstmals im Jahre 1150 auf, als Bischof Bernhard I. von Hildesheim bekannte, Graf Hermann besitze die Burg Winzenburg *in beneficio iusto*.[188] In diesem Fall sind jedoch Zweifel angebracht, ob die Urkunde mit dem verwendeten Terminus auf die Kategorie

186 UGHBL, Nr. 124.

187 UB Halb. I, Nr. 298.

188 UB Hild. I, Nr. 263.

„rechtes Lehen" zielt oder ob lediglich die Berechtigung des Besitzes in einem Streitfall artikuliert wird. Quellenmäßig gesichert finden wir den Begriff erst in einer Urkunde aus dem Jahr 1242, in größerer Zahl jedoch tritt die wörtliche Verbindung in lateinischer – mitunter auch deutscher – Form seit der Mitte der sechziger und insbesondere dann seit den achtziger Jahren des 13. Jahrhunderts auf. Insgesamt lässt sich der Begriff „rechtes Lehen" im Untersuchungszeitraum in elf Fällen belegen, wobei lediglich zwei (wenn wir auch die Urkunde von 1150 hinzuzählen) in die Zeit vor die Mitte des Jahrhunderts fallen.[189] Obwohl unter den so bezeichneten Objekten Burgen die Mehrheit bilden, fallen unter den Begriff „rechte Lehen" auch Vogteiamt, Renten und Grundbesitz im Umfang von einer Hufe. Der Heterogenität des verliehenen Besitzes entspricht zugleich die soziale Struktur der Besitzer, die Mitglieder von Fürstenfamilien, Ministeriale und Bürger umfasst. Unter den Belehnten überwiegen zwar Männer, aus dem städtischen Milieu stammt hingegen die erwähnte Witwe Elisabeth.[190]

Beschreiben die Urkunden die Art und Weise des Besitzes eines „rechten Lehens" näher, verweisen sie insbesondere auf dessen Erblichkeit.[191] Dies kann jedoch nicht als die Regel angesehen werden. Verwiesen wurde bereits auf die Witwe Margarete, in deren Fall die Urkunde das „rechte Lehen" mit dem Witwenanteil (*dotalicium*) gleichsetzte.[192] Auch Landgraf Albrecht von Thüringen erhielt vom Bistum Merseburg ausgewählte Güter *iusto feodali tytulo* (in der deutschen Fassung der Urkunde *zu rechtteme lene*) lediglich auf Lebenszeit.[193] Damit verbundene Pflichten werden in diesem Zusammenhang nur in Einzelfällen genannt, in zwei Fällen verbinden die Urkunden mit der Verleihung einer Burg einen militärischen Dienst, bei anderen Diplomen werden Zahlungen auf der Grundlage der verliehenen Immobilien erwähnt.[194]

189 Hiervon gehören drei Fälle in jene Gruppe von Urkunden, die die Lehnsterminologie im Zusammenhang mit einer Verpfändung benutzen. Vgl. Anm. 25.

190 Im Falle weiterer Frauen, bei denen die Verleihung eines „rechten Lehens" bezeugt ist, lässt sich die soziale Zugehörigkeit nicht genau ermitteln. Vgl. UB Meiss. I, Nr. 350; UB Naum. II, Nr. 492.

191 Dies gilt auch im Falle der erwähnten Elisabeth, ihrer Söhne und deren Erben. UB Hild. III, Nr. 1693: „[...] *vruwen Ilseben wedewen Henrikes Schonekindes unde oren sonen Hermene, Iohanne, Conrade, Benrike und oren erven*"; des Weiteren vgl. UB Halb. II, Nr. 1570; UB Hild. I, Nr. 263; UB Hild. III, Nr. 627; Nr. 864; UB Meiss.: Nr. 206; UB Naum. II, 445; Nr. 525; Nr. 755; Nr. 803.

192 UB Meiss. I, Nr. 350 (*nomine dotalicii tenet sive possidet titulo iusti feudi*), wobei eine vier Jahre später ausgestellte Urkunde erneut daran erinnert, dass Margarete die verliehenen Güter bis zu ihrem Lebensende besitzen solle, UB Meiss. I, Nr. 365. Bei einer weiteren Frau, der namenlosen Witwe *de Stosne*, führt die Urkunde lediglich an, dass diese eine Hufe *iusto titulo feudali* zusammen mit ihren Söhnen besaß, UB Naum. II, Nr. 492.

193 UB Mers. I, Nr. 568: *„ad vite nostre tempora /zu unserem libe"*.

194 UB Hild. I, Nr. 263; UGHBL, Nr. 114. Wiederum wird jedoch nicht ganz klar, ob die genannten Zahlungen eine Pacht des Lehnsträgers darstellen oder im Gegenteil den Ertrag aus dem verliehenen Gut. Vgl. UB Naum. II, Nr. 518; Nr. 786; Nr. 831. Darüber hinaus stellt sich die Frage, ob wir mit einer Erfüllung bestimmter Pflichten in Fällen rechnen können, in denen die Verleihung zu Lehen einen Bestandteil des Verpfändungsaktes darstellte.

Wenn wir von der Diktion der untersuchten Quellen ausgehen, entsteht ein in hohem Maße unscharfes und heterogenes Bild des „rechten Lehens". Die Bezeichnung lässt sich dabei erst seit dem ausgehenden 13. Jahrhunderts häufiger nachweisen, im Vergleich zu den Termini *feudum/Lehen* fällt ihre Zahl allerdings weitaus geringer aus. Eine größere Klarheit vermag auch die Klassifizierung mit Hilfe sekundärer Merkmale nicht zu schaffen. „Rechte Lehen" finden wir in den Händen fast aller sozialen Gruppen. Es ist nicht ersichtlich, dass der Besitz zu „rechtem Lehen" ausschließlich eine bestimmte Art von Pflichten begründete. In der Forschung findet sich zwar die Vorstellung, „rechte Lehen" seien stets mit einem von der Mannschaftsleistung ausgehenden Vasallenverhältnis verbunden gewesen,[195] doch auch in diesem Fall zeigt sich ein grundsätzliches Problem. Die Leistung des *homagiums* bzw. Eids lassen die untersuchten Quellen nur in einer sehr geringen Zahl von Fällen erkennen. In jenen Urkunden, in denen von einem „rechten Lehen" die Rede ist, findet sich in keinem einzigen Fall ein Hinweis auf *homagium* bzw. auf einen Eid. Im ersten Kapitel konnte darüber hinaus deutlich gemacht werden, dass Hinweise auf eine Huldigung in einem sehr heterogenen Kontext entstanden. Wir dürfen zwar beispielsweise von der Annahme ausgehen, dass es sich im Fall des Heinrich von Hodenhagen, der im Jahr 1289 seine Burg *iusto titulo feodali* empfing und sich dabei zu treuen Diensten verpflichtete, um ein Beispiel für ein vasallitisches „rechtes Lehen" handelte, doch erwähnt die Urkunde eine Lehnshuldigung mit keinem Wort.[196] Es stellt sich in diesem Zusammenhang allerdings die Frage, ob besagte Annahme auch auf weitere Fälle angewendet werden kann – u. a. jene Nachricht aus dem Jahre 1290, die besagt, dass ein gewisser Siegfried *de Tschechs* (Zetsch) 1 ½ Hufen *iusto titulo feodali* und seine Gemahlin *nomine dotalici* besaßen,[197] oder den bereits erwähnten Fall einer namenlosen Witwe, die als „rechtes Lehen" eine einzige Hufe zusammen mit ihren Söhnen besaß? Fragezeichen stehen im Übrigen hinter jener Fassung der Quelle, auf die sich die Forschung bei der Definierung eines „rechten Lehens" stützt.

Als Ausgangspunkte für die Definition eines „rechten Lehens", anhand derer nachfolgend weitere Erwähnungen in den Quellen übergeprüft werden sollen, dienen in erster Linie zwei Passagen aus dem vierten Buch des *Sachsenspiegels*. Die erste Passage besagt lediglich, dass unabhängig davon, was ein Senior bei der Lehnshuldigung (*manleke*) auch immer verleihe, als ein „rechtes Lehen", „Erblehen", „Burglehen" (*recht len oder erflen oder borchlen*) bzw. ein „Anspruch" (*gedinge, wardunge*) auf ein zu besagtem Zeitpunkt durch einen anderen Mann gehaltenes Gut gelte. Die zweite Passage liefert eine genauere Definition. Ihr zufolge gilt ein Lehen ohne Lehnshuldigung (*manschap*) nicht als „rechtes Lehen", das Eike von Repgow von an Ministerialen auf der Grundlage des Ministerialrechts – *hoverechte* (Hofrecht) – verliehenen Lehen unterscheidet.[198]

---

195 Vgl. K.-F. KRIEGER, *Lehnshoheit*, S. 27, 35ff.; K. KROESCHELL, *Lehnrecht*, Sp. 13.

196 UGHBL, Nr. 114.

197 UB Naum. II, Nr. 630.

198 *Sachsenspiegel Lehnrecht*, MGH Fontes iuris Germanici antiqui N. S. I/2, Karl Gustav Eckardt (Hrsg.), Berlin – Frankfurt 1956, S. 74, 55 § 9: „*Swat de herre manleke liet, dat is recht len oder erflen oder borchlen, oder gedinge an enes benumeden mannes gude, oder wardunge an enes umben-*

Eike spricht von einem „rechten Lehen“ auch im vorangegangenen Teil seines – dem Landrecht gewidmeten – Werkes. Im dritten Buch erinnert er daran, dass eine Frau zu Lebzeiten ihres Mannes über einen „Anspruch“ (*gedinge*) auf die Lehnsgüter verfüge und ihr diese dann nach dem Tode des Gemahls als „rechtes Lehen“ (*rechte len*) zufallen würden.[199] Die entsprechende Passage findet sich in jenem Abschnitt, in dem der Autor über das bereits erwähnte Leibgedinge berichtet, nämlich die lebenslange Absicherung der Frau durch den ehelichen Besitz im Falle der Witwenschaft. Die von uns analysierten Urkunden bestätigen die Worte sachlich und terminologisch. Die Witwe Margarete erhielt in der Tat Einnahmen *nomine dotalicii / titulo iusti feodi*.[200] Unabhängig hiervon geht es jedoch nicht um das Verhältnis zwischen Rechtsspiegel und täglicher Praxis, sondern eher um die Gesamtaussage des Textes. Da Eike nicht zögert, den Witwenanteil als „rechtes Lehen“ zu bezeichnen,[201] erweitert er damit nicht allein den inhaltlichen Kontext, den der Autor der entsprechenden Terminologie beimisst, sondern er relativiert zugleich die Bedeutung der zitierten Passagen aus dem Buch des Lehnrechts. Wenn Eike auf der einen Seite des *Sachsenspiegels* als „recht“ ein durch eine vasallitische Huldigung charakterisiertes Lehen bezeichnet und zugleich denselben Terminus zur Beschreibung eines Besitzes, wie es *dotalicium* bzw. Leibgedinge darstellen, verwendet, können wir ein „rechtes Lehen“ nicht als konsistenten *terminus technicus* bezeichnen, mit dessen Hilfe sich mühelos weitere Quellenzeugnisse klassifizieren und interpretieren lassen.

Natürlich könnte man einwenden, Eikes Klassifizierung im Buch des Lehnrechts erfasse die Regel, die den am häufigsten vertretenen Typ des Lehnsbesitzes betreffe, und alle Abweichungen hiervon seien lediglich Ausnahmen, die die allgemeine Gültigkeit und Verwendung keineswegs in Frage stellen. Das Problem besteht allerdings in der schlichten Tatsache, dass die allermeisten Quellen keine eindeutigen Hinweise liefern, um zwischen „Gewöhnlichem“ und „Einmaligem“ zu unterscheiden. Die klare Mehrheit aller Eintragungen spricht lediglich von Lehen – ohne nähere Details zu Art und Weise sowie Voraussetzungen für deren Besitz. Am häufigsten finden wir Verweise auf die Vererbbarkeit oder mögliche Einsprüche von Nachfahren bzw. Verwandten. Urkunden, die

---

umeden mannes gude, swar it deme herren ledich werde.“; S. 81–82, 63 § 1: „*Svelk gut deme manne ane manschap gelegen wert dat ne het nen recht len, also dat gut dat die herre sime dienstmanne liet ane manscap to hoverechte; das sat he hoverechtes af plegen unde nicht lenrechtes.*“ Vgl. H. MITTEIS, *Lehnrecht*, S. 130–131; 446; K.-F. KRIEGER, *Lehnshoheit*, S. 27, 35ff.; K. KROESCHELL, *Lehnrecht*, Sp. 13.

199 *Sachsenspiegel Landrecht*, MGH Fontes iuris Germanici antiqui N. S. I/1, Karl Gustav Eckhardt (Hrsg.), Berlin – Frankfurt 1955, S. 258, III 75 § 1–2: „*An egene is ercht lifgetucht der vrowen, went it en nemant gebreken mach to erme live; unde an lene nicht, went it en to manager wis gebroken mach werden. Len bi eres mannes live is er gedinge; na eres mannes dode is it er rechte len.*“

200 UB Meiss. I, Nr. 350. Auf einen analogen Fall verweisen zudem auch UB Naum. II, Nr. 630; Nr. 786; in weiteren Fällen, in denen wir einem „rechten Lehen“ in den Händen einer Witwe begegnen, wird nicht ausdrücklich gesagt, dass es sich um deren Witwenanteil handelt, vgl. UB Naum. II, Nr. 492. Die bereits wiederholt zitierte Quelle in UB Hild. III, Nr. 1693 verweist darüber hinaus, dass das Lehen auch für Elisabeths Söhne und deren Erben bestimmt war.

201 Eike spezifiziert nicht, aus welchem sozialen Milieu die Frau stammen sollte.

militärische Pflichten aufzeigen oder ein Vasallenverhältnis betonen, zeigen lediglich einen sehr kleinen Ausschnitt aus dem gesamten Quellenkorpus. Ähnliches gilt für die Zahlungen einer Pacht. Im Falle der Verpflichtung einer Rentenzahlung stellt sich darüber hinaus die Frage, ob die mögliche Huldigung automatisch ein Vasallenverhältnis impliziert oder ob es hier lediglich um eine formale Bekräftigung des Vertrages handelt – etwa wie in erwähnten Fällen des Bürgers Richard und einer namelosen Unfreien. Schließlich darf nicht übersehen werden, dass der sog. *Auctor vetus de beneficiis*, also einer Schrift, die als Eikes ursprünglich lateinische Version des vierten Buches gilt, den Terminus „rechtes Lehen" gar nicht verwendet. Auch der Verfasser des sog. *Schwabenspiegels* (ca. 1275) sah im Übrigen jedes vergebene Lehen als „rechtes" Lehen an.[202]

Nicht zutreffend wäre die Behauptung, die Zeitgenossen seien sich der Unterschiede zwischen der Verleihung einer Burg zu Händen eines adeligen Herrn und eines Feldes bzw. anderen Kleinguts an einen Bürger gegen Zahlung einer Jahresrente nicht bewusst gewesen. Das seltene Vorkommen der entsprechenden Terminologie kann nicht als Beleg für die Unfähigkeit angesehen werden, zwischen verschiedenen Titeln des verliehenen Besitzes zu unterscheiden. Die Entstehung der Rechtsspiegel, ihrer Abschriften und Redaktionen liefern selbst den besten Beweis für den Bedarf und die Bemühungen, unterschiedliche Besitzformen und damit verbundene Rechte genauer zu klassifizieren. Die analysierten Quellenbelege zeigen jedoch auf der anderen Seite keineswegs, dass die rechtliche Systematisierung derart fortgeschritten gewesen sei, um noch zu Beginn des 14. Jahrhunderts zwischen als *feudum* bezeichneten bzw. *iure feodali* verliehenen Gütern eindeutig differenzieren zu können und gleichzeitig eine besondere Kategorie *iustum/verum feudum* zu unterscheiden, die sich durch einzigartige Charaktereigenschaften ausgezeichnet hätte und die schließlich in besonderer Weise anderen Formen des Lehnsbesitzes übergeordnet gewesen sei. Es stellt sich folglich die Frage, inwieweit es mit Blick auf den Untersuchungszeitraum für die Forschung Sinn macht, den Begriff „rechtes Lehen" zu verwenden. Der Verweis auf ein „rechtes" Lehen suggeriert die Vorstellung, automatisch auch ein „unrechtes" – mitunter auch weniger bedeutendes – Lehen zum Bestandteil des Diskurses zu machen. Sowohl terminologisch als auch mit Blick auf weitere Merkmale sind diese Kategorien in den untersuchten Quellen nicht eindeutig voneinander zu unterscheiden. Dennoch kann auf den Versuch, die unterschiedlichen Formen des Lehnsbesitzes genauer zu klassifizieren, nicht verzichtet werden. Bei der Interpretation der dem lateinischen Terminus *feudum* nahestehenden Quellenzeugnisse sollte jedoch auch für das gesamte 13. Jahrhundert eine ähnliche Behutsamkeit wie im Falle der Angaben aus älteren Jahrhunderten gelten.

---

202 *Auctor vetus de beneficiis*, MGH Fontes iuris Germanici antiqui N. S. II/1, Karl August Eckardt (Hrsg.), Hannover 1964; Zitat aus dem *Schwabenspiegel* bei H. MITTEIS, *Lehnrecht*, S. 131, Anm. 68 (*swaz der herre lehen gelihet daz sol sin recht lehen*).

Ius ministerialium

Bei der zweiten terminologischen Präzisierung, die sich im analysierten Quellenmaterial findet, handelt es sich um den Verweis auf das Ministerialrecht. In der lateinischen Form (*ius ministerialium*) erscheint es in Urkunden seit Ende des 12., in deutscher Gestalt (*hovelen*) dann insbesondere in der zweiten Hälfte des 13. Jahrhunderts.[203] Auch in diesem Fall geht es um ein sporadisches Erscheinen. Die 23 nachgewiesenen Fälle gehören zu einer heterogenen Gruppe von Gütern, die beispielsweise eine Burg, Geldeinnahme und eine halbe Hufe umfassen.[204] Art und Weise des Besitzes betreffende Einzelheiten werden nur in Ausnahmefällen genannt. Am häufigsten führen die Urkunden Vererbbarkeit sowohl in männlicher als auch in weiblicher Linie an.[205] Von Verpflichtungen spricht lediglich eine Urkunde, die die erwähnte Burg betrifft. Johann von Gatersleben und dessen Söhne hatten sich im Jahr 1262 verpflichtet, es den Bischöfen von Halberstadt und dem Kapitel, wann immer es diesen notwendig erscheinen sollte, zu ermöglichen, die Burg für ihren eigenen Schutz zu nutzen. Für den Fall, dass die Erben Johanns und seiner Söhne nicht weiter Ministeriale des Bistums zu bleiben wünschten, sollten sie die Burg an die Kirche zurückgeben.[206]

Wie die Terminologie selbst deutlich macht, betraf das erwähnte Recht die Ministerialität. Es geht folglich um eine soziale Gruppe, die zwar zu den persönlich abhängigen Personen gehörte, die jedoch aufgrund ihrer militärischen Funktionen und ihres Wirkens auch im Verwaltungsapparat an Bedeutung gewann. In der Forschung dominiert dabei die Auffassung, dass sich die unfreie Stellung auf die Typologie des verliehenen Besitzes auswirkte, der als Dienstlehen (Hoflehen) bezeichnet wird. Im Unterschied zu den Lehen freier Vasallen begründete ein Dienstlehen allerdings keine Dienstpflicht; vielmehr erfolgte die Vergabe, um einen Dienst zu ermöglichen. Die Pflichten eines Ministerialen gegenüber dem Herrn gingen aus der Zugehörigkeit zum unfreien Stand hervor, keineswegs jedoch ergaben sie sich aus der Lehnshuldigung für den verliehenen Besitz. Gerade das Fehlen der Lehnshuldigung bildet dem *Sachsenspiegel* zufolge den Hauptgrund, weshalb den Dienstlehen der Ministerialität nicht der Status „rechter Lehen" innewohnt. Die unfreie Stellung der Ministerialität spiegelte sich im Charakter der verliehenen Güter wider. Dienstlehen gehörten nicht in den Umkreis des Lehnsrechts freier Vasallen, sondern in die Sphäre des sog. „höfischen", ministerialen Rechts.[207]

---

203 Vornehmlich dann seit den sechziger Jahren dieses Jahrhunderts, vgl. weiter oben S. 22.

204 UB Halb. II, Nr. 1040; Nr. 1051; CDA II, Nr. 384.

205 CDA II, Nr. 278; UB Halb II, Nr. 775; Nr. 886; Nr. 1040; Nr. 1051; UB Hild. I, Nr. 522; Nr. 526; UB Hild. III, Nr. 652.

206 UB Halb. II, Nr. 1040.

207 Die Literatur stützt sich insbesondere auf nachfolgende Arbeiten: Karl BOSL, *Die Reichsministerialität der Salier und Staufer. Ein Beitrag zur Geschichte des hochmittelalterlichen deutschen Volkes, Staates und Reiches*, 1–2, Schriften der MGH 10, Stuttgart 1950–1951; Idem, *Das ius ministerialium. Dienstrecht und Lehnrecht im deutschen Mittelalter*, in: Studien zum mittelalterlichen Lehenswesen, Vorträge und Forschungen 5, Theodor Mayer (Hrsg.), Lindau – Konstanz 1960,

Jan Keupp hat zuletzt jedoch darauf verwiesen, dass vor dem Ende des 12. Jahrhunderts in den Quellen die separate Kategorie des Dienstguts der Ministerialen, auf die die aufgezeigte Charakteristik zutreffen würde, nicht vorkommt. Einige Quellen widerlegen demgegenüber ausdrücklich der erwähnten Auffassung, was nicht allein die Huldigung (Homagium) anbetrifft, sondern auch die Dienstpflicht, die selbst bei Ministerialen nicht einer persönlichen Abhängigkeit entsprang, sondern gerade aus dem verliehenen Lehen erwuchs. Im Unterschied zur älteren Forschung, die das erste Drittel des 13. Jahrhunderts als Höhepunkt einer Entwicklung postulierte, in deren Verlauf der unfreie Ministeriale de facto die Stellung eines freien Vasallen erlangte, konstatierte Keupp, dass die Quellen dieser Zeit vielmehr die Ausformung des Ministerialrechts erkennen lassen.[208]

Wenngleich sich Lehen der Ministerialität nicht grundsätzlich von Lehen der Freien unterschieden, hat Keupp auf die Praxis verwiesen, der zufolge Kinder aus der Ehe eines Ministerialen mit einer Angehörigen einer fremden Gemeinschaft zur mütterlichen *familia* gehörten.[209] Real drohte somit die Gefahr eines Verlusts des verliehenen Besitzes, da dessen Besitzer in ein fremdes Untertanenverhältnis gerieten. Seit dem 12. Jahrhundert ist in diesen Fällen das Bemühen nachweisbar, den Übergang von Lehen auf Nachfahren zu begrenzen, oder die Ministerialen entschädigten den Herrn mit anderen Gütern, um den Erben den Besitz zu sichern. Keupp sieht in den im ausgehenden 12. Jahrhundert in den Quellen auftauchenden Verweisen auf das Ministerialenrecht dezidiert die Folge der Bemühungen, der Gefahr eines Besitzverlusts entgegenzuwirken. Ein durch das *ius ministerialium/hovelehen* verliehenes Gut sollte erblich ausschließlich im Rahmen der eigenen Ministerialität verbleiben, die in einem Bund mit Angehörigen einer fremden „Familie" geborenen Nachfahren büßten hingegen ihren Anspruch ein. Keupp zufolge gewinnt so der Terminus Dienstlehen erst mit der Wende vom 12. zum 13. Jahrhundert an Bedeutung, wobei die Bestimmungen des *Sachsenspiegels* ein neues und sich entfaltendes Rechtsinstrument darstellen, das sich keineswegs automatisch auf alle von der Ministerialität gehaltenen Besitzungen übertragen lässt.[210]

Die analysierten Quellen scheinen Keupps Schlussfolgerungen zu bestätigen. Dem Hinweis auf das Ministerialenrecht begegnen wir erst Ende des 12. Jahrhunderts, dessen häufigeres Auftreten fällt in den Zeitraum ab den sechziger Jahren des darauffolgenden

---

S. 51–94; vgl. des Weiteren K.-F. KRIEGER, *Die Lehnshoheit*, S. 176ff. Die Entwicklung fasste zusammen J. KEUPP, *Ministerialität*, S. 350–354.

208 J. KEUPP, *Ministerialität*, S. 354–360.

209 Dies galt jedoch nicht im Falle einer Ehe eines Ministerialen mit einer freien Frau. In diesem Fall gehörten die Kinder zur Schicht der Ministerialen, aus der auch der Vater stammte. Vgl. Benjamin ARNOLD, *German Knighthood 1050–1300*, Oxford 1985, S. 169ff.

210 J. KEUPP, *Ministerialität*, S. 360–365, Zitat S. 365: „*Der Sachsenspiegel griff also einen relativ jungen Rechtsstandpunkt auf. Er kodifizierte kein uraltes, zum archaischen Atavismus erstarrtes Rechtsgut, vielmehr verarbeitete er ein aus einem speziellen Problemkomplex heraus geschaffenes Neukonstrukt. Eike von Repgow deklarierte dabei übrigens keineswegs systematisch alle Lehen der Ministerialen als Hoflehen. Er verwies lediglich auf die Existenz bestimmter Leiheformen, die dem Hofrecht und damit der speziellen Ausgestaltung durch den jeweiligen Herrschaftsverband unterlagen.*"

Jahrhunderts. Seit der Wende vom 12. zum 13. Jahrhundert wird im Urkundenmaterial zwischen der Annahme eines Gutes *iure ministerialium* und *iure homnii* unterschieden. Gerade aus dem Herrschaftsbereich des Bischofs von Hildesheim stammt dabei eines der frühesten Beispiele, auf das sich Keupp beruft. Der Ministeriale Burchard von Essem hatte Güter von der vorherigen Besitzerin erworben und diese gemeinsam mit seiner Gemahlin und den Söhnen vom Abt des Klosters St. Michael *iure feodi* als Lehen empfangen. Burchard hatte jedoch bereits Kinder aus vorangegangenen Beziehungen. Die Bestimmungen besagten nun, dass ein Teil der Güter Burchards, sofern die Eheleute und deren Kinder ohne weitere Nachkommen stürben, an die Tochter aus der vorherigen Ehe, der andere Teil wiederum an den Sohn aus der Beziehung mit einer anderen Frau fallen sollte. Der Tochter stünden dabei die Güter *iure ministerialis* zu. Zugleich heißt es in der Urkunde, dass deren Mutter ebenso wie Burchard selbst der bischöflichen Ministerialität angehörte und der Sohn seinen Erbteil *iure hominii* bekäme, ohne dass nähere Einzelheiten genannt werden.[211]

Das von Keupp angedeutete Prinzip illustriert im Übrigen gut eine ältere Urkunde Hildesheimer Provenienz, die offensichtlich in den Jahren zwischen 1142 und 1152 ausgefertigt wurde. Die Brüder Sibert und Dietrich hatten sich entschlossen, in das Kloster Heiningen einzutreten, dem sie zugleich ihren Besitz vermachen wollten. Der ältere Bruder Sibert war verheiratet, wobei die Ehe als „ungleich" (*dissimile*) galt, da Sibert zu den Freien (*libertate pollebat*) gehörte, während seine Gemahlin eine Ministerialin des Bistums Hildesheim war. Aus der Ehe gingen der Sohn Rotger und zwei Töchter hervor. Rotger konnte jedoch nach dem Recht der freien Sachsen (*secundum leges liberorum Saxonum*) das väterliche Erbe nicht übernehmen. Da sich in Heiningen auch ein Frauenkonvent befand, überredete Sibert seine Gemahlin und die Töchter zum Eintritt in dieses, und gemeinsam mit ihnen und seinem Bruder übergaben sie dem Kloster ihren gesamten Besitz. Für den Sohn erbat Sibert unter den vermachten Gütern einen Hof mit 16 Morgen an Feldern, den Rotger in *ius beneficii* erhielt, nachdem er das Hominium in die Hände des Propstes des Klosters abgelegt hatte. Lediglich für den Fall, dass Rotger einen Sohn mit der Angehörigen der Ministerialität des Klosters haben sollte, könnte der Sohn das väterliche *beneficium* in Empfang nehmen.[212]

---

211 UB Hild. I, Nr. 522. Die gleichen Konditionen bedingte sich Burchard auch in anderen Fällen aus. Vgl. UB Hild. I, Nr. 526 und Nr. 531. Obwohl Keupp davon ausgeht, dass die Mutter von Burchards Sohn nicht aus dem Kreis der Ministerialen des Abtes stammte, führt die Urkunde diese Information nicht expressis verbis aus, J. KEUPP, *Ministerialität*, S. 365. Auf der anderen Seite betont die Urkunde die Zugehörigkeit zur Ministerialität des Abtes gerade bei *iure ministerialis* verliehenen Gütern.

212 UB Hild. I, Nr. 230: „*Eorundem namque fratrum Sibertus senior matrimonium contraxerat, sed sue conditioni dissimile, quia ipse libertate pollebat, uxor vero de familia sancte Marie in Hildenesheim extitit, ex qua genuerat filium unum nomine Rotgerum et filiolas duas, sed secundum leges liberorum Saxonum idem filius propter dissimilitudinem conditionis ei succedere in heredem non potuit. Cum igitur uterque fratrum ad conversionem tenderet, idem Sibertus non solum servitio dei se applicare studuit, sed etiam uxorem cum filiabus sancte congregationi ancillarum Christi, que ibidem in claustro concluse fuerant, aggregari petivit, quatenus eis in seculo sine solatio non derelictis tam in corpo-*

Die Verbindung zwischen Ministerialenrecht und dem Anspruch der zur gleichen *familia* gehörenden Nachkommen bezeugt auch eine weitere Urkunde aus dem Milieu der Diözese Hildesheim. 1220 schlichtete Bischof Siegfried I. von Lichtenberg einen Streit zwischen dem Kloster des hl. Moritz und Arnold Covot auf der einen sowie dessen Söhnen Simon und Arnold auf der anderen Seite. Simon und Arnold behaupteten nun, ihr Vater habe dem Kloster einstmals die Güter ohne ihre Zustimmung vermacht. Arnold der Ältere hielt dagegen, dass beide in der Zeit des Verkaufs geboren seien und über keinen Anspruch auf die umstrittenen Güter als erbliches Lehen (*beneficium hereditarium*) verfügten, da er selbst diese lediglich *racione hominii* besäße und nicht etwa als Lehen der bischöflichen Ministerialität (*non nostre ministerialitatis*). Eine der strittigen Hufen hatte der Vater darüber hinaus als Eigentum erworben (*in proprietatem*), so dass er damit nach eigenem Belieben verfahren könne. Das Urteil fiel am Ende zu Gunsten von Vater und Kloster aus.[213] Streitigkeiten hinsichtlich des Rechts der Eltern, über Lehnsgüter ohne Zustimmung der Erben zu entscheiden, waren offenkundig in Hildesheim in dieser Zeit an der Tagesordnung. 1232 verkauften die Grafen Hermann und Heinrich von Wohldenburg die ihnen *iure feodali* verliehene Vogtei. In den Text der Urkunde ließen die Brüder auch den Spruch der Anwesenden aufnehmen, demzufolge sie den *iure hominii* erworbenen Besitz, mit dem seinerzeit die Erben nicht belehnt worden waren, ohne deren Zustimmung abtreten konnten.[214]

Die Brüder von Wohldenburg besaßen dabei, ebenso wie Arnold Covot, das Recht, ohne Rücksicht auf ihre Nachfahren, die *iure hominii* erworbenen Güter zu verkaufen.

---

ralibus subsidiis quam in animarum salute ex debito solamen prospiceret. [...] *Prefatus itaque Sibertus, ne quemquam suorom in seculo quasi desolatum derelinqueret, pro filio suo prius nominato Rotgero supplici devotione rogavit patrem monasterii Guntherum, quatenus de eisdem prediis, que per eum ecclesie collata fuerant, cum filio facere dignaretur misericordiam, ita vid*[*elicet ut*] *in predicto pago Dorstide curtim unam et sedecim iugera agrorum in ius beneficii ipso prius sibi hominium faciente sine gravamine servitii donaret ea interposita pactione, ut, si absque herede obiret, in communes usus congregationis idem beneficium reciperetur, si vero copularetur matrimonio et uxorem duceret de familia eiusdem iam prefate ecclesie in inde filium generaret, paternum beneficium idem filius ita recipiat ut per quantitatem eiusdem predioli preposito qui tunc temporis ecclesie prefuerit servitium et censum persolvat.*"; weitere Beispiele nennt B. ARNOLD, *German Knighthood*, S. 162ff.

213 UB Hild. I, Nr. 751: „[...] *sine consensu suo vendita esse dicebant, patre suo respondente, quod tempore vendicionis bonorum illorum ambo innati erant, preterea quod illa bona suum beneficium hereditarium non erant, sed ea in beneficio racione homini et non nostre ministerialitatis habebat*." In ähnlicher Weise findet die Unterscheidung *iure hominum non ministerialium* in UB Hild. II, Nr. 262 Verwendung, wobei sich in diesem Fall die beiden Brüder verpflichteten, für die nicht näher spezifizierten *bona* dem Bistum gegen alle anderen Personen mit Ausnahme des Reiches (*imperio*) beizustehen und darüber hinaus vier Jahre als *castrenses* auf den genannten Burgen tätig zu sein.

214 UB Hild. II, Nr. 337: „[...] *et ad petitionem eorumdem comitum quesitum fuit in sententia et inventum et ab omnibus, qui presentes erant, consesum fuit sententie, quod bonis, que iure hominii tenebant et heredes eorum cum ipsis non receperant, sine contradictione heredum suorum aut alterius cuiuslibet libere possent renunciare, ita quod heredes eorum nullam in eis unquam questionem habere possent vel sequelam.*"

Der bischöfliche Schiedsspruch unterschied jedoch derartig verliehene Güter von den Lehen der Ministerialen, wobei als Kriterium gerade der Anspruch der Erben galt. Der Unterschied bestand somit in der Bindung der Güter an deren Besitzer. Während sich im ersten Fall die Verleihung primär auf die belehnte Einzelperson bezog, dominierte im zweiten Fall der „kollektive“ Charakter. Arnold konnte nicht ohne die Zustimmung der zur gleichen *familia* gehörenden Erben auf den verliehenen Besitz verzichten, was jedoch im umgekehrten Fall bedeutete, dass sich die Erben nicht ohne gemeinsamen Konsens der aus dem Besitz resultierenden Verpflichtungen, unabhängig von deren Charakter, entziehen konnten. So bietet sich in der Tat der Verweis auf das Dienst- bzw. Hoflehen an, das eine stärkere Verbindung mit dem Lehnsherrn bzw. dem Hof als Zentrum der politischen Macht sowie eine Fortsetzung des Dienstes in weiteren Generationen sicherte.[215]

Diese Beziehung musste keineswegs aus einer persönlichen Abhängigkeit des Ministerialen vom Herrn bzw. einer kirchlichen Institution resultieren. Johann von Gatersleben und dessen Söhne hatten die gleichnamige Burg als *hovelehen*, also durch Ministerialenrecht erworben. Ihre Nachkommen jedoch konnten durch Rückgabe der Burg das Ministerialen-Verhältnis wieder auflösen.[216] Die Bindung an den bischöflichen Hof beruhte nicht auf einem Abhängigkeitsverhältnis, sondern entsprang dem Besitz eines konkreten Gutes. Der Unterschied zwischen durch das *ius ministerialium* verliehenen Gütern und weiteren Formen des Lehnsbesitzes konnte somit recht nebulös erscheinen, was der Versuch der Söhne Arnold Covots, die väterlichen Güter zu erhalten, anschaulich illustriert. Auch die zur gleichnamigen Burg gehörenden bzw. an anderen Orten der Diözese erworbenen Güter Johanns von Gatersleben und seiner Söhne wurden in den Urkunden auch weiterhin lediglich als *pheodum* (gegebenenfalls als per *titulo pheodali* erhalten) bezeichnet.[217]

Eine weitere Form, bei der die Urkunden die Kategorie des Lehnsbesitzes nennen, die in der Literatur von „rechten Lehen“ unterschieden wird, stellt das sog. Burglehen dar. Im untersuchten Quellenkorpus taucht diese Form lediglich in neun Fällen auf, die bis auf eine Ausnahme durchgehend aus der zweiten Hälfte des 13. Jahrhunderts stammen. Ein Burglehen bestand, wie in der Forschung unterstrichen wird, zumeist aus einer Einnahme, d. h. einer dem Lehnsmann zu zahlenden Rente, der seinerseits die Pflicht hatte, auf der entsprechenden Burg Quartier zu nehmen und für deren Verteidigung Sor-

---

215 Das Beispiel des Arnold Covot bietet somit zugleich eine etwas andere Sicht auf die Bedeutung der Vererbbarkeit von Lehnsgütern, die wir für gewöhnlich als gesuchtes Privilegium betrachten. Die Vererbbarkeit bedeutete zwar unbestritten eine Stabilisierung der Besitzverhältnisse bzw. letztlich auch die Möglichkeit für eine Allodialisierung der verliehenen Güter, auf der anderen Seite jedoch schuf sie auch eine dauerhafte Bindung und eine Verpflichtung. Einen Vorteil konnte die Vererbbarkeit so für beide Seiten bedeuten, wobei es eher von den Fähigkeiten der einzelnen Seiten abhing, in welcher Art und Weise sie diese zu nutzen vermochten.

216 UB Halb. II, Nr. 1040: „[...] *heredes, qui ipsum castrum pro tempore tenebunt, ecclesie Halb. Ministeriales esse debunt: si vero filiorum nostrorum heredes nollent ecclesie Halb. iure ministerialium pertinere, tunc castrum Gatersleve cum suis pertinentiis ad ipsam ecclesiam libere revertur.*“

217 UB Halb. II, Nr. 1064; Nr. 1197; Nr. 1358; Nr. 1435.

ge zu tragen.[218] Sofern die Urkunden konkrete Lehen nennen, erwähnen sie in der Tat die Einnahmen, in einem Fall auch einen Hof (*curia*).[219] Lediglich in einer einzigen Urkunde wird die Pflicht betont, die Burg zu verteidigen,[220] die Verbindung zwischen Burglehen und Burgmannen wird jedoch auch aus den übrigen Eintragungen erkennbar. Die Residenzpflicht musste auf der anderen Seite nicht allein ein Merkmal des Burglehens darstellen. Als zwei Brüder im Jahr 1228 nicht genannte Güter *iure hominii* erwarben, verpflichteten sie sich unter anderem, vier Jahre auf einer nicht näher definierten Burg Dienst zu leisten, die ihnen der Bischof von Hildesheim zuweisen sollte.[221]

Auf den ersten Blick widersprechen die Quellenzeugnisse für Dienst- und Burglehen der Skepsis, die wir bereits mit Blick auf die Verwendung des Begriffes „rechtes Lehen" vorgebracht haben. Das Problem besteht darin, dass sämtliche nachweisbaren Fälle für die erwähnten Kategorien lediglich fünf Prozent der urkundlichen Erwähnungen ausmachen, die konkret ein Gut als *beneficium/feudum* bezeichnen. Den narrativen Quellen war eine derartige terminologische Unterscheidung, bis auf ein einziges Beispiel für ein „rechtes Lehen" in der *Sächsischen Weltchronik*, für den gesamten Betrachtungszeitraum fremd. Hinzu kommt, dass sich die sekundären Merkmale dergestalt verliehener Güter bei allen Formen des Lehnsbesitzes ständig überlagern. Wenngleich sich der Begriff *feudum* im Verlaufe des 13. Jahrhunderts von dem ursprünglich sehr allgemein gefassten Terminus *beneficium* unterschied und es in diesem Kontext zu einer weiteren Kategorisierung kam, blieb dessen Verwendung sehr vage und unbestimmt. Hierbei gilt es erneut zu betonen, dass keineswegs die Absicht besteht, die Existenz verschiedener Arten abhängigen Besitzes und die Entwicklung der miteinander verbundenen Rechtsnormen in Frage zu stellen. Hinter der Bezeichnung *feudum* bzw. der Besitzform *iure/titulo feodali* kann sich allerdings de facto alles Mögliche verbergen – von zu militärischem Dienst verpflichtenden Vasallenlehen, über Lehen von Ministerialen, Pachtlehen, einem Pfandbesitz und einer „Emphyteuse" bis hin zu einem Witwenanteil. Obwohl wir am häufigsten Lehen in Händen Adeliger unterschiedlicher sozialer Stellung finden, lassen die Quellen nicht erkennen, dass die Zeitgenossen Vasallenlehen mit politischem Charakter den Vorzug vor Lehen mit wirtschaftlicher Funktion gegeben hätten.

„... damit das Kloster in Heiningen nicht seines ihm gebührenden Ertrages beraubt werde"

Das hier verwendete Zitat stammt aus einer Urkunde, die der Propst des Klosters Heiningen im Jahr 1253 ausstellen ließ. Kurz vor deren Ausfertigung gaben namentlich nicht genannte, durch gewalttätige Nachbarn geplagte *litones* fünf Hufen in dem Dorf Quenstedt zurück und verließen die Provinz. Der in Sorge um den Verlust der Einnah-

218 K.-F. KRIEGER, *Lehnshoheit*, S. 58ff; LexMA 2 (2000), 1055–1056.
219 UB Halb. II, Nr. 733; Nr. 877; UB Hild. III, Nr. 487; UB Naum. II, Nr. 26.
220 UB Naum. II, Nr. 26.
221 UB Hild. II, Nr. 262.

men befindliche Propst Geltmar verlieh daraufhin umgehend dem Halberstädter Bürger Herbord, dessen Gemahlin und ihren Erben diesen Besitz gegen einen jährlichen Zins. Aus der Urkunde lässt sich nicht ersehen, auf welcher Rechtsgrundlage die Hufen verliehen wurden. Der Herausgeber des Urkundenbuches hegte jedoch – wie im Regest erkennbar – keinen Zweifel daran, dass es sich hierbei um eine Pacht handelte.[222]

Die Sorge um die finanzielle Absicherung der offenkundig notleidenden Institution veranlasste im Jahr 1295 die Äbtissin des Klosters Frose, dem bereits erwähnten Famulus Werner, dessen Gemahlin, der Tochter und möglichen weiteren Nachkommen drei Hufen gegen einen Jahreszins zu verleihen. Mit finanziellen Problemen kämpfte im Jahre 1297 auch das Kloster Gernrode. Die Äbtissin Irmingarda hatte mit Zustimmung des Konvents zur Tilgung der Schulden acht Hufen bestimmt, die *pro pecunia* verliehen werden sollten. Die Urkunde nennt im Folgenden allerdings lediglich drei Hufen, die Heinrich, Bürger aus Quedlinburg, mit seiner Gemahlin, den Söhnen und Töchtern erhielt. Der Unterschied zwischen der Urkunde aus Heiningen von 1253 und jenen aus den Jahren 1295 und 1297 besteht gerade in der Präzisierung der Art und Weise der Besitzverleihung. Während im Falle des Famulus Werner mit Blick auf die verliehenen Hufen die entsprechende Passage von *infeudatio* spricht, erwarben Heinrich und seine Familie die Güter *iure feodali*.[223]

In dem den methodischen Herangehensweisen der Forschung gewidmeten Kapitel konnte bereits aufgezeigt werden, dass mit Ausnahme vor allem der beiden zurückliegenden Jahrzehnte das Lehnswesen von einem Großteil der Forschung primär aufgrund seiner politischen Dimensionen definiert wurde. Das analysierte Urkundenmaterial bietet hingegen ein etwas abweichendes Bild.[224] Die Bedeutung der Verleihung *infeudatio / iure feodali* lag für die Klöster in Frose und Gernrode nicht in der Absicherung der Vasallität. Vielmehr standen rein wirtschaftliche Aspekte im Vordergrund, die darauf hinausliefen, die angehäuften Schulden abzubauen. Wäre die Art der Vergabe nicht definiert, läge die Vorstellung nahe, es könne sich um eine Beschreibung der Pacht handeln. Ähnlich wie im Fall des Klosters Heiningen käme niemand auf die Idee, beide Urkunden in einen Kontext zum Lehnswesen zu setzen.

Dabei handelte es sich keineswegs um Ausnahmen. In den untersuchten Urkunden überwiegt mäßig die Verpflichtung, vom Lehen eine Jahrespacht abzuführen, gegenüber den verzeichneten militärischen Diensten. Weitere Urkunden verbinden das Lehnsverhältnis mit einer Verpfändung, wobei wir bereits feststellen konnten, dass in einigen Fällen zwischen beiden Besitztiteln nicht unbedingt ein Unterschied bestehen musste. Auch in diesen Fällen trat folglich der wirtschaftliche Anlass der Belehnung in den Vordergrund, wobei die Belehnung nicht primär durch die Aufnahme eines Vasallenverhältnisses motiviert war. Natürlich ließe sich einwenden, dass die Pflichten nur von einem

---

222 UB Hild. II, Nr. 932: „*ne ecclesia in Heninge censu debito frauderetur*".

223 CDA II, Nr. 794 (*mansis infeudatis*); CDA II, Nr. 843. Alle acht Hufen waren im übrigen „[...] *ad liberationem tam gravium debitorum infeudandi*" bestimmt.

224 Ein wenig anders ist die Situation im Falle narrativer Quellen, was allerdings durch den Quellentyp und die Konzentration der Autoren auf politische Ereignisse ausgelöst wird.

Bruchteil der Urkunden beschrieben werden und es sich hierbei nicht um ein repräsentatives Bild handeln muss. Das Verhältnis im Auftreten beider Typen von Verpflichtungen sollte allerdings zur Vorsicht bei der Analyse aller anderen Erwähnungen mahnen, bei denen wir keine Angaben zur Art der Verpflichtung vorfinden. Man kann annehmen, dass mit der Verleihung von Burgen, Grafschaften, bedeutenderen Besitzeinheiten bzw. Ämtern das Vasallenverhältnis und der militärische Dienst verbunden wurden. Im gesamten Quellenmaterial dominiert jedoch die Belehnung mit einem Grundbesitz im Umfang von bis zu fünf Hufen.

Nur sporadisch stoßen wir in den Quellen auf allgemeiner formulierte Bestimmungen, die unter Bezugnahme auf die Fläche des verliehenen Besitzes den Umfang der militärischen Pflicht begrenzen würden. Am häufigsten zitiert wird in diesem Zusammenhang die sog. *Constitutio de expeditione Romana*. Wenngleich diese in die Zeit Karls des Großen zurückreicht, handelt es sich um eine auf der Insel Reichenau offenbar in den ausgehenden fünfziger Jahren des 12. Jahrhunderts angefertigte Fälschung. Wenn wir den Wortlaut zugrunde legen, verpflichtete die Verleihung von fünf Hufen die Ministerialen zur Ausrüstung eines Berittenen (*brunia*) und eines Schildträgers (*scutarius*). Im Falle der das *hominium* leistenden Vasallen war die Pflicht mit einem Besitz von zehn Hufen verbunden, wobei sich die entsprechende Verpflichtung um einen Schildträger erhöhte.[225] Die *Constitutio* mag als Orientierungshilfe dienen, wobei sich die Situation von Region zu Region und in einzelnen Fällen unterscheiden konnte. Beachtet werden muss, dass die Mehrzahl der vergebenen Lehen, bei denen die analysierten Urkundenbücher die Abführung einer Rente dokumentieren und den Umfang des verliehenen Besitzes nennen, weniger als fünf Hufen ausmachte.[226] Die Gesamtzahl der Lehen, die sich unterhalb dieser Grenze bewegte, erweist sich dabei innerhalb des gesamten Quellenmaterials als ausschlaggebend.[227]

Die Größe eines einzelnen vergebenen Lehens sagt zweifellos noch nichts über den Gesamtumfang der verliehenen Güter aus. Unabhängig davon stellt sich die Frage, ob und in welcher Art und Weise die Zusammensetzung bzw. die Besitzzunahme die Pflichten des Vasallen beeinflusste. So hatte beispielsweise ein gewisser *miles* Jusarius im Jahr

---

225 *Karoli Magni Constitutio de expeditione Romana*, Ludwig Weiland (Hrsg.), MGH Leges VI, Constitutiones et acta publica imperatorem et regum I, Hannover 1893, Nr. 447, S. 662: „*Qui autem per hominium, sive liberi sive servi seu famuli, dominis suis adheserint, quot decem mansos in beneficio possideant, tot cum duobus scutariis ducant* [...] *Similiter de ecclesiarum filiis vel domesticis, id est ministerialibus, vel quorum cunque principum clientela, qui cottidie ad serviendum parati esse debent, statuimus, ut quicunque V mansos in beneficio possideant, domino suo ad quem pertinent bruniam cum uno scutario ducant*." Hierzu zuletzt T. ZOTZ, *Das Lehnswesen*, S. 168ff., der zugleich darauf aufmerksam macht, dass die die Ministerialen betreffenden Bestimmungen offenkundig auch weitere Quellen aus der Zeit, in der die Fälschung entstand, zu bestätigen scheinen.

226 Vgl. die in den Anmerkungen 93–99 erwähnten Urkunden sowie deren Reihenfolge im Anhang. Eine Ausnahme bilden UB Meiss. I, Nr. 251, wo sieben Hufen erwähnt werden, sowie weitere Urkunden, die im Zusammenhang mit Lokationsaktivitäten von einem Lehnsverhältnis sprechen.

227 Vgl. Anhang.

1224 vom Halberstädter Propst eine Hufe *iure feodali* verliehen bekommen, für die er jährlich die Summe von vier Solidi entrichten musste.[228] Dabei stellt sich die Frage, ob – sofern Jusarius vom Propst weitere Lehen in Form von Grundbesitz erhalten sollte – der Gesamtumfang des Besitzes Einfluss auf den Charakter der Verpflichtungen besaß? Konnten letztere gegebenenfalls in einen militärischen Dienst münden oder leiteten sich die Verpflichtungen einzeln von jedem konkreten Lehen ab? Es handelt sich hierbei keineswegs um ein rein hypothetisches Problem. Als beispielsweise in England im Jahr 1286 Sir Robert de Aquilon starb, umfasste sein Lehnsbesitz verschiedene Güter, von denen er eine Pacht zu entrichten bzw. auf deren Grundlage er einen militärischen Dienst zu leisten hatte. Die Unterschiede resultierten hierbei nicht allein aus der Tatsache, dass der Besitz von verschiedenen Herren stammte. Robert hatte drei Lehen vom König verliehen bekommen. Während er für die Güter in Hampshire und von den Londoner Liegenschaften jedoch eine Rente zahlte, bestand die sich aus dem belehnten Wirtschaftshof (*manor*) in Hertfordshire sich ableitende Verpflichtung darin, einen Fußsoldaten für die Dauer von 40 Tagen zu stellen.[229] Die Quellennachricht geht zwar von englischen Verhältnissen aus, darf jedoch als signifikantes Beispiel für die Flexibilität bei der Nutzung des Lehnswesens angesehen werden. Die Forschung reflektiert die heterogene Struktur der Lehnsbindungen insbesondere im Zusammenhang mit der Möglichkeit, von mehreren Senioren Besitz verliehen zu erhalten. Eine ähnliche Heterogenität konnte sich allerdings auch in der Beziehung zu einem einzigen Herrn offenbaren, dem der Lehnsträger sowohl durch militärischen Dienst als auch durch Zahlung einer Pacht bzw. andere Verpflichtungen verbunden war. Anders ausgedrückt: Jeder Lehnsmann konnte innerhalb der Struktur der Lehnsherrschaft des Seniors mehrere Funktionen erfüllen, ohne dass eine von ihnen notwendigerweise als primär und den anderen übergeordnet erscheinen musste.[230]

Wir kommen damit wiederum zu einem Problem, auf das bereits mehrfach hingewiesen wurde. Wie in den oben skizzierten Fällen auch können wir, selbst unter Beachtung der im Quellenmaterial beschriebenen Verpflichtungen sowie des Umfangs der verzeichneten Lehen, nicht von einer bestimmten Kategorie sprechen, die sich als typisch herausstellen ließe. Die Urkunden zeigen nicht auf, dass sich die analysierten Termini vornehmlich auf die Besitzform beziehen, für die eine Lehnshuldigung im Sinne eines Vasalleneids typisch war. Wenn wir die lateinischen Termini *beneficium* und *feudum* mit dem deutschen Ausdruck Lehen gleichsetzen, folgt daraus, dass das in den Urkundenbüchern beschriebene Bild des Lehnswesens für den gesamten Untersuchungszeitraum aus einem funktionierenden Netz bestand, hinter dem sich ein breites Spektrum von Bezie-

228 UB Hild. II, Nr. 114.

229 Frederick POLLOCK – Frederic William MAITLAND, *The History of English Law before the Time of Edward I.*, Volume I., Cambridge 1899², S. 296, mit einem Verweis auf *De Antiquis Legibus Lieber. Cronica Maiorum et Vicecomitum Londoniarum*, Thomas Stapleton (Hrsg.), London 1846, S. lxx–lxxvi.

230 Vgl. E. POLLOCK – F.W. MAITLAND, *The History*, S. 296: *„So we must not think that each man fills but one place in the legal structure of feudalism."*

hungen verbarg, die von den täglichen sozioökonomischen Bedürfnissen ausgingen.[231] Als Träger des Lehnswesens agierte nicht allein der bewaffnete Vasall, sondern in nicht geringem Umfang auch derjenige, der eine jährliche Natural- bzw. Geldrente entrichtete.

„Durch die Belehnung entfremdet [...] in die Hände weiterer Laien vielfach erteilt"

Insbesondere kirchliche Institutionen nahmen gegenüber dem Lehnswesen offenkundig eine sichtbar ambivalente Haltung ein. Auf der einen Seite stehen Verbote, Güter als Lehen zu vergeben, wobei deren Zahl in den Urkunden annähernd gleich groß ausfällt, wie sämtliche Eintragungen über Verpflichtungen zusammen. Auf der anderen Seite hatten sich die Geistlichen mit einem Problem auseinanderzusetzen, das die erwähnten Urkunden der Klöster Heiningen, Frose und Gernrode beschreiben. Die verliehenen Güter galten unbestritten als ein Mittel, um zum einen die Treue der Lehnsmänner zu gewinnen, zum anderen aber auch, um die täglichen Bedürfnisse eines kirchlichen oder weltlichen Hofes abzusichern. Die Selbstverständlichkeit, mit der die Konvente Frose und Gernrode am Ende des 13. Jahrhunderts das Lehnswesen zur Sanierung ihres Haushaltes benutzten, kann als ein beredtes Zeugnis dafür angesehen werden, dass sich dieses nicht völlig von anderen Formen wirtschaftlich ausgerichteter Pachten oder Einnahmen trennen lässt. Dessen ungeachtet weist gerade das umsichtige Verhältnis zur Verleihung der Güter durch das *ius beneficiale/feudale* auf das charakteristische Merkmal der Lehnsverleihung hin, das im Urkundenmaterial deutlicher als jede Form der Beziehung bzw. Verpflichtung, die ein Lehnsverhältnis begründete, in den Vordergrund tritt.

Im Jahr 1195 erwarb Heinrich, Abt des Klosters Conradsburg, den ursprünglich dem Bistum Halberstadt zustehenden Zehnt. Zunächst musste er diesen aus den Händen der aktuellen Besitzer auslösen. Den Zehnt hatten ursprünglich die Grafen von Falkenstein vom Bischof verliehen bekommen, von denen der Zehnt dann in die Hände weiterer Laien gelangte.[232] Die Verhältnisse zeigten sich auch ein Jahrhundert später unverändert. Bischof Volrad verfügte in einer Urkunde aus dem Jahre 1295 eine Aufteilung der Mühle und des daran grenzenden Fischteiches zwischen dem Bistum und dem Annenkloster in Magdeburg. Aus dem Text geht hervor, dass dem Bistum die erwähnten Güter einstmals entzogen worden waren, da die Kammerherren sie *feodaliter* nichtgenannten Adeligen verliehen hatten, die diese wiederum zu Lehen vergaben. Erst der Äbtissin des

231 Für das süddeutsche Milieu ähnlich G. THOMA, *Leiheformen*, S. 367–386. Auch die Lehen von Bauern (Bauernlehen) konnten jedoch für Vasallendienste verliehen werden. Vgl. hierzu Kurt ANDERMANN, *Vasallität zwischen Nicht-Adel und Adel: Bauernlehen im Spiegel hohenlohischer Überlieferungen*, DA 69, 2013, S. 107–126.

232 UB Halb. I, Nr. 362: „[...] *comes Otto de Valkenstein fratrisque sui domini Theoderici filii, videlicet Burchardus et Conradus, decimam in Gerslevede manu domini Gardolfi nostri venerabilis episcopi tenuerunt, que ab illis ad manus aliorum iure feodali longe descenderat* [...] *dominus Heinricus abbas de Conradesborch* [...] *de rebus ecclesie sue non sine labore compositis ipsam decimam de manu laicorum redemit*".

Konvents St. Anna, die alle bisherigen Besitzer finanziell entschädigte, gelang es, den Besitz wieder in die Hände des Bistums zu überführen, das seinerseits die Mühle dem Kloster schenkte und lediglich den Fischteich behielt.[233]

Aus anderer Perspektive gelangen wir damit zu der bereits erwähnten Lehnspyramide, dem Heerschild. Im ersten Kapitel haben wir bereits gesehen, wie ein Dorf des Bistums Naumburg von Hand zu Hand verliehen wurde. Das letzte Glied innerhalb dieser Kette stellten schließlich die namenlosen *milites* dar, die nur noch Teile des Dorfes als Lehen besaßen. Dabei bestand die Gefahr innerhalb dieser Lehnshierarchie für den ursprünglichen Eigentümer gerade darin, dass sein Besitz an immer weitere Nutzer übergehen bzw. am Ende gänzlich unter diesen aufgeteilt werden konnte. In treffender Weise beschrieb dieses Prinzip der diktierende Notar einer Urkunde aus dem Jahr 1195, der mit Blick auf den Halberstädter Zehnten notierte, letzterer habe durch die Verleihung „immer weiter abgenommen" (*ad manus aliorum iure feodali longe descenderat*).

Die Probleme, die durch die wiederholte Verleihung von Lehen entstanden, schildert eine vermutlich zwischen 1150 und 1153 ausgestellte Urkunde. Der Bischof von Hildesheim hatte dem Kloster Riechenberg den Zehnten überlassen, der vom Bischof an Graf Meinfried *in beneficio* verliehen worden war, der wiederum, so die Urkunde, einen gewissen Thiedelin mit diesem Zehnten belehnt hatte. Der Propst des Klosters ließ beiden Männern 30 Talente Silber auszahlen, damit diese auf besagten Zehnt verzichteten. Dabei handelte es sich keineswegs um die letzten Aufwendungen. Ohne weitere Details zu nennen, teilt besagte Urkunde mit, dass nach Meinfrieds Tod die namentlich nicht genannten Söhne des Goslarer Bürgers Theoderic hierauf Ansprüche anmeldeten. Theoderic hatte den Zehnt nämlich ebenfalls vom Grafen *in beneficio* erhalten. Die Söhne klagten, sie seien zu Unrecht um das väterliche Lehen gebracht worden, wobei sie ihren Anspruch erst nach der Zahlung von acht Talenten fallen ließen. Bald darauf sah sich das Kloster zudem gezwungen, die Forderungen von Meinfrieds Sohn zu erfüllen, der behauptete, er wisse nichts vom väterlichen Verzicht auf den Zehnt. Der Sohn erhielt daraufhin zwölf Talente und schwor seinerseits, keine weiteren Forderungen zu stellen. Ähnlich reagierte auch Thiedelins Sohn. Der Konvent zahlte diesem drei Pfund Silber, und erst jetzt konnte das Kloster auch wirklich ungestört seinen Besitz verwalten.[234]

---

233 UB Halb. II, Nr. 1620: „[...] *camerarii ecclesie nostre videremus feodaliter alienatum iamdudum ad manus nobilium a tempore, quo non extat memoria, et per ipsos nobiles ad manus aliorum laycorum multipliciter infeodatum* [...] *abbatissa totusque conventus monasterii s. Agnetis nove civitatis Magdeburgensis dictum molendinum cum piscina et omnibus attinentiis ab omnibus, quibus fuerat infeodatum, omnino absolverunt*".

234 UB Hild. I, Nr. 269: „*Sane comes Meinfridus den Bodenburch eandem decimam a me quondam in beneficio susceperat, qua ipse itidem illustrem virum Thiedelinum de Herre inbeneficiaverat, ac proinde impensa sunt eis a preposito Gerhardo XXX talenta argenti, sique utroque beneficiarie possessioni in eadem duntaxat decima renunciante comes Meinfridus eam mee potestati resignavit. Verum tempore interiecto cum idem comes vita excessisset, filii Theoderici barbari Goslariensis civis, qui aliquando ipsam decimam ab eodem comite in beneficio susceperat, cum se paterno beneficio iniuste privatos esse sepe conquererentur, acceptis a preposito octo talentis ipsi quoque predicte decime omnimodis renunciaverunt. Deinde comes Heinricus filius sepe dicti comitis Meinfridi cum patrem suum*

Es handelte sich dabei keineswegs um einen Einzelfall. Auf das gleiche Problem verweisen die beiden Urkunden aus den Jahren 1195 und 1295. Auf einen Verzicht durch sämtliche Besitzer innerhalb der Kette der Lehnsträger bzw. deren finanzielle Entschädigung stoßen wir im Urkundenmaterial regelmäßig.[235] Wenngleich einige Urkunden die Besitzer eines Lehnsgutes verpflichten, den Besitz nicht zu verkaufen, zu verpfänden bzw. in anderer Weise zu entfremden, berührten derartige Einschränkungen die Möglichkeiten einer weiteren Verleihung entweder nicht, oder sie zeigten keinerlei reale Wirkung. Die Schwierigkeiten des Klosters Riechenberg beim Wiedererwerb des Zehnten machen darüber hinaus auf einen weiteren wichtigen Aspekt des Lehnsbesitzes aufmerksam – die Rechte der Nachkommen und Verwandten gegenüber Lehnsgütern. In zahlreichen Fällen handelte es sich beim Übergang von Lehen auf Verwandte in Wirklichkeit nicht um Vererbbarkeit, sondern lediglich um das Folgerecht, die väterlichen Güter zu erhalten.[236] Im Übrigen konnte bereits aufgezeigt werden, dass sich die Urkunden im Falle Arnold Covots und der Grafen von Wohldenburg mit einer ähnlichen Frage beschäftigten. In der Praxis freilich konnten die Unterschiede zwischen Vererbbarkeit und Erbansprüchen völlig verwischen. Dies geschah vor allem dann, wenn Lehen über mehrere Generationen „vererbt" wurden, etwa im Fall des Niuta und seiner Söhne. Die Nachkommen erhoben darüber hinaus ihren Anspruch auf das „Erbe", ohne Rücksicht darauf, ob ein solcher Anspruch zu Recht bestand. Die Haltung kirchlicher Institutionen, die im Streitfall eher einer Entschädigung der Fordernden den Vorzug gaben, hat sie in ihrer „berechtigten" Forderung zweifellos noch bestärkt.[237] Auf jeden Fall wertete Bischof Bernhard I. von

---

se inscio beneficium suum michi resignasse sepenumero conquererentur, communicato consilio multorum tam clericoum quam laicorum dedit ei prepositus XII talenta, quibus ipse sub testibus qui adhibiti fuerant receptis, quod prefatam decimam nunquam in perpetuum reposceret, fideliter promisit, Postea Ecbertus filius supradicti Thiedeni super memorata decima me conveniens cum eam iure beneficii sibi debitam comprobare niteretur, monitus a fratre suo Liudolfo successore prepositi Gerhardi tres libras argenti ab ipso recepit sicque michi eam liberam et omni beneficario iure vacantem resignavit."

235 Vgl. u. a. CDA I, Nr. 316; Nr. 322–323; Nr. 399; CDA II, Nr. 403, Nr. 432; Nr. 677; UB Halb. I, Nr. 188; Nr. 231; Nr. 360; Nr. 279; Nr. 445; Nr. 485; Nr. 587; UB Halb. II, Nr. 687; Nr. 771; Nr. 923; Nr. 958; Nr. 1099; Nr. 1355; Nr. 1618; Nr. 1662; Nr. 1727; UB Hild. I, Nr. 370; Nr. 373; Nr. 386; Nr. 613; Nr. 614; Nr. 663; Nr. 739; UB Hild. II, Nr. 111; Nr. 408; Nr. 483; Nr. 548; Nr. 636; Nr. 689; Nr. 719; Nr. 752; Nr. 837; Nr. 845; Nr. 1062; UB Hild. III, Nr. 180; Nr. 226; Nr. 329; Nr. 908; Nr. 994; Nr. 1061; Nr. 1107; Nr. 1171; Nr. 1184; Nr. 1385; Nr. 1525; UB Mers. I, Nr. 260; Nr. 352; Nr. 353; UB Naum. I, Nr. 418; UB Naum. II, Nr. 101; Nr. 131; Nr. 300; Nr. 313; UGHBL, Nr. 26.

236 Vgl. K.-F. KRIEGER, *Das Lehnsrecht*, S. 48–52.

237 Eine Entschädigung erhielten unberechtigte Besitzer auch in dem Augenblick, in dem es sich im Grunde genommen um einen eindeutigen Fall handelte. Bischof Bruno von Hildesheim entschied im Jahr 1158 einen Streit um das Benefizium des Klosters St. Michael, auf das ein gewisser Dietrich Anspruch erhoben hatte. Obwohl dieser Forderung die schriftlichen Aufzeichnungen des Klosters und auch Eide von Zeugen widersprachen, beharrte Dietrich auf seinem Recht. Aus diesem Grund entschlossen sich Bischof, Abt, Kleriker, Klostervogt sowie die Freien und Ministerialen des Klosters (insgesamt 72 Personen), einen Eid (*sacramentum*) abzulegen, der besagte, dass

Hildesheim im Jahr 1146 eine Übergabe des Benefiziums an die Erben als Zeichen des Lehnsbesitzes. Ein unumstößlicher Beweis für diesen Trend sind darüber hinaus die bereits erwähnten Beispiele für die Bezeichnung eines Lehens als *hereditas* bzw. die Gleichsetzung des Lehnsrechts mit *iure hereditario*.

Mit Blick auf den Zehnten des Klosters Riechenberg muss beachtet werden, dass die Ansprüche der Söhne des Goslarer Bürgers Theoderic auf das väterliche Lehen in der Mitte des 12. Jahrhunderts ein nicht geringeres Gewicht besaßen als die Ansprüche des Grafensohnes. Insofern können wir nicht der Auffassung zustimmen, die sich auf die Fassung des *Sachsenspiegels* stützt und die den Bürgern die Vererbbarkeit von Lehen abspricht bzw. diese von einer besonderen Gnade des Lehnsherrn abhängig macht.[238] Der soziale Status hinderte die Bürger offenkundig nicht daran, ihre Rechte mit dem gleichen Selbstbewusstsein und Erfolg durchzusetzen, wie dies adelige Personen taten. Nicht einmal die erwähnten kirchlichen Institutionen bestritten in irgendeiner Form deren Recht, sich um das väterliche Lehen zu bemühen. Auch weitere Beispiele, in denen ein Gut erblich in die Hände von Bürgern verliehen wurde, verweisen nicht auf eine besondere Gunst.[239] Lehen konnten Bürger zusammen mit ihren Söhnen und Töchtern verliehen erhalten.[240] Die Nachkommen erteilten zudem ihre Zustimmung zur Abtretung von Gütern.[241] Lehen von Bürgern finden wir in den Quellen in weitaus geringerer Zahl als bei adeligen Besitzern. Die überlieferten Urkunden lassen jedoch keineswegs erkennen, dass deren Rechte auf den verliehenen Besitz hinter den bei Adeligen bezeugten Rechten weniger wichtig waren.[242]

Frauen und Lehnsbesitz

Die Ansprüche von Nachfahren und Verwandten auf Lehnsgüter sind in der Regel vornehmlich in männlicher Linie bezeugt, also durch Söhne bzw. Brüder. Töchter treten in ungefähr einem Drittel der Urkunden, die den Anspruch der Kinder auf Lehen festhalten und die das Geschlecht des möglichen Erben anführen, in Erscheinung. Man kann also keineswegs von einer Randerscheinung sprechen. Mit der Belehnung von Frauen ist dabei ein ähnliches Problem verknüpft wie im Falle von Stadtbürgern. Auch den Frauen sprach

---

das Benefizium *iure perpetuo* dem Kloster gehöre. Der Abt wollte wohl darüber hinaus Dietrich fünf Pfund Silber auszahlen, damit dieser seine Forderungen fallen lasse. Erst unter diesem Druck gab Dietrich seinen Anspruch auch wirklich auf. UB Hild. I, Nr. 312.

238 K.-F. KRIEGER, *Die Lehnshoheit*, S. 140ff.; *Sachsenspiegel Lehnrecht*, S. 20, 2 § 2.

239 CDA II, Nr. 267; Nr. 795; UB Halb. II, Nr. 1581; UB Naum. II, Nr. 478.

240 Die Belehnung von Familien zusammen mit Söhnen und Töchtern erwähnen CDA II, Nr. 386; Nr. 843.; ausschließlich mit Söhnen: UB Hild. III, Nr. 1182; in einem Fall mit Sohn und Enkel (*cum filio et nepotulo*) UB Naum. II, Nr. 824.

241 UB Hild. III, Nr. 498.

242 Eine Ausdehnung des Lehnsbesitzes von Bürgern im norddeutschen Milieu konstatierte bereits Dieter GRABSCHEID, *Die Bürgerlehen im altdeutschen Reichsgebiet*, Phil. Diss. Frankfurt 1957, S. 122ff.

Eike von Repgow eine gleichberechtigte Stellung im Rahmen des Lehnsrechts ab, wobei die Forschung in der Vererbbarkeit von Lehen in weiblicher Linie ein besonderes Privileg durch den Senior sieht.[243] Diese Auffassung lässt sich durch einige Urkunden innerhalb des untersuchten Quellenmaterials belegen. So bestätigte im Jahr 1150 der Hildesheimer Bischof Bernhard I., dass Graf Hermann die Burg Winzenburg rechtmäßig in Besitz hielt, wobei Hermann und dessen Gemahlin dem Bistum als Gegenleistung die Burg Homburg mit 200 Hufen Land sowie allem Zubehör geschenkt hatten. In der Folge gingen Burg und Grundbesitz an die Eheleute mit ihren Söhnen, Töchtern und deren möglichen Erben als Lehen.[244] In einer anderen Urkunde bestätigte Bischof Hartbert von Hildesheim 1201, dass Bernhard von Wölpes Lehen aufgrund seiner Verdienste für das Bistum an Gemahlin und Tochter *iure feodalis* fallen sollten.[245] 1255 wiederum verlieh der Naumburger Bischof Dietrich II. von Meißen dem Burggrafen Meinhard von Zeitz das Recht, dass auf seine Lehen künftig Nachkommen beiderlei Geschlechts Anspruch hätten.[246] In ähnlicher Weise wie im Fall des Hildesheimer Bischofs Bernhard I. 1150 überließ gut 130 Jahre später (1283) Herzog Otto von Braunschweig dem Bistum Hildesheim die Burg Lauenrode und die Stadt Hannover, die er postwendend – zusammen mit seiner Schwester – wieder als Lehen empfing.[247] Die hier angeführten Beispiele verknüpfen in der Tat eine weibliche Nachfolge bzw. den Besitz eines Lehens durch Frauen mit besonderen Umständen. Die Privilegien fußen auf der Abtretung des eigenen Besitzes und dessen Neuvergabe als Lehen, verweisen auf treue Dienste bzw. allgemein die besondere Gnade des Lehnsherrn. Dabei handelt es sich jedoch nicht um die einzige Sicht auf den Lehnsbesitz in weiblicher Erbfolge, den die Urkunden ermöglichen.

Im Jahre 1230 ließ der Hildesheimer Bischof Konrad II. von Riesenberg eine Urkunde für Lippold und Dietrich von Escherde ausfertigen. Konrad II. bestätigte darin die Übertragung eines nicht näher beschriebenen Gutes in Helperthe, das ihm ein gewisser *dominus* Halton abgetreten habe, an die Brüder als Lehen. Der Kirchenfürst äußerte freilich im Text der Urkunde Zweifel, ob er die Güter wirklich an die Brüder als Lehen vergeben könne. Den Grund für seine Bedenken sah er in der Schwester Lamperts von Helperthe, die die Güter als ihr *feodum* gefordert habe. Die Brüder mussten folglich vor Zeugen schwören, dass sie die Güter zurückgeben würden, sollte der Beschwerde führenden

243 *Sachsenspiegel Lehnrecht*, S. 19–20, 2 § 1–2; H. MITTEIS, *Lehnrecht*, S. 644ff.; K.-F. KRIEGER, *Die Lehnshoheit*, S. 119–123. Auch in diesem Falle ist die Aussage Eikes widersprüchlich, da er an weiteren Stellen des Spiegels die Bedingungen für den Lehnsbesitz in weiblichen Händen nennt. Neben dem bereits erwähnten Leibgedinge geht es hier vor allem um Fälle, in denen mit dem Lehen kein militärischer oder Ehrendienst verbunden ist. Vgl. Brigitte JANZ, *Frauen und Recht im Sachsenspiegel*, in: Mamoun Fansa (Hrsg.), Der sassen speyghel. Sachsenspiegel – Recht – Alltag 2, Oldenburg 1995, S. 121–130.

244 UB Hild. I, Nr. 623.

245 UB Hild. I, Nr. 567.

246 UB Naum. II, Nr. 276.

247 UGHBL, Nr. 99.

Schwester „Gerechtigkeit" (*iustitia*) widerfahren.[248] Konrads Urkunde verweist auf ein ähnliches Problem wie im Falle des Klosters Riechenberg. Lampert von Helperthe hatte offenkundig zum Kreis der Besitzer von Gütern in dem gleichnamigen Dorf gehört. Möglicherweise war er Lehnsmann eines „Herrn" Halton. Im Unterschied zum Klosterzehnten erhob diesmal freilich nicht ein männlicher Erbe Ansprüche, sondern die Schwester. Deren Anspruch auf „Gerechtigkeit" rief keinerlei Erstaunen hervor, und die Diktion der Urkunde deutet an, dass der Bischof die Chancen auf einen Erfolg keineswegs gering schätzte.

Es handelte sich hierbei keineswegs um einen Einzelfall, bei dem Frauen mit Blick auf einen Lehnsbesitz ähnlich wie deren männliche Protagonisten auftraten. Im Jahre 1190 schloss die Quedlinburger Äbtissin Agnes II. von Meißen einen Vertrag mit den Töchtern Bertolds von Hoym. Letztere traten gegen eine finanzielle Entschädigung Klostergüter ab, die sich Bertold gewaltsam angeeignet hatte und die die Schwestern nunmehr *hereditario iure* beanspruchten. Im Anschluss daran bestätigte die Äbtissin den Schwestern sämtliche Lehen – mit Ausnahme des Amtes als Kämmerer (*officium camere*) –, die ihr Vater rechtsgemäß besessen hatte.[249] Die Rechte weiblicher Erben verzeichnen darüber hinaus zwei, Ende der achtziger Jahre des 13. Jahrhunderts ausgefertigte Urkunden der Diözese Halberstadt. Aussteller des ersten Diploms war Bischof Volrad von Kranichfeld, der eine Transaktion bestätigte, bei der ein gewisser Johann von Mahndorf auf drei Hufen Verzicht leistete, die er vom Bistum *iure pheodali* erhalten hatte und die von ihm die Kanoniker der Kapitelkirche Sankt Marien in Halberstadt erwarben. Die zweite Urkunde ließ Johanns Schwester ausstellen, die zusammen mit ihren Erben auf alle Rechte verzichtete, die fortan möglicherweise auf die verkauften Hufen erhoben werden könnten.[250] Bereits im ersten Kapitel haben wir Fälle geschildert, in denen beim Verzicht auf Lehnsgüter die Bürgen für die zu diesem Zeitpunkt minderjährigen Mädchen zusicherten, dass sie nach Erreichen der Volljährigkeit die Güter abtreten würden bzw. dass beim Aufsetzen der Urkunde die nichtanwesenden Töchter ihre Zustimmung zur Entfremdung später vor dem Lehnsherrn bekunden sollten.

---

248 UB Hild. II, Nr. 281: „*Ad noticiam omnium volumus pervenire, quod bona quedam Helperthe sita et a domino Haltone de Biwende nobis resignata porreximus Lippolodo et Thiderico fratribus de Esscherte titulo feodi, si tamen porrigere poteramus, quod dicimus propter quandam matronam sororem Lamberti de Helperthe bona eadem utpote suum feodum repentem. Promiserunt autem data fide in manus nostras* [...] *quod antedicti Lippoldus et Thidericus fratres benevole ac sine petitione restauri cedant de iis bonis, si forte contigat prememoratam matronam dictante iusticia obtinere*."

249 CDA I, Nr. 692: „[...] *transactio, quam fecimus cum filiabus Bertoldi de Hoiem, qui violenter sibi res ecclesie usurpaverat et ille hereditario iure addixerant* [...] *cl marcis eis pro restitucione per fideiussionum manus dedimus* [...] *nobis resignaverunt omnia bona, que pater earum sibi violenter usurpaverat* [...] *Et nos concessimus eis omne beneficium, quod pater earum iure possederat, excepto officio camere*."

250 UB Halb. II, Nr. 1515; Nr. 1516. Einen ähnlichen Fall bestätigte Bischof Volrad im Jahre 1292, als ein gewisser Johannes Kote seiner Schwester und deren Erben, dem Sohn sowie drei Töchtern, sechs Mark Silber auszahlte, damit sie dem Verkauf einer halben Hufe zustimmten, die Johannes zu Lehen besaß. UB Halb. II, Nr. 1589.

In allen diesen Fällen sprechen die Quellen vom Anspruch der Frauen, ohne zugleich eine besondere Gnade oder ein Vorrecht zu erwähnen. Die Überzeugung von den eigenen Rechten, mit der die Töchter Bertolds von Hoym, die Schwester Lamperts von Helperthe und Johanns von Mahndorf sowie weitere Frauen auftraten, unterschieden sich dabei nicht vom Verhalten der männlichen Erben. In vielerlei Hinsicht erinnert dieses Agieren an das Verhältnis zu Allodialgütern, was gerade der Vertrag zwischen Bertolds Töchtern und dem Kloster zum Ausdruck bringt.[251] Die Schwestern betrachteten das väterliche Gut als ihr Erbe, wobei das Problem keineswegs im Anspruch allein bestand, sondern in der Tatsache, dass sie sich auch Besitz angeeignet hatten, auf den weder der Vater noch sie selbst nach Meinung des Klosters ein Recht besaßen. Der Fall der Schwester Lamperts von Helperthe ist zugleich ein aussagekräftiges Beispiel für die Diffusität von wahrer Erbfolge und reinem Anspruch. Das Lehen ging zwar nicht automatisch auf die Frau über, wenn diese jedoch einen Anspruch anmeldete, der sich als berechtigt herausstellte, konnte der Lehnsherr das „Erbe" nicht absprechen.

Im Kontext von Ansprüchen und Lehnsbesitz der Frauen muss auch die Zusammensetzung der verliehenen Güter berücksichtigt werden. Die Privilegien für Hermann von Winzenburg, die Gemahlin und die Tochter Bernhards von Wölpe, Meinhards von Zeitz, Ottos von Braunschweig und dessen Schwestern sprechen von bedeutenden Besitzgrößen und strategischen Stützpunkten. Die verbleibenden Urkunden sowie weitere Verzeichnisse von Lehnsgütern, bei denen der Besitz oder der Anspruch von Frauen dokumentiert ist, bieten jedoch ein diametral entgegengesetztes Bild. In den allermeisten Fällen handelt es sich um Grundbesitz, der eine Fläche von drei Hufen nicht überschritt.[252] Lediglich in vier Fällen bezeugen die Urkunden, dass es sich um gegen eine

251 Gerade dieses Problem spricht vermutlich Eike von Repgow an, wenn er im zweiten Buch des „Landrechts" darauf hinweist, dass, sofern der Besitzer eines Lehens keinen legitimen „Lehnserben" besaß, die „Einkünfte" aus dem Lehen an die Erben gemäß „Landrecht" fallen. *Sachsenspiegel Landrecht*, S. 176, II 58 § 1: „*Of de man nene lenerven ne hevet na sime dode, swe sin erve is na lantrechte, de scal nehmen sin verdenede gut in deme lene.*" Zu den Widersprüchen zwischen den Aussagen der Bücher des Land- und jenen des Lehnrechts Bernd KANNOWSKI, *Landrecht und Lehnrecht nach dem Sachsenspiegel. Für und Wider einen (vermeintlichen?) „uralten Irrtum"*, in: Jan Hallebeck – Martin Schermaier – Roberto Fiori – Ernest Metzger (Hrsg.), Inter Cives Necnon Peregrinos. Essays in honour of Boudewijn Sirks, Göttingen 2014, S. 351–365, hier S. 362–364.

252 Die in Klammern gesetzten Nummern, bei denen keine andere Spezifizierung genannt wird, bezeichnen die Zahl der Hufen. CDA II, Nr. 386 (3/4 der Hufe); Nr. 754 (1); Nr. 794 (3); Nr. 843 (3); UB Halb. I, Nr. 298 (3); Nr. 348 (1); UB Halb. II, Nr. 671 (1); Nr. 676 (1); Nr. 775 (*mansum dimidium* [...] *curiam medietatem*); Nr. 886 (3,5); Nr. 961 (*octo mansos in Ditforede, duos mansos in parvo Quenstide, unum et demidium in Ergenstide* [...] *decimam in Asterendorp*); Nr. 1051 (0,5); Nr. 1339 (1,5); Nr. 1379 (2); Nr. 1453 (*quindecim solidos*); Nr. 1469 (1); Nr. 1516 (3); Nr. 1544 (1); Nr. 1589 (0,5); Nr. 1617 (3); Nr. 1692 (1); Nr. 1700 (1); UB Hild. I, Nr. 337 (*curia*); Nr. 624 (3); Nr. 625 (4); UB Hild. II, Nr. 223 (3); Nr. 237 (unbestimmtes Gut mit Vasallenpflicht); Nr. 447 (2); Nr. 463 (*quartam partem decime*); Nr. 550 (2); Nr. 555 (nicht genannt); Nr. 631 (*decimam in villa Egem cum tribus mansis et curia in eadem villa*); Nr. 642 (*V mansos et dimidium cum decima eorundem, II areas adiacentes curie, silvulam unam, prata molendinum et*

Jahrespacht vergebene Lehen handelte.[253] Gerade Umfang und Bedeutung der verliehenen Güter lassen ein unterschiedliches Herangehen an den Anspruch von Frauen auf entsprechende Güter erahnen. Die Begrenzung einer Vererbung des Lehnsbesitzes auf die männliche Linie stellte sich unbestritten bei Vasallenlehen, die mit einem militärischen Dienst verbunden waren, bei bedeutenden Amtsträgern im Verwaltungsapparat (Grafschaft, Markgrafschaft usw.) und mit diesen verbundenen Besitzkomplexen. Bei gegen Natural- oder Geldrente verliehenen Lehen konnte allerdings das Vorgehen des Seniors weitaus wohlwollender ausfallen, die Besitzvergabe und Vererbbarkeit in weiblicher Linie wesentlich einfacher, zumal dadurch in keiner Weise der Zweck der Verleihung, d. h. die Zahlung einer Pacht, beeinflusst wurde.[254]

Erneut kommen wir damit zu jenem Problem, das sich durch das ganze Kapitel zieht. Wenn wir im Vasallenverhältnis das entscheidende Merkmal des Lehnswesens sehen, erhält die Stellung der Frau innerhalb dieser Hierarchie automatisch eine nachgeordnete Bedeutung. Allerdings haben wir uns bemüht aufzuzeigen, dass das sich im Urkundenmaterial reflektierende Lehnsverhältnis eine überaus komplexe Natur besaß, wobei die „militärisch-politische" Dimension keineswegs die wirtschaftlichen Funktionen in den Hintergrund zu drängen vermochte. In der Frage des Lehnsbesitzes war die Stellung der Frauen keineswegs gleichberechtigt. Auf der anderen Seite jedoch sind Urkunden, die die Nachfolge von Frauen als besonderes Privileg bestätigen, im gesamten Quellenkorpus in wesentlich geringerer Zahl vertreten als jene Regelungen, die deren Anspruch als alltägliche Realität betrachten. Ähnlich wie bei allen anderen, bislang analysierten Formen der Lehnsverleihungen sollte daher auch die Vererbbarkeit der Lehen in weiblicher Linie im jeweils konkreten Kontext beurteilt werden, und nicht auf der Grundlage einer normativen Bestimmung.

Zusammenfassung

Die Vielschichtigkeit des Lehnswesens ist in der Forschung stets präsent geblieben. Dennoch hat die Fokussierung auf das „rechte Lehen", das sich durch ein Vasallenverhältnis auszeichnete, diese Komplexität zu Gunsten der politischen Dimension des gesamten Phänomens in den Hintergrund gerückt. Die offenkundig wertvollste Erkenntnis bei der Auswertung des gesamten Quellenkorpus dürfte die Tatsache liefern, wie auf das hier behandelte Problem aufmerksam gemacht wird. Wir konnten aufzeigen, dass einige Bei-

---

preter ista capellam cum tribus mansis); Nr. 676 (16 Morgen); Nr. 717 (3); Nr. 914 (3); UB Hild. III, Nr. 143 (*duas areas*); Nr. 718 (5); UB Mers. I, Nr. 236 (Zehnt, in weiblicher und männlicher Linie im Besitz der Markgrafen); UB Naum. II, Nr. 478 (1); Nr. 585 (*curia*).

253 CDA II, Nr. 386; Nr. 794; Nr. 843; UB Naum. II, Nr. 478.

254 Dem entspricht im Übrigen Eikes Anmerkung, der zufolge einer Frau jedes beliebige Lehen übertragen werden könne, aus dem keinerlei Dienst für das „Reich" erwachse. Gemeint sind damit offenkundig der militärische Dienst und Ehrenämter. *Sachsenspiegel Lehnrecht*, S. 21, 2 § 7, vgl. B. JANZ, *Frauen*, S. 123–124.

spiele in den Quellen tatsächlich das Lehnswesen in seiner „reinsten" Form präsentieren – mit Lehnshuldigung, Investitur und militärischer Verpflichtung. Andere Urkunden hingegen verwenden diese Terminologie bei der Beschreibung von Fällen, die nicht in ein derart eingegrenztes Schema des Lehnsverhältnisses passen bzw. die eine andere Deutungsmöglichkeit bieten. Personen wie Niuta, Werner, Jusarius, der Bürger Heinrich, die Witwe Elisabeth bzw. Reginaldis erwarben ihre Lehen nicht, um die Anzahl der Krieger für den Lehnsherrn zu erweitern, sondern um deren Kasse zu füllen. Sie wurden keine Vasallen, sondern lediglich Pächter.[255] Als wesentlich erweist sich, dass die Zahl dieser Fälle in keiner Weise hinter den zuerst erwähnten zurückbleibt und sich diese folglich nicht als Nebenerscheinungen des Lehnssystems einfach in den Hintergrund drängen lassen.

Das im Urkundenmaterial hervortretende *ius beneficiale/feudale* lässt sich nicht primär als Recht bewaffneter Vasallen interpretieren. Die Urkunden beschreiben dies eher als die allgemeine Art der Verleihung von Gütern innerhalb des Adels auf allen Stufen der sozialen Hierarchie. Das charakteristischste Merkmal des Lehnsbesitzes bestand dabei im starken Anspruch des Belehnten und seiner Erben auf den übertragenen Besitz. Gerade die Flexibilität des Lehnswesens ermöglichte es auf der einen Seite mit dessen Unterstützung die Schar der Vasallen zu organisieren und auf der anderen Seite diese für rein ökonomische Zwecke heranzuziehen. Die zuletzt genannte Form der Übertragung von Lehen verschmolz darüber hinaus offenkundig mit anderen Rechtssphären und öffnete somit auch weiteren sozialen Gruppen, vor allem den Stadtbürgern, die Ebene der Lehnsbeziehung. Zugleich bot sie offenkundig mehr Raum für das Geltendmachen weiblicher Ansprüche auf Lehnsgüter.

Obwohl das Lehnswesen im Untersuchungszeitraum eine Entwicklung durchlief, bedeutet dies nicht, dass das 13. Jahrhundert – im Vergleich zur vorangegangenen Epoche – ein grundlegender Wendepunkt gewesen sei. Hinsichtlich Geschwindigkeit und Art der Entwicklung des Lehnsrechts sowie seiner Auswirkungen auf die tägliche Praxis lässt sich im Übrigen zumindest partiell eine Vorstellung durch den Hinweis auf die veränderte Terminologie gewinnen. Das erste Auftreten des Begriffes *feudum* fällt vor die Mitte des 12. Jahrhunderts, in größerem Umfang begann sich der Terminus dann im letzten Drittel zu verbreiten. Mit Blick auf den weltlichen Besitz verdrängte er die Bezeichnung *beneficium* erst mehr als fünfzig Jahre später. Es dauert folglich mehr als ein Jahrhundert, bis sich der entsprechende Begriff für die Bezeichnung des ganz allgemeinen Komplexes von Gütern und Rechten, die an weltliche Personen vornehmlich aus den

---

255 In dieser Hinsicht hat die Verleihung von in den Quellen als *feudum* (bzw. durch *iure feodali*) bezeichneten Gütern im Wesentlichen identische Züge und jene Bedeutung bewahrt, die wir im Frühmittelalter bei Prekarien bzw. Benefizien finden, einschließlich der Präsenz Nichtadeliger und Frauen. Der Unterschied scheint insbesondere in der schrittweisen Ausweitung der Rechte der Besitzer und ihrer Erben gegenüber dem beliehenen Gut zu bestehen. Zu den frühmittelalterlichen Quellen vgl. B. KASTEN, *Beneficium* (passim); Eadem, *Das Lehnswesen*, insb. S. 335–345; Roman DEUTINGER, *Beobachtungen zum Lebenswesen im frühmittelalterlichen Bayern*, ZBLG 70, 2007, insbes. S. 67ff.

Reihen der Nobilität verliehen wurden, durchsetzte. Man kann nun die Frage stellen, wie lange es dauern konnte, bis sich in diesem Rahmen ein Rechtssystem herausbildete, das zumindest teilweise auf den allgemein bekannten und respektierten Normen fußte?

Ein anschauliches Muster stellen die analysierten Beispiele aus dem *Sachsenspiegel* dar. Eikes Werk ist dabei mitnichten eine leere Erdichtung. Es handelt sich dabei um einen typischen mittelalterlichen (Rechts)Spiegel. Er spiegelt die Vergangenheit, reflektiert die Gegenwart und bietet zugleich eine Belehrung für die Zukunft. Dies alles geschieht in einem einzigartigen Mix, der sich zudem durch die Vorstellungen des Autors auszeichnet, wie die Dinge sich darstellen, zugleich aber vor allem, wie sie sein sollten.[256] Eike von Repgow verwendete eine „Rechts"-Terminologie, die in den analysierten Quellen aus der unmittelbaren Region zur Zeit der Abfassung des Werkes entweder überhaupt nicht oder nur ganz vereinzelt auftaucht. Ein zahlenmäßig stärkeres Vorkommen ist erst für das ausgehende 13. Jahrhundert bezeugt. Es handelt sich dabei um eine „Zunahme" in der Zahl der Einheiten. Und auch in diesen Fällen verweist die genauere Terminologie nicht auf eindeutig definierte und eigenständige Erscheinungen. Es geht dabei offenkundig nicht um eine allzu radikale Formulierung, sofern wir auch für das 13. Jahrhundert konstatieren, dass – ungeachtet der Veränderungen in der Terminologie und des Auftretens neuer Begriffe, die eine fortschreitende Systematisierung des Lehnsrechts andeuten – es unumgänglich ist, jede in den Quellen verzeichnete Lehnsbeziehung eher als einmaliges Original, und nicht als die Reflexion eines bestimmten Modells bzw. einer normativen Bestimmung zu betrachten.

Das in den untersuchten Urkundenbüchern gezeichnete Bild des Lehnswesens bestätigt nur Deutingers Überlegungen hinsichtlich einer Rehabilitierung des Feudalismus-Konzepts, zumal gerade in diesem alle erwähnten Tendenzen ihren Platz besitzen und ihre Bedeutung einnehmen, ohne dass es zu einer Präferierung einer Erscheinung zu Lasten einer anderen kommen würde.

256 Vgl. Karl KROESCHELL, *Rechtsaufzeichnung und Rechtswirklichkeit. Das Beispiel des Sachsenspiegels*, in: Karl Kroeschell, Studien zum frühen und mittelalterlichen deutschen Recht, Berlin 1995, S. 419–456, insbes. S. 429–440; Gerhard THEUERKAUF, *Lex, Speculum, Compendium iuris: Rechtsaufzeichnung und Rechtsbewusstsein in Norddeutschland vom 8. bis zum 16. Jahrhundert*, Forschungen zur Deutschen Rechtsgeschichte 6, Köln – Graz 1968, S. 10ff.

I/4 „...meinem Herrn gegenüber bewahre ich unverbrüchliche Treue“

Während in den bisherigen Kapiteln dem Gesamtbild des in den Quellen überlieferten Lehnswesens unsere Aufmerksamkeit galt, wollen wir nunmehr den Blick auf das Verhältnis zwischen Senior und Vasall selbst richten. Der in der Titelüberschrift ausschnittsweise zitierte Ausspruch stammt aus einer – uns bereits bekannten – Äußerung, die der Chronist Arnold von Lübeck dem Grafen Adolf III. von Schauenburg in den Mund legte. Der Streit um Gefangene, der in einen Konflikt zwischen dem Herzog und einem Teil seiner Vasallen mündete, gewährt einen Einblick in die Funktionsweise und die Grenzen des Lehnsverhältnisses und soll folgerichtig eingehender betrachtet werden. Ursachen, Verlauf und Folgen des Streits werden wir dabei als Ausgangspunkt für eine Beschreibung der Wesenszüge benutzen, die die Quellen mit dem Verhältnis zwischen Senior und Vasall verknüpfen und die als charakteristisch angesehen werden können.

Im Jahr 1179 tobten in Sachsen Kämpfe zwischen Heinrich dem Löwen und einer Koalition weltlicher und geistlicher Fürsten. Die Wurzeln des Konflikts reichten dabei weit in die Vergangenheit zurück. Heinrichs aggressive Territorialexpansionen gefährdeten de facto die Güter und Machtpositionen der adeligen Familien und kirchlichen Institutionen. Es war dabei keineswegs das erste Mal, dass der Herzog in einen bewaffneten Konflikt mit den benachbarten Machtträgern geriet. Zu Heinrichs eingeschworenen Feinden gehörten vor allem die Kölner Erzbischöfe, aber auch die brandenburgischen Askanier sowie die Landgrafen von Thüringen. Die Situation am Ende der siebziger Jahre wies jedoch Unterschiede zur Lage in vorangegangenen Konflikten auf. Heinrich konnte in der Vergangenheit stets auf die wohlwollende Haltung Kaiser Friedrich Barbarossas zählen, zumal der Staufer bei ähnlichen Streitigkeiten vermittelnd in die norddeutschen Verhältnisse zu Gunsten des Löwen eingegriffen hatte. Im Jahre 1176 freilich hatte es Heinrich abgelehnt, Friedrichs – mit einem Misserfolg endenden – Italienzug zu unterstützen. Die Abkühlung im Verhältnis zwischen Herzog und Kaiser nutzten Heinrichs Gegner, militärisch gegen den Welfen vorzugehen. Nach der Rückkehr Friedrichs I. Barbarossa aus Italien sollte ein kaiserliches Gericht den schwelenden Konflikt lösen. Heinrich der Löwe folgte jedoch der Vorladung nicht und weigerte sich hartnäckig, vor Gericht zu erscheinen, was in einen Prozess mündete, an dessen Ende der Herzog im Jahre 1180 seiner Würden und Lehen für verlustig erklärt und ins Exil nach England gezwungen wurde.[257]

---

257 Heinrichs Regierung in Sachsen und die Ursachen seines Falls stellen die nachfolgenden Monographien dar: Karl JORDAN, *Heinrich der Löwe. Eine Biographie*, München 1979; Joachim

Heinrichs einzigartige Machtstellung in Sachsen stützte sich auf eine große Anzahl von Vasallen und Ministerialen. Die Erfüllung der Verpflichtungen und das Verhältnis zwischen Lehnsmannen und Herzog leiteten sich dabei nicht allein aus dem Lehnsbesitz ab. Heinrich hatte nach einem Heerzug im Jahr 1179 gefordert, ihm die adeligen Gefangenen zu übergeben, wobei er den Anspruch auf Geiseln als sein Recht deklarierte. Ein Teil der Vasallen respektierte in der Tat den Wunsch des Herzogs. Einige andere wiesen Heinrichs Ansinnen zurück und begründeten dies damit, dass man auf eigene Kosten gehandelt habe und ohne ein Lösegeld nicht in der Lage sei, die Kriegsaufwendungen zu tragen. Arnold von Lübeck nannte nicht alle am Streit beteiligten Teilnehmer. Auf Seiten der „Gehorsamen" erwähnt er lediglich Gunzelin von Schwerin und Konrad von Roden, eine führende Rolle unter den rebellierenden Lehnsträgern schrieb er Adolf III. von Schauenburg zu, wobei der Chronist darüber hinaus auch den Grafen Adolf von Dassel nannte.[258]

Der Konflikt konnte nicht gelöst werden und die Hauptprotagonisten versammelten sich wenig später wiederum auf einem weiteren Heerzug. Nach dessen Beendigung wandte sich Adolf von Schauenburg an den Herzog, um ihm zum Sieg zu gratulieren und bat um die Erlaubnis, auf seine Güter zurückkehren zu dürfen. In Heinrichs Gegenwart griff Gunzelin von Schwerin den Grafen verbal an. Er beschuldigte Adolf der Feindschaft gegen seine Person sowie weitere Getreue des Herzogs und warf ihm zugleich vor, Heinrich den Löwen beleidigt zu haben, da er es abgelehnt habe, die Gefangenen dem Herzog auszuhändigen. Adolf seinerseits bezichtigte Gunzelin der Lüge und betonte seine unerschütterliche Ergebenheit und aufrichtige Treue. Er fügte hinzu, er wolle Heinrich, sofern diesem etwas an seiner Person nicht gefalle, Satisfaktion gewähren. Zugleich forderte er den Herzog auf, ihm bei seiner Anwesenheit Respekt zu zollen.[259]

Heinrich der Löwe habe – so der Chronist – anfänglich vorgetäuscht, dem Streit beider Männer keinerlei Aufmerksamkeit zu schenken. Am Ende jedoch erkannte er Adolfs Unschuld und seine bisherige Treue an. Dennoch vermochte er nicht zu akzeptieren, dass der Graf die Gefangenen für sich behielt. Heinrich forderte Adolf deshalb auf, er möge ihm die Geiseln aus dem gerade beendeten Heerzug übergeben, um so den übrigen Vasallen gegenüber kein schlechtes Beispiel abzugeben und diese zu animieren, sich

---

EHLERS, *Heinrich der Löwe. Europäisches Fürstentum im Hochmittelalter*, Zürich 1997; Idem, *Heinrich der Löwe. Eine Biographie*, München 2008. Zum Verlauf des Prozesses vgl. Karl HEINEMEYER, *Der Prozeß Heinrichs des Löwen*, BDLG 117, 1981, S. 1–60. Zusammenfassend zur Problematik vgl. auch Jan ZELENKA, *Sic sapiens imperator coniurationem rebellium repressit. Friedrich Barbarossa a české knížectví v optice procesu s vevodou Jindřichem Lvem* [Friedrich Barbarossa und das Herzogtum Böhmen aus der Sicht des Prozesses gegen Heinrich den Löwen], MHB 11, 2008, S. 39–78.

258 *Arnoldi Chronica*, II/13, S. 51–52; II/16, S. 55–57; zur Beziehung zwischen Herzog und Lehnsträger u. a. Ruth HILDEBRAND, *Der sächsische „Staat" Heinrichs des Löwen*, Berlin 1937, insbes. S. 359–393; Inge-Maren PETERS, *Heinrich der Löwe als Landesherr*, in: Wolf-Dieter Mohrmann (Hrsg.), Heinrich der Löwe, Göttingen 1980, S. 85–126; K. JORDAN, *Heinrich der Löwe*, S. 124f.

259 *Arnoldi Chronica*, II/16, S. 56–57.

dem Tun des Grafen anzuschließen. Unter Verweis auf die große Zahl der erbrachten Lasten und vor allem die Verluste, die er während des Feldzuges erlitten habe, lehnte der Graf dieses Ansinnen aber ab. Arnold von Lübeck führt weiter aus, Adolf habe sich bei seinen Freunden über die erlittene Kränkung beklagt und das Ereignis sei daran schuld, dass sich einige Lehnsmannen vom Herzog abgewendet hätten. Heinrich jedenfalls reagierte auf die Unbotmäßigkeit seines Vasallen mit der Besetzung von Adolfs Grafschaft und der Eroberung seiner Burgen, die er unter den verbliebenen Getreuen aufteilte.[260]

Wir können der Beschreibung Arnolds Glauben schenken. Als Mönch des Klosters St. Ägidius in Braunschweig lebte er in unmittelbarer Nachbarschaft zum Hofe Heinrichs des Löwen. Im Jahre 1172 gehörte er zudem zu den Teilnehmern der Pilgerreise Heinrichs nach Jerusalem. Wenngleich Arnold 1177 Abt des Klosters St. Johannes in Lübeck wurde, brach der Kontakt zum herzoglichen Hof keineswegs ab.[261] Schließlich handelte es sich auch nicht um den letzten Streit dieser Art. Aus dem englischen Exil kehrte Heinrich im Jahre 1189 zurück und versuchte mit Unterstützung seiner Söhne die verlorenen Machtpositionen wiederzugewinnen. In Sachsen flammten erneut Kämpfe auf, in deren Verlauf – so der Annalist des Klosters Stederburg – ein Streit zwischen Heinrich und einem seiner Ministerialen, dem Braunschweiger Stadtvogt Ludolf von Dahlum, ausbrach. Den Grund für diesen Konflikt lieferten erneut im Verlaufe eines Heerzuges in Gefangenschaft geratene Gegner. So wiederholte sich die Situation des Jahres 1179. Ludolf fiel daraufhin mit seinen Anhängern von Heinrich dem Löwen ab und zog sich auf seine Burgen zurück.[262] Einhundert Jahre später, 1293, wurde die Verteilung der Gefangenen dann vertraglich geregelt. Der Urenkel Heinrichs des Löwen, Herzog Otto II. von Braunschweig und Lüneburg, erhielt vom Mindener Bischof Güter zu Lehen. Dafür schwor er Hilfe im Kampf gegen Graf Gerhard von Hoya. Vertraglich wurde vereinbart, dass die gesamte Beute und die Gefangenen proportional zur Teilnahme am Kampf verteilt werden sollten. Sofern die Verbündeten eine Burg eroberten, sollte ihnen diese zur Hälfte gehören.[263]

Die positive Einstellung eines Teils der Vasallen gegenüber Heinrichs Wunsch bestätigte zunächst das herzogliche „Recht" auf Überlassung der Geiseln. Die Reaktionen Adolfs und seiner Nachfolger ließen die Situation jedoch in einem anderen Licht erschei-

260 Ibidem, II/16, S. 57.

261 Zu Arnold und seinem Werk zuletzt *Die Chronik Arnolds von Lübeck. Neue Wege zu ihrem Verständnis*, Stephan Freund – Bernd Schütte (Hrsg.), Frankfurt am Main u. a. 2008.

262 *Annales Stedeburgenses*, MGH SS XVI, Johannes Lappenberg (Hrsg.), Hannover 1859, S. 226; Claus Peter HASSE, *Die welfischen Hofämter und die welfische Ministerialität in Sachsen. Studien zur Sozialgeschichte des 12. und 13. Jahrhunderts*, Husum 1995, S. 31; Otto HAENDLE, *Die Dienstmannen Heinrichs des Löwen. Ein Beitrag zur Frage der Ministerialität*, Stuttgart 1930, S. 16–17.

263 UGHBL, Nr. 123: „[...] *spolium et captivi secundum proportionem pugnantium dividentur, nec in numero paucarum personarum decem videlicet vel duodecim personarum, in divisione spolii et captivorum sit vis aliqua facienda, et si munitionem aliquam contra ipsum comitem et suos adiutores iterum adiuvante domino ceperimus, eadem munitio inter nos* [...] *equaliter dividatur*".

nen. Der Graf sah dabei in seiner Haltung keineswegs etwas Außergewöhnliches und nahm, zusammen mit anderen, an dem nachfolgenden Heerzug teil. Erst der fortwährende Druck Heinrichs und die erlittene Schmähung führten zu einem endgültigen Bruch. Das Problem lag dabei nicht allein in der Herausgabe der Gefangenen selbst. Gefährlich schien Adolfs Haltung darüber hinaus – und vielleicht bildete dies den Hauptgrund – aufgrund ihres Symbolcharakters. Die Grafen von Schauenburg gehörten zur Spitze der herzoglichen Vasallität und Adolfs Haltung mochte, wie im Übrigen der Chronist selbst einräumte, ein Vorbild für die anderen Lehnsträger sein.

Die starke Wirkung des Beispiels bedeutender Persönlichkeiten darf dabei keineswegs unterschätzt werden. Helmold von Bosau beschreibt in seiner Chronik die besitzmäßige Ausstattung des Bistums Ratzeburg. Graf Heinrich von Ratzeburg sollte dabei – neben weiteren Gütern – auf seinen Lehnsbesitz auf 300 Hufen verzichten, die er dem Herzog überließ, der seinerseits die Güter dem Bistum übertrug. Ein Kleriker lobte daraufhin den Grafen Heinrich für dessen Tat in Anwesenheit Adolfs II. von Schauenburg. Er fügte hinzu, dass es wünschenswert sei, wenn sich Adolf ähnlich verhielte. Der Graf trat dann von seinem Lehen auch wirklich 300 Hufen an den Herzog ab, der diese dem ebenfalls neugegründeten Bistum Oldenburg schenkte.[264] Im Streit um die Gefangenen ging es bei weitem nicht allein um die eigene Handlung, sondern um deren Echo unter den anderen Lehnsmännern. Das Verhaltens Adolfs III. führte nicht allein zu Spannungen unter Vasallen, wie die gereizte Reaktion Gunzelins von Schwerin unterstreicht, sondern sie konnte die Kräfteverteilung auch in anderen Fragen im Verhältnis zwischen Senior und Getreuen beeinflussen.

Adolfs Standpunkt zeichnet sich besonders im Vergleich zum Verhalten seines gleichnamigen Vaters aus. Seit der Regierungsübernahme Heinrichs des Löwen 1142 hatte Adolf II. von Schauenburg zu den entscheidenden Stützen des in etwa gleichaltrigen Herzogs gehört. In den Jahren 1150–1151 hatte der Graf den Herzog während dessen Abwesenheit in Sachsen sogar vertreten. Adolfs Verhältnis zu Heinrich dem Löwen vermochte nicht einmal jener Konflikt, der sich in der zweiten Hälfte der fünfziger Jahre abspielte, zu trüben. Die Ursache des Streits lag im aufblühenden Markt in dem durch den Grafen gegründeten Lübeck sowie in der Saline in Oldesloe. Heinrich hatte sich bei Adolf beschwert, dass der strategisch vorteilhaft gelegene Markt für seine eigene Stadt Bardowick einen Verlust bedeute, da es die Kaufleute nun nach Lübeck zog. Auch die gräfliche Saline wurde für den Gewinnrückgang der gleichen Unternehmung im herzoglichen Lüneburg verantwortlich gemacht. Heinrich forderte deshalb eine Entschädigung in Höhe der Hälfte der Einnahmen aus Markt und Saline. Als der Graf dies ablehnte, ließ der Herzog die Salzschächte zuschütten und den Markt in Lübeck verbieten. Gestattet

264 *Helmoldi*, I/77, S. 145–146. Zur Gründung der erwähnten Bistümer vgl. u. a. Karl JORDAN, *Die Bistumsgründungen Heinrichs des Löwen. Untersuchungen zur Geschichte der ostdeutschen Kolonisation*, Leipzig 1939; Jürgen PETERSOHN, *Friedrich Barbarossa, Heinrich der Löwe und die Kirchenorganisation in Transalbingien. Voraussetzungen, Bedeutung und Wirkungen des Goslaer Privilegs von 1154*, in: Johannes Fried – Otto Gerhard Oexle (Hrsg.), Heinrich der Löwe. Herrschaft und Repräsentation, Ostfildern 2003, S. 239–279.

wurde lediglich der Handel mit Lebensmitteln. Am Ende gab der Graf dem herzoglichen Drängen nach und überließ die Stadt Heinrich gegen eine nicht näher beschriebene finanzielle Entschädigung.[265]

Dessen ungeachtet findet sich in den Quellen kein Hinweis auf eine längerfristige Entfremdung, zumal Adolf auch weiterhin zu den führenden Stützen des Herzogs gehörte. In Heinrichs Diensten stehend, fand der Graf schließlich im Jahr 1164 den Tod bei der Belagerung der Slawenburg Demmin. Der Herzog soll dabei – dem Chronisten Helmold von Bosau zufolge – sogar die Einbalsamierung des Körpers für das Begräbnis beaufsichtigt haben.[266] Eine vergleichbare Beziehung zum Herzog unterhielt Gunzelin von Schwerin, der ebenfalls zu Heinrichs Altersgenossen gehörte. Gunzelin begleitete Heinrich auf dessen Pilgerreise nach Jerusalem. Als einer der wenigen hielt er darüber hinaus den Welfen auch nach Heinrichs Verurteilung und seinem Gang ins Exil die Treue. Adolf II., Gunzelin sowie Konrad von Roden, der ebenso wie Gunzelin dem Herzog auch nach dessen Sturz ergeben blieb, gehörten zur kleinen Gruppe von Heinrichs Getreuen, die wir regelmäßig im herzoglichen Gefolge, auf Hoftagen und Kriegszügen finden.[267]

Adolf III. von Schauenburg kam kurz vor dem Tod seines Vaters zur Welt. Er gehörte dadurch einer Generation an, die in wesentlichen Punkten keine gemeinsame Geschichte mehr mit dem Herzog verband. Ähnliches gilt auch für den anderen bereits erwähnten „Rebellen“ Adolf von Dassel.[268] Der Chronist erwähnt bedauerlicherweise weder alle Adeligen, die bereitwillig ihre Gefangenen übergaben, noch die Angehörigen der Gegenseite. Die genannten „Repräsentanten“ beider Gruppierungen trennt jedoch eine klar erkennbare Generationslinie – genau wie das Verhalten gegenüber dem Senior. Dass sich persönliche Beweggründe nicht allein in den Beziehungen zwischen Herren und Vasallen widerspiegelten, zeigt ein weiteres Beispiel aus der Chronik Arnolds von Lübeck. In das Jahr 1204 datiert der Chronist die Schilderung der Kämpfe zwischen Philipp von Schwaben und Otto von Braunschweig. In Ottos Heer weilte auch dessen Bruder Heinrich (V.) der Ältere von Braunschweig, Pfalzgraf bei Rhein. Philipp hatte Heinrich mit dem Verlust der Pfalzgrafenwürde gedroht, sollte er nicht von Ottos Seite weichen. Heinrich wollte angeblich zwei Dinge verhindern – zum einen die finanziellen Mittel für die Anliegen des Bruders aufzubringen, zum anderen der Gefahr entgehen, die Pfalzgrafenwürde zu verlieren. Während eines Treffens teilte er seinem Bruder mit, er sei ihm dienstlich gleich aus zwei Gründen verpflichtet – aufgrund der Verwandtschaft und durch Ottos königliche Würde. Zugleich jedoch forderte er für seine Unterstützung die Stadt

265 Zur Gründung Lübecks und den Streitigkeiten um den Markt und die Salzeinnahmen *Helmoldi*, I/57, S. 112, I/76, S. 145, I/86, S. 168–169.

266 Ibidem, II/100, S. 198.

267 Vgl. Joachim EHLERS, *Der Hof Heinrichs des Löwen*, in: Bernd Schneidmüller (Hrsg.), Die Welfen und ihr Braunschweiger Hof im hohen Mittelalter, Wiesbaden 1995, S. 47–51.

268 Nathalia KRUPPA, *Die Grafen von Dassel (1097–1337/38)*, Bielefeld 2002, S. 163ff.

Braunschweig und die Burg Lichtenberg. Otto lehnte diese Forderungen ab, worauf Heinrich die Seiten wechselte und zu König Philipp übertrat.[269]

Die Unterschiede zwischen der Haltung Gunzelins und Konrads auf der einen und dem Vorgehen Adolfs III. des Jüngeren und des Pfalzgrafen Heinrich V. des Älteren von Braunschweig auf der anderen Seite bestehen im Umfang der Opfer, die die Teilnehmer im Interesse ihres Seniors bzw. Verwandten (Bruders) zu bringen bereit waren. Ihr Entgegenkommen beeinflussten dabei keineswegs die objektive Norm, sondern eher die subjektiven Motive der Beteiligten.[270] Die erwähnten Beispiele sind ein charakteristisches Zeugnis für die Vermischung politischer, verwandtschaftlicher und freundschaftlicher Bindungen, die unter dem Adel ein miteinander verflochtenes Netz von Beziehungen spannten, ohne dass einer der aufgezählten Aspekte dabei eine klare Priorität besessen hätte.[271]

Die Geschichte der Gefangenen ist darüber hinaus ein gutes Beispiel für die Art und Weise, wie sich diese Bindungen gegenseitig zu beeinflussen vermochten. Gunzelin von Schwerin, Konrad von Roden und Adolf d. Ä. (II.) verband dabei mit dem Herzog nicht allein das gleiche Alter, sondern zugleich das Verhältnis, das sich nicht allein in den Kontext des Lehnsverhältnisses einordnen lässt. Das Entgegenkommen gegenüber den Forderungen der Senioren übte, sofern es aus den Reihen bedeutender Familien bzw. mächtiger Einzelpersonen kam, so Druck auf weitere Lehnsträger dahingehend aus, diesem Beispiel zu folgen. Zugleich konnte so eine Fixierung neuer bzw. eine Ausweitung älterer „Rechte“ des Lehnsherrn erfolgen. Dabei handelte es sich nicht um unveränderliche und festgesetzte Normen. Die Söhne mussten sich nicht durch die Loyalität der Väter gebunden fühlen, das Bild der Senioren-„Rechte“ nahm neue Formen an.

Eine wichtige Rolle in Arnolds Schilderung spielt das Verhältnis zum Besitz bzw. das Maß der für den Dienst gegenüber dem Lehnsherrn erbrachten Aufwendungen. Die Sehnsucht nach Geiseln war lediglich ein Symptom für ein vielschichtiges Problem. Adolf hatte die Ablehnung, die Gefangenen herauszugeben, mit dem einfachen Hinweis auf die Tatsache begründet, er diene auf eigene Kosten, was er schließlich noch weiter ausführen bzw. begründen sollte: „*Wisset, Herr, daß ich auf diesem Feldzuge alles Meinige*

---

269 *Arnoldi Chronica*, VI/6, S. 226–227, Zitat S. 227: „*Frater, ego quidem tibi servire dupliciter teneor et iure consanguinitatis et fide regie maiestatis. Ut igitur tibi plenarie possim assistere, equum est, ut aliquid emolumenti a te debeam accipere. Dimittas ergo michi si placet civitatem Bruneswich et castrum Lichtenberg, ut his munitionibus roboratus, omnibus adversariis tuis circumquaque resistere sim paratus.*“

270 Zu den genannten Beispielen ließe sich die bereits erwähnte Ablehnung der Unterstützung hinzuzählen, die im Jahre 1176 Kaiser Friedrich I. Barbarossa vonseiten Heinrichs des Löwen erhielt. Während der Herzog dabei die kaiserliche Bitte nicht erhörte, reagierten andere Fürsten hierauf. Zu diesen Personen gehörten vor allem der Magdeburger Erzbischof Wichmann und der Kölner Erzbischof Philipp I. von Heinsberg, der wegen der Teilnahme am Heerzug nicht zögerte, den Besitz zu verpfänden. Vgl. Günter GATTERMANN, *Die deutschen Fürsten auf der Reichsheerfahrt. Studien zur Reichskriegserfassung der Stauferzeit*, masch. Diss. phil. Frankfurt am Main 1956, S. 97–100.

271 Dies hat überzeugend G. ALTHOFF, *Verwandte*, (passim) aufgezeigt.

verbraucht, daß ich eine Unzahl von Streitrossen der Ritter und Pferden der Knechte verloren habe, und wenn ich Euch also jetzt die Gefangenen zurückgebe, so bleibt mir nichts übrig, als zu Fuß nach Hause zurückzuwandern."[272] Das Phänomen, von dem Arnolds Darstellung spricht, wird in der deutschen Mediävistik als Verdinglichung bezeichnet. Diese sollte eine schrittweise Verdrängung der persönlichen Seite der Beziehungen zu Lasten des sachlichen Aspekts zur Folge haben. Heinrich Mitteis beschrieb das ausgehende 12. Jahrhundert als jene Zeit, in der diese Veränderung erfolgte. Dabei handelte es sich nicht um einen Prozess, der sich durch eine zeitlich bzw. regional übereinstimmende Entwicklung auszeichnete.[273] Darüber hinaus stellt sich die Frage, in welchem Umfang eine – mit Blick auf die Beziehungen zwischen Anführern und deren Anhängern – Unterscheidung der persönlichen und dinglichen Seite der Treue überhaupt möglich scheint. Bereits für die frühmittelalterlichen Gefolgsleute war die Beute ein grundsätzlicher Bestandteil. Die Größe der erworbenen bzw. zumindest erwarteten Beute beeinflusste Denken und Treue der Gefolgschaft und veränderte regelmäßig die politische Kräfteverteilung, da die Krieger häufig auf die Seite des Anführers wechselten, der ihnen mehr bot.[274] Die Verdinglichung kann somit eher eine allgemeine Begleiterscheinung der Beziehungen innerhalb der Gefolgschaft reflektieren, die aufgrund der Umwandlung der beweglichen Beute in ein „stabiles" Lehen und der größeren Quellendichte in jüngerer Zeit stärker in den Vordergrund rückt.

Wenn wir die Aufmerksamkeit auf das analysierte Urkundenkorpus lenken, dann beschreibt gleich der erste Eintrag über die Pflichten des Vasallen klar den Umfang des Dienstes. Im Jahr 1110 verpflichtete sich Aicho von Dorstadt, auf eigene Kosten gegen die die bischöflichen Besitzungen angreifenden Heiden Dienst zu leisten und bischöflichen Hofmännern (*curialibus*) Schutz zu gewähren. Alle darüber hinausgehenden Leistungen hingen ausschließlich vom Willen des Dienstmannes selbst ab. Aichos Söhne sollten nach der Übernahme des Erbes für den bischöflichen Bedarf 15 Kämpfer stellen. Weitere Verpflichtungen der Söhne nennt die Urkunde nicht und es scheint somit wahrscheinlich, dass diese ebenfalls von einem beiderseitigen Vertrag sowie dem Entgegenkommen des Lehnsmannes abhingen.[275] Andere Urkunden wiederum sprechen lediglich von einem Dienst, ohne diesen näher zu beschreiben. So gelobten beispielsweise thürin-

---

272 *Arnoldi Chronica*, II/16, S. 57: „[...] *omnia mea consumpsisse, equos militum, runconos servorum innumeros perdidisse, et nunc si captivos vobis reddidero, nichil superest, nisi ut pedes ad domum meam revertar.*" Die Übersetzung nach *Die Chronik Arnolds von Lübeck*, Übersetzt von J. C. M. Laurent. 2. Auflage. Neu bearbeitet von Wilhelm Wattenbach, Die Geschichtschreiber der deutschen Vorzeit 71, Leipzig 1896, s. 62.

273 H. MITTEIS, *Lehnrecht*, S. 522ff.; Zitat auf S. 522: „[...] *der Vasall verpflichtet sich nicht mehr mit seiner Personen, unter persönlicher Haftung, sondern nur noch unter dinglicher; er dient vom Lehen, für das Lehen, nach Maßgabe des erhaltenen Lehens.*" Demgegenüber wies u. a. K. H. SPIEß, *Lehnsrecht*, S. 44–45 daraufhin, dass sich auf dem Territorium der Pfalzgrafschaft bei Rhein dieser Prozess im 14. Jahrhundert noch nicht vollständig durchgesetzt hatte.

274 Vgl. G. ALTHOFF, *Verwandte*, S. 147–149.

275 UB Hild. I, Nr. 169: „[...] *infra terminos terre nistre tantum vel Westfalie curialibus exinde deserviret itineribus, paganis vero nobis bellum inferentibus contra eos tantum suis militaret stipendiis, alias*

gische Herren im Jahr 1249 aus Anlass eines Friedensschlusses mit Landgraf Heinrich dem Erlauchten von Meißen, sie würden Heinrich als ihren rechtmäßigen Herren anerkennen und gegen alle Feinde unterstützen.[276] Auch Graf Johann von Wunstorf schwor 1300 dem Bischof von Minden, er werde niemals seine treuen Dienste vernachlässigen.[277] In besagten Fällen lassen sich die Quellennachrichten als unbegrenzte Verpflichtung, dem Senior auf dessen Bitte hin Hilfe zu gewähren, interpretieren. Eine ähnlich allgemein gehaltene Formulierung benutzte aber auch Arnold von Lübeck. Adolf hatte als Reaktion auf Gunzelins Beschuldigung betont, er begebe sich – seiner Treuepflicht folgend – auf den Kriegszug und kehre auf Befehl des Herzogs von der Heerfahrt zurück.[278] Das Problem lag dabei nicht im Dienst selbst, sondern in der Bereitschaft, ohne Entschädigung eigene Mittel über ein bestimmtes Maß hinaus aufzubringen. Der Graf bezweifelte nicht, dass er verpflichtet sei, sich den herzoglichen Befehlen zu unterwerfen. Durch den Umfang der Verpflichtungen sollte er aber keinen Schaden erleiden. Die Forderungen, die ihm einen unersetzbaren Verlust zugefügt hätten, lehnte er schlichtweg zu erfüllen ab, ohne dass er seine Haltung als Verletzung der Treuepflicht angesehen hätte.

Heinrich selbst brachte mit seinen Ansprüchen im Grunde genommen seine Getreuen um die Möglichkeit der Entschädigung, indem er es unmöglich machte, die Gefangenen zu behalten, und damit zugleich um eine konkrete materielle Beute. Dabei stellte gerade der Schutz des Vasallenlehens, die Verpflichtung, dem Besitz des Vasallen keinen Schaden zuzufügen, die Hauptaufgabe des Seniors dar. Die hier genannten konkreten Beispiele lassen sich zweifellos nicht verallgemeinern. Von Kleinvasallen konnte der Herr problemlos Gehorsam einfordern. Männer wie Adolf III. von Schauenburg bzw. der Ministeriale Ludolf von Dahlum hingegen besaßen eine eigene, nicht unerhebliche Machtbasis. Die Heterogenität von Rechten und Besitzungen, die von Generation zu Generation weitergegeben wurden, betrachteten sie als ihr „Erbe", innerhalb dessen der Unterschied zwischen verliehenem und allodialem Gut verwischt wurde. Keineswegs zufällig ließ Arnold von Lübeck den Grafen sagen, er habe *„alles Meinige"* (*omnia mea*) aufgewandt.

Das Zerwürfnis zwischen Herzog und Adolf bzw. Ludolf endete in einer kriegerischen Auseinandersetzung, begleitet von der Eroberung und Besetzung von Burgen beider Lehnsmänner. Dieses Bild wiederholt sich analog in allen Konflikten zwischen Herren und Vasallen, über die die untersuchten Quellen berichten. Die Lehnsmänner zogen sich auf ihre Burgen bzw. hinter die Mauern der Städte zurück, die sie mit Unterstützung der eigenen Vasallen verteidigten. Zugleich suchten sie Hilfe und Vermittlung durch

---

vero nec expeditionibus angeretur, nec prfectionibus, nisi voluntariis, lassaretur. [...] *filii ipsius* [...] *milites armatos xv ad iussionem episcopi suis stipendiis producerent*."

276 CDA II, Nr. 181: „[...] *ipsum pro vero domino nostro et landgravio Thuringie habebimus et eidem contra omnem hominem serviemus*".

277 UGHBL, Nr. 160: „[...] *promisimus etiam fide data quod a servicio suo et ecclesie Mindensis nunquam recedemus*".

278 *Arnoldi Chronica*, II/16, S. 57: *„Hoc eternim certissime de me omnibus constat, quod semper fidelis domino meo perseveraverim, egrediens et regrediens et pergens ad imperium eius*."

Freunde und Verwandte, an den Höfen weiterer Lehnsherren, regionaler Mächte oder unmittelbar beim Kaiser. Der Verlust von Burgen und Städten kam im Prinzip dem Verlust der Herrschaft selbst gleich.[279] Die Bedeutung der Burgen beschrieb bereits im ausgehenden 11. Jahrhundert eindrucksvoll der Chronist Bruno bei der Schilderung des sächsischen Aufstands gegen Heinrich IV. in den Jahren 1073–1075. Bruno gab dabei die angebliche Rede Ottos von Northeim wieder, der die versammelten Sachsen daran erinnerte, dass die vom Kaiser neu errichteten Burgen keineswegs die Grenze gegen die Heiden schützen würden, sondern innerhalb des Landes lägen. Die Burgen seien an gut zu verteidigenden Orten errichtet und mit einer starken Besatzung ausgestattet worden, die die Umgebung drangsaliere, Eigentum konfisziere, Töchter und Ehefrauen missbrauche und Dienstleute sowie Zugvieh für den eigenen Bedarf beanspruche. Dies alles sei Otto zufolge noch ertragbar, doch wenn der König Burgen über das ganze Land errichte, werde er nicht allein die Güter der Sachsen plündern, sondern ihnen in einem Zug alles wegnehmen und neu Ankommenden zuteilen. Am Ende werde er sie selbst – freie und adelige Männer – wie Knechte den Landfremden dienen lassen.[280]

Burgen, und mit fortschreitender Entwicklung auch Städte, waren nicht allein Stützpunkte, sondern zugleich ein sichtbares Symbol und Zentrum der Herrschaft über das sie umgebende Land.[281] Auch aus diesem Grund finden wir in den Urkunden, die von der Verleihung einer Burg als Lehen sprechen, Passagen, die jenen aus dem Privileg für Aicho von Dorstadt ähneln. Sofern es den Lehnsherren gelang, sich den Zugriff auf eine Burg zu erhalten, wahrten sie zumindest partiell auch ihren Einfluss im Rahmen des Vasallenterritoriums. Aus den gleichen Gründen erfolgte offensichtlich die Verleihung lediglich der Hälfte einer Burg, während die andere in Händen des Seniors verblieb.[282]

---

279 Dies bemerkte treffend Arnold von Lübeck, der bei der Schilderung der Eroberung Lübecks durch Herzog Heinrich den Löwen im Jahre 1189 ein Gleichheitszeichen zwischen den Gewinn der Stadt und des gesamten dazugehörigen Territoriums setzte. Vgl. *Arnoldi Chronica,* V/2, S. 148: „*Cumque dux obtinuisset civitatem et omnem terram*". Des Weiteren vgl. u. a. die *Annales Stedenburgenses*, S. 226–227; *Arnoldi Chronica*, II/16, S. 57; II/19, S. 61; V/1–3, S. 147–150; V/7–10, S. 153–159; V/12, S. 161–162. Nicht einmal die Verbannung eines schuldigen Lehnsmannes musste freilich einen definitiven Erfolg darstellen, wie das Beispiel Widukinds II. von Schwalenberg verdeutlicht, der sich seiner Burg bemächtigte und weiterhin Widerstand leistete. Hierzu ausführlicher I.-M. PETERS, *Heinrich der Löwe*, S. 116–117.

280 *Brunos Buch vom Sachsenkrieg*, S. 28–30.

281 Ausführlicher hierzu vgl. die einzelnen Beiträge in *Die Burgen im deutschen Sprachraum. Ihre rechts- und verfassungsgeschichtliche Bedeutung*, 2 Bde., Vorträge und Forschungen 19/I–II, Hans Patze (Hrsg.), Sigmaringen 1976. Zur Bedeutung von Burgen und Städten als Zentren der sich entfaltenden Territorialherrschaft vgl. des Weiteren Hagen KELLER, *Zwischen regionaler Begrenzung und universalem Horizont. Deutschland im Imperium der Salier und Staufer 1024–1250*, Frankfurt am Main – Berlin 1986, S. 343–347.

282 Ähnliche Bestimmungen finden wir auch in den Urkunden UB Hild. I, Nr. 422; UB Halb. II, Nr. 1040. Zur Problematik ausführlich Friedrich HILLEBRAND, *Das Öffnungsrecht bei Burgen, seine Anfänge und seine Entwicklung in den Territorien des 13.–16. Jahrhunderts unter besonderer Berücksichtigung Württembergs*, Diss. phil. Tübingen 1967, im Überblick auch K.-H. Spieß, *Das Lehnswesen*, S. 57–58.

Ähnliche Bemühungen entsprangen dem Charakter des Lehnsbesitzes. Die verliehenen Güter blieben zwar theoretisch ein Bestandteil des Besitzes des Herrn (*dominium directum*), in Wahrheit jedoch gehörten sie dem Lehnsmann (*dominium utile*), der lediglich bestimmte Pflichten zu erfüllen hatte. Die Begriffe selbst und das Rechtskonzept der „direkten" und „dinglichen" Herrschaft kamen erst mit dem Studium und der Rezeption römisch-rechtlicher Gewohnheiten im Verlaufe des 13. Jahrhunderts zum Tragen. Dies ändert allerdings nichts an der faktischen Existenz des „geteilten" Lehnseigentums, in dessen Rahmen sich das Dominium des Herrn rein durch die Erhebung vereinbarten Leistungen verwirklichte, während als realer „Eigentümer" der Lehnsmann in Erscheinung trat.[283] Aufgrund der Vererbbarkeit, des Empfangs der Lehen aus den Händen verschiedener Herren und der fortschreitenden Territorialisierung, also der Verkoppelung der ursprünglich heterogenen und territorial zersplitterten Güter und Rechte, gewannen die Familienbesitzungen die Gestalt kompakter Domänen, die mit Hilfe eines Netzes von Burgen und Städten verwaltet wurden. Die Beziehungen der Lehnsherren zu den vergebenen Lehen, die diese Herrschaften mitformten (unabhängig davon, ob es sich nun um Rechte oder Immobiliengüter handelte), wurden auf die persönliche Bindung zum Vasallen beschränkt. Sofern sich der potentielle Streit nicht auf gerichtlichem Wege bzw. durch einen Vergleich lösen ließ, blieb dem Senior nichts anderes üblich, als sich mit Macht Gehorsam zu verschaffen, und dies in einer Weise, wie sie die oben aufgeführten Beispiele bezeugen – nämlich mit Hilfe einer schrittweisen Eroberung einer Burg bzw. einer Stadt nach der anderen.[284]

Der Charakter der Domänen der Vasallen als selbständige Einheiten lässt sich jedoch auch im Falle eines konfliktfreien Zusammenlebens erkennen. Wenn wir uns die Itinerare der in der Hierarchie am höchsten gestellten Lehnsherren – des Kaisers sowie geistlicher

---

283 Zum Terminus *dominium* vgl. Dietmar WILLOWEIT, *Dominium und Proprietas: Zur Entwicklung des Eigentumsbegriffs in der mittelalterlichen und neuzeitlichen Rechtswissenschaft*, HJ 94, 1974, S. 131–156; W. EBEL, *Über den Leihegedanken*, S. 28–31. Die gleiche Entwicklung lässt sich im Übrigen auch im mittelalterlichen Dorfmilieu beobachten, vgl. K. S. BADER, *Rechtsformen*, S. 26ff.

284 Zur Entwicklung der Domänen von Grafenfamilien und niederem Adel in Sachsen anhand konkreter Beispiele vgl. Lutz FENSKE, *Soziale Genese und Aufstiegsformen kleiner niederadliger Geschlechter im südöstlichen Niedersachsen*, in: Lutz Fenske – Werner Rösener – Thomas Zotz (Hrsg.), Institutionen, Kultur und Gesellschaft im Mittelalter, Sigmaringen 1984, S. 693–726; L. FENSKE – U. SCHWARZ, *Das Lehnsverzeichnis* (passim); Jan HABERMANN, *Die Grafen von Wernigerode. Herrschaftsprofil, Wirkungsbereich und Königsnähe hochadliger Potentaten am Nordharz im späten Mittelalter*, Norderstedt 2008; des Weiteren vgl. z. B. Friedrich BIERMANN, *Die Adelsherrschaften an Ober- und Mittelweser des 13. und 14. Jahrhunderts im Kräftespiel zwischen einer neu formierten welfischen Hausmacht und expandierenden geistlichen Territorien*, Inaugural-Dissertation, Philosophischen Fakultät der Westfälischen Wilhelms – Universität zu Münster, 2005; R. HILDEBRAND, *Der sächsische „Staat"*, S. 359–393; I.-M. PETERS, *Heinrich der Löwe*, S. 85–126; K. JORDAN, *Heinrich der Löwe*, S. 124ff.; allgemein H. MITTEIS, *Lehnrecht*, S. 625ff.; Hans K. SCHULZE, *Grundstrukturen der Verfassung im Mittelalter*, Bd. I., Stamm, Gefolgschaft, Lehenswesen, Grundherrschaft, Stuttgart 1985, S. 77ff..; zur Territorialisierung H. KELLER, *Zwischen regionaler Begrenzung*, S. 342–391.

und weltlicher Fürsten – anschauen, zeigt deren Verlauf gewisse übereinstimmende Züge. Auf ihren Reisen durch die Herzogtümer, bei Reichs- und Hoftagen sowie weiteren Gelegenheiten nutzten die Herrscher für ihren Aufenthalt Familiengüter, Reichsstädte und Kirchenländereien, insbesondere Bischofsstädte. Auf den Gütern weltlicher Vasallen machten sie nur in Ausnahmefällen, vor allem anlässlich von Heerzügen, Quartier. Ähnlich verhielten sich im Prinzip weltliche und geistliche Fürsten, die vor allem auf ihren unmittelbaren Domänen haltmachten: Hier fanden Gerichtsverhandlungen statt, wurden Hoftage einberufen usw. Die Machtzentren ihrer Lehnsmänner hingegen suchten sie, mit Ausnahme von Konfliktsituationen, nicht auf.[285] Die angedeutete Praxis offenbart unbestritten eine soziale Dimension. Die „Hierarchie der Besuche" folgte nämlich der gesellschaftlichen Stufenleiter. Die geringer Gestellten sollten hinter ihren Herren auftreten, keineswegs umgedreht. Eine Ausnahme war die Nutzung des Kirchenguts durch den Herrscher. Die Aufenthalte der Kaiser auf dem Boden von Kirchenfürsten gingen jedoch von der besonderen Beziehung zur Reichskirche und vom wirtschaftlichen Hinterland kirchlicher Institutionen aus.[286] Neben der sozialen Praxis verweisen die Itinerare wiederum auf den Charakter des Lehnsbesitzes. Die Beziehung zwischen Senior und Lehnsmann beschränkte sich auf die persönliche Bindung, der Kontakt des Herrn zum verliehenen Besitz blieb durch die Realisierung der Pflichten gewahrt. Deren Erfüllung bestätigte zwar das *dominium* des Seniors, faktisch jedoch war das Lehen Besitz des Vasallen, der es zum Aufbau einer eigenen Herrschaft nutzte.

Die heterogene Gestalt der sich aus einem Konglomerat von allodialem und abhängigem Besitz zusammensetzenden Adelsdomänen tritt insbesondere bei ihren Zerfall bzw. der Teilung in den Vordergrund. Ein anschauliches, wenn auch möglicherweise doch ein wenig drastisches Beispiel, verkörpern wiederum die mit dem analysierten Streit um

285 Vgl. exemplarisch Ewald GUTBIER, *Das Itinerar des Königs Philipp von Schwaben*, Phil. Diss. Berlin 1912; Charlotte KUCK, *Das Itinerar Lothars von Supplinburg*, Phil. Diss. Greifswald 1945; Ernst MÜLLER, *Das Itinerar Kaiser Heinrichs III. (1039–1056) mit besonderer Berücksichtigung seiner Urkunden*, Berlin 1901; Ferdinand OPLL, *Das Itinerar Kaiser Friedrich Barbarossas (1152–1190)*, Wien – Köln – Graz 1978; Hans-Jochen STÜLLEIN, *Das Itinerar Heinrichs V. in Deutschland*, Phil. Diss. München 1971; *Regesten und Itinerar Lothars von Süpplingenburg*, in: Herbert W. Vogt, Das Herzogtum Lothars von Süpplingenburg, Hildesheim 1959; Josef HEYDEL, *Das Itinerar Heinrichs des Löwen*, Niedersächsisches Jahrbuch für Landesgeschichte 6, 1929, S. 1– 166. Hierzu vgl. auch die Kartendarstellung *Heinrich der Löwe und seine Zeit. Herrschaft und Repräsentation der Welfen 1125–1235*, Bd. 2. Essays, Jochen Luckhardt – Franz Niehoff (Hrsg.), München 1995, S. 536f.; Lutz PARTENHEIMER, *Albrecht der Bär*, Köln 2003², S.. 12.

286 Im Überblick hierzu Michael BORGOLTE, *Die mittelalterliche Kirche*, München 1992. An konkreten Beispielen haben das Verhältnis der Herrscher zum Episkopat u. a. untersucht Rudolf SCHIEFFER, *Der Ottonische Reichsepiskopat zwischen Königtum und Adel*, FMSt 23, 1989, S. 291–301; Joachim EHLERS, *Erzbischof Wichmann und das Reich*, in: Matthias Puhle (Hrsg.), Erzbischof Wichmann (1152–1197) und Magdeburg im hohen Mittelalter, Magdeburg 1992, S. 20–31; Bernhard TÖPFER, *Kaiser Friedrich I. Barbarossa und der deutsche Reichsepiskopat*, in: Alfred Haverkamp (Hrsg.), Friedrich Barbarossa. Handlungsspielräume und Wirkungsweisen des staufischen Kaisers, Sigmaringen 1992, S. 389–433.

die Gefangenen in Zusammenhang stehenden Ereignisse. Die endgültige Niederlage Heinrichs des Löwen hatte nicht allein die Aufteilung des Herzogtums Sachsen, sondern auch den raschen Zerfall der herzoglichen Besitzungen zur Folge. Ein bedeutender Teil der Güter und Rechte Heinrichs war jener Lehnsbesitz, den er bereits unmittelbar als Reichsgut oder mit Hilfe kirchlicher Institutionen gewonnen hatte. Der Kaiser, die Erzbischöfe von Bremen und Magdeburg, die Bischöfe in Hildesheim, Halberstadt, Minden, Verden, Paderborn und weiterer Diözesen bzw. die Äbte zahlreicher sächsischer Klöster – sie alle bildeten die Schar der Senioren Heinrichs. Ein bedeutender Teil der Lehen des Herzogs befand sich zudem nicht direkt in seinem Besitz, sondern in Händen weiterer Lehnsmänner.[287] Heinrichs Verurteilung und der Verlust der Lehen bedeuteten zugleich den Wegfall einer großen Schar von Vasallen, deren Lehnsverhältnis gegenüber dem Herzog unmittelbar auf die entsprechenden Kircheninstitutionen bzw. den Herrscher überging. Den Welfen verblieben als Basis der Familienherrschaft Allodialgüter vor allem in der Umgebung Braunschweigs und Lüneburgs. Trotz zahlreicher Erwerbungen der Söhne Heinrichs, der Kaiserwürde Ottos IV. und der Entstehung des Herzogtums Braunschweig-Lüneburg im Jahr 1235 erwarb die ursprüngliche Hegemonialmacht in der Folge nur mehr den Status einer um den Einfluss in der Region ringenden Familie.[288]

Zusammenfassung

Das in den Narrativquellen dargestellte Verhältnis zwischen Senior und Vasall knüpft an die vage Aussage des diplomatischen Materials an. Die Zeitgenossen bezweifelten nicht, dass der Lehnsmann dem Herrn durch Treue und Dienst verpflichtet war. Die Stärke der Treue und der Umfang der Dienste leiteten sich jedoch aus der konkreten Situation ab

287 Die dokumentierten Besitzverzeichnisse sächsischer Adeliger zeigen bis auf Ausnahmen ein Übergewicht von Lehnsgütern gegenüber einem zahlenmäßig starken Allodialbesitz, vgl. L. FENSKE – U. SCHWARZ, *Das Lehnsverzeichnis*, S. 146–147, 158 und vor allem 165–167, wobei die Mehrzahl der vergebenen Güter weiterhin in die Hände eigener Lehnsmänner gelangten, ibidem, S. 168ff.

288 Ein detailliertes Verzeichnis der Lehnsgüter Heinrichs erstellte zusammen mit einer kartografischen Abbildung Gudrun PISCHKE, *Der Herrschaftsbereich Heinrichs des Löwen. Quellenverzeichnis*, Hildesheim 1987; eine anschauliche kartografische Übersicht bietet darüber hinaus der Aufsatzband *Heinrich der Löwe und seine Zeit*, Bd. 2., S. 530ff. Das Verhältnis zum sächsischen Episkopat behandelte eingehend Joachim EHLERS, *Heinrich der Löwe und der sächsische Episkopat*, in: Alfred Haverkamp (Hrsg.), Friedrich Barbarossa. Handlungsspielräume und Wirkungsweisen des staufischen Kaisers, Sigmaringen 1992, S. 435–466. Zum Zerfall des Herzogtums Sachsen und zu Heinrichs Domäne sowie deren innerer Gestalt vgl. K. JORDAN, *Heinrich der Löwe*, S. 124–148, 209–213; I.-M. PETERS, *Heinrich der Löwe als Landesherr*, (passim); Stefan WEINFURTER, *Die Entmachtung Heinrichs des Löwen*, in: Jochen Luckhardt – Franz Niehoff (Hrsg.), Heinrich der Löwe und seine Zeit. Herrschaft und Repräsentation der Welfen 1125–1235, Bd. 2. Essays, München 1995, S. 180–189; zur Bildung des Herzogtums Braunschweig-Lüneburg Egon BOSHOF, *Die Entstehung des Herzogtums Braunschweig-Lüneburg*, in: Wolf-Dieter Mohrmann (Hrsg.), Heinrich der Löwe, Göttingen 1980, S. 249–274.

und wurden durch Umstände rein subjektiven Charakters stark beeinflusst. Das Problem erfassen wir hierbei nicht allein mit Hilfe des Verweises auf die Verdinglichung. Der Streit um die Gefangenen zeichnete sich darüber hinaus durch eine unüberschaubare persönliche Ebene aus, bei der offenkundig eine objektive Bewertung und Einordnung schwerfällt. Heinrich der Löwe erscheint in den Quellen als außerordentlich mächtiger Lehnsherr. Dieses Bild fußt allerdings teilweise auf Umständen, die mit dem Lehnsverhältnis nichts zu tun haben. Die Beziehungen einiger Vasallen zu Heinrich können am treffendsten als einzigartig charakterisiert werden, was jedoch zugleich eine generelle Übertragbarkeit verhindert. Sie bieten keine Informationen über das Verhältnis zu anderen Vasallen. Darüber hinaus ist es auf deren Grundlage unmöglich, eindeutige und dauerhafte Gestalt der Rechte beider Seiten zu rekonstruieren. Es handelte sich dabei keineswegs um eine Ausnahme aus dem ausgehenden 12. Jahrhundert. Ähnliche Schlussfolgerungen lässt auch der erwähnte Vertrag zwischen Heinrichs Urenkel Otto und dem Bischof von Minden zu. Die empfangenen Lehen verpflichteten den Herzog zwar zu Diensten, der Hinweis auf die Teilung von Beute und Gefangenen entsprechend der Teilnahme am Kampf zeigt jedoch, dass keine der Parteien mit einem stabilen Einsatz der Kräfte rechnete. Darüber hinaus dürfte bezeichnend sein, dass sich die Vereinbarung auf den Verlauf eines konkreten Streits bezog. Die Urkunde enthält keine einzige Erwähnung über den Umfang der künftigen Verpflichtungen. Wiederum ließe sich folglich sagen, dass das in den Quellen beschriebene Lehnsverhältnis eher einen fortwährend gefundenen Konsens als eine einmal bestimmte Norm darstellte.

Ähnlich wie in anderen Bereichen stellte das Lehnswesen auch für die Beziehung zwischen Senior und Vasall ein flexibles Instrument zur Absicherung der eigenen Interessen dar. Die Möglichkeiten blieben dabei für beide Seiten ergebnisoffen, ohne dass sie automatisch die weitere Entwicklung und das spätere Aussehen des Verhältnisses vorherbestimmt hätten. Die Bereitschaft der Gruppe von Lehnsträgern, den herrschaftlichen Wünschen entgegenzukommen, vermochte dabei durchaus die Stellung des Seniors auch gegenüber anderen Vasallen zu stärken. Deren Fehlen wiederum konnte hingegen eine entgegengesetzte Wirkung erzielen. Die Möglichkeit, Lehen von mehreren Herren zu empfangen, eröffnete die Chance für eine Vermehrung des eigenen Besitzes sowie einen machtpolitischen Zuwachs. Eine Bindung an verschiedene Herren schuf darüber hinaus eine Art Gegengewicht gegen den potentiellen Druck eines einzelnen Seniors. Andererseits drohte eine Loyalität gegenüber mehreren Herren eine Zunahme potentieller Konflikte hervorzurufen. Bereits verwiesen wurde darauf, dass der Bischof von Minden es abgelehnt hatte, seinen Vasallen zu unterstützen, sollte dieser in einen Konflikt mit einem der Herren geraten, die zur machtpolitische Elite der Region gehörten. Auf der einen Seite zeigt sich in den Quellen die Tendenz einer Allodialisierung der Lehen, auf der anderen Seite wiederum ist auch die Abtretung von Allodialbesitz und dessen Übernahme als Lehen bezeugt, womit sich die Lehnsmänner den Schutz – mitunter auch die Zuteilung weiterer – ihrer Güter sicherten.[289] Im Allgemeinen bot das Lehnswesen somit

289 Vgl. u. a. CDA I, Nr. 413; Nr. 453; UB Halb. I, Nr. 123; UB Halb. II, Nr. 1166; UB Hild. I, Nr. 169; Nr. 242, UB Hild. III, Nr. 271; Nr. 1372; Nr. 1482; UGHBL, Nr. 32; Nr. 99; Nr. 155.

einen Ausgangspunkt für beide Randpositionen, wie wir sie aus verschiedenen Regionen Europas kennen. Entweder konnte so der Weg zur Festigung der Stellung des Seniors beschritten werden oder umgekehrt zur „feudalen Anarchie“. Gerade die Flexibilität des Lehnswesens ist offenkundig der Grund, warum dieses in einigen Territorien einen untrennbaren Bestandteil der Ausbildung der spätmittelalterlichen Landesherrschaft bildet, während es in anderen Gebieten in den Hintergrund trat, und warum zudem die Mediävistik so unterschiedliche Ansichten über die Bedeutung des Lehnswesens für den schrittweisen Aufbau des „Staates“ vertritt.[290]

290 An konkreten Beispielen haben die Verbindung zwischen der Nutzung des Lehnswesens und der Formierung der spätmittelalterlichen „flächenhaften Landesherrschaft“ aufgezeigt Bernhard DIESTELKAMP, *Das Lehnrecht der Grafschaft Katzenelnbogen (13. Jahrhundert bis 1479). Ein Beitrag zur Geschichte des spätmittelalterlichen deutschen Lehnrechts, insbesondere zu seiner Auseinandersetzung mit oberitalienischen Rechtsvorstellungen*, Aalen 1969; K.-H. SPIEß, *Lehnsrecht*, (passim); im Überblick mit einer Analyse der Herangehensweisen der Literatur vgl. Ernst SCHUBERT, *Fürstliche Herrschaft und Territorium im späten Mittelalter*, München 1996; K.-H. SPIEß, *Das Lehnswesen*, S. 49ff.

II/1 Das Lehnswesen in böhmischen Quellen

Das Urkundenmaterial ist auch für die Verhältnisse in Böhmen die entscheidende Quellengrundlage. Die hier zur Verfügung stehenden Urkunden decken in erster Linie den Zeitraum seit der Mitte des 12. Jahrhunderts ab, ein nennenswerteres Wachstum des Urkundenausstellens können wir dabei erst für das nachfolgende Jahrhundert verzeichnen. Das diplomatische Material ist in der seit dem beginnenden 20. Jahrhundert erscheinenden Editionsreihe des *Codex diplomaticus et epistolaris regni Bohemiae* zusammengetragen und publiziert. Das editorische Großprojekt erfüllt sämtliche Anforderungen an ein modernes Editionsunternehmen, einschließlich einer Analyse der Echtheit der Urkunden. Die Edition erfasst bisher leider nur das bis in das Jahr 1283 überlieferte Quellenkorpus.[291] Die weiteren Urkunden der Přemyslidenzeit bietet in Regestenform die ältere Edition der *Regesta diplomatica nec non epistolaria Bohemiae et Moraviae* bzw. deren zweiter Band von 1882.[292] Die narrativen Quellen decken mit wechselnder Dichte den Zeitraum seit dem 10. Jahrhundert ab, auch wenn für die älteste Zeit lediglich hagiographische Werke überliefert sind. Beginnend mit der wegweisenden *Chronik der Böhmen* des Dekans zu St. Veit, Cosmas († 1125), verfügen wir für große Teile des 12. Jahrhunderts über hieran anknüpfende chronikalische Arbeiten. Demgegenüber müssen wir für das 13. Jahrhundert vor allem auf ein nicht inkohärentes Korpus von Werken zurückgreifen, das offenkundig in den achtziger Jahren dieses Jahrhunderts entstand und unter der Bezeichnung *Die zweite Cosmas-Fortsetzung* (Druhé pokračování Kosmovo) bekannt ist. Erst das Ende der Přemyslidenzeit und die Anfänge der luxemburgischen Regierung beschreibt wieder ein chronikalisch umfassendes Werk – die *Königsaaler Chronik* (Zbraslavská kronika).[293]

291 Für die Jahre 1283–1297 steht aktuell lediglich eine Übersicht der Urkunden zur Verfügung. Vgl. hierzu Dalibor HAVEL, *Katalog listin a listů k VII. dílu Českého diplomatáře I.* Zpracování diplomatického materiálu pro období květen 1283 – květen 1297 [Katalog der Urkunden und Briefe zum VII. Teil des Böhmischen Diplomatars I. Die Berarbeitung des diplomatischen Materials für die Zeit vom Mai 1283 – Mai 1297], Brno 2011. Einige Urkunden aus der Zeit nach 1283 sind darüber hinaus *in extenso* in weiteren tschechischen und internationalen Editionen zugänglich (z. B. *Moravské a slezské listiny liechtenštejnského archivu ve Vaduzu* I [Mährische und Schlesische Urkunden des liechtensteinischen Archivs in Vaduz I], Jan Bistřický – František Spurný – Ludvík Václavek – Metoděj Zemek (Hrsg.), Praha 1991), mitunter selbstverständlich im Original.

292 RBM II, Josef Emler (Hrsg.), Praha 1882.

293 Ausführlicher hierzu Jana NECHUTOVÁ, *Die lateinische Literatur des Mittelalters in Böhmen*. Aus dem Tschechischen übersetzt von Hildegard Boková und Václav Bok, Köln 2007; Marie BLÁHOVÁ, *Historiografie ve středověkých Čechách* [Die Geschichtsschreibung im mittelalterli-

Das überlieferte Urkundenmaterial fällt bis in das ausgehende 12. Jahrhundert recht schmal aus. Es bietet mehrere Dutzend Schriftstücke böhmischer Aussteller – des Herrschers sowie kirchlicher Institutionen. Die im vorangegangenen Kapitel unseres Buches analysierte Terminologie suchen wir hier jedoch – zumindest mit Blick auf einheimische Laien – vergeblich.[294] Der Begriff *beneficium* bezieht sich ausschließlich auf kirchliche Präbenden.[295] Aus dem Jahr 1183 ist eine Urkunde des Fürsten Bedřich-Friedrich für die Johanniter überliefert, in der als *beneficium* die Burg Glatz (tschech. Kladsko, poln. Kłodzko) bzw. der Titel des dort residierenden Kastellans Erwähnung findet. Allerdings handelt es sich bei der Urkunde um eine Fälschung aus der Mitte des 13. Jahrhunderts.[296]

---

chen Böhmen], in: Staročeská kronika tak řečeného Dalimila (3) v kontextu středověké historiografie latinského kulturního okruhu a její pramenná hodnota, Praha 1995, S. 90ff.

294 Ausnahmen bilden die für landfremde Empfänger ausgestellten Urkunden, insbesondere die Belehnung von Vitoraz, das Hadmar von Kuenringen durch Herzog Bedřich erhielt, CDB I, Nr. 309. Angesichts der Tatsache, dass uns primär Aussehen und Funktionsweise des Benefizial- bzw. Lehnssystems in den Grenzen der böhmischen Länder interessieren, schenken wir diesen Erwähnungen in der nachfolgenden Übersicht keine Berücksichtigung. Aus dem gleichen Grund sind in die Übersicht die Urkunden Přemysl Ottokars II. für österreichische Empfänger aus der Zeit, in der Ottokar II. als Herzog von Österreich agierte, nicht einbezogen, was zugleich für die Lehnsurkunden Wenzels II. für polnische Empfänger gilt. Außerhalb der Betrachtung bleiben darüber hinaus auch Urkunden und Privilegien nichtböhmischer Aussteller. Mit Rücksicht auf die historischen Zusammenhänge wurden in die Übersicht zudem Schriftstücke aus Egerland (Chebsko), das definitiv erst im 14. Jahrhundert in die böhmischen Länder inkorporiert wurde, nicht einbezogen. Anders verhält es sich jedoch mit Hinweisen auf das Zittauer Land und Dohna, die zu den unter der Herrschaft der přemyslidischen Könige stehenden Territorien gehörten.

295 CDB I, Nr. 97; Nr. 135; Nr. 145; Nr. 245; Nr. 326; Nr. 356; Nr. 386; vgl. darüber hinaus Libor JAN, *K počátkům české šlechty. Družina, beneficium, pozemkové vlastnictví* [Zu den Anfängen des böhmischen Adels. Gefolgschaft, Benefizium, Grundbesitz], in: Martin Nodl – Martin Wihoda (Hrsg.), Šlechta, moc a reprezentace ve středověku, Praha 2007, S. 48.

296 CDB I, Nr. 402. Die erwähnte Passage (*beneficio castri in Cladesche honoratus*) der Urkunde könnte man auch dergestalt interpretieren, dass es sich hierbei um ein nicht näher bestimmtes *beneficium* mit einer Beziehung zur Burg Glatz gehandelt habe. So deutete die Urkunde beispielsweise Josef ŽEMLIČKA, *Kasteláni, vilikové a beneficia v netransformované transformaci* [Kastellane, Villici und Benefizien in der „nicht-transformierten" Transformation], ČČH 106, 2008, S. 133. Dessen ungeachtet handelte es sich bei dem in der Quelle erwähnten Bohuš den echten Urkunden zufolge in der Tat um den Glatzer Kastellan, und durch die Verbindung *beneficio castri* hatte der Fälscher der Urkunde offenkundig dieses Amt im Blick. Vgl. u. a. CDB I, Nr. 300; Nr. 304. Neben Bohuš erscheint in der Urkunde auch der *comes* Milhost, der dem Text der Quelle zufolge oberster Jäger der sich um Netolitz (Netolice) erstreckenden Wälder war, zugleich jedoch hielt er das *benefitium in Boyzes* (*Milhost comes benefitium habens in Boyzes et summus venator silvarum spectantium in Netholic*). Als „Boyzes" (Boženska) tritt in den Quellen eine historische Provinz an der Grenze Mittel-und Südböhmens in Erscheinung. Die Urkunde ermöglicht auf diese Weise die Erklärung, dass Milhost irgendein Gut innerhalb dieser Provinz in Besitz hatte oder er auf der anderen Seite als deren Kastellan fungierte. Die zweite Möglichkeit würde den Umstand erklären, dass unter den Zeugen auch ein gewisser Pozden auftritt, *maior procurator in benefitio Milhozt*. Folglich könnte es sich um das Amt des Richters gehandelt haben. Eine Fälschung aus der Mitte

Von jüngeren Fälschungen einmal absehen, tauchen in den Urkunden nicht einmal der Begriff *feudum* bzw. andere bereits analysierte Termini auf.

Als aussagekräftiger erweisen sich demgegenüber die narrativen Quellen. Der Chronist Cosmas erwähnt für das Jahr 1070 den Regensburger Bürger Kumbold, der als *miles* des Bischofs Gebhard von Prag erscheint, von dem er als *beneficium* 30 Mark Silber jährlich erhalten hatte. In ähnlicher Weise empfing Pfalzgraf Rapoto V. von Bayern angeblich 150 Mark Silber jährlich von Vratislav II. Auch in diesem Fall spricht Cosmas von einem Benefizium. Für welche Dienste genau die beiden Empfänger die genannten Summen bezogen, deutet die Erläuterung des Chronisten an, dass Rapoto „*bis nach Rom ununterbrochen eigene Dörfer und Landgüter und in den Burgen eine treue Ritterschaft hatte*". Kumbold wiederum gewährte einem Boten Unterkunft, der mit Vratislavs Gesandtschaft nach Rom reiste. Regensburg war für die böhmischen Landesherren und Bischöfe der nächstgelegene Stützpunkt unter den bedeutenden politischen und Handelszentren des Reiches. Beide Benefizien können wir also als Investition in den Aufbau eines Kommunikationsnetzes Richtung Reich und Stuhl Petri interpretieren.[297]

Den Begriff benutzte darüber hinaus der in der zweiten Hälfte des 12. Jahrhunderts schreibende Chronist Vinzenz von Prag. Für das Jahr 1142 titulierte der die Anführer einer gegen Herzog Vladislav II. gerichteten Rebellion als die Besitzer „besserer Benefizien" (*meliora beneficia*). Nach der Niederschlagung des Aufstands soll der Herzog seine Gefolgsleute mit zahlreichen Benefizien für ihre Treue entlohnt haben. Im Jahr 1152 übergab Vladislav II. seinem Vetter Ulrich das *castrum* in Königgrätz (Hradec Králové) *in beneficium*. Die Übertragung namentlich nicht erwähnter Benefizien erhoffte vom König auch Ulrichs Bruder Soběslav. Mit Benefizien bedachte nach der Rückkehr von einem Italienzug 1160 zudem der Prager Bischof Daniel I. seine Gefolgsleute.[298] Bereits der Chronist Cosmas benutzte die Bezeichnung *pheodo vel/et allodio*, wobei angesichts des unsicheren Kontextes jedoch nicht klar ist, was der Dekan zu St. Veit mit diesen Termini wirklich ausdrücken wollte.[299] Der sog. *Vyšehrader Kanoniker* (Kanovník vyšehradský), dessen Chronik an Cosmas' Werk anknüpft, sprach für das Jahr 1128 von einem nicht näher spezifizierten Lehen (*pheodum*) Heinrichs von Groitzsch.[300]

---

des 13. Jahrhunderts stellt zudem eine weitere, in das 12. Jahrhundert datierte Urkunde dar, die den Terminus in der Verbindung *beneficia terre* benutzt. Vgl. CDB I, Nr. 405.

297 *Cosmae Pragensis Chronica Boemorum*, Bertold Bretholz (Hrsg.), MGH SS rer. Germ., N. S. II, Berlin 1923, II/28–29, S. 123–124.

298 *Vincentii canonici Pragensis Annales*, Josef Emler (Hrsg.), FRB II, Praha 1874, S. 410, 413–414, 421, 452.

299 Vgl. *Cosmae Pragensis Chronica Boemorum*, I/40, S. 75; III/21, S. 113.

300 *Canonici Wissegradensis continuatio Cosmae*, Josef Emler (Hrsg.), FRB II, Praha 1874, S. 205.

Die Quellen des 13. Jahrhunderts

Wenngleich im Verlaufe des 13. Jahrhunderts die Zahl der überlieferten Schriftquellen diplomatischen Charakters beständig steigt, erscheint die Frequenz der analysierten Begriffe problematisch. Der Terminus *beneficium* ist, von kirchlichen Präbenden wieder einmal abgesehen, mit Blick auf weltliche Personen in annähernd 30 Fällen belegt. Am häufigsten stoßen wir auf den Begriff in Verbindung mit den Funktionen, die mit dem Verwaltungsapparat des Přemyslidenhofes und des Königreichs zusammenhängen. Genannt werden hier Förster, Jäger, Truchsess und Mundschenk, in Verbindung mit dem *officium beneficiumve* sodann auch der „Roller der Fässer".[301] Die bereits erwähnte Fälschung aus der Mitte des 13. Jahrhunderts verwendet den Terminus mit Blick auf das Amt des Kastellans der Burg Glatz. Die Verbindung *beneficium castri* bezeugen darüber hinaus auch weitere Urkunden bzw. Formulare.[302] Nicht immer musste es dabei um eine konkrete Funktion gehen. Die Wortwendung findet sich auch im Plural – *beneficia castri*. In diesem Fall darf davon ausgegangen werden, dass es sich um irgendeine auf die zugehörige Burg beziehende Würde handelte.[303] Zu dieser Gruppe von Erwähnungen können wir darüber hinaus auch die sanktionierenden Passagen der Immunitätsurkunden für

---

301 CDB V/2, Nr. 547: „[...] *officium beneficiumve* [...] *de vasis trahendis vulgo shroambeth seu lyzne vocatum in Olomous*". Der alttschechische Ausdruck „ližné" lässt sich als Ziehen der Fässer auf Leitern interpretieren, also auf Balken im Keller. Vgl. Jan GEBAUER, *Staročeský slovník* [Altböhmisches Wörterbuch], Praha 1970², *líha, ližné*. Der Besitzer des Benefiziums durfte offenkundig nicht selbst die Fässer in den Keller des Landesherrn rollen, es handelte sich eher um die Verleihung des Rechts, Getränke für die königliche Burg in Olmütz zu liefern. Die des Weiteren angeführten Beispiele in CDB III/1, Nr. 73 (*beneficium forestarii*); Nr. 223 (*beneficium venatoris*); CDB IV/1, Nr. 127 (*beneficium dapiferi*); Nr. 159 (*beneficium dapiferi*); CDB V/2, Nr. 795+; Nr. 813+ (*beneficii castri Olomucensis, quod vulgo dicitur podstole*). Die Urkunde CDB V/2, Nr. 564++ erwähnt ein *beneficium Pragense*, wobei sich angesichts der Tatsache, dass sich die Verbindung in der Passage über die gerichtliche Zugehörigkeit der Untertanen des Klosters Tepl (Teplá) findet, verweist der Terminus offenkundig auf das Gericht der Prager Benefiziare. Weitere Urkunden sprechen dann lediglich allgemein von Landesbenefizien bzw. von Benefizien des Königreichs. Vgl. CDB I, Nr. 405 (*beneficia terre*); CDB V/2, Nr. 571 (*in omnibus regni beneficiis, quocumque nomine censeantur*).

302 Das Amt eines Kastellans/Burggrafen wird ebenfalls durch den Begriff *beneficium* beschrieben. Vgl. RBM II, Nr. 1991. In ähnlicher Weise bezieht sich offenkundig die Passage einer Urkunde Přemysl Ottokars II. aus dem Jahre 1253, die eine Bestimmung des Vaters des Ausstellers, Wenzels I., für das örtliche Spital konfirmiert, auf die Funktion des Burggrafen der Stadt Mies (lat. Mysa, tschech. Stříbro). Der Text befreit die Güter und Untertanen des Spitals von der Jurisdiktion der Benefiziare und legt fest, dass eine jede Person, die künftig Mies *in beneficio* verliehen bekomme, die festgelegten Bestimmungen einhalten müsse. CDB V/1, Nr. 9. Der Formulareintrag über den Frieden zwischen König Wenzel II. und einer Gruppe von Adeligen benutzt dann die Verbindung *castra seu beneficia*, die die betroffenen Barone in Besitz hielten. Vgl. *Das urkundliche Formelbuch des königlichen Notars Heinricus Italicus aus der Zeit der Könige Ottokar II. und Wenzel II. von Böhmen*, Johannes Voigt (Hrsg.), Archiv für Kunde österreichischer Geschichtsquellen, 29, 1863, Nr. 67.

303 Vgl. CDB III/1, Nr. 85; CDB III/2, Nr. 214; RBM II, Nr. 1311.

kirchliche Institutionen hinzuzählen. Deren Bestimmungen zufolge sollte die Nichteinhaltung der Immunitäten durch die Benefiziare (zumeist allgemein als *villicus seu beneficiarius vel officialis* bzw. *castellanus vel iudex aut alius beneficiarius* oder lediglich als *benefici* bezeichnet) mit dem Verlust des Benefiziums bestraft werden. In allen diesen Fällen können wir das Benefizium eindeutig als eine durch den Herrscher verliehene Amtswürde interpretieren, was im Übrigen die Verbindungen *officium beneficiumve* bzw. *beneficiarius vel officialis* dezidiert andeuten.[304]

Konkreten, als *beneficium* verliehenen Gütern begegnen wir nur vereinzelt. Zwei Hufen verlieh im Jahr 1222 beispielsweise der Abt des Klosters Welehrad einem gewissen Ekkardus de Oppauia (von Troppau), dessen Söhnen und Erben (*posteri*) gegen einen jährlichen Zins.[305] In einer Urkunde König Wenzels I. von 1237 ist mit Benefizium offenkundig ein Teil der Besitzungen im Dorf Hrušovany gemeint.[306] Innerhalb der Zeugenreihe der Urkunde des Abts des Klosters Hradiště bei Olmütz erscheint ein gewisser Stephan, der ein Benefizium in Prossnitz (Prostějov) in Besitz hielt.[307] An einer Stelle stoßen wir in einem Privileg Wenzels I. für das Kloster Marienthal auf das Verbot, Laien Gütern *iure beneficii* zu verleihen. Die entsprechende Passage ist dabei die wortwörtliche Abschrift aus einem älteren Privileg Ottos des Reichen, Markgraf von Meißen, für das Kloster Altzelle, woher der Schreiber des erwähnten Diploms für Marienthal stammte.[308]

Mit der Problematik der Benefizien hängt in der tschechischen Historiographie auch die Frage der sog. „Lohngüter“ (výsluhy) zusammen. Der Terminus selbst ist eine ahistorische Neuschöpfung, die in den Quellen selbst nicht auftaucht. Die von der Geschichtsschreibung benutzte Bezeichnung geht dabei von der Tatsache aus, dass in den Urkunden derartige Güter regelmäßig als Entlohnung für bestimmte Verdienste auftreten. Allgemein handelt es sich um eine große Gruppe heterogener Güter, die der Herrscher weltlichen und geistlichen Personen „schenkte“. Beim Verkauf bzw. Tausch der Güter stoßen wir in einigen Urkunden auf die Bitte des Besitzers um Zustimmung des

---

304 CDB II, Nr. 227 (*Si quis vero contra hoc venire presumpserit, dominus thelonei malefactorem statuat coram nobis, vel beneficio careat, in quo clericos molestavit.*); Nr. 234 (*Insuper si villicus regis sine iudicio inpignoraverit aliquem, rex iure suo corrigat, si est villicus camerarii, marcam auri solvat; si dominus, beneficio careat.*); Nr. 289 (*Quicumque autem castellanus vel iudex aut alius beneficiarius hanc nostram libertatem,* [...] *inmutare voluerit, beneficio careat et ab episcopo terre publicee excommunicetur.*); CDB III/1, Nr. 106 ([...] *benefici, qui talia fieri admittunt a beneficio irrecuperabiliter manerent suspensi*); CDB III/Additamenta, Nr. 265 ([...] *statuimus, ut quisquis hanc fecerit violenciam ecclesie,* [...] *sciat se tamquam nostri transgressor mandati privandur beneficii honore*); RBM II, Nr. 1552 (*Si quis autem - contra mandatum nostrum - huiusmodi recipere se in bonis eisdem seu pernoctare uel morari presumpserit, si talis officialis uel beneficiarius fuerit, extunc ipso facto sit officio et beneficio suo priuatus; quodsi officium uel beneficium aliquod non habuerit, tum per duodecim septimanas in nostro carcere teneatur.*)

305 CDB II, Nr. 222.

306 CDB III/Additamenta, Nr. 290. Der Text der Urkunde führt aus, dass das erwähnte beneficium durch Wenzel I. bzw. dessen Nachfolgern in Zukunft auch *in feodo* verliehen werden könne.

307 CDB V/1, Nr. 50+.

308 CDB III/1, Nr. 176; CDB III/2, Nr. 207.

Königs. Besitzrechte waren also offenkundig in bestimmtem Maße begrenzt. Eine nähere Beschreibung liefern die Quellen diesbezüglich jedoch nicht.[309]

Wesentlich häufiger als der Terminus Benefizium tauchen in den Urkunden hiervon abgeleitete – den Besitzer bezeichnende – Begriffe auf. Der Terminus *beneficarius* (*beneficiatus, beneficus*) findet sich seit dem Beginn des 13. Jahrhunderts vor allem in Privilegien, die die Güter und Untertanen der Kirche bzw. weltlicher Herren aus der Jurisdiktion dieser Benefiziare herausnehmen. Neben allgemein formulierten Bestimmungen[310] werden konkrete Benefiziare vor allem im Zusammenhang mit einem bestimmten Verwaltungszentrum, in erster Linie einer Burg, erwähnt. Als Zeugen einer Schenkung Přemysl Ottokars II. an das Olmützer Kapitel im Jahr 1255 etwa erscheinen in Brünn mehrere Olmützer Benefiziare (*beneficiariis nostris Pardussio camerario, Ydik castellano, Iohanne iudice, Hinczone officiali provinciali et aliis beneficiariis Olomucensibus*). Ein Vierteljahrhundert später stoßen wir am gleichen Ort auf die *beneficiariis castri Olomucensis, videlicet Hodisone, iudicio loco regis presidenti et camerarii, Martino, villico camerarii Onsonis prefati, Woyslao iudice, Wawrzicone citatore regis, Swieticone citatore camerarii, Sdisiao de Midiowar subiudice Woyslai.*[311]

---

309 Vgl. u. a. CDB II, Nr. 199; ähnlich auch z. B. CDB III/2, Nr. 226; CDB IV/1, Nr. 195; RBM II, Nr. 1561; Nr. 1766. Hierzu mit unterschiedlicher Schwerpunktsetzung: Wilhelm WEIZSÄKKER, *Die Entstehung des böhmisch-mährischen Lehnwesens im Lichte der germanischen Forschung*, Zeitschrift des deutschen Vereines für Geschichte Mährens und Schlesiens 21, 1917, S. S. 207–238, hier S. 223; Libor JAN, *Hereditas, výsluha, kastelánie. Několik poznámek k terminologii a metodologii současné historiografie přemyslovského období* [Hereditas, vysluha, kastelanie – Einige Anmerkungen zu Terminologie und Methodologie der gegenwärtigen Historiographie der Přemyslidenzeit], ČMM 128, 2009, S. 461–472, hier S. 467–468.

310 CDB II Nr. 59; Nr. 106; Nr. 109; Nr. 227; Nr. 239; Nr. 259; Nr. 269; Nr. 289; Nr. 305; Nr. 320; Nr. 324; Nr. 364 (Fälschung 13. Jh.); Nr. 367 (Fälschung 13. Jh.); Nr. 375 (Fälschung 13. Jh.). CDB III/1, Nr. 50; Nr. 87; Nr. 88; Nr. 89; Nr. 90; Nr. 107; Nr. 119; Nr. 137; Nr. 204. CDB III/Additamenta, Nr. 264 (Fälschung 13. Jh.); Nr. 278; Nr. 298. CDB IV/1, Nr. 27; Nr. 103; Nr. 145; Nr. 169; Nr. 171++; Nr. 176; Nr. 188 ++-+++; Nr. 202; Nr. 212; Nr. 260+; Nr. 294. CDB V/1, Nr. 2; Nr. 9; Nr. 39; Nr. 71; Nr. 137; Nr. 195++; Nr. 212; Nr. 366++; Nr. 372+; Nr. 386; Nr. 392; Nr. 432+; Nr. 366++. CDB V/2, Nr. 581; Nr. 582; Nr. 599; Nr. 631; Nr. 644; Nr. 651; Nr. 712; Nr. 757; Nr. 767; Nr. 768; Nr. 811+; Nr. 816; Nr. 858. CDB VI/1, Nr. 264. RBM II, Nr. 1385; Nr. 1392; Nr. 1533; Nr. 1552; Nr. 1567; Nr. 1569; Nr. 1600; Nr. 1617; Nr. 1639; Nr. 1646; Nr. 1700; Nr. 1739; Nr. 1767; Nr. 1780; Nr. 1804; Nr. 1814; Nr. 1830; Nr. 1831; Nr. 1837; Nr. 188; Nr. 1839†††; Nr. 1841; Nr. 1873; Nr. 1894; Nr. 2004; Nr. 2070.

311 Die erwähnten Urkunden in CDB V/1, Nr. 62; CDB VI/1, Nr. 98. Des Weiteren vgl. CDB II, Nr. 78; Nr. 143; Nr. 245; Nr. 356 (Fälschung des 13. Jh.); Nr. 387. CDB III/1, Nr. 76; CDB IV/1, Nr. 17; Nr. 177; Nr. 221; Nr. 247++; CDB V/2, Nr. 583; Nr. 640; Nr. 795; Nr. 818; Nr. 872; CDB VI/1, Nr. 79+; Nr. 231; Nr. 232. RBM II, Nr. 1295; Nr. 1307; Nr. 1308; Nr. 1315; Nr. 1399; Nr. 1419; Nr. 1422; Nr. 1427; Nr. 1452; Nr. 1573; Nr. 1993. Mit dem Terminus *beneficiarius* a *beneficium* hängt das Auftreten der Begriffe *suppan* und der *nomine suppe* (*officium suppe*) erworbenen Güter zusammen. Im Falle der zuletzt genannten Verbindung, die in den Quellen freilich nur sehr vereinzelt auftaucht, handelt es sich um einen allgemein gehaltenen Verweis auf das mit der Burgverwaltung zusammenhängende Amt. Im Falle des Terminus *suppan*, der seit dem Ende des 12. Jahrhunderts bezeugt ist, kam es zu einer Bedeutungsverlagerung. Der Begriff bezeichnete

Verschiedene Varianten des Begriffes *feudum* finden sich seit dem Ende der zwanziger Jahre des 13. Jahrhunderts, zuerst in Form der Bezeichnung *infeudatus*.[312] Mit dem Verweis auf das „Lehnsrecht" begegnen wir im Jahr 1229, als das Vyšehrader Kapitel einem gewissen Heinrich Saxo und dessen Nachfolgern (*successoribus*) Güter des Dorfes Zdenice bei Prachatitz (Prachatice) *iure feodali* verlieh. Heinrich empfing den Besitz durch das *homagium*, wobei ihm für die Dauer von fünf Jahren die Zahlung von Zinsen erlassen wurde. Erst nach dieser Frist sollte er den vereinbarten Jahreszins entrichten. Zugleich verpflichtete sich Heinrich zur Gründung von zwei neuen Dörfern, deren Bewohner für die Dauer von zehn Jahren von Verpflichtungen befreit waren. Nachfolgend sollten diese einen Jahreszins nach dem Vorbild der Untertanen aus Prachatitz abführen.[313] In der Forschung wird zu Recht darauf verwiesen, dass die Urkunde in allen Punkten im Prinzip den für die böhmischen Verhältnisse als deutsches Recht, Emphytheuse bzw. Purkrecht bekannten Akt beschreibt.[314] Diese Feststellung bestätigt eine

---

nicht mehr den Inhaber des Amtes, also ein Synonym für den Begriff Benefiziar, sondern wurde in allgemeinerem Sinne für die Nobilität verwendet. W. WEIZSÄCKER, *Die Entstehung*, S. 226–232; Libor JAN, *Václav II. a struktury panovnické moci* [Wenzel II. und die Strukturen der landesherrlichen Macht], Brno 2006, S. 176–184

312 Die Urkunde König Přemysl Ottokars I. von 1228 spricht von *beneficiarios nostros a nobis infeudatos*. Vgl. CDB II, Nr. 320. In ähnlicher Weise finden wir den Begriff in einer Gruppe der Immunitätsurkunden für kirchliche Institutionen, die dabei jeweils den Ausdruck voneinander übernehmen. Vgl. diesbezüglich CDB II, Nr. 321; Nr. 375 (Fälschung des 13. Jh.); Nr. 380; CDB III/1, Nr. 57; Nr. 87; Nr. 90; Nr. 106; Nr. 107; CDB III/2, Nr. 204.

313 CDB II, Nr. 329: „[...] *nos karissimi nostri Heinrici Saxonis devocionem erga ecclesiam nostram attendentes, ad peticionem domini nostri A.; ecclesie nostre prepositi, cuius peticionibus iustis grato semper consuevimus occurrere assensu, homagium recipientes, bona de Zdenicz apud Pragadicz sita iure feodali concessimus eidem et successoribus suis tali forma, quod V annis eadem libere bona possideat et extunc singulis annis ecclesie nostre marcam et dimidiam persolvat in perpetuum ad usus fratrum in eadem deo famulancium. Si autem, quod absit, dictus Heinricus et sui successores condicionem pretaxatam firmiter non observaverint, duricia cordis eorum vel contumacia crescente, et pro eo sentencie excommunicacionis fuerint innodati: si a tempore late sentencie usque ad finem anni contumaces extiterint, dissolventur condiciones pretaxate et bona ad ecclesiam nostram libere et absque difficultate revertentur. Ceterum, cum dictus Heinricus homagium ecclesie nostre faceret, firmiter repromisit, quod in prefatis bonis duas villas institueret, quarum possessores decem annis libere et absque solucione qualibet sederent, et postmodum eorum quilibet solidum Patauiensis monete ecclesie nostre per singulos annos persolveret eo iure, quo et homines domini nostri prepositi in Pragadicz.*"

314 Die Problematik des „deutschen Rechts", der Emphytheuse und des Purkrechts fassten zusammen Wilhelm WEIZSÄCKER, *Das deutsche Recht der bäuerlicher Kolonisten Böhmens und Mährens im XIII. und XIV. Jahrhundert*, Mitteilungen des Vereines für Geschichte der Deutschen in Böhmen 51, Nr. 4, 1912/1913, S. 476–542; Josef ŽEMLIČKA, *Die Deutschen und die deutschrechtliche Kolonisation Böhmens und Mährens im Mittelalter*, in: J. M. Piskorski (Eds.), Historiographical Approaches to Medieval Colonization of East Central Europe. A Comparative Analysis against the Background of Other European Inter-Ethnic Colonization Processes in the Middle Ages, New York 2002, S. 107–143; Jan KLÁPŠTĚ, *The Czech Lands in Medieval Transformation*, Leiden – Boston 2012, S. 212ff.; František VACEK, *Emfyteuse v Čechách ve XIII. a XIV. století* [Die Emphytheuse in Böhmen im 13. und 14. Jahrhundert], Agrární archiv/Časopis pro dějiny

Urkunde von 1249, in der der Olmützer Bischof Bruno von Schauenburg die Dörfer Chotouň und Přítoky verlieh. Obwohl der Text von einer Verleihung *iure pheodali* spricht, notierte der Registrator des Autographs im 14. Jahrhundert auf der Urkunde die dorsale Anmerkung: „*Super Chotun et Prethoca in Boemia iure emphiteotico*". Zur Bezeichnung *emphiteotico* fügte der Kopist der Urkunde im 15. Jahrhundert dann noch *concessa in feoda* hinzu.[315]

Es handelt sich hierbei nicht um den einzigen Hinweis auf eine Durchdringung der erwähnten Leiheformen. Eine im Januar 1249 ausgefertigte Urkunde spricht von der Schenkung des Dorfes Nikolsburg (Mikulov) durch Markgraf Přemysl an Heinrich von Liechtenstein und dessen Erben *perpetuo possidendam*. Ein weiteres Diplom vom November des genannten Jahres ergänzt dann, es habe sich um eine Verleihung *secundum ius et consuetudinem Theutonicam perpetuo possidendam* gehandelt. Aus dem Entwurf des Friedensvertrages zwischen Přemysl Ottokar II. und König Rudolf von Habsburg von 1276 geht schließlich hervor, dass Nikolsburg als Lehen der Herren von Liechtenstein „anerkannt" wurde (*feudum esse dinoscitur*).[316] Einen eindeutigen Beleg für eine Verbindung der einzelnen Leiheformen liefert die Urkunde Jenzos von Mährisch Schönberg (Šumperk) aus dem Jahr 1281. Der Adelige belehnte darin seinen Dienstmann (*famulus*) Horina und dessen Erben mit zwei Hufen, und zwar expresis verbis *iure feodali seu eciam emphyothetico, quod vulgari burchrecht nuncupatur*.[317]

Einem ähnlichen Problem begegnen wir darüber hinaus in einer Urkunde König Wenzels II. von 1284. Vor den Landesherrn gelangte ein Streit zwischen dem Kloster in Kanitz (Dolní Kounice) und dessen Dienstmannen (*servitores, qui naprauniczi vocantur*),[318] die sich bemüht hatten, die ihnen übertragenen Güter (*provisionem*) zu usurpieren und in Eigenbesitz zu überführen oder als Lehen zu besitzen (*in ius proprietatis, alii in feodum temerarie usurpare attemptarunt*). Einige Dienstmänner waren zwar nicht in der Lage, ein Besitzrecht (*ius proprietatis*) nachzuweisen, und ließen dementspre-

venkova, Nr. 6, 1919, S. 67–78, Nr. 7, 1920, Nr. 1–17, Nr. 8, 1921, S. 17–45, Nr. 9, 1922, S. 1–24. Vgl. des Weiteren unten S. 133–136.

315 CDB IV/1, Nr. 161.

316 CDB IV/1, Nr. 157; Nr. 174; CDB V/2, Nr. 836.

317 CDB VI/1, Nr. 144. In einem ähnlichen Kontext wie die Urkunde für Heinrich Saxo sowie weitere oben erwähnte Urkunden erscheint offenkundig auch das Diplom des Vyšehrader Kapitels für den „Münzmeister" Heinrich aus dem Jahr 1252 (vgl. weiter unten im Text). Auch diese erinnert wohl an die Durchdringung von „Lehns"- und „emphytheutischen" Gewohnheiten. Einen ähnlichen Eindruck vermittelt darüber hinaus die Urkunde Přemysl Ottokars II. aus dem Jahr 1264, durch die der König dem Bürger Heinrich das Richteramt in Groß Teinitz (Velký Týnec) verlieh, hinzu kamen noch *iure feudali* eine Hufe, Schenke, Mühle und das Bad auch für dessen Erben, ohne Verpflichtung den *census* zu zahlen. Vgl. CDB V/1, Nr. 399.

318 Der alttschechische Terminus „nápravník" tritt in jüngeren Quellen als Bezeichnung für die Besitzer verliehener Güter auf, wie das in Versform gesetzte Glossarium des Bartholomäus von Chlumetz, bekannt als Klaret, aus der zweiten Hälfte des 14. Jahrhunderts anführt. Vgl. Mg. Clareti de Solencia, *Glossarius*, VI/2 De nominibus secularibus, 1004: *Servitor sluzebnik, feodalis scito naprawnik* (http://titus.uni-frankfurt.de/texte/slavica/bohemica/klaret/frame.htm).

chend ihren Anspruch fallen, andere wiederum versuchten aufzuzeigen, dass sie ihre Güter (*suam provisionem*) als Purkrecht (*iure burgrecht*) besaßen.[319] Auch in diesem Fall kann man davon ausgehen, dass der Hinweis auf das Purkrecht als Synonym für die bereits erwähnten Anstrengungen angesehen werden kann, die Güter als *feodum* zu besitzen. Die Reflexion des Lehns-, deutschen/emphytheutischen Rechts sowie des Purkrechts als Mischformen blieb im Übrigen bis weit in das 14. Jahrhundert gewahrt, wie die erwähnte – der Urkunde Brunos von Schauenburg hinzugefügte – Dorsalbemerkung sowie andere erhaltene Urkunden bezeugen,[320] die sogar auswechselbar die Verbindung „*rechten lehens*" und „*rechten puerchrecht*" verwenden.[321]

Der Verweis auf Bruno von Schauenburg lenkt den Blick auf das Lehnssystem des Bistums Olmütz, das im Urkundenmaterial seit Beginn der fünfziger Jahre des 13. Jahrhunderts deutlich hervortritt. Die Gesamtheit der Lehnsurkunden Bischof Brunos (1245–1281) und seines Nachfolgers Theoderichs von Neuhaus (1281–1302) lässt das Funktionieren des Lehnssystems in der Diözese klar erkennen. Da der Urkundeninhalt bereits mehrfach detailliert dargelegt wurde, kann auf eine weitere Beschreibung der einzelnen Urkunden verzichtet werden, zumal damit kein Erkenntnisgewinn verbunden wäre. Wir beschränken uns deshalb auf eine Zusammenfassung der bisherigen Erkenntnisse. Die Urkunden lassen sich auf der Basis des „Formulartyps" in mehrere Kategorien einteilen. Gemeinsames – und zugleich vorherrschendes – Merkmal war die Verpflichtung des künftigen Lehnsmannes dem Bischof die Güter im festgestellten Wert zu übergeben, die er nachfolgend – in Kombination mit weiteren Besitzungen des Bistums – als Lehen erhielt. Der Empfänger wurde damit Vasall des Bistums, wobei einige Urkunden auf das „Recht der Magdeburger Vasallen/Ministerialen" (*ius vasallorum/ministerialium Magdeburgensis ecclesiae*) verweisen. Außer zu wirtschaftlichen Abgaben von jenem Teil des Gutes, das ursprünglich dem Bistum gehörte, war der Lehnsträger auch zu militärischem Dienst verpflichtet. Das ursprünglich bischöfliche Gut konnte dabei ausschließlich in männlicher Linie vererbt werden. Auf einen Teil des Lehens, den der Lehnsmann

---

319 *Moravské a slezské listiny*, Nr. 15. Zu den Dienstleuten vgl. Adolf TUREK, *Příspěvky k dějinám manského zřízení na statcích moravských klášterů do třicetileté války* [Beiträge zur Geschichte des Lehnssystems auf den Gütern mährischer Klöster bis zum Dreißigjährigen Krieg], Časopis Společnosti přátel starožitností 55, 1947, S. 15–29; Idem, *Manové bývalého benediktinského kláštera Třebického* [Die Dienstleute des ehemaligen Benediktinerklosters Trebitsch], ČMM, 26, 1902, S. 201–227, 365–431.

320 Exemplarisch *Moravské a slezské listiny*, Nr. 62 aus dem Jahre 1334, mit der Johann von Luxemburg Hartneid von Liechtenstein und dessen Erben die Burg Děvičky zu „deutschem Recht" (*ze doutschem recht*) verlieh, zugleich jedoch erwähnt, dass Hartneid als *getrewer verlehenter man* dienen würde, während der König ihn als ergebenen Mannen (*getrew man*) beschützen werde. Hartneid und seine Nachfahren sollten lediglich vor dem königlichen Lehnsrecht verantwortlich sein, keineswegs jedoch gegenüber dem Landesrichter (*ze recht sten von demselben lehen und von cheinem lantrichter*). Die Bestätigung der Urkunde durch Markgraf Jost von Mähren im Jahre 1377 fügt dann hinzu, dass die Burg dereinst Johann als oberster Lehnsherr von Děvičky (*obrister lehenherre des egenanten husese Meydberg*) verliehen habe, ibidem Nr. 122.

321 Ibidem, Nr. 63.

dem Bistum abtrat, hatten jedoch auch weibliche Erbinnen einen Anspruch. In der Forschung herrscht die übereinstimmende Meinung, dass sich die relativ strikten Grundsätze der durch Bruno von Schauenburg eingeführten Lehnsorganisation nach dessen Tode rasch aufzulösen begannen.[322] Ähnlich wie der eigentliche Inhalt der Lehnsurkunden verdient auch der Gesamtkontext ihrer Überlieferung Beachtung. Die Sammlung von Lehnsurkunden der Olmützer Bischöfe muss als eine Anomalie angesehen werden, die sich angesichts der quantitativen Überlieferung der Urkunden, des Inhalts und Vorkommens der Lehnsterminologie deutlich vom Rest des überlieferten böhmischen diplomatischen Materials unterscheidet. Kein Zweifel kann darüber bestehen, dass Bruno im Rahmen seiner Diözese versuchte ein Konzept durchzusetzen, das er aus seiner sächsischen Heimat kannte und das wir offenkundig in den Umkreis der sog. Auftragslehen einordnen können. Es hat jedoch nicht den Anschein, dass die bischöflichen Bemühungen einen größeren Einfluss auf die Verhältnisse außerhalb der Grenzen des Bistums Olmütz ausgeübt hätten.

Außerhalb des Territoriums der Diözese Olmütz und der schon genannten Beispiele, die die Verschmelzung von „Lehen“ und „Emphytheuse“ bezeugen, begegnen wir Urkunden, die eine Besitzverleihung als *feudum* bzw. *iure feodali* definieren, nur sporadisch. Das bereits erwähnte Diplom Wenzels I. aus dem Jahr 1237 erwähnt ein Benefizium, das durch den König bzw. dessen Nachfolger künftig *in feodo* verliehen werden konnte.[323] Eine Urkunde von 1241 nennt das Dorf Seifersdorf, das ein gewisser Heinrich und dessen Brüder von König Wenzel I. *in feodo* erhalten hatten.[324] Als im Jahr 1259 der südböhmische Adelige Vok von Rosenberg dem Kloster Hohenfurth (Vyšší Brod) Güter schenkte, nennt die Urkunde *in feodo* verliehene Dörfer. Voks Testament aus dem Jahr 1262 benannte darüber hinaus Lehen (*feodum*, *beneficia contuli iure et titulo feudali*) seiner Dienstmänner. Der Erblasser vermachte diese Besitzungen seinem Onkel Budivoj, damit dieser unter den „Waisen“ (*orphanos*), gemeint sind seine Dienstmänner (*servos*), deren Väter von ihm selbst keinerlei Lehen erhalten hatten, Geld verteilen möge.[325] Den Lehnsmann einer weiteren einflussreichen Familie nennt zwei Jahre später eine Urkunde Smils von Lichtenburg. Bohuslav, der Burggraf von Lichtenburg, besaß zusammen mit seiner Gemahlin aus der Mitgabe (*ex parte*) Elisabeths, der Gemahlin Smils von Lichtenburg,

322 Wilhelm WEIZSÄCKER, *Olmützer Lehenswesen unter Bischof Bruno*, Zeitschrift des deutschen Vereines für Geschichte Mährens und Schlesien 20, 1916, S. 32–56; Miloslav SOVADINA, *Lenní listiny biskupa Bruna* [Die Lehnsurkunden Bischof Brunos], SAP 24/2, 1974, S. 426, Dalibor JANIŠ, *Lenní systém olomouckého biskupství za episkopátu Dětřicha z Hradce (1281–1302)* [Das Lehensystem des Olmützer Bistums unter dem Episkopat Dietrichs von Grätz, 1281–1302], ČMM 116, 1997, S. 325–346.

323 CDB III/Additamenta, Nr. 290.

324 CDB IV/1, Nr. 9.

325 Zur Hohenfurther Stiftung vgl. CDB V/1, Nr. 188; Nr. 230; Voks Testament in CDB V/1, Nr. 335 (*orphanos meos et orphanos fratris meis, servos illos scilicet, quorum patres a me nulla feoda tenuerunt*). Allgemein von *hereditatibus* und *pheodis* spricht zwar auch die 1244 ausgestellte Urkunde Wenzels I., doch handelt es sich um eine jüngere Fälschung. Vgl. diesbezüglich CDB IV/1, Nr. 39+++.

ein Dorf *iure feodali*.[326] Im Januar 1264 bestätigte Přemysl Ottokar II. eine Verfügung, derzufolge der Olmützer Bürger Heinrich das Richteramt in Groß Teinitz (Velký Týnec) erworben hatte. Heinrich sollte das Dorf, das bisher dem „böhmischen" Recht unterstand, dem „deutschen" Recht zuführen. Zugleich verlieh ihm der König eine mit dem Richteramt verbundene Hufe, die Schenke, Mühle und Bad *iure feodali*. Von diesen Gütern musste der Belehnte keinerlei Abgaben entrichten.[327] Im Jahr 1267 konfirmierte Přemysl Ottokar II. dem Kloster Marienthal ein Dorf mit *omne ius feodi, census, servicii seu iudicii, quod nobis in eadem villa competit*.[328] Eine vermutlich ins Jahr 1271 datierte Urkunde spricht von Gütern, die Wilhelm von Auspitz (Hustopeče) *titulo feodali* aufgrund eigener Verdienste von König Wenzel I. und Herzog Přemysl (dem späteren König Přemysl Ottokar II.) verliehen bekommen habe.[329] 1274 ließ Přemysl Ottokar II. ein Diplom für Bruno von Schauenburg ausstellen, in dem er das Recht von Bischof und Kapitel in Olmütz bestätigte, bischöfliche Güter *nomine feodali* zu verleihen. Zugleich garantierte der König den Olmützer Lehnsträgern den ungestörten Besitz der Lehen auf Grundlage der erhaltenen Lehnsurkunden, da er sich darüber im Klaren war, dass sie durch die militärischen Verpflichtungen gegenüber dem Bistum auch zur Stärkung der Militärkraft des Königs beitrugen.[330] Für das Jahr 1288 wiederum hören wir von einem gewissen Volpert und einem Bortelin, die zwei Hufen *in feodo* von Jarosch von Grabstein erhalten hatten.[331] In einer Urkunde Gerhards von Obersess (Obřany) und seiner Gemahlin Guta erscheint im Jahr 1294 ein gewisser Gerung, der von den Eheleuten eine Hufe erhalten hatte.[332] Schließlich erteilte im Jahr 1298 Wenzel II. den Bürgern der Stadt

326 CDB V/1, Nr. 427.

327 CDB V/1, Nr. 399: „[...] *te in eadem villa iudicem constituimus perpetuum, ut in ipsa Bohemici iuris condicione mutata in omnibus, que ibidem iudicanda seu ordinanda fuerint, ius Teutonicum studeas conservare. Et ut iusticie et profectui ville eiusdem et hominum ibidem manencium melius valeas intendere, unum laneum ad dicte ville iudicium pertinentem et thabernam et molendinum et stubam balneariam absque alicuius census exaccione tibi et heredibus tuis iure concedimus feodali, ita ut ad tuos et tuorum heredum posteros huiusmodi concessio devolvatur*." An die Stelle der Lehnsgewohnheiten tritt hier wiederum das Bemühen, ein älteres Dorf auf deutschem/emphytheutischem Recht neu zu gründen.

328 CDB V/2, Nr. 529.

329 CDB V/2, Nr. 634+.

330 CDB V/2, Nr. 722: „*Et ut prefati milites ac famuli necnon et heredes sui dictorum feodorum, prout in privilegiis episcopi et capituli Olomucensis sibi concessis plenius est expressum, stabili et perpetua gaudeant firmitate ipsique et eorum posteri, qui in bonis eisdem feodalibus de iure successerint, episcopo, qui pro tempore fuerit, et ecclesie Olomucensi obsequiis militaribus perpetuo sint astricti, nos adicientes celsitudinis nostre robur, quod per eundem dominum Brunonem episcopum et capitulum suum in hac parte factum est, ratum habentes et gratum, id potestate regia confirmamus, inhibentes districte ac firmiter ex nostre plenitudine potestatis, ne quis dictam infeodationem pie ac provide factam presumat infringere vel ei aliqualiter contraire. Si quis autem hoc attemptare presumpserit, indignationem regiam se noverit graviter incursurum.*"

331 RBM II, Nr. 1458.

332 *Urkundenbuch des Stiftes Klosterneuburg bis zum Ende des vierzehnten Jahrhunderts I*, Hartmann Joseph Zeibig (Hrsg.), FRA X, Wien 1857, Nr. 53 (*Gerungus filius Luitpoldi an nobis infeodatus*

Leobschütz (poln. Głubczyce, tschech. Hlubčice) im Troppauer Land das Recht, *hereditates* von Adeligen zu erwerben, freilich nur solche, die *feudales non sunt*.[333]

Noch bescheidener fällt das Vorkommen weiterer untersuchter Termini aus. Der Begriff *homagium* findet sich erstmals in der bereits erwähnten Urkunde für Heinrich Saxo. 1238 taucht die Bezeichnung *hominium* in der Konfirmationsurkunde des Olmützer Bischofs Robert für das Brünner Hl.-Geist-Spital auf. Der Aussteller fordert hierin, dass keine weltliche oder kirchliche Person von den Gründern des Spitals, dem Bürger Rudger und dessen Gemahlin, sowie den eigentlichen Spitalinsassen Eide verlangen dürfe, die bei Laien üblich seien.[334] Im Jahr 1277 spricht Přemysl Ottokar II. von Landesmännern (*terrigenis*), die dem König durch die *fidelitatis homagio* verbunden seien.[335] Eine ähnliche Formulierung – *fidelitatem et homagium* – findet sich in einer Urkunde von 1284. Zwei um politischen Einfluss während der Minderjährigkeit Wenzels II. konkurrierende adelige Gruppen hatten dem König als ihrem natürlichen Herrn (*domino naturali*) treue Dienste gelobt und sich zur Einhaltung des Friedens bekannt.[336] Die Leistung des *homagiums* ist darüber hinaus auch bei der Aufnahme eines Lehnsverhältnisses im Bistum Olmütz bezeugt.[337]

Es stellt sich allerdings – wie bei der Urkunde Heinrich Saxos – die Frage, wie im Falle der Diplome aus den Jahren 1238, 1277 und 1284 die Terminologie in den Lehnskontext einzuordnen ist. In der Urkunde Bischof Roberts lassen sich die in der Verbindung *fidelitates, hominia, iuramenta vel securitates* enthaltenen Begriffe eher allgemein als „Eid" deuten. In gleichem Sinne wird offenkundig der Terminus *homagium* auch in einem jüngeren Formulareintrag verwendet, der besagt, dass die Prager Bürger König Johann von Luxemburg *verum homagium, fidelitatem sinceram et devocionem perfectam* schwo-

---

fuerat); vgl. D. HAVEL, *Katalog listin*, Nr. 769, S. 301–302.

333 RBM II, č. 1794: „[...] *civium civitatis nostre Lubschiz* [...] *eis et eorum cuilibet, quod a quibuscunque nobilibus hereditates suas, que feudales non sunt, licite possint emere*".

334 CDB III/2, Nr. 197 (*fidelitas, hominia, iuramenta vel securitates reliquas, que a laicis frequentantur*). Zum Inhalt des Terminus in böhmischen Quellen vgl. Jaroslav ČECHURA, *Člověčenství* [Untertanenwesen], PHS 33, 1993, S. 33–52.

335 CDB V/2, Nr. 851 (*aliqui de nostris terrigenis et hiis maxime, qui nobis fidelitatis homagio sunt astricti*). Auf das Jahr 1264 bezieht sich ein Privileg Přemysls für Vok von Rosenberg, welchem – das auch für dessen Nachfolger gelten sollte – das Recht erteilt wird, Homagium und Vasallen zu empfangen (*ut possent emere omagium, vasellos sibi comparare*). Doch handelt es sich um eine Fälschung wohl vom Beginn des 15. Jahrhunderts. Vgl. CDB V/1, Nr. 414+++.

336 RBM II, Nr. 1316: „[...] *promittimus d. Wencezlao, d. et heredi regni Boemie et march. Mor. fidelitatem et homagium, et eum pro d. et rege nostro habebimus et habere semper uolumus efficaciter, fideliter et denote, sibique parebimus et seruiemus in omnibus, sicut regi et nostro domino naturali.*" Eine Analyse der vor den přemyslidischen Herrschern des 13. Jahrhunderts abgelegten Eide lieferte Libor JAN, *Lenní přísahy a přísahy věrnosti na dvoře posledních Přemyslovců* [Lehns- und Treueide am Hofe der letzten Přemysliden], in: Martin Wihoda – Demeter Malaťák (Hrsg.), Stát, státnost a rituály přemyslovského věku. Problémy, názory, otázky. Sborník příspěvků z konference konané dne 18. října 2005 v Brně, Brno 2006, S. 101–113.

337 CDM IV/1, Nr. 266.

ren.[338] In ähnlicher Weise lassen sich die erwähnte Urkunden Přemysl Ottokars II. und Wenzels II. interpretieren. Das Diplom von 1284 besagt dabei expressis verbis, dass *fidelitas et homagium* des Adels gegenüber dem König Wenzel II. von seiner Stellung als des „natürlichen Herrn" ausgehen würden. Hier steht weniger das Lehnswesen als solches im Blickpunkt, sondern die allgemeine Verpflichtung gegenüber der königlichen Würde des legitimen Herrschers.[339] Im Falle des Olmützer Bistums kann demgegenüber kein Zweifel daran bestehen, dass das *homagium* einen Bestandteil des Lehnsverhältnisses symbolisierte.

Den Terminus *vasallus* erwähnt erstmals eine Urkunde Přemysl Ottokars I. für Bautzen aus dem Jahr 1220, die der *ecclesia Budissinensis* den fortwährenden Besitz aller – von wem auch immer – *ex nostris nobilibus aut vasallis* erworbenen Güter zusicherte.[340] In der Zeugenreihe der 1229 ausgestellten Urkunde erscheint ein *Bethlehem wassallus regine*.[341] Seit der Mitte des 13. Jahrhunderts finden wir den Terminus insbesondere in den Urkunden Olmützer Provenienz.[342] Eine Ausnahme bildet das Diplom des Vyšehrader Kapitels von 1252. Die dortigen Kanoniker boten dem Münzmeister der Stadt Humpoletz (Humpolec) (*magister monete in Gumpolz*), Heinrich, einige ihrer Präbenden an (*bona prebendarum*), um hier Kolonisten anzusiedeln (*cultores agrorum*). Für jedes neu gegründete Dorf, so die Abmachung, müssten Heinrich und seine Erben (*heredes*) von jeder siebenten und achten Hufe keine Abgaben entrichten. Die Gegenleistung bestand darin, dass Heinrich und seine Erben in die Hände des Dekans schwören mussten, die genannten Hufen *nomine feodi* in Besitz zu halten und dem Dekan und der Kirche auf dem Vyšehrad gegenüber die Treue (*fidelitatem*) als Vasallen zu wahren (*fassallus sive fassalli*).[343] Was jedoch das Vyšehrader Kapitel unter „Vasallentreue" verstand, erläutert der Urkundentext selbst nicht. Angesichts des Gesamtkontexts der Urkunde, der klar an die bereits erwähn-

---

338 Auf den Schwur verweist L. JAN, *Lenní přísahy*, S. 107–108.

339 RBM II, Nr. 1316; vgl. František KAVKA, *Západoevropský lenní institut jako nástroj vnitřní královské politiky za posledních Přemyslovců a za Jana Lucemburského* [Westeuropäisches Lehen als ein Instrument der königlichen Innenpolitik in der Zeit der letzten Přemysliden und Johanns von Luxemburg], ČČH 88, 1990, S. 229–230; L. JAN, *Lenní přísahy*, S. 106–111, schließt zwar die Möglichkeit nicht vollständig aus, dass sich die Eide auf der Ebene des Landesrechts bewegen, neigt jedoch schließlich einer Interpretation der Urkunden als Beleg für ein „Quasi"-Lehnsverhältnis zwischen König und Adel zu. Hierzu weiter unten S. 130ff.

340 CDB II, Nr. 201.

341 CDB II, Nr. 332. Mit Blick auf die Anwesenheit beider Königinnen – Kunigunde von Schwaben und Konstanze von Ungarn – wird nicht deutlich, zu welcher er gehörte.

342 CDB IV/1, Nr. 219; CDB V/1, Nr. 408; CDB V/2, Nr. 556; Nr. 608; Nr. 609; Nr. 610; Nr. 664; Nr. 706; Nr. 726; Nr. 727; Nr. 733; Nr. 774; Nr. 738; Nr. 740; Nr. 793; Nr. 845; CDB VI/1, Nr. 95; RBM II, Nr. 1502; CDM V, Nr. 25; CDM VI, Nr. 6.

343 CDB IV/1, Nr. 256: „*Protestamur etiam, quod in qualibet villa, quam predictus magister monete locaverit, septimum et octavum laneum liberum ab omni solutio ne pretaxata ipse suique heredes perpetuo debeant possidere; et de eisdem iurabit et iurabunt in manus decani, qui pro tempore fuerit in ecclesia Wissegradensi, quod nomine feodi ab ipsa ecclesia tenebit et tenebunt eosdem et fidelitatem tamquam fassallus sive fassalli nostri decano et ecclesie Wissegradensi imperpetuum firmiter observabunt*". Vgl. hierzu J. KLÁPŠTĚ, *The Czech Lands*, S. 228–230.

ten Beispiele einer Verschmelzung von „Lehen“ und „Emphytheuse“ erinnert, stellt sich die Frage, ob die Verbindung von „Treue“ und „Vasallität“ im Sinne einer greifbaren Lehnsverpflichtung (etwa einer militärischen Verpflichtung) zu deuten ist oder ob wir den Eid wieder nur als formale Betonung der vertraglichen Obliegenheiten betrachten können.

Verpflichtungen, Besitzstruktur und Vererbbarkeit

Der Kontext, in dem die Termini Verwendung fanden, lässt sich am deutlichsten anhand der Olmützer Lehnsverteilung veranschaulichen. Die Lehen dienten der Absicherung militärischer Hilfe, aus ihnen flossen jedoch auch Erträge in Gestalt abzuführender Geldzinsen sowie der von den Vasallen in bischöfliche Hände gelangten Güter. Die militärische Unterstützung umfasste am häufigsten den Dienst mit einem Hengst (*dextrarius*), durch eine besondere Gnade wurde jedoch auch der Dienst mit einem Wallach (*spado*) gestattet. Eine weitere Urkunde belegt, dass der Lehnsmann auf einem Pferd mit Armbrust und Lanze zu dienen habe.[344] Andere Lehnsurkunden erwähnen lediglich wirtschaftliche Abgaben, ergänzt beispielsweise um die Verpflichtung der Kolonisierung eines festgelegten Gebiets.[345] Nicht alle Lehnsträger sahen sich offenkundig in der Lage, ihren Verpflichtungen nachzukommen, wie eine Verfügung aus dem Beginn des Episkopats von Brunos Nachfolger Theoderich von Neuhaus deutlich macht. Für den Fall, dass sich der Lehnsmann nicht in der Lage zeigte seine Verpflichtungen zu erfüllen, konnte er sein Lehen verkaufen. Dem Verkauf musste der Bischof zustimmen, wobei der neue Lehnsmann die ursprünglichen Verpflichtungen des Vorbesitzers in vollem Umfang zu erfüllen hatte.[346]

Aufgrund der Verpflichtung, die festlegte, der Lehnsmann habe dem Bischof die Güter im Wert der Hälfte (zuweilen lediglich eines Drittels) des erhaltenen Lehens zu übergeben, gewährt ein Teil der Urkunden einen detaillierten Überblick über die Zusammensetzung der übertragenen Güter. Am häufigsten finden wir eine Übertragung von Dörfern bzw. von um weitere Güter – z. B. Mühlen, Schenken, Fischteiche bzw. einzelne Hufe an anderen Orten – ergänzten Dörfern. Dabei wird deutlich, dass der Wert eines Dorfes deutlichen Schwankungen unterworfen sein konnte. Dies zeigen in charakteristischer Form etwa die Angaben über die Zahl der zu einer bestimmten Lokalität gehörenden Hufen, wie sie einige Diplome aufführen.[347] Den zweiten, am deutlichsten hervortretenden Bestandteil bilden eigenständige Hufen. Hier handelte es sich zumeist um einen

344 CDB V/1, Nr. 409; CDM V, Nr. 3 (*uno equo cum balista et lancea*); Nr. 25; Nr. 34 (*non cum dextrario, sed cum spadone seruire*); Nr. 112; Nr. 114; Nr. 116; RBM II, Nr. 2033.

345 Vgl. z. B. CDB V/2, Nr. 556; Nr. 608; Nr. 609; Nr. 610; Nr. 706; Nr. 724; Nr. 725; Nr. 726; Nr. 727; Nr. 733; Nr. 734; Nr. 740; Nr. 793; Nr. 845; CDB VI/1, Nr. 95; CDM V, Nr. 75; Nr. 134.

346 CDB VI/1, Nr. 146.

347 CDB IV/1, Nr. 161; Nr. 219; CDB V/1, Nr. 56; Nr. 373; Nr. 408; Nr. 409; CDB V/2, Nr. 554; Nr. 609; Nr. 610; Nr. 706; Nr. 724; Nr. 725; Nr. 726; Nr. 727; Nr. 731; Nr. 733; Nr. 734; Nr. 738;

Besitz von bis zu zehn Hufen. Die Bischöfe von Olmütz verliehen jedoch auch für eine nachfolgende Kolonisation bestimmte Güter als Lehen. In diesem Fall konnte der Umfang des Lehens auch 200 Hufen umfassen.[348] In geringerer Zahl findet sich zudem die Verleihung des Zehnten, von Wäldern, zweimal der Hälfte einer Burg sowie in einem Fall eines Burglehens.[349]

Die meisten Lehen erhielten die *milites* bzw. *famuli* des Bischofs, bei denen es sich offenkundig um Kleinadelige auf dem Niveau von Rittern handelte, im Fall der *famuli* womöglich um Personen nichtadeliger Herkunft. Eine Lehnsurkunde erhielt der nordböhmische Adelige Havel von Lämberg (z Lemberka), dem man die Dörfer Chotouň und Přítoky zusammen mit weiteren Gütern übertrug. Die Besonderheit dieser Urkunde besteht – im Vergleich zu allen anderen bischöflichen Schriftstücken – darin, dass sie im Prinzip nur über die Verleihung von Gütern ohne weitere Einzelheiten informiert. Der Registrator der Urkunde notierte darüber hinaus im 14. Jahrhundert auf der Dorsalseite, dass es sich um eine Verleihung nach emphytheutischem Recht handele. In diesem Zusammenhang stellt sich die Frage, ob Havel wirklich als Lehnsträger des Bistums agierte oder ob die Verleihung lediglich von dem Bemühen gekennzeichnet war, sich die positive Einstellung eines mächtigen Adelsgeschlechtes zu sichern. In zwei Fällen geht es um die Belehnung von Bürgern und in einem Fall um eine Frau, nämlich Katharina, die Witwe eines bischöflichen Lehnsmannes.[350] Die Vererbbarkeit begrenzen die Lehnsurkunden auf die Söhne, lediglich dem Bistum abgetretene Güter konnten auch in weiblicher Linie vererbt werden. Eine Ausnahme bildet die Erwähnung eines halben Umritts (*circuitus*, *újezd*), den vom Bistum Graf Franko von Hückeswagen für sich und seine männlichen wie weiblichen Erben übertragen erhalten hatte.[351] In zwei Fällen ist die Verleihung eines Lehens auf Lebenszeit bezeugt. So verlieh Bischof Bruno von Schauenburg seinem *militi*

Nr. 779; Nr. 845; CDM IV, Nr. 266; CDM V, Nr. 25; CDM V, Nr. 34; CDM V, Nr. 116; CDM V, Nr. 134.

348 CDB V/1, Nr. 80; Nr. 483; CDB V/2, Nr. 556; Nr. 608; Nr. 664; Nr. 718; Nr. 740; Nr. 793; CDM V, Nr. 3; CDM V, Nr. 75; CDM V, Nr. 118; CDB VI/1, Nr. 95.

349 Zehnt: CDM V, Nr. 58; Hälfte eines Umritts: CDB V/2, Nr. 526; Wald: CDM V, Nr. 112; Nr. 114; Hälfte der Burgen Engelsberg und Fulštejn: CDB V/1, Nr. 80; CDB V/2, Nr. 779; Burglehen: CDB V/2, Nr. 738. Die Urkunde legt den beiden Brüdern unter anderem die Verpflichtung auf, dass zumindest einer der Brüder auf der Burg Mödritz (Modřice) residieren sollte, um diese zu verteidigen.

350 CDB V/2, Nr. 609; Nr. 706; RBM II, Nr. 2033. Zur sozialen Zusammensetzung der bischöflichen Lehnsträger vgl. W. WEIZSÄCKER, *Ölmutzer Lehenwesen*, S. 36–41; M. SOVADINA, *Lenní listiny*, S. 455–456, zur Urkunde für Havel von Lämberg S. 441–442; D. JANIŠ, *Lenní systém*, S. 338. Unter den Autoren herrscht mit Blick auf die soziale Herkunft der in den Urkunden als *famuli* auftretenden Lehnsträgern Uneinigkeit.

351 Vgl. M. SOVADINA, *Lenní listiny*, S. 457; ähnliches gilt auch für die Urkunden von Brunos Nachfolger Theoderich von Neuhaus. Vgl. hierzu D. JANIŠ, *Lenní systém*, S. 329ff.; die Urkunde für Franko von Hückeswagen: CDB V/2, Nr. 526.

für treue Dienste ein Dorf, das im Falle seines Ablebens seine Gemahlin auf Lebenszeit behalten sollte. Der zweite Fall betrifft die bereits erwähnte Witwe Katharina.[352]

Das übrige böhmische Quellenmaterial liefert demgegenüber weitaus bescheidenere Informationen. Dabei findet sich eine ausdrückliche Verbindung von *beneficia/feuda* und militärischer Verpflichtung, gegebenenfalls deren nähere Beschreibung, mit Ausnahme des Bistums Olmütz sonst nirgendwo. In dem bereits erwähnten Testament befahl Vok von Rosenberg einem Lehnsträger, dem er ein Dorf in *proprietatem* schenken wollte, er möge bis zu seinem Lebensende den adeligen Söhnen treue Dienste leisten. Wir gehen sicherlich nicht fehl in der Annahme, dass der Besitz die Bedingungen für einen militärischen Dienst absicherte.[353] In fünf Fällen findet sich der Hinweis auf wirtschaftliche Abgaben.[354] Unter den verliehenen Gütern dominieren wiederum Dörfer, in Einzelfällen erscheinen Hufen, Felder sowie eine Hufe, die Schenke, die Mühle und das Bad umfassender Besitz.[355] Die hierbei erwähnte Gruppe der belehnten Personen reicht von Adeligen in unterschiedlichen Stellungen bis zu Bürgern und dem erwähnten Dienstmann.[356]

Die Vererbbarkeit lässt sich in den meisten Fällen lediglich aus der Verwendung allgemeiner Wendungen ableiten.[357] Die Beschränkung auf männliche Erben betont eine Urkunde Přemysl Ottokars II., mit der der König das Amt des „Fass-Rollers" dem Olmützer Bürger Stephan erneut übertrug. Der König erteilte zugleich seine Zustimmung, das *officium beneficiumve* an jede andere Person abzutreten, zu verkaufen, zu verpfänden oder zu übertragen. Von der Verleihung einer Burg *in feodum et iure feodi* ausschließlich an einen Besitzer und dessen männliche Erben, spricht – mit dem Hinweis, weder die Burg noch deren Zubehör dürften entfremdet werden – ein Formulareintrag vom Ende des 13. Jahrhunderts.[358] Ebenfalls in den Quellen böhmischer Provenienz lässt sich dabei nachweisen, dass Lehen als *hereditas* galten. Ein aussagekräftiges Beispiel hierfür ist die

352 CDB V/2, Nr. 609. Die Information, dass Katharina das Lehen lediglich bis zu ihrem Tode behalten sollte, liefert die für ihren Bruder ausgestellte Urkunde, die dem Bruder einen Anspruch auf einen Teil der Güter nach Katharinas Ableben zuspricht. Vgl. hierzu CDB V/2, Nr. 718; CDB V/2, Nr. 724.

353 CDB V/1, Nr. 335 (*quod numquam se, dum vivit, a pueris meis serviendo ipsis fideliter alienet*).

354 CDB II, Nr. 222; Nr. 329; CDB IV/1, Nr. 256; CDB VI/1, Nr. 144; RBM II, Nr. 1458. Wirtschaftliche Motive lassen sich auch bei der oben genannte Herauslösung des Dorfes Groß Teinitz aus dem böhmischen Recht und der Anwendung deutschen Rechts nachweisen.

355 Dörfer: CDB III/Additamenta, Nr. 290; CDB IV/1, Nr. 9; CDB V/1, Nr. 188; Nr. 335; Nr. 427; CDB V/2, Nr. 529; č. 836; Hufen: CDB II, Nr. 222; CDB VI/1, Nr. 144; *Urkundenbuch des Stiftes Klosterneuburg*, Nr. 53; Felder: CDB IV/1, Nr. 76+; Hufe, Schenke, Mühle und Bad: CDB V/1, Nr. 399.

356 Vgl. oben S. 100ff.

357 Vgl. CDB II, Nr. 222; Nr. 329; CDB VI/1, Nr. 144; CDB V/1, Nr. 399.

358 CDB V/2, Nr. 547 (*masculini tantum sexus, perpetuo possidendum pacifice ac quiete; indulgemusque nichilominus eidem de gratia speciali prefatum officium beneficiumve pro sue libito voluntatis legandi, dandi, obligandi, locandi, vendendi atque donandi, cuicumque voluerit*); RBM II, Nr. 2359 (*suis filiis legittimis et omnibus ex eis descendentibus in perpetuum masculini sexus tantummodo et dummodo in nullam personam extraneam transferatur*).

Urkunde des Olmützer Bischofs Johannes VI. von Waldstein, der im Jahr 1307 in einer Urkunde von *hereditates illas, que purglehen wulgariter dicunter* spricht.[359]

Lediglich in drei Fällen finden wir Verbote, Güter als Lehen zu vergeben. Eine Urkunde König Wenzels I. und seiner Gemahlin Kunigunde für das Kloster Marienthal von 1238 bestätigt dabei die Güter und Freiheiten des Monasteriums. Zugleich wird festgelegt, dass keine Äbtissin Klostergüter an Laien *iure beneficii* vergeben dürfe. Die entsprechende Passage ist eine wörtliche Abschrift aus einem Privileg Markgraf Ottos des Reichen von Meißen für das Kloster Altzelle von 1185, aus dem der Schreiber der Urkunde kam. Beachtung verdient, dass im Text der etwas jüngeren Urkunde für Marienthal, bei dem es sich im Wesentlichen um eine wörtliche Wiederholung des vorangegangenen Privilegs handelte, eine Umformulierung der entsprechenden Passage erfolgte. Der ursprüngliche Text (*Volumus pretera firmiter obervari, ne aliqua abbatissa alicui laico beneficii possessiones predicte ecclesie nostre presumat concedere*) wurde ausgespart und partiell umformuliert: „*Volumus preterea, si ad utilitatem cesserit, ut abbatissa alicui laico iure beneficii possessiones predicte eclesie nostre presumat concedere*". Unklar bleibt, wann diese Interpolation erfolgte, doch kann mit ziemlicher Sicherheit gesagt werden, dass dies vor Ende des 13. Jahrhunderts geschah.[360] In jedem Fall handelt es sich um eine markante Neuausrichtung, die es dem Kloster gestattete, Güter an Laien zu dem erwähnten Recht zu vergeben. Die Umformulierung des Textes stellt dabei ein anschauliches Beispiel für die bereits geschilderten Umstände dar. Eine Absicherung der alltäglichen Bedürfnisse der Kircheninstitutionen war ohne die Verleihung von Gütern nicht möglich, wobei das *ius beneficii* das geläufige Mittel der sozioökonomischen Interaktion mit weltlichen Personen darstellte. Ein weiteres Beispiel ist für das Jahr 1288 belegt, als die Brüder Smil (II.) und Ulrich von Lichtenburg vom Kloster Wilimov (Vilémov) zwei zerstörte Dörfer (*desolatas villas*) unter der Verpflichtung erhielten, diese wieder aufzubauen und mit Untertanen zu bevölkern. Allerdings erhielten die Brüder sie nur auf Lebenszeit verliehen, wobei ihnen verboten war, die beiden Dörfer – oder auch nur Teile von ihnen – zu verkaufen, zu verpfänden bzw. weiter zu verleihen (*infeudare*).[361] Das Verbot, eine verliehene Burg an eine fremde Person als Lehen zu vergeben, beinhaltet der bereits erwähnte Formulareintrag vom Ende des 13. Jahrhunderts.[362]

Wenngleich in den Urkunden regelmäßig Benefiziare, Kastellane (Burggrafen) přemyslidischer Burgen, Kammerdiener, Verwalter (*villici*), Förster und weitere Personen erscheinen, gestatten die Quellen keinen näheren Einblick in das Verhältnis zwischen Benefiziar und seinem Benefizium. Aus den Quellen geht nicht hervor, dass amtliche Würden vererbbar gewesen seien oder ob sich eine solche Vererbbarkeit zumindest schrittweise durchgesetzt hätte.[363] In einigen Fällen sind Güter, Einnahmen und sogar

---

359 CDM VI, Nr. 9.

360 CDB III/1, Nr. 176; CDB III/2, Nr. 207.

361 RBM II, Nr. 1456.

362 RBM II, Nr. 2359.

363 Das einzige Beispiel, das die Verleihung des Amtes zu erblichem Besitz andeutet, erwähnt der Chronist Cosmas von Prag bei der Schilderung der Ereignisse an der Wende vom 10. zum 11. Jahr-

(Dienst-)Personen, die verschiedene Ämter innehatten, bezeugt. Die Urkunden sprechen beispielsweise von Dörfern, die zu namentlich nicht genannten Benefizien gehörten, aber auch von einer zum Amt des Försters gehörenden Mühle oder von drei Hufen, einer Mühle und Fischteichen, die zum Amt des Truchsesses gehörten.[364] Darüber hinaus erwähnen die Quellen die Erhebung von Steuern, wobei diese Aufgabe mit dem Besitz einiger Ämter zusammenhing und ein Teil der so gewonnenen Einnahmen offenbar dem Besitzer zustand. Die Benefiziare missbrauchten allerdings ihre Rechte, was dazu führte, dass ihnen das Benefizium wieder entzogen wurde. Der Verlust des Benefiziums drohte darüber hinaus bei Nichteinhaltung kirchlicher Immunitäten und einer fortwährenden Überschreitung der Berechtigung.[365] Der Terminus *beneficiarius* wird in den Quellen aus-

---

hundert. Es handelt sich hierbei um die niedere Würde eines Jägers an einem přemyslidischen Jagdhof. Vgl. weiter unten S. 163. Im Verlaufe des 13. Jahrhunderts begegnen wir dann Fällen, in denen sich beim Besitz einiger Ämter Verwandte abwechselten bzw. mitunter Angehörige einer Familie mehrere Ämter bekleideten. Es handelte sich jedoch stets um zeitlich eingegrenzte Perioden, die eher mit dem Verhältnis der entsprechenden Personen zum Herrscher als mit der Durchsetzung der Vererbbarkeit zusammenhingen. Die erfolgreiche Karriere einer Einzelperson eröffnete weiteren Verwandten, Nachfahren eingeschlossen, ebenfalls Möglichkeiten. Vgl. Dana DVOŘÁČKOVÁ-MALÁ – Jan ZELENKA, *Curia ducis, curia regis. Panovnický dvůr za vlády Přemyslovců* [Curia ducis, curia regis. Der Herrscherhof in der Regierungszeit der Přemysliden], Praha 2011, S. 91ff.

364 CDB I, Nr. 405 (Fälschung, Mitte 13. Jahrhundert – *ville, que aliis terre beneficiis ante fuerant attribute*); CDB III/2, Nr. 223 (*molendino cum terra ad beneficium venatoris pertinente*); CDB IV/1, Nr. 127 (*tres laneos cum molendino et quosdam piscatores cum ipsorum attinenciis in Zwittaviar juxta Brunam sita, qui ad beneficium dapiferi pertinebant*); Nr. 159 (*undecim homines nostros, pertinentes ad beneficium dapiferi mense nostre, et [hereditatem, quam iidem homines ibidem vi]dentur ratione sui servicii possidere*); Nr. 286 (*villam vulgariter Wsisehe numcupatam de nostra gracia speciali cum omnibus attinentiis suis et cum hiis, que ad camerarium, ad subcamerarium et ad dapiferum pertinere noscebantur ibidem*); CDB V/1, Nr. 76+ (*quorundam hominum, qui ad ius summi camerarii pertinebant*). Es handelte sich dabei nicht um ein spezifisches Merkmal der königlichen Verwaltung. Die Urkunde des Olmützer Bischofs Robert spricht von der Hälfte der Burg Fulštejn, die zum Amt des Truchsess der Diözese Olmütz gehören sollte (*medietatem castri Wlmensten, que perpetuo ad dapiferatus officium pertinebit*), CDB V/1, Nr. 56.

365 Eine Fälschung vom Ende des 13. Jahrhunderts nennt eine „Wegegebühr", die zum Amt des Försters gehörte. Vgl. CDB II, Nr. 375 (*ceztne, pertinens ad beneficium forestarii*). Des Weiteren vgl. u. a. das Privileg für die böhmische Kirche Přemysl Ottokars I. von 1222, das u. a. die Erhebung einer Steuer (*theloneum*) von Klerikern an der Grenze unter Androhung des Verlusts des Benefiziums begrenzen sollte. Vgl. Nr. 227 (*Illam denique pravam et perversam consuetudinem abolemus, qua clerici censebantur peiores esse iudeis, videlicet in theloneis in exitu terre nostre; nam ubi iudeus unum, clericus XXX denarios persolvebat. Si quis vero contra hoc venire presumpserit, dominus thelonei malefactorem statuat coram nobis, vel beneficio careat, in quo clericos molestavit*). Eine ähnliche Fälschung findet sich für das Kloster Breunau (Břevnov). Vgl. CDB I, Nr. 379 (Fälschung, Mitte 13. Jahrhundert – *ab omni iure thelonеario sint totaliter exempti, nichil omnino cuiquam ratione beneficii persolvente*). Auch ein Privileg König Wenzels I. für dieses Kloster spricht von der Befreiung der Untertanen von durch die Benefiziare erhobenen Steuern. Vgl. CDB III/1, Nr. 73 (*Placuit etiam nobis, ut ho]mines sepe dic[te] ecclesie in omnib[us theloneis in aquis et in viis to]cius Boemie*

schließlich im Zusammenhang mit den erwähnten Verwaltungsämtern und Funktionen verwendet. In keiner überlieferten Quelle werden dergestalt die Besitzer eigenständiger, in *beneficium/feudum* verliehener Güter bezeichnet.

Narrative Quellen

Die Diktion der narrativen Quellen unterscheidet sich nicht vom Bild des Urkundenmaterials, auch wenn die Chronisten besagte Termini nur vereinzelt verwenden. Für das Jahr 1249 ist beispielsweise die Rede von böhmischen Herren, die entsprechend ihrer Ämter (*secundum suorum officia beneficiorum*) König Wenzel I. bei einer feierlichen Gelegenheit dienten. Der Chronist dürfte dabei mit ziemlicher Sicherheit die Inhaber der Hofämter gemeint haben.[366] Ein weiterer Eintrag erwähnt für 1281 namentlich nicht genannte Benefiziare, die dem Prager Bischof Tobias von Bechin bei der Aufrechterhaltung der Ordnung im Land im nach dem Schlachtentod König Přemysl Ottokars II. auf dem Marchfeld ausgebrochenen Chaos geholfen haben sollen.[367]

In größerer Zahl verwendet die analysierte Terminologie erst die *Königsaaler Chronik*, deren Text etwa zwischen 1305 und 1339 entstand. Der Chronist schildert hier, wie der Adelige Zawisch von Falkenstein, der in der Zeit der Unmündigkeit König Wenzels II. in den achtziger Jahren des 13. Jahrhunderts de facto das Königreich regierte, seine *familiares* an den Schalthebeln der Macht postierte (*in ipsius regni non tam officiis quam beneficiis*). In *beneficiis regni* eingesetzte Freunde und Familienangehörige handelten dabei nach eigenem Gutdünken.[368] Ein ähnliches Problem notiert der Chronist für die Zeit der Regierungsübernahme durch Johann von Luxemburg, in dessen Gefolge landfremde Herren nach Böhmen kamen, denen der neue König *regalia beneficia et officia* verlieh. Damit erzürnte er die böhmischen Adeligen, die sich nicht allein von der Möglichkeit, dem Landesherrn als Ratgeber zu dienen, ausgeschlossen sahen, sondern zugleich von der Möglichkeit gewohnter Gewinne und Einnahmen. Sie forderten den König daher auf, er solle die *beneficia terre* dem einheimischen Adel übertragen und so zu einer Beruhigung der Lage im Königreich beitragen.[369]

---

constitutis omnimoda gaudeant [li]bertate, nichil [cuiquam ratione beneficii perso]lventes). Vgl. auch oben S. 100–101 und Anm. 304.

366 *Annales de rebus gestis Wenceslai I. regis*, Josef Emler (Hrsg.), FRB II, Praha 1874, S. 306–307. Vgl. D. DVOŘÁČKOVÁ-MALÁ – J. ZELENKA, *Curia ducis, curia regis*, S. 89.

367 *Annales de rebus gestis post mortem Przem. Ottakari regis*, FRB II, Josef Emler (Hrsg.), Praha 1874, s. 353.

368 *Petri Zittaviensis Cronica Aule Regie*, Josef Emler (Hrsg.), FRB IV, Praha 1884, S. 24–25; zum Chronik vgl. *Die Königsaaler Chronik*, Stefan Albrecht (Hrsg.), Aus dem Lateinischen von Joseph Bujnoch (†) und Stefan Albrecht. Mit einer Einleitung von Peter Hilsch, Frankfurt am Main 2013.

369 Ibidem, S. 227–228: „*Videntes autem regni Bohemie barones se nonnunquam a secretis regis tractatibus sequestrari, lucrumque et pecunias, quas prius tollere didicerant*“.

Die Termini *iure feudali/feodum* werden in der Chronik vor allem in jenen Fällen verwendet, in denen eine Vergabe des Königreichs Böhmen als Lehen erfolgte, zumal im umgekehrten Fall der böhmische König einen landfremden Adeligen belehnte.[370] Die einzige, das einheimische Milieu betreffende Erwähnung spricht von dem Adeligen Johann von Wartenberg, der von König Johann von Luxemburg *in feodo* die Burgen Eichhorn (Veveří), Bisenz (Bzenec) und Königgrätz erhielt. In der Chronik finden sich darüber hinaus auch weitere Termini. Als im Jahr 1300 Wenzel II. nach Gnesen (Gniezno) reiste, um die polnische Krone zu erringen, strömten – dem Chronisten zufolge – die polnischen Adeligen herbei und schworen bzw. leisteten dem König *fidemque homagium*. Kaiser Heinrich VII. wiederum soll durch ein besonderes Privileg alle einheimischen Herren, die dem Gegner Johanns von Luxemburg im Kampf um den böhmischen Thron, Heinrich von Kärnten, das *homagium* geleistet hatten, vom Eid befreit haben. Schließlich lud man alle Bewohner des Königreichs nach Prag, um Johann *fidelitatisque perpetue iuramenta cum homagio* zu schwören. Die Chronik spricht darüber hinaus vom Eid des österreichischen Herzogs Albrecht von Habsburg, der sich bei der Versöhnung mit Wenzel II. verpflichtete, als dessen *miles* und *vasall* zu dienen.[371]

370 Ibidem, S. 35–36; S. 54; S. 149.

371 Zu Wenzels Reise durch Polen ibidem, S. 82; Heinrichs Privileg ibidem, S. 138; zum Eid gegenüber Johann ibidem, S. 175; die Vergabe der Burgen an Johann von Wartenberg ibidem, S. 230; der Eid Herzog Albrechts ibidem S. 58–59.

II/2 „Eine Streitfrage der böhmischen Socialgeschichte“

Wie die tschechische Mediävistik methodisch an die Frage der Lehnsbeziehungen im Mittelalter herangeht, leitet sich in vielen Punkten von der Frage ab, wie die Forschung die Gestalt der Přemyslidenherrschaft interpretiert. Die Anfänge der zwei wegweisenden Richtungen reichen dabei bis in das ausgehende 19. Jahrhundert zurück. 1890 veröffentlichte der spätere Professor für Sozial- und Wirtschaftsgeschichte an der Prager Universität, Johann Peisker, eine schmale Abhandlung unter dem Titel *Die Knechtschaft in Böhmen*. Der Autor fügte dem Haupttitel zwei Untertitel hinzu, die in charakteristischer Weise Zweck und Ausrichtung der Publikation verdeutlichten: *Eine Streitfrage der böhmischen Socialgeschichte. Gegen Herrn Julius Lippert.*[372] Peisker antwortete mit seiner Schrift auf eine Serie von Artikeln, die Julius Lippert, ein anerkannter Fachmann für Kultur-, Sozial- und Wirtschaftsgeschichte, unter dem gleichen Titel – *Die Knechtschaft in Böhmen* – im Verlaufe des Jahres 1890 in der Zeitschrift *Bohemia* veröffentlicht hatte.[373] In der „Streitfrage“ ging es insbesondere um die Stellung der přemyslidischen Fürsten und ihr Verhältnis zu Land und Bevölkerung. Lippert sprach seinerseits von einer unbegrenzten Fürstenmacht über Land und Leute. Am Ende seiner Ausführungen verglich er die Přemysliden sogar mit den Tatarenherrschern, die über alle Angelegenheiten urteilten und als oberster Besitzer aller Güter galten.[374] Demgegenüber argumentierte Peisker, die Quellen würden einen erblichen, freien Besitz an Boden in Händen der Bauern (*heredes, rustici*) sowie weiterer privater Besitzer bezeugen. Entschieden widersprach er Lipperts Auffassung von einer völligen Unfreiheit der Bevölkerung, wobei er – unter Verweis auf die tatarische Parallele – ironisch hinzufügte, dass sich die Přemysliden eine derartige Machtfülle nicht einmal erträumt haben können.[375]

Peisker verteidigte damit im Prinzip die Auffassungen des Begründers der modernen tschechischen Geschichtsschreibung František Palacký, dem er auch seine Schrift widmete. Palacký hatte den Přemysliden zwar eine nahezu unbegrenzte Macht zuerkannt, die es den Fürsten ermöglichte, die ursprünglichen Stammeseliten in Untertanen und Amtsträger zu verwandeln. Zugleich jedoch hatte Palacký nicht an der Existenz eines privaten und vererbbaren Besitzes, ja sogar ganzer Herrschaften, gezweifelt, wobei einige bedeu-

372 Johann PEISKER, *Die Knechtschaft in Böhmen*. Eine Streitfrage der böhmischen Socialgeschichte. Gegen Herrn Julius Lippert, Prag 1890.

373 Julius LIPPERT, *Die Knechtschaft in Böhmen*, Bohemia Nr. 1, 3, 10, 13, 16, 35, 36, 55, 1890.

374 Ibidem, Nr. 55, Sp. 4.

375 J. PEISKER, *Die Knechtschaft*, S. 80: *„Die böhmischen Landesfürsten haben sich eine solche Macht, wie sie ihnen Hr L. zuschreibt, nicht träumen lassen.“*

tende adelige Familien der Přemyslidenzeit ihren Ursprung in der Stammesaristokratie hatten.[376] Palackýs Schlussfolgerungen prägten die nachfolgende Forschung. Auch der Rechtshistoriker Hermenegild Jireček, der sich in den sechziger Jahren des 19. Jahrhunderts intensiv mit dem „slawischen Recht" beschäftigt hatte, hielt den Fürsten für einen mächtigen „Anführer des Volkes", dem der größte Teil des Landes gehörte. Weitaus stärker als Palacký hob Jireček jedoch die Bedeutung des Adels hervor. Er ging dabei einerseits von einem Fortbestehen des ursprünglichen Stammesadels aus, der über einen „beträchtlichen" Grundbesitz verfügte, und andererseits der Entstehung eines neuen Hof- und Beamten-Adels im Verlaufe des 11. Jahrhunderts. Beide Gruppen hätten den Stand der Greise – der Magnaten – geformt, die die Fürsten in bedeutenden Verwaltungspositionen einsetzten. Zugleich hätten sie nach Beratung mit denselben über wichtige Fragen entschieden, sowie die Legislativ- und Jurisdiktionsgewalt ausgeübt. In der Frage der Besitzverhältnisse sprach Jireček von der Existenz einer privaten Domäne der přemyslidischen Fürsten sowie von einem Privatbesitz sozial unterschiedlich gestellter Eigentümer vererbbaren Bodens – den „Erben". Der größte Teil der Güter sollte freilich in die Kategorie landesherrlicher Besitzungen fallen, die nach Auffassung des Autors insbesondere aus Burgzentren und zugehörigen Gütern, aus Grenzforsten, einigen von Förstern verwalteten Wäldern im Binnenland, aus den Einnahmen der Kammer in Form von Steuern bzw. Strafen, Zöllen, Maut usw. bestanden. Vom landesherrlichen Besitz konnten die Herrscher lediglich mit Zustimmung der Greise Güter vergeben.[377]

Bereits in den genannten Artikeln hatte Lippert 1890 eine umfangreichere Arbeit zur böhmischen Sozialgeschichte des Mittelalters angekündigt. Die Untersuchungen des Autors mündeten in zwei umfangreichen, in der zweiten Hälfte der neunziger Jahre herausgegebenen Bänden.[378] Lippert setzte sich hierin zwar nicht detailliert mit Peiskers Einwänden auseinander, allerdings zwang ihn die gegen seine Darstellung auch von anderen Autoren vorgetragene Kritik, einige Schlussfolgerungen vorsichtiger zu formulieren und neue Akzente zu setzen.[379] Dessen ungeachtet machte er seinen Lesern deutlich, dass er die Auffassungen Palackýs und seiner Nachfolger ablehne. Dies galt in erster Linie für die

---

376 Franz PALACKY, *Geschichte von Böhmen* II/1, Prag 1847, S. 14ff. In der tschechischen Übersetzung František PALACKÝ, *Dějiny národu českého w Čechách a w Morawě I/2* [Geschichte des tschechischen Volkes in Böhmen und Mähren], Praha 1854, insbes. S. 230ff.

377 Hermenegild JIREČEK, *Slovanské právo v Čechách a na Moravě. Do konce X. století.* [Das slawische Recht in Böhmen und Mähren. Bis zum Ende des 10. Jahrhunderts], Praha 1863, insbes. S. 119ff; Idem, *Slovanské právo v Čechách a na Moravě. Od počátku XI. do konce XIII. století.* [Das slawische Recht in Böhmen und Mähren. Vom Beginn des 11. bis zum Ende des 13. Jahrhunderts], Praha 1864, S. 22ff.; zur Aufteilung in fürstliche und landesherrliche Güter und deren Auflistung ibidem, S. 141–154.

378 Julius LIPPERT, *Social-Geschichte Böhmens in vorhussitischer Zeit I–II*, Prag – Wien – Leipzig 1896–1898.

379 Die Berechtigung der Kritik Lipperts erkannte auch W. Milkowič an, wenngleich er einigen von Peisker bzw. Palacký vorgetragenen Einwänden nicht zustimmte. Vgl. die Rezension *Die Knechtschaft in Böhmen. Von Julius Lippert,* (Bohemia, Jänner und Februar 1890). Joh. Peisker, *Die Knechtschaft in Böhmen*, Prag 1890, 82 Seiten 8°, MIÖG 15, 1894, S. 138–142. Auf Peiskers

Vorstellungen von einem Weiterbestehen der Stammesaristokratie, zumal Lippert diese Frage sowieso für irrelevant hielt. Allein das Fürstenamt und die Beliebtheit des Herrschers würden „nobilitieren" und den Ausgangspunkt für einen weiteren Aufstieg bilden. In ähnlicher Weise behandelte Lippert die Frage des privaten Grundbesitzes, den er zwar nicht leugnete, doch bildeten seiner Meinung nach den Maßstab für soziale Stellung, Aufstieg oder Fall allein die fürstlichen Ämter. Gegen Jirečeks Auffassung von einer Rechtsfindung durch die Greisen und deren Beteiligung an wichtigen Entscheidungen argumentierte Lippert, dass vor der Mitte des 13. Jahrhunderts in Wahrheit nur ein einziger Fall belegt sei, bei dem man von einem Gerichtsurteil der Magnaten sprechen könne. Lippert zufolge war der přemyslidische „Staat" gleichsam das Hofgut des Fürsten, in dem zwar die Beamten-Aristokratie einen immer größeren Anteil an Macht und Besitz erlangte, der Herrscher aber bis weit in das 13. Jahrhundert Recht und weitere Entscheidungen selbst diktierte.[380]

Mit der Herausgabe der *Social-Geschichte* Lipperts festigten sich im historiographischen Diskurs jene Auffassungen, in deren Rahmen sich die tschechische Forschung im Grunde genommen bis heute bewegt. Angesichts der Vielzahl eigenständiger Problemkreise, aus denen sich das Bild der politischen Struktur und der Funktionsweise der přemyslidischen Herrschaft zusammensetzte, bewegte sich die nachfolgende Forschung dennoch nicht ausschließlich entlang der Grundlinie Palacký (bzw. Jireček) – Lippert, sondern unterschied sich auch in der Interpretation einzelner Teilphänomene. Die Geschichtsforschung zeichnete sich zugleich durch einen gewissen Synkretismus der Auffassungen Jirečeks und Lipperts aus. Auf der einen Seite gingen die Forscher von einem Privatbesitz in den Händen der Eliten voraus, wobei sie mehr oder weniger vorsichtig dessen „vorstaatlichen" (Stammes)Ursprung einräumten. Auf der anderen Seite hingegen beschrieben sie den Fürsten als Mehrheitseigentümer des Landes, der im Grunde genommen eine absolute Herrschaft ausübte, wobei der machtpolitische Aufstieg und Fall von Einzelpersonen oder Geschlechtern insbesondere mit der Ausübung fürstlicher Ämter zusammenhing. Einen größeren Anteil an den Entscheidungen und am ursprünglich fürstlichen Besitz sollte der Adel vor allem seit dem 12. Jahrhundert infolge fortwährender Kämpfe zwischen den Angehörigen der přemyslidischen Herrscherfamilie gewinnen.[381]

Arbeit verweist Lippert nur sehr vereinzelt, ohne sich damit umfassender polemisch auseinanderzusetzen. Vgl. J. LIPPERT, *Social-Geschichte Böhmens I*, S. 191, 193, 199.

380 J. LIPPERT, *Social-Geschichte Böhmens I*, S. 170ff. Die erwähnten Schlussfolgerungen insbes. S. 170–190, S. 238–263, S. 327–337 und S. 340–350.

381 Vgl. Adolf BACHMANN, *Geschichte Böhmens I. (bis 1400)*, Gotha 1899, insbes. S. 148ff.; Josef PEKAŘ, *Dějiny naší říše. Se zvláštním zřetelem ke královstvím a zemím v říšské radě zastoupeným* [Geschichte unseres Reiches. Unter besonderer Berücksichtigung des Königreichs und der im Reichsrat vertretenen Länder], Praha 1914; František VACEK, *Sociální dějiny české doby starší* [Böhmische Sozialgeschichte der älteren Zeit], Praha 1905; Bertold BRETHOLZ, *Geschichte Böhmens und Mährens bis zum Aussterben der Přemysliden (1306)*, München – Leipzig 1912, S. 312ff.; Rudolf KOSS, *Zur Frage nach der Entstehung und Entwicklung des böhmischen Herrenstandes*, Prag 1920; Otto PETERKA, *Rechtsgeschichte der böhmischen Länder I*, Reichenberg

Erst die der Sozialstruktur des přemyslidischen Böhmen gewidmeten Arbeiten des Historikers Dušan Třeštík brachten zunächst eine gewisse Verlagerung in der Wahrnehmung des Themas. Im Unterschied zur älteren Forschung befasste sich Třeštík auch mit dem Begriff „Eigentum". Er verwies dabei insbesondere auf die Arbeiten der deutschen Rechtsgeschichte und der norwegischen Analogien und betonte die unterschiedlichen Auffassungen des mittelalterlichen Besitzverhältnisses von Boden. Die Festigung der Fürstenmacht und Entstehung des přemyslidischen „Staates" zu Beginn des 10. Jahrhunderts sollte eine Ausrottung bzw. Marginalisierung möglicher Konkurrenten aus den Reihen der Stammesfürsten begleiten. Die Belastung der freien Bevölkerung durch Steuern und Lasten wurde nach Třeštíks Ansicht zugleich auch als Form der Abhängigkeit von den Zeitgenossen interpretiert, die sich dadurch auch in der Wahrnehmung der Kategorie „Eigentum" reflektierte. Durch die Einforderung von Steuern und Diensten auf Boden der privaten Besitzer stieg der Fürst zum Teilhaber an deren Eigentum auf – formal sogar zu deren „Eigentümer", ohne allerdings die Eigentumsrechte und Möglichkeiten freier Verfügung der faktischen Inhaber zu stören. Třeštík näherte sich damit auf theoretischer Ebene der Beschreibung der Herrschermacht, wie wir sie gerade in der Chronik des Prager Dekans Cosmas finden.[382] Das abstrakte Modell mit mehreren Schichten von Eigen-

1923. Vgl. darüber hinaus Josef ŠUSTA, *Dvě knihy českých dějin I. Poslední Přemyslovci a jejich dědictví 1306–1308* [Zwei Bücher der böhmischen Geschichte I. Die letzten Přemysliden und deren Erbe 1306–1308], Praha 1917, S. 171–173; Idem, *České dějiny II/1. Soumrak Přemyslovců a jejich dědictví* [Geschichte Böhmens II/1. Das Aussterben der Přemysliden und deren Erbe], Praha 1935, S. 524ff.; Václav NOVOTNÝ, *České dějiny I/1. Od nejstarších dob do smrti knížete Oldřicha* [Geschichte Böhmens I/1. Von den ältesten Zeiten bis zum Tod des Fürsten Ulrich], Praha 1912, insbes. S. 496–541; Idem, *České dějiny I/2. Od Břetislava I. do Přemysla I.* [Geschichte Böhmens I/2. Von Břetislav I. bis zu Přemysl I.], Praha 1913, insbes. S. 669–678; Idem, *České dějiny I/3. Čechy královské za Přemysla I. a Václava I. (1197–1253)* [Geschichte Böhmens I/3. Das königliche Böhmen unter Přemysl I. und Wenzel I. (1197–1253)], Praha 1928, v. a. S. 7–51, 875–876; Idem, *České dějiny I/4. Rozmach české moci za Přemysla II. Otakara (1253–1271)* [Geschichte Böhmens I/4. Die Entfaltung der böhmischen Macht unter Přemysl II. Ottokar (1253–1271)], Praha 1937, S. 286–427; Václav VANĚČEK, *Základy právního postavení klášterů a klášterního velkostatku ve starém českém státě (12.–15. stol.), II. Pozemková vrchnost. Imunita hospodářská* [Die Grundlagen der Rechtsstellung der Klöster und des klösterlichen Großgrundbesitzes im alten böhmischen Staat 12.–15. Jh. Grundherrschaft. Wirtschaftsimmunität], Praha 1937, v. a. S. 13–26; Stanislav ZHÁŇEL, *Jak vznikla staročeská šlechta* [Wie entstand der alttschechische Adel], Brno 1930; Rostislav NOVÝ, *Přemyslovský stát 11. a 12. století* [Der přemyslidische Staat des 11. und 12. Jh.], Praha 1971, S. 29–48; 87–114. Zuletzt widmete sich dieser Problematik in kompakter Form David KALHOUS, *Anatomy of a Duchy. The Political and Ecclesiastical Structures of Early Přemyslid Bohemia*, Leiden – Boston 2012, der die Grundlagen der Stellung der přemyslidischen Fürsten eher in der wachsenden Integrationskraft ihres Hofes und der Fähigkeit, die Angehörigen der Eliten an sich zu binden, erblickt. Den entscheidenden Platz beim Aufbau der Přemyslidenmacht schreibt Kalhous der Kraft der Ideologie zu, die im 10. Jahrhundert ihre Ausformulierung erlebte und in kompakter Gestalt das Schicksal des böhmischen Stammes mit der Geschichte des mythischen Přemysl Oráč (des Pflügers) und seiner Nachfahren verknüpfte.

382 Dušan TŘEŠTÍK, *K sociální struktuře přemyslovských Čech* [Zur Sozialstruktur des premyslidischen Böhmen], ČsČH 19, 1971, S. 537–567; zur Auffassung des mittelalterlichen Eigentums

tumsbeziehungen von Boden ermöglichte dabei die widersprüchliche Quellenaussage zu überwinden, die nämlich auf der einen Seite die „Allmacht" der Přemyslidenfürsten und ihres „Eigentums" am Lande unterstreichen, auf der anderen Seite hingegen auch die Bedeutung der Magnaten und deren „Eigentums"-Verhältnis zum erhaltenen Besitz vor Augen führen. Zugleich kam es auf diese Weise zu einer Annäherung jener sich auf den ersten Blick unversöhnlich gegenüberstehenden Positionen – der Deutung Jirečeks und Lipperts Interpretation. Wenngleich Třeštíks Auffassung sich bald mit kritischen Einwänden auseinandersetzen musste,[383] haben seine Schlussfolgerungen schließlich in der tschechischen Mediävistik überwogen. In gewissem Sinne bildeten sie die Grundlage eines gerade in dieser Zeit formulierten, Beachtung hervorrufenden interpretatorischen Ansatzes – nämlich des sog. „mitteleuropäischen Modells", das auf der Grundlage böhmisch-polnisch-ungarischer Analogien Entstehung, Entwicklung und Funktionsweise der erwähnten jeweiligen territorialen Gebilde sowie deren Abweichen vom westeuropäischen Milieu erklärten.[384]

---

am Beispiel der norwegischen Analogie und der Deutung des Cosmas insbes. S. 548–552: „*Der* [norwegische – Anm. des Autors] *König beeinträchtigte also die Eigentumsrechte der Bonds nicht, sofern es um die Verfügbarkeit des Bodens geht, da er ihnen lediglich einen Teil des Ertrags nahm. Das Verhältnis der Untertänigkeit, auf dem dieser Zustand begründet war, artikulierte sich in den Kategorien des Eigentums.* [...] *Cosmas' Vorstellung von der Macht des böhmischen Fürsten entstand auf der Grundlage eines sehr ähnlichen Gedankengangs: Untertänigkeit, durch die das Volk dem Fürsten verpflichtet war, Steuern, Abgaben und Dienste lassen sich nicht anders interpretieren als eine Folge davon, dass das Volk zum Eigentum des Fürsten wurde* [...] *Das fürstliche Eigentum beseitigte jedoch nicht dasjenige der „Erben" und des Adels, sondern bestand neben diesem. Der Widerspruch zwischen dem Eigentumsrecht des Herrschers und demjenigen der Untertanen existierte nur scheinbar.* [...] *Dieses „Herrschen-Eigentum" des Fürsten beseitigt die Eigentumsrechte seiner Untertanen nicht, es besteht neben ihnen und findet zudem nur dort Anwendung, wo es der Fürst auch wirklich ausübt und nur, sofern er es wirklich ausübt.* [...] *Als grundlegend erwies sich also das Verhältnis des Eigentums, das sich als Untertanenverhältnis artikulierte und in Abgaben und Diensten für den Fürsten zum Ausdruck kam. Dies bedeutet jedoch, dass der Fürst als feudaler Eigentümer des Landes auftrat, als Herr über die Menschen, wobei deren Verpflichtungen ihm gegenüber keine ‚öffentlich-rechtlichen' Steuern und Pflichten gegenüber dem ‚Staat' darstellten, sondern eine an den Feudalherrn abgeführte Feudalrente.*"

383 Zdeněk FIALA, *O vyjasnění pojmů v marxistickém výkladu starších českých dějin.* Na okraj článku D. Třeštíka „K sociální struktuře přemyslovských Čech" [Zur Begriffsklärung in der marxistischen Interpretation der älteren böhmischen Geschichte. Randnotizen zum Artikel von Dušan Třeštík „Zur Sozialstruktur des přemyslidischen Böhmen".], ČsČH 20, 1972, S. 234–244.

384 Vgl. P. RYCHTEROVÁ, *Aufstieg und Fall*, S. 629–647; D. KALHOUS, *Anatomy of a Duchy*, S. 11ff. Übersichtlich mit Auswahl der entsprechenden Literatur darüber hinaus Dušan TŘEŠTÍK – Josef ŽEMLIČKA, *O modelech vývoje přemyslovského státu* [Über die Entwicklungsmodellen des přemyslidischen Staates], ČČH 105, 2007, S. 122–126; David KALHOUS, *Model státu středoevropského typu: Koncept na pomezí tradice a inovace.* Ke kontinuitě a diskontinuitě v české historiografii po r. 1948. [Das Modell des Staates mitteleuropäischen Typs: ein Konzept an der Grenze von Tradition und Innovation. (Zur Kontinuität und Diskontinuität in der tschechischen Historiographie nach 1948)], Forum Historiae 2, 2014, S. 159–173.

In den die Diskussion prägenden Diskurs griff nachhaltig erst die Monographie des Historikers Libor Jan *Wenzel II. und die Strukturen der herrschaftlichen Macht* (Václav II. a struktury panovnické moci) aus dem Jahr 2006 ein. Wenngleich der Schwerpunkt der Arbeit in der zweiten Hälfte des 13. Jahrhunderts liegt, bezog der Autor auch die vorangegangene Entwicklung und deren Wurzeln in die Darstellung mit ein. Dabei wehrte sich Jan gegen die Vorstellung eines fürstlichen „Eigentums" des Landes, sondern verwies seinerseits auf den freien/allodialen Landbesitz der Magnaten, der das entscheidende charakteristische Merkmal der Schicht der Adeligen darstellte. Gerade das Eigentum an freiem Besitz sollte zugleich eine der Hauptquellen adeliger Macht verkörpern, also die Möglichkeit, das auch die přemyslidischen Herrscher verpflichtende Recht zu schaffen. Der Autor unterschied zugleich zwischen einer „landesherrlichen" Domäne, deren Kern die Fürstenburgen mit öffentlich-rechtlichen Funktionen und einem Kastellan an der Spitze bildeten, und einer engeren privaten Domäne der Přemyslidenfürsten, die von Verwaltern (*villici*) verwaltet wurde. In der Burg- bzw. Kastellan-Funktion erblickte Jan dabei nicht allein mit bestimmten Einnahmen verbundene Ämter, sondern eher eine Form des Benefizium-Lehens mit entsprechender Bodenausstattung. Ihm zufolge fand auf diese Weise die Betonung der besitzrechtlichen Ausstattung des Adels mit der Gewichtung seiner gerichtlichen/beratenden Stimme sowie mit der Abgrenzung von landesherrlicher und privater Domäne der Přemysliden erneut Eingang in den historiographischen Diskurs.[385]

Das Lehnswesen in der tschechischen Geschichtsschreibung

Eigenständige Forschungen zum Lehnswesen gehören bislang nicht zu den bestimmenden Themen innerhalb der auf die Přemylidenzeit fokussierten tschechischen Geschichtsschreibung. Diese Feststellung geht von der skizzierten Herangehensweise an die politische Struktur des přemyslidischen „Staates" aus. Bereits Palacký stellte die slawischen Bräuche bewusst in einen Gegensatz zum „deutschen Feudalismus", der in Böhmen erst im Verlaufe des 13. Jahrhunderts vordringen sollte. Dieser Grundlinie schlossen sich auch

385 L. JAN, *Václav II.*, insbes. S. 13–22; 168–252; des Weiteren vgl. Idem, *K počátkům*, S. 45–52; Idem, *Skrytý půvab „středoevropského modelu"* [Der verborgene Reiz des „mitteleuropäischen Modells"], ČČH 105, 2007, S. 874–902; Idem, *Budování monarchie českých Přemyslovců. Postřehy a úvahy* [Der Aufbau der Monarchie der böhmischen Přemysliden. Beobachtungen und Reflexionen], in: Martin Wihoda – Lukáš Reitinger u. a., Proměna středovýchodní Evropy raného a vrcholného středověku. Mocenské souvislosti a paralely, Brno 2010, S. 117–136; Idem, *Hereditas*, S. 461–472; Idem, *Zur Frage der Entstehung des böhmisch-mährischen Adels und der Entwicklung großer Herrschaftskomplexe in Grenzgebieten*, in: Klaus Birngruber – Christina Schmid (Hrsg.), Adel, Burg und Herrschaft an der „Grenze": Österreich und Böhmen, Linz 2012, S. 107–117.

nachfolgende Forschungen an, wobei man dem Olmützer Bischof Bruno von Schauenburg eine entscheidende Rolle bei der „Einführung“ des Lehnswesens zuschrieb.[386]

Eingehender beschäftigte sich mit der Problematik zu Beginn des 20. Jahrhunderts der sudetendeutsche Jurist und Rechtshistoriker Wilhelm Weizsäcker. Obwohl dieser anerkannte, dass das Lehnsverhältnis als fertig ausgeformtes Rechtsinstitut gerade im 13. Jahrhundert nach Böhmen gelangte, stellte er zugleich in der sich davor vollzogenen Entwicklung in Böhmen gewisse Analogien zum fränkischen Milieu fest. Im Allgemeinen sollte der Begriff *beneficium* in böhmischen Quellen ursprünglich auf den durch den Herrscher in unterschiedlicher Form den Gefolgsleuten gewährten „Unterhalt“ verweisen. Unter diese Benefizien ordnete Weizsäcker verschiedene Formen von Geschenken und das für geleistete Dienste vergebene Dienstgut ein. Eine weitere Bedeutung besaß der Terminus *beneficium* (in der einheimischen latinisierten Gestalt *suppa*) dergestalt, dass er sich auf die umfangreiche Gruppe der landesherrlichen Ämter bzw. auch auf deren Ausstattung mit Boden bezog, auf deren Grundlage der Besitzer (*beneficarius*) in Gestalt von Einnahmen eine Entlohnung erhielt. Trotz gewisser Parallelen zum fränkischen Milieu erblickte Weizsäcker jedoch in keiner dieser Kategorien die Form eines Lehens. Zudem postulierte er ein allmähliches Eindringen des Lehnswesens in die böhmischen Verhältnisse erst seit dem ausgehenden 12. Jahrhunderts.[387]

Einen völlig anderen Weg beschritt zu Beginn der fünfziger Jahre des 20. Jahrhunderts der Historiker František Graus, der das böhmische Lehnswesen als völlig autark und frei von landfremden Einflüssen charakterisierte. Graus ging dabei von der These aus, dass eine bestimmte Form des Lehnswesens sämtlichen Feudalgesellschaften auf einer gewissen Entwicklungsstufe eigen sei, wobei er als Hauptmerkmal des Lehnswesens das Fehlen der Vererbbarkeit bezeichnete. Die angebliche Durchsetzung der Vererbbarkeit der Lehen im ausgehenden 12. Jahrhundert, wie Graus die Eingangspassage der sog. „Statuten Herzog Konrads“ interpretierte, bedeutete für ihn zugleich das Ende des Lehnswesens in den böhmischen Ländern.[388] An den thesenartigen Aufsatz von Graus knüpfte wenige Jahre später in einer tiefergehenden Studie Jaroslav Bakala an. Bakala zufolge statteten die Přemyslidenherrscher die in den Burgzentren agierenden Amtsträger mit Gütern aus, die von ihrem Charakter her den als Burglehen bezeichneten westeuropäischen Lehen entsprachen. Hierbei soll es sich um zeitweilig benutzte Güter gehandelt haben, aus denen dem jeweiligen Nutzer Gewinne zuflossen und deren Besitz von der Ausübung eines Amtes abhing. Lediglich in den Teilfürstentümern (úděly) der Angehörigen der přemyslidischen Dynastie erblickte Bakala ein Pendant zu den westeuropäischen „rechten“ Lehen. Zeitgleich hierzu entdeckte er in den einheimischen Quellen eine gewisse Parallele zu den Ministerialen-Lehen. Ähnlich wie Graus gelangte Bakala so zu der Auffassung, dass ungeachtet gewisser Analogien zu Westeuropa die Lehnsordnung in den

386 Eine grundlegende Übersicht zum Forschungsstand liefert M. SOVADINA, *Lenní listiny*, S. 426ff.

387 W. WEIZSÄCKER, *Die Entstehung*, S. 220–233.

388 František GRAUS, *Lenní právo v Čechách* [Das Lehnsrecht in Böhmen], ČL 39, 1952, S. 67–73. Zu sog. Statuten Herzog Konrads siehe unten S. 165ff.

böhmischen Ländern doch eine autochthone Herkunft besaß. Anders als Graus jedoch ging Bakala von einer Weiterentwicklung des Lehnswesens im 13. Jahrhundert aus, was bereits auf der Grundlage einer Rezeption der Normen des westeuropäischen Lehnsrechts geschah.[389]

Bakalas Überlegungen stehen in gewisser Weise am Ende einer allgemeinen Diskussion über die Existenz und den Charakter des Lehnswesens in den böhmischen Ländern bis zum ausgehenden 12. Jahrhundert.[390] In den sich daran anschließenden Studien ging es nur noch um konkrete Fragen, die sich in erster Linie mit dem Lehnssystem des Bistums Olmütz beschäftigten. Eine Ausnahme bildet hier lediglich die Monographie von Rostislav Nový, die den přemyslidischen „Staat" des 11. und 12. Jahrhunderts in den Mittelpunkt rückte. Nový entwarf darin konsequent die Vorstellung von einer privaten Fürstendomäne und einem landesherrlichen Besitz, was an die bereits beschriebene Konzeption von Hermenegild Jireček erinnert. Dabei ging Nový von der Existenz einer das gesamte Verwaltungssystem umfassenden Lehnsverfassung aus. Das Burg- bzw. Hoflehen (Benefizium) soll sich demzufolge zu einem Drittel aus öffentlichen Abgaben, aus einem bestimmten Teil der Einnahmen aus dem landesherrlichen Grundeigentum sowie aus der unmittelbaren Ausstattung des Amtes mit Landbesitz zusammengesetzt haben. Eine genaue Darstellung von äußerer Gestalt und innerer Funktionsweise dieser Lehnsordnung im Kontext der westeuropäischen Entwicklung lieferte Nový dabei allerdings nicht. Der Autor stellte lediglich fest, dass sich zwar in Quellen böhmischer Provenienz bis in das ausgehende 12. Jahrhundert die „klassische" Lehnsterminologie nicht findet, was er allerdings nicht als ernstzunehmendes Hindernis betrachtete. Unter Verweis auf Weizsäcker beschrieb Nový in diesem Kontext die Verwaltungsstruktur der přemyslidischen Herrschaft als „spezifische Form des Lehnssystems".[391]

Novýs Modell stieß allerdings in nachfolgenden Untersuchungen auf kein fruchtbares Echo. Ungeachtet der Tatsache, dass das erwähnte „mitteleuropäische Modell" in der Frage des amtlichen Benefiziums in zahlreichen Eckpunkten mit Weizsäckers und Bakalas Deutung übereinstimmte, verhielt sich die Forschung auch in der Frage eines Ver-

389 Im Unterschied zu Graus sah Bakala in den sog. Statuten Herzog Konrads kein Zeugnis für die Vererbbarkeit der Lehen, sondern eine allgemeine Bestätigung für den Besitz adeligen Eigentums. Vgl. Jaroslav BAKALA, *K počátkům lenního zřízení v českém státě* [Zu den Anfängen der Lehnsordnung im böhmischen Staat], SlSB 57, 1959, S. 378–388.

390 Vgl. exemplarisch Libuše HRABOVÁ, *Ekonomika feudální državy olomouckého biskupství ve druhé polovině 13. století* [Die Oekonomik der feudalen Grundherrschaft des Olmützer Bistums in der 2. Hälfte des 13. Jahrhunderts], Praha 1964; M. SOVADINA, *Lenní listiny*, S. 426–460; D. JANIŠ, *Lenní systém*, S. 325–346; Vilém KNOLL, *Jus vassallorum vel ministerialium ecclesiae Magdeburgensis. Poznámka k otázce původu olomouckého lenního práva* [Jus vassallorum vel ministerialium ecclesiae Magdeburgensis. Eine Bemerkung zur Ursprungsfrage des Olmützer Lehnsrechts], PHS 37, 2005, S. 17–28.

391 R. NOVÝ, *Přemyslovský stát*, S. 29ff., insbes. 46–4. Der Verweis auf Weizsäcker war vor allem deshalb problembehaftet, da der Autor zwar von fränkischen Parallelen sprach, nicht jedoch von Lehen, als die er nicht einmal die fränkischen Benefizien bezeichnete. Vgl. W. WEIZSÄCKER, *Die Entstehung*, S. 220–233.

weises auf das Lehnsverhältnis sehr reserviert.[392] Im westeuropäischen Lehnswesen erblickte man einen Import des 13. Jahrhunderts, der wiederum – wie der Historiker František Kavka in einem dem Ende der přemyslidischen und dem Beginn der luxemburgischen Ära gewidmeten Beitrag konstatierte – in der Frage des Verhältnisses zwischen den letzten Přemysliden und dem Adel zudem nur eine marginale Rolle spielte.[393] Dieser Meinung schloss sich auch der polnische Historiker Krzysztof Kowaleski an, der sich jedoch primär auf die jüngere Zeit konzentrierte und der im Lehnswesen ein Novum des 13. Jahrhunderts sah. Kowaleski wies in diesem Zusammenhang darauf hin, dass die Benefizien zu keinem Zeitpunkt eine Beschreibung durch die Lehnsterminologie erfuhren und wir darüber hinaus die frühmittelalterlichen „Vasallen"-Bindungen nicht a priori mit dem jüngeren Lehnswesen gleichsetzen können. Wenngleich die Quellen laut Kowaleski ein Vordringen des Lehnswesens seit den ersten Jahrzehnten des 13. Jahrhunderts bezeugen, schrieb er die erste systematische Organisation eines Territoriums auf der Grundlage der Lehnsprinzipien Bruno von Schauenburg zu.[394]

Eine hiervon abweichende Interpretation bieten die Untersuchungen von Libor Jan. Seiner Auffassung nach kann der Terminus *beneficium* im Kontext der Funktion des Kastellans sowie weiterer öffentlich-rechtlicher Würden und Ämter nicht als bloßer Anteil an Einkünften interpretiert werden, sondern stellte ein „Quasi-Lehen" dar, das sich vom Charakter her zeitweilig vergebenen Lehen in Gestalt des „karolingischen Benefiziums" näherte. Jan schlussfolgerte daraus, dass amtliche Benefizien rechten Lehen sehr ähnelten und dass ihnen lediglich der erbliche Charakter fehlte. Zudem findet sich kein Hinweis auf einen Lehnseid der Besitzer. Im Interpretationsschema des Autors lässt sich zugleich eine gewisse Schwerpunktverschiebung erkennen. Während in den älteren Arbeiten unter Berufung auf Weizsäcker eher von einem fränkischen/karolingischen Benefizium die Rede ist,[395] geht es in jüngeren Studien – vor allem unter Verweis auf Heinrich Mitteis – um Lehen und ein dem westlichen Europa ähnliches System.[396] Die Auffassung, dass sich die einheimische Form des Lehnswesens bereits im Verlaufe des 10. bis 12. Jahrhun-

392 Auf Ablehnung stieß Novýs Herangehen bei Barbara KRZEMIEŃSKA – Dušan TŘEŠTÍK, *Hospodářské základy raně středověkého státu ve střední Evropě (Čechy, Polsko, Uhry v 10. – 11. století)* [Die wirtschaftlichen Grundlagen des frühmittelalterlichen Staates in Mitteleuropa. (Böhmen, Polen, Ungarn im 10.–11. Jahrhundert)], HD 1, 1978, S. 158 und Anm. 42. Zur Nutzung des Verweises auf die „Lehnsordnung" vgl. im Überblick Josef ŽEMLIČKA, *Čechy v době knížecí* [Böhmen in der Fürstenzeit], Praha 2007², S. 186–187 und Anm. 134.

393 F. KAVKA, *Západoevropský*, S. 225–251, zur Přemyslidenzeit S. 225–232.

394 Krzysztof KOWALEWSKI, *Rycerze, włodycy, panosze. Ludzie systemu lennego w średniowiecznych Czechach* [Ritter und andere Gruppen von Lehnsleuten im mittelalterlichen Böhmen], Warszawa 2009.

395 L. JAN, *Václav II.*, S. 184, 188–189, 250, 257–258; Idem, *K počátkům*, S. 48–50; Idem, *Skrytý půvab*, S. 888–890.

396 Idem, *Budování monarchie*, S. 130–131; Idem, *Hereditas*, S. 469 Anm. 35; Idem, *Zur Frage*, S. 109.

derts von den westeuropäischen Verhältnissen lediglich durch das Fehlen der Vererbbarkeit auszeichnete, findet sich schließlich auch in weiteren neueren Arbeiten.[397]

Der knappe Forschungsüberblick macht deutlich, wie sich die Gesamtinterpretation der Struktur der přemyslidischen Herrschaft und der Verweis auf das (Quasi-)Lehnsverhältnis wechselweise beeinflussen. Es ist gewiss kein Zufall, dass den Weg einer „Lehns"-Interpretation gerade jene Autoren beschreiten, die am deutlichsten den Unterschied zwischen den privaten Domäne der Přemysliden und landesherrlichen Gütern und Rechten betonen. Die Aufteilung der landesherrlichen Regierung in einen Umkreis „besonderer" (*dominium speciale*) und „allgemeiner" Herrschaft (*dominium generale*) führt indirekt zu der Erklärung, dass, während sich im ersten Bereich Elemente der Grundherrschaft durchsetzten, im zweiten Bereich eher die Prinzipien der Lehnsherrschaft zur Anwendung gelangten. Umgekehrt gilt: Je stärker sich die Forschung der Vorstellung einer starken Fürstengewalt näherte, die mit Hilfe eines Netzes von Ämtern und Würden auf die führende Schicht der Magnaten delegiert wurde (wobei die Inhaber eine Entlohnung in Gestalt eines Teils der fürstlichen Erträge erhielten), desto weniger verblieb Raum für ein Lehnsverhältnis.

Als Problem beider Forschungsrichtungen erweist sich dabei die benutzte Terminologie. An die Stelle einer grundlegenden Erklärung der Begriffe wie etwa Lehen oder (karolingisches/fränkisches) Benefizium tritt bei den Autoren lediglich der Verweis auf weitere Arbeiten insbesondere deutscher Provenienz. Dabei fehlen elementare Informationen, wie die Forscher diese Begriffe interpretieren und wie sie die Termini innerhalb ihrer Konzeption verwenden. Einfache Verweise auf ältere Autoritäten lassen das Problem häufig nur noch deutlicher hervortreten, zumal das Bild des Lehnswesens Veränderungen unterlag und auch weiterhin unterliegt. In einigen Fällen scheinen darüber hinaus Zweifel angebracht, ob die zitierte Literatur den vom Autor dargelegten Auffassungen entspricht. Als aussagekräftiges Beispiel sei an dieser Stelle Nový's Verweis auf Weizsäcker erwähnt. Nový spricht konsequent von dem Lehnswesen, das den gesamten Verwaltungsapparat umfasste. Weizsäcker vermied jedoch das Wort „Lehen" ausdrücklich, da er in den fränkischen Parallelen eben keine Reflektion des Lehnssystems sah. Aus diesem Grund sprach er lediglich von Benefizium bzw. von Amt. Es stellt sich also die Frage, wie in diesen Kontext mit der Lehnskonzeption von Nový überhaupt umgegangen werden soll.[398]

397 Vgl. Robert ANTONÍN, *České země za posledních Přemyslovců. Cestou proměny společnosti k vrcholně středověké monarchii* [Die böhmischen Länder unter den letzten Přemysliden. Auf dem Wege zur Umwandlung der Gesellschaft in eine hochmittelalterliche Monarchie], Praha 2012, S. 114–115.

398 Auf ein ähnliches Problem stoßen wir beispielsweise in der Studie von L. JAN, *Budování monarchie*, in der der Autor auf S. 130–131 Bedeutung und Inhalt des Terminus *beneficium* im fränkischen Milieu sowie in der jüngeren Ottonenzeit aufzeigt. Der Begriff sollte dem Autor zufolge primär die Verleihung von Bodenbesitz kennzeichnen, mit dem man die Ausübung eines bestimmten Amtes verbinden konnte. Jan weist zugleich darauf hin, dass die westeuropäische Historiographie den Begriff *beneficium* für ein Synonym des Terminus *feudum* hält, also für die Bezeichnung eines „Lehen" (S. 130). Das so gezeichnete Bild des beneficium – feudum – Lehens dient dem

Eine der Möglichkeiten, wie dem aktuellen Stand Rechnung zu tragen ist, besteht in der direkten Konfrontation der einheimischen Eintragungen mit den nichtböhmischen Quellen. Wir wollen aus diesem Grund noch einmal den Blick auf das böhmische Quellenmaterial im Kontext der im vorherigen Teil unseres Buches erzielten Ergebnisse lenken.

Autor zugleich zur Beschreibung der Verhältnisse in Böhmen (konkret: der Rolle der Kastellane und Benefiziare), die angeblich ähnliche Merkmale aufweisen (S. 130–131). In der entsprechenden Anmerkung hinsichtlich der Bedeutung der Termini *beneficium/feudum* werden dann ohne nähere Analyse die älteren Arbeiten von A. Dopsch, F. L. Ganshof, H. Mitteis, H. K. Schulze, W. Kienast, J. Fleckenstein sowie die neueren Untersuchungen von B. Kasten zitiert. Dessen ungeachtet konstatierte der bereits erwähnte H. MITTEIS, *Lehnrecht* auf den von Jan genannten Seiten 107–115 lediglich, dass der Terminus *beneficium* in fränkischer Zeit eine sehr heterogene Bedeutung besaß. Dabei muss es nach Mitteis „[...] *noch nicht unbedingt eine Landvergabung oder Landleihe und erst recht nicht eine vasallitische Leihe sein. Eine präzise technische Verwendung des Wortes beneficium, etwa zur Bezeichnung eines Lehnsobjektes, läßt sich also in der fränkischen Zeit nicht mit Sicherheit nachweisen*“ (ibidem, S. 108). Dasselbe gilt Mitteis zufolge für das Auftreten des Terminus *feudum*, dem der Autor ebenfalls einen vielschichtigen Inhalt zuschreibt und dabei eindeutig konstatiert: *„Ein lehnrechtlicher terminus technicus war es von Haus aus ebenfalls nicht*“ (ibidem, S. 111). Die größte Dissonanz innerhalb der zitierten Arbeiten rief die Studie von Brigitte Kasten hervor, deren Schlussfolgerungen innerhalb der deutschen Mediävisten am stärksten sich den Auffassungen von Susan Reynolds nähern und die sich somit gegen jenen Diskurs positioniert, als dessen Vertreter gerade Ganshof, Mitteis bzw. Kienast gelten. In der ersten von Libor Jan zitierten Studie negiert Kasten, dass der Terminus *beneficium* automatisch ein „Lehen“ bezeichnet; vielmehr fand er bis weit in das Hochmittelalter auch für sog. Prekariats-Bindungen Verwendung. Vgl. diesbezüglich B. KASTEN, *Beneficium*, S. 243–260. In der zweiten Studie widmet sich die Verfasserin sodann neben der erneuten Analyse der Prekarien auch der Verleihung von Grafschaften, bei denen sie feststellt, dass es sich in fränkischer Zeit nicht um ein *beneficium* im Sinne eines Lehens gehandelt habe, sondern um Ämter. Vgl. Eadem, *Das Lehnswesen*, S. 331–353, zu den gräflichen Ämtern insbes. S. 345ff. Wenn wir den Inhalt des Textes des Autors mit jenem der Fußnote vergleichen, dann bietet die herangezogene Literatur eine deutlich differenziertere und in einigen Aspekten auch sich widersprechende Erklärung. Es wird somit im Grunde genommen dem Leser überlassen auszuwählen, was in den Kontext der Interpretation des Autors passt und was nicht, sowie eigene Schlussfolgerungen zu ziehen. In jedem Fall belegt die angeführte Literatur jedoch nicht, dass die westeuropäische Literatur die Termini *beneficium* und *feudum* als Synonyme im Sinne von „Lehen“ behandeln würde. Im Gegenteil: Es zeigt sich, dass beide Begriffe in den Quellen zur Bezeichnung verschiedenartiger Erscheinungen Verwendung fanden. Die Arbeit von B. Kasten stimmt darüber hinaus auch nicht mit der Argumentationslinie überein, die L. Jan in diesem Teil seiner Abhandlung primär verfolgt.

II/3 Benefizium und Lehen im 13. Jahrhundert

Das analysierte Quellenmaterial sächsischer und böhmischer Provenienz bietet auf den ersten Blick zwei voneinander abweichende Bilder. Im sächsischen Milieu gehörte die Verleihung von Gütern in *beneficium/feudum* zur alltäglichen Praxis, die ein dichtes Netz von ökonomisch-politischen Bindungen schuf. In Böhmen hingegen finden wir – bis auf vereinzelte Erwähnungen in narrativen Quellen – besagte Terminologie bis zum Beginn des 13. Jahrhunderts nicht. Selbst danach blieb deren Auftreten in den Quellen eher marginal.

Dies trifft insbesondere auf den Terminus *feudum* zu, wobei entsprechende Varianten in den Urkunden seit den zwanziger Jahren des 13. Jahrhundert vorkommen. Aus der Folgezeit sind bis zum Ende der přemyslidischen Ära insgesamt 74 Urkunden überliefert, die mit diesem Begriff im Kontext des böhmischen Milieus operieren. Bis zur Mitte dieses Jahrhunderts handelt es sich um 14 Urkunden, von denen zehn wiederum eine Gruppe von Immunitätsurkunden des Herrschers für kirchliche Institutionen bilden, die von einer gemeinsamen Vorlage ausgehen und die die gleichlautende Formulierung *beneficiarios nostros a nobis infeudatos* verwenden. Von den verbleibenden Urkunden erscheinen als Aussteller zweimal König Wenzel I, einmal das Vyšehrader Kapitel sowie der Olmützer Bischof Bruno von Schauenburg. Obwohl die Zahl der Urkunden nach der Mitte des Jahrhunderts auf den ersten Blick steigt, bilden die überwiegende Mehrzahl – 45 Urkunden, also annähernd 74 Prozent – Urkunden des Bistums Olmütz. Von den verbleibenden 15 Urkunden betreffen drei Urkunden die Gründung des Klosters Hohenfurth (Vyšší Brod) durch Vok von Rosenberg, die lediglich gleichlautende Informationen wiedergeben. Darüber hinaus stehen uns Voks Testament sowie vier Urkunden weiterer Aussteller aus den Reihen des Adels zur Verfügung, ein Dokument des Kapitels auf dem Vyšehrad sowie sechs Urkunden des Landesherrn.[399]

Ein hiervon völlig abweichendes Bild beider Milieus zeichnen zudem die von böhmischen Herrschern für landfremde Empfänger ausgestellten Urkunden. Ein anschauliches Beispiel bietet in diesem Kontext die Regierungszeit Přemysl Ottokars II. in den österreichischen Ländern in den Jahren 1251 bis 1276. Hier sind elf Urkunden überliefert, mit denen Ottokar Neuvergaben vornahm bzw. ältere Belehnungen konfirmierte. Dabei handelt es sich mitunter um Dokumente, die den Anspruch auf Lehnsgüter bestätigen, die der Přemyslide als Herzog von Österreich in Besitz hielt, oder die er als Erbe

399 Vgl. oben S. 100ff.

Ulrichs von Kärnten besaß.[400] Unter den Belehnten befand sich auch der bereits erwähnte Vok von Rosenberg, dem Přemysl Ottokar II. und dessen Gemahlin Margarete von Babenberg die Grafschaft Raabs verliehen.[401] Der König wusste die sich bietenden Möglichkeiten und die Bedeutung des Lehnswesens sehr gut für sich zu nutzen. Hiervon zeugt eindrucksvoll das erwähnte Privileg für Bruno von Schauenburg, dem Přemysl Ottokar II. den Lehnsbesitz der Olmützer Vasallen konfirmierte. Keineswegs zufällig erfolgte die Ausfertigung der Urkunde, die den militärischen Dienst der Lehnsmänner für den Bischof und bzw. für den böhmischen König dezidiert betont, im Jahr 1274. Ein Jahr zuvor war der militärische Konflikt mit Ungarn erneut ausgebrochen und Rudolf von Habsburg zum römisch-deutschen König gewählt worden, mit dem Přemysl Ottokar II. einen ständig an Schärfe zunehmenden Streit führte. Dennoch ist für die böhmischen Länder während der gesamten Regierungszeit Ottokars lediglich eine einzige Belehnung eines Gutes *iure feodali* bezeugt. Es handelt sich dabei zudem um eine Hufe, Schenke, Mühle und Bad, die der König dem Olmützer Bürger Heinrich unter der Auflage verlieh, dieser solle das Dorf Groß Teinitz aus dem „böhmischen“ Recht herausnehmen und „deutsches“ Recht zur Anwendung bringen.[402]

Dem markanten inhaltlichen Unterschied in der Quellenbasis kommt ein nicht zu unterschätzender Aussagewert zu. Es handelt sich keineswegs um ein Zufallsbild, zumal uns eine größere Zahl an überlieferten Urkunden zur Verfügung steht. Die Quellen zeigen in weitaus stärkerem Umfang einen grundlegenden Unterschied zwischen dem böhmischen und sächsischen Milieu bzw. jenem auf Reichsebene. Einen Grund hierfür deuten wahrscheinlich die Urkunden an, die die Treue und die Verpflichtungen des Adels gegenüber dem König aus der Stellung des letztgenannten als des „natürlichen Herrn“ ableiten. Deren Aussage ergänzt die Urkunde des landfremden Adeligen Rulko von Bieberstein vom 7. Februar 1278. Rulko hatte von König Přemysl Ottokar II. für sich und seine Erben die nordböhmische Burg Friedland (Frýdlant) im Isergebirge *ad hereditarie possidendum* erworben. Seine neuen Güter sollte Rulko auch weiterhin auf der Grundlage des Rechts und der Gewohnheiten des Königreichs Böhmen (*ad iura et conditiones*

---

400 RBM II, Nr. 2654 (1252); CDB V/1, Nr. 203 (1259); Nr. 208 (1260); Nr. 231 (1260); Nr. 312 (1262); Nr. 435 (1265); Nr. 470 (1266); CDB V/2, Nr. 573 (1268); Nr. 603 (1270); Nr. 605 (1270); Nr. 715 (1273).

401 CDB V/1, Nr. 231 (1260). Die Vergabe des Lehens bestätigte nicht allein Margarete, sondern auch deren Nichte Gertrud von Babenberg mit ihrem Sohn. Vgl. CDB V/1, Nr. 232 (1260); Nr. 274 (1261).

402 Noch als Markgraf von Mähren hatte Přemysl Nikolsburg Heinrich von Liechtenstein verliehen. Dessen ungeachtet beschreiben die Urkunden diese Transaktion zunächst als Geschenk, nachfolgend erscheint die Belehnung *secundum ius et consuetudinem Theutonicam*. Erst 1276 wird Nikolsburg als Lehen bezeichnet. Vgl. oben S. 104 und 107–108. Die Urkunde für Marienthal aus dem Jahre 1267 erwähnt sodann ein Dorf, das deren Besitzer zu einem nicht näher bekannten Zeitpunkt zuvor vom König erhalten hatte, allerdings wird hier der konkrete Besitztitel nicht genannt, CDB V/2, Nr. 529. Im Jahre 1268 bestätigte Přemysl dem Olmützer Bürger Stephan ein *officium beneficiumve*, das offenkundig die Lieferung von Getränken an die Burg in Olmütz beinhaltete, CDB V/2, Nr. 547.

regni Boemie) besitzen. Dem König und dessen Nachfolgern gelobte er zugleich treue Dienste, Gehorsam und militärische Hilfe *secundum consuetudinem regni Boemie*.[403] Eine gleichlautende Aussage bezeugt eine weitere, einige Jahre später zwischen König Wenzel II. und Johann von Michalovice realisierte Besitztransaktion. Der Adelige erhielt 1278 vom Landesherrn drei Burgen mit dazugehörigen Gütern im Austausch für mehrere Dörfer und 800 Pfund Silber. Johann verpflichtete sich zudem wie jeder andere Landsmann (*terrigena*) zu treuem Dienst und versprach, sich nicht gegen den König zu stellen. Sollte er gegen diese Verpflichtungen verstoßen und deshalb vor Gericht gestellt werden, möge man ihn als gesetzlosen Meineidigen betrachten und seine erworbenen Güter würden an die königliche Kammer fallen.[404]

In der tschechischen Mediävistik findet sich die Auffassung, der zufolge sich die erwähnten Quellenzeugnisse auch als „Quasi-Lehen" interpretieren ließen bzw. man in diesen eine Kombination von Land- und Lehnsrecht erblicken könne.[405] Dies erscheint freilich keineswegs notwendig. In erster Linie wird durch die Verwendung des Begriffes „Quasi-Lehen" in die ohnehin komplizierte terminologische Diskussion ein überflüssiger ahistorischer Begriff hineinprojiziert. Darüber hinaus entbehrt – und dies ist entscheidend – der Terminus selbst jeden analytischen Wertes. Bestimmte Elemente des Lehnsverhältnisses verbergen sich in jeder hierarchisch gegliederten Gesellschaftsstruktur. Als „Quasi-Lehen" können wir nahezu jedes x-beliebige Verhältnis zwischen zwei unterschiedlich gestellten Subjekten betrachten, das vom Besitz irgendeines Gutes bzw. der Berechtigung ausgeht, die eine Treueverpflichtung begründet bzw. bestimmte weitere Dienste einfordert (theoretisch auch das Verhältnis des Nutzers der Präbende zur kirchlichen Institution). Keineswegs bestritten werden kann, dass sich die mittelalterlichen Quellen gegen eine eindeutige Interpretation sträuben und dem mittelalterlichen Denken ein gewisses Maß an Synkretismus eigen war. Die vorliegende Monographie liefert

---

403 CDB V/2, Nr. 860: „[...] *castrum Vridelant cum omnibus iuribus et attinentiis ipsius castri emi a serenissimo domino meo, domino Otakaro, illustri rege Boemie, pro octingentis marchis Vribergensis ponderis et argenti hereditarie possidendum; ita tamen, quod ego et heredes mei legitimi teneamus et possideamus dictum castrum a domino rege Boemie pretaxato ad iura et conditiones regni Boemie et quod ego ac heredes mei de dicto castro dicto domino regi et heredibus suis fideliter serviamus et obsequia devota impendamus et iura exsolvamus quelibet secundum consuetudinem regni Boemie et quod ego et heredes mei ad expeditiones ipsius domini regis vel heredum suorum veniamus et venire teneamur, muniti armis, equis et ceteris armorum necessariis, sicut decet.*

404 RBM II, Nr. 1298: „*Ad haec praedictorum bonorum datione mihi a praedicto domino facta obligo me et heredes meos eidem d. meo Wenceslao et heredibus ejus omni tempore fideliter ac devote servire, velut alter terrigena suus, et nunquam contra eum vel ejus heredes aliquid facere vel tentare. Quod si forte ego vel heredes mei dicto d. meo Wenceslao vel ejus heredibus fideliter et devote non serviverimus, vel contra eum vel ejus heredes facere quid quam tentaverimus et de hoc in judicio convicti fuerimus, volumus ex tunc et debemus perjuri et exleges ab omnibus reputari et ipso facto dictis castris, civitatibus et villis ad ipsa pertinentibus et villa Wietiowicz et villis ad ipsam spectantibus abjudicati esse volumus, tam ego quam heredes et successores mei, et quod dicta castra, dictae civitates et villae omnes ad manus curiae regiae libere revertantur.*"

405 So insbes. L. JAN, *Lenní přísahy*, S. 106–111 und Anm. 33.

hierfür das beste Beispiel. Im Falle des angedeuteten Problems bieten die Quellen allerdings eine relativ eindeutige Richtschnur.

Es geht dabei nicht allein nur um den Wortlaut konkreter Urkunden, sondern auch um den breiteren Kontext. Wir haben dabei bereits aufgezeigt, dass Přemysl Ottokar II. das Lehnswesen zu nutzen verstand. So zögerte er in Österreich nicht, einen böhmischen Adeligen mit einer gesamten Grafschaft zu belehnen. Im einheimischen Milieu stand das Lehnssystem des Bistums Olmütz, das auch für Přemysl eine kaum zu unterschätzende militärische Bedeutung besaß, unter königlichem Schutz. Auch die Urkunde für Rulko von Bieberstein betonte die militärischen Pflichten des Besitzers und seiner Erben. Die Ausfertigung dieser Urkunde erfolgte dabei am Vorabend des militärischen Konflikts mit Rudolf von Habsburg. Der Angehörige aus dem ursprünglich in Sachsen beheimateten Geschlecht der Bieberstein, dessen Mitglieder an den Höfen schlesischer Fürsten eine Anstellung fanden, muss dabei mit dem Charakter des Lehnswesens vertraut gewesen sein. Den König seinerseits hinderte nichts daran, dieses Instrument auch zu nutzen.

Dessen ungeachtet spricht das Dokument eine andere Sprache, und sämtliche Verpflichtungen resultieren aus dem Recht und den Gewohnheiten des Königreichs Böhmen. Vervollständigt wird dieses Bild durch die Verwendung des Terminus *terrigenus* für einheimische Adelige, die durch ihren Treueeid gegenüber dem König verpflichtet waren. Der Herrscher tritt dabei nicht als Lehnsherr in den Vordergrund, sondern als Repräsentant des Rechts und der Gewohnheiten des Landes. Přemysl Ottokar II. musste offenkundig gegenüber Rulko von Bieberstein das Instrument des Lehnswesens nicht zur Anwendung bringen, so wie in Österreich bei Vok von Rosenberg, zumal das Verhältnis zwischen Herrscher und Adel im Königreich Böhmen noch im 13. Jahrhundert auf anderen Grundlagen fußte. Die Quellen beschreiben das Verhältnis eher als Beziehung zwischen Landesherr und „Untertanen". Dies erklärt auch, warum wir Hinweise auf das Lehnswesen nur in sehr begrenztem Umfang finden.

Für die eigene komparative Betrachtung stoßen die in gravierender Weise voneinander abweichenden Aussagen sächsischer und böhmischer Quellen an gewisse Grenzen, zumal die Zahl gemeinsamer Merkmale gering ausfällt. Ungeachtet dieser eingeschränkten Vergleichsmöglichkeiten lassen sich dennoch bestimmte Aussagen über Gestalt und Entwicklung der Benefizial- bzw. Lehnsordnung treffen. Werfen wir dabei zunächst einen Blick auf die Quellenaussagen des 13. Jahrhunderts, zumal wir uns hier – zumindest partiell – auf die entsprechende Terminologie stützen können.

Während es in den sächsischen Quellen zu einer schrittweisen Entwicklung der benutzten Begriffe kam, die sich insbesondere in der klaren Unterscheidung der Termini *beneficium* und *feudum* widerspiegelte, verlief im böhmischen Milieu ein hiervon abweichender Prozess. Die entsprechenden Termini können wir in vier Gruppen unterteilen. Die ersten drei Gruppen gehen dabei vom Begriff *beneficium* aus, der zumeist in Verbindung mit einer kirchlichen Präbende auftaucht. Bezeichnet wurden damit jedoch auch weltliche Würden bzw. Ämter sowie in Gestalt von *beneficiarius/beneficus/beneficiatus* deren Besitzer. Die dritte Gruppe bilden Einzelfälle, in denen der Terminus *beneficium* ein konkretes, in Händen einer weltlichen Person befindliches Gut bedeutete. Die letzte

Gruppe schließlich setzt sich aus als *feudum* bzw. *iuris feudali* verliehenen Gütern zusammen. Im Untersuchungszeitraum finden wir keine Erwähnung eines „rechten Lehens". Hinweise auf das Ministerialenrecht bzw. ein Burglehen finden sich lediglich in den Urkunden der Olmützer Bischöfe.

Festgestellt wurde bereits, dass der Terminus *beneficiarius* ausschließlich in Verbindung mit amtlichen Würden Verwendung fand. In keiner einzigen überlieferten Urkunde werden eine Präbende nutzende kirchliche Repräsentanten bzw. Inhaber eigenständiger, *in beneficium/feudum* verliehener Güter so bezeichnet. Auch Güter, die zur Ausstattung eines Amtes gehörten, erscheinen in den Quellen als *beneficium* bzw. *feudum* nicht. Sie werden ausnahmslos durch die Bindung an das entsprechende Amt (*ad beneficium venatoris pertinente*; *terre beneficiis* [...] *attribute* u. ä.) definiert.[406] Gerade die Beziehungen zwischen den erwähnten Gruppen verdienen hier Beachtung. Mit einer gewissen Vorsicht darf davon ausgegangen werden, dass die so angedeuteten Grenzen tiefere Wurzeln besitzen. Abgesehen von den kirchlichen Präbenden können wir feststellen, dass auf der einen Seite der Beamtenapparat des Königreichs steht, auf den sich die Varianten des Terminus *beneficium* beziehen. Auf der anderen Seite erscheint der Begriff *feudum*. Dieser findet zwar seine Anwendung in den verschiedenen Beziehungsformen, jedoch scheint nichts dafür zu sprechen, dass seine Benutzung eine grundlegende Entfaltung und Ausbreitung erlebt hätte. Vielmehr scheint der Begriff eher ein neues – durch andere Eventualitäten austauschbares – Element zu sein, was auch Art und Weise, wie im böhmischen Milieu das Lehnswesen seine Reflexion erfuhr, andeuten.

„... iure feodali seu eciam emphyothetico, quod vulgari burchrecht nuncupatur"

Im 13. Jahrhundert vollzogen sich in den böhmischen Ländern weitreichende wirtschaftliche und gesellschaftliche Veränderungen, die wir in unterschiedlichen Abstufungen in ganz Mittel- (Mittelost-)Europa beobachten können. Die Besiedlung bislang unbewohnter Landstriche, die Gründung von Städten, neue Rechtsbräuche und kulturelle Neuerungen veränderten in grundlegender – physischer wie mentaler – Weise das Aussehen der Landschaft. Während für einen Teil der Veränderungen die einheimische Entwicklung, die stabile politische Situation, die demographischen Begleiterscheinungen sowie kolonisatorischen Aktivitäten kirchlicher Institutionen bzw. Adelsgeschlechter verantwortlich zeichneten, kamen weitere Einflüsse aus dem Ausland hinzu. Seit Beginn des

406 In der Urkunde aus dem Jahre 1220 spricht der König zwar von *nostris nobilibus aut vasallis*, aus dem allgemeinen Kontext lassen sich jedoch – auch mit Blick auf das sonstige Fehlen in ähnlichen Fällen – keinerlei Schlussfolgerungen ziehen. Vgl. CDB II, Nr. 201. In ähnlicher Weise kann die oben erwähnte Passage *beneficiarios nostros a nobis infeudatos* interpretiert werden, die einige Immunitätsurkunden enthalten. Der Terminus *infeudatus* verweist eher auf den allgemeinen Sinn „verleihen" als auf die Bedeutung „belehnt". Vgl. am Beispiel des Begriffs *beneficiare* B. KASTEN, *Das Lehnswesen*, S. 341. Auch in diesem Fall spricht die Verwendung des Begriffes keineswegs gegen die erwähnten Schlussfolgerungen.

13. Jahrhunderts tauchen in westlichen Grenzregionen deutsche Namen von Dörfern auf bzw. charakteristische Beinamen der jeweiligen Gründer (z. B. Otto Teutonicus) auf. Am Ende des zweiten Jahrzehnts des 13. Jahrhunderts stoßen wir erstmals in den Quellen auf den Terminus *ius Teutonicum*. Hinter dieser Verbindung verbarg sich dabei nicht ein – wie auch immer – geographisch verortetes Recht der Deutschen, sondern eine breitere Sammlung von Rechtsbräuchen, die unter verschiedenen Bezeichnungen in unterschiedlichen Regionen Europas bezeugt sind. In den böhmischen Ländern erfolgte ihre Rezeption gerade durch deutsche Siedlungsgebiete, wodurch auch die Terminologie beeinflusst wurde. Das „deutsche Recht" sowie die von diesem abgeleiteten Formen, die in den böhmischen Quellen als emphytheutisches Recht bzw. Purkrecht in Erscheinung treten, führten zu einer neuen Qualität in den Beziehungen zwischen Eigentümer und Besitzer bzw. Pächter des Gutes. Bereits in älterer Zeit hatten ähnliche Voraussetzungen allmählich zu einer Erteilung von Immunitäten an kirchliche Institutionen geführt. Einen umfassenderen qualitativen Wandel belegen die Quellen jedoch erst im Verlaufe des 13. Jahrhunderts.[407]

Allgemein erblickte man in diesen neuen Normen eine Art „besseres" Recht, das klar definierte Bedingungen für Pflichten und die Garantie eines stabilen Besitzes und der Vererbbarkeit schuf. Zugleich mussten die Bewohner dieser Lokalitäten, ähnlich wie im Falle von Immunitäten, nicht mehr älteren Verpflichtungen nachkommen. Damit ging die Bindung an die ursprünglichen Verwaltungszentren und Gerichte verloren, was ebenso für ältere Pflichten in Form von Abgaben und Diensten galt.[408] Aus diesem Grund betrachtete man die Möglichkeit, eine neue Lokalität zu gründen bzw. eine bereits bestehende Siedlung rechtlich neu zu definieren, als ein durch den Eigentümer zu gewährendes Privileg. In umgekehrten Fällen finden wir ein ausdrückliches Verbot, verliehene Güter auf der Grundlage eines der erwähnten Rechte neu zu „gründen". Exemplarisch illustriert dies die Urkunde Benešs des Älteren von Wartenberg aus dem Jahr 1305. Der Adelige bekannte darin, dass er vom Kloster Breunau (Břevnov) für Hilfe und treue Dienste ein Dorf mit Wirtschaftshof (*curia*) auf Lebenszeit erhalten habe. Nach seinem Tod sollten die Güter an das Kloster zurückfallen. Beneš verpflichtete sich daher neben

407 An dieser Stelle ist es nicht möglich, die breit angelegte Problematik der Rezeption der neuen Rechtsbräuche eingehender zu analysieren. Ausführlich behandelte diese Frage W. WEIZSÄKKER, *Das deutsche Recht*, S. 476–542; unter den neueren Arbeiten vgl. v. a. J. ŽEMLIČKA, *Die Deutschen*, S. 107–143; J. KLÁPŠTĚ, *The Czech Lands*, S. 212ff.

408 Vgl. z. B. das Privileg König Wenzels I. für Kloster Doxan (Doksany) aus Jahre 1234 das Dorf Jokes (Jakubov) mit Hilfe des „deutschen Rechtes" zu gründen, CDB III/1, Nr. 65: „*Jacubob villam, sub iure teutonicali locandam concedimus et alias dudum locatas ab omni vexacione et servitute omnimoda castri iam dicti eximimus, libertatem quoque eandem, quam nostris hominibus ibidem commorantibus, perpetuo conferentes; statuentes, ut quicumque castellanus sive prefectus fiat castri prenominati, nullum habeat respectum ad pauperes villarum antedictarum, nisi ecclesia Dogzanensis.*" Weitere Beispiele nennt Josef ŽEMLIČKA, *Počátky Čech královských 1198–1253. Proměna státu a společnosti* [Die Anfänge des königlichen Böhmens 1198–1253. Die Umwandlung des Staates und der Gesellschaft], Praha 2002, S. 210ff.; J. KLÁPŠTĚ, *The Czech Lands*, S. 242ff.; W. WEIZSÄCKER, *Das deutsche Recht*, S. 492ff.

den wirtschaftlichen Abgaben dazu, den Besitz weder zu veräußern noch auf der Grundlage des deutschen Rechts neu zu „gründen".[409]

Nur kurze Zeit, nachdem die Quellen erstmals von deutschem Recht sprechen, tritt auch das Lehnswesen urkundlich in Erscheinung. Bereits die erste überlieferte Urkunde, die die Verbindung *ius feodali* benutzt, beschreibt dabei jenen Akt, der sich unter verschiedenen Bezeichnungen in zahlreichen Schriftstücken in ganz Europa wiederholen sollte. Der seiner Herkunft nach landfremde „Gast", wie Heinrichs Beiname „der Sachse" ausdrücklich bezeugt, erhielt das Dorf mit dem Privileg, fünf Jahre lang keine Abgaben entrichten zu müssen. Darüber hinaus sollte er noch zwei weitere Dörfer gründen, wiederum mit einer Abgabenbefreiung von insgesamt zehn Jahren. Die Urkunde dokumentiert den Versuch zur wirtschaftlichen Kultivierung einer Mikroregion, die dem Vyšehrader Kapitel schließlich einen stabilen Gewinn einbringen sollte. Ungeachtet der verwendeten Lehnsterminologie können wir Heinrich freilich schwerlich als Vasallen des Kapitels auf dem Vyšehrad bezeichnen. Dabei handelt es sich keineswegs um einen Ausnahmefall. Diplome mit ähnlichem Wortlaut tauchen regelmäßig auch in der Folgezeit auf. Eine Erklärung für diesen Zustand bietet ein Satz aus der Urkunde des Jenzo von Mährisch Schönberg (Šumperk), der im Titel dieses Unterkapitels wiedergegeben ist. Es kann kein Zweifel daran bestehen, dass Jenzo und seine Zeitgenossen das Lehns- und „deutsche" (emphytheutische bzw. purkrechtliche) Recht als miteinander verbundene Rechtssphären ansahen, die sich zumindest in bestimmtem Maße austauschen ließen.

Die Gründe für diese Austauschbarkeit deutet die Empörung von Vertretern des Klosters Kanitz (Kounice) über die Absichten der Dienstmannen (*naprauniczi*) an, die anvertrauten Güter als *feodum* zu präsentieren, was für die kirchliche Institution einer Überführung in Eigentum gleichkam. Das gleiche Problem verbarg sich auch hinter der Beschränkung, die es den Brüdern von Lichtenburg untersagte, zwei vom Kloster in Wilimov überlassene Dörfer als Lehen (*infeudare*) zu vergeben. Die Brüder erhielten die Dörfer auf Lebenszeit, das Verbot einer weiteren Verleihung betont die Urkunde dabei in gleichem Atemzug wie das Verbot eines Verkaufs bzw. einer Verpfändung. Durch diese Festlegung sollte die Rückgabe der Güter an das Kloster nach dem Tode der Brüder sichergestellt werden. Die Vergabe als Lehen tritt somit in den Vordergrund als Leiheform, wodurch dem Kloster enge Grenzen gesetzt bzw. der kirchlichen Institution zumindest der Zugang zum Besitz entscheidend erschwert werden konnte. Es handelt sich dabei um das gleiche Prinzip, das wir bereits im beschriebenen Fall des Beneš von Wartenberg feststellen konnten.

Dabei ging es nicht darum, dass die Prämonstratenserinnen aus Kanitz und die Benediktiner aus Wilimov das Lehnswesen nicht verstanden oder dieses in verzerrter Gestalt gedeutet hätten. Im Gegenteil: Ihr Verhalten zeugt vom Verständnis des Problemkerns und entspricht ganz dem Bild der sächsischen Quellen. Beide Kircheninstitutionen legten die Betonung nicht auf die Form der Verpflichtungen bzw. die Verbindlichkeiten selbst, die sich aus der Belehnung ableiteten. Vielmehr interessierte sie die Art und

409 RBM II, Nr. 2024: „[...] *nobis non liceat dictam villam vel curiam vendere aut alicui alteri homini exponere vel thevtonico jure locare*".

Weise, inwieweit die Verleihung *in feodum* die bisherigen Eigentumsrechte modifizierte. Die Rezeption des Lehnswesens im böhmischen Milieu lässt sich folglich nicht primär als neues, progressives Element bei der Ausgestaltung der Vasallität und der politischen Beziehungen interpretieren. Im Übrigen konnten wir bereits feststellen, dass wie in den sächsischen Quellen auch rein wirtschaftliche Motive keineswegs fehlten. Wenn wir einmal von den Urkunden Olmützer Provenienz absehen, dann überwiegt im Rest der überlieferten Fälle gerade die ökonomische Dimension bei der Verleihung.

Es handelt sich hierbei um eine wichtige Bestätigung der Schlussfolgerungen, zu denen wir im vorangegangenen Kapitel des Buches gelangt sind. Sofern nämlich im sächsischen Milieu bzw. auf Reichsebene das Lehnswesen im 13. Jahrhundert einen eindeutig definierten Rechtsbereich der bewaffneten Vasallen darstellte, dann ließe sich doch erwarten, dass dies in gleicher Weise auch in Böhmen seinen Niederschlag fand. In Wahrheit jedoch stoßen wir hier auf ein flexibles Instrument zur Schaffung verschiedener Beziehungsformen und zur Absicherung unterschiedlicher Bedürfnisse. Dies bedeutet keineswegs, dass sämtliche erwähnten Rechtskreise (Lehnrecht, deutsches Recht, Emphytheuse bzw. Purkrecht) als völlig identisch aufgefasst wurden. Die entsprechenden Berührungsflächen müssen jedoch für die böhmischen Beobachter sehr offensichtlich gewesen sein. Ausschlaggebend war offenbar gerade das innovative Potential, das auf der Besitzqualität der verliehenen Güter beruhte. Keineswegs zufällig wurden offenbar sämtliche Beziehungen mit Hilfe der Termini *hereditas/ius hereditarium* beschrieben.[410]

Beneficium – beneficiarius

Weitaus häufiger als der Terminus *feudum* findet sich im böhmischen Quellenmaterial das Begriffspaar *beneficium – beneficiarius*. Im Vergleich zu den sächsischen Quellen erscheint – von Präbenden einmal abgesehen – der Begriff *beneficium* dabei vornehmlich in Verbindung mit Würden bzw. Ämtern der königlichen Verwaltung. Der Terminus *beneficiarius* wiederum, der sich in sächsischen Quellen nicht nachweisen lässt,[411] wurde zur Bezeichnung der entsprechenden Besitzer benutzt. Wie bereits herausgearbeitet, konnte Wilhelm Weizsäcker zu Beginn des 20. Jahrhunderts nachweisen, dass eine Verbindung zwischen beiden Termini und dem Beamtenapparat bereits bestand, wobei der Rechtshistoriker in den Aussagen böhmischer Quellen zugleich Parallelen zum fränki-

410 Auf Beispiele für die Umschreibung von Emphytheuse, Purkrecht bzw. deutschem Recht macht, unter Verweis auf die Vererbbarkeit des Besitzes, u. a. Josef ŽEMLIČKA, *Přemysl Otakar II. Král na rozhraní věků* [Přemysl Ottokar II. Ein König an der Zeitenwende], Praha 2011, S. 72–73 aufmerksam, wobei der Autor auf S. 82 zugleich die Übereinstimmung zwischen Lehns- und deutschem (emphytheutischem) Recht betont. In ähnlicher Weise vgl. zudem K. KOWALESKI, *Rycerze, włodycy, panosze*, S. 9–10.

411 Mit Blick auf das Heilige Römische Reich erscheint dessen Verwendung offenkundig nur vereinzelt, wie es zumindest die von den MGH herausgegebenen Urkundenregister vor Augen führen.

schen Milieu konstatierte.[412] In der aktuellen Forschung ist in diesem Kontext ein Disput zwischen zwei voneinander abweichenden Herangehensweisen entflammt. Einige Historiker beschreiben dabei die Benefiziare als Amtsträger, die einen Teil der auf den přemyslidischen Burgen zusammengetragenen landesherrlichen Einnahmen erhielten. Die zweite Richtung steht mit der Unterscheidung von „landesherrlicher" und „privater" Domäne des Herrschers in Zusammenhang. Während sich die Verwalter auf den Wirtschaftshöfen um die königlichen Erträge kümmern sollten, zeichneten die Benefiziare in den Burgzentren primär für die politische/juristische Agenda und die militärische Verwaltung verantwortlich. Zu ihrer materiellen Absicherung standen ihnen Güter zur Verfügung, die ihrer Form nach den fränkischen Benefizien – „Lehen" ähnelten.[413] In diesem Zusammenhang stellt sich die Frage, ob der angedeutete Streit reale Wurzeln in der unterschiedlichen Aussage der Quellen besitzt, oder ob es sich lediglich um die Folge einer schwammig verwendeten Terminologie und deren Interpretation handelt.

Weizsäckers Verweis auf fränkische Analogien hat unbestritten seine Berechtigung. Eine nahezu identische Übereinstimmung finden wir insbesondere zwischen den Sanktionspassagen in den fränkischen Kapitularien und den von den böhmischen Herrschern ausgestellten Immunitätsurkunden. In beiden Fällen ist das Bemühen erkennbar, Vergehen in der Rangfolge unterschiedlich gestellter Amts- oder Würdenträger zu ahnden. So spricht beispielsweise das Kapitular von Heristall von 779 von der Pflicht, dem Gericht Verbrecher zu übergeben. Im Falle einer Versäumnis, sollte der Schuldige *beneficium et honorem* verlieren. Verfügte er über kein *beneficium*, musste er eine Strafe zahlen. Der gleiche Erlass drohte mit dem Entzug des gräflichen Amtes für den Fall, der Graf habe böswillig eine Strafe unrechtmäßig verhängt.[414] Auch für den Fall, dass eine Person einen aus einer anderen Grafschaft (*comitatus*) geflohenen Verbrecher verstecken sollte, musste eine Geldstrafe bezahlt werden. Handelte es sich um einen Grafen, verlor dieser sein Amt.[415] Der Entzug des Amtes drohte darüber hinaus bei Nichtrespektierung von Herr-

412 Vgl. W. WEIZSÄCKER, *Die Entstehung*, S. 223ff.

413 Zur ersten erwähnten Richtung vgl. D. TŘEŠTÍK – J. ŽEMLIČKA, *O modelech*, (passim); J. ŽEMLIČKA, *Kasteláni*, (passim); Josef ŽEMLIČKA, *O „svobodné soukromosti" pozemkového vlastnictví (K rozsahu a kvalitě velmožské držby v přemyslovských Čechách)* [Vom „freien Privatcharakter" des Grundbesitzes (Zu Umfang und Qualität des Magnatenbesitzes im přemyslidischen Böhmen)], ČČH 102, 2009, S. 269–308. Zur zweiten Richtung vgl. insbes. L. JAN, *Václav II.*, S. 184, 188–189, 250, 257–258; Idem, *K počátkům*; Idem, *Skrytý půvab „středoevropského modelu*, (passim); Idem, *Budování monarchie*, (passim); Idem, *Hereditas*, (passim); Idem, *Zur Frage*, S. 114.

414 *„Ut latrones de infra imunitatem illi iudicis ad comitum placita praesententur; et qui hoc non fecerit, beneficium et honorem perdat. Similiter et vassus noster, si hoc non adimpleverit, beneficium et honorem perdat; et qui beneficium non habuerit, bannum solvat.* [...] *Et si per odium aut malo ingenio, nisi per iustitiam faciendam, hominem diffecerit, honorem suum perdat"*, *Capitularia regum Francorum I.*, Alfred Boretius (Hrsg.), MGH Leges II., Hannover 1883, Nr. 20, S. 48; vgl. H. MITTEIS, *Lehnrecht*, S. 148.

415 *Capitularia regum Francorum I.*, Nr. 26, S. 70: *„De latronibus et malefactoribus, qui de una comitatu ad alium confugium fecerint, si quis eos receperit in suam potestate et septem noctibus secum*

scherbriefen, die reisenden Boten (*missi*) die Unterbringung sichern sollten. Hierbei erfolgte wiederum eine Unterscheidung hinsichtlich der Art der Bestrafung. Für den Fall, dass die Schuldigen ein Amt (*honorem*) oder ein *beneficium* innehaben sollten, wurde ihnen dieses entzogen. Die Strafe für Unfreie lautete Demütigung und körperliche Züchtigung.[416]

Die angeführten Beispiele verdienen insbesondere im Zusammenhang mit drei Quellen aus dem böhmischen Milieu unsere Aufmerksamkeit. Bei dem ersten Beispiel handelt es sich um eine Passage aus dem sog. Großen Privileg für die böhmische Kirche aus dem Jahr 1222. Der König bemühte sich darin die überzogene Zolleintreibung von geistlichen Personen rückgängig zu machen. Während der entsprechenden Bestimmung zufolge die Juden an den Grenzen des Landes nämlich lediglich einen Denar zahlen mussten, hatten Geistliche immerhin 30 Denare zu entrichten. Das Privileg sollte diesem Brauch Einhalt gebieten. Wer es wagte, mit der angedeutete Sitte fortzufahren, den sollte der *dominus thelonei* als Schuldigen vor den König bringen, andernfalls verlöre dieser selbst sein beneficium, auf dem das Geschehen passiert war.[417] Im zweiten Fall geht es um den Teil einer Bestätigung der sog. „Statuten Herzog Konrad Ottos", in denen die königlichen Villici im Fokus stehen. Für den Fall, dass einer Person ohne ordentlichen Gerichtsbeschluss Besitz konfisziert würde, sollte der König kraft seiner Herrschergewalt die Angelegenheit bereinigen. Den Schuldigen erwartete darüber hinaus eine Strafe. Sofern es sich um den Villicus des Kämmerers handelte, hatte dieser ein Pfund Gold zu zahlen. War der Übeltäter ein *dominus*, büßte dieser sein *beneficium* ein.[418] Das dritte Beispiel bietet schließlich das Privileg König Wenzels II. für das Bistum Prag von 1291. Der König untersagte darin, dass jeder Adelige bzw. jede andere Person bei militärischen Feldzügen des Herrschers oder bei anderen Gelegenheiten eine Beherbergung auf den Gütern des

---

detenuerit, nisi ad praesentandum, nostrum bannum solvat. Similiter si comis eum absconderit et ad iustitiam faciendam praesentare noluerit et ad hoc excusare non potest, honorem suum perdat". Zu einer ähnlichen Verfehlung, die einen Grafen mit dem Verlust seiner adeligen Würde aufgrund der Nichtverfolgung von Verbrechern bestrafte, vgl. *Capitularia regum Francorum II.*, Alfred Boretius – Victor Kraus (Hrsg.), MGH Leges II., Hannover 1897, Nr. 224, S. 107. In einem anderen Fall drohte darüber hinaus dem Richter die Aberkennung des Amtes, sofern er vom Gefangenen ein Wergeld annahm, *Capitularia regum Francorum I.*, Nr. 105, S. 216.

416 *Capitularia regum Francorum I.*, Nr. 136, S. 284: „*Et si homo liber vel ministerialis comitis hoc fecerit, honorem, qualemcumque habuerit, sive beneficium amittat; et si servus fuerit, nudus ad palum vapulet et caput eius tondeatur*"; vgl. auch *Capitularia regum Francorum II.*, Nr. 293, S. 420.

417 CDB II, Nr. 227, S. 212: „*Illam denique pravam et perversam consuetudinem abolemus, quam clerici censebantur peiores esse iudeis, videlicet in theloneis in exitu terre nostre; nam ubi iudeus unum, clericus XXX denarios persolvebat. Si quis vero contra hoc venire presumpserit, dominus thelonei malefactorem statuat coram nobis, vel beneficio careat, in quo clericos molestavit.*",

418 CDB II, Nr. 234, S. 224–225: „*Insuper si villicus regis sine iudicio inpignoraverit aliquem, rex iure suo corrigat; si est villicus camerarii, marcam auri solvat; si dominus, beneficio careat.*". Der Terminus *inpignoraverit* lässt sich als „*jemanden wegen einer Schuld*" oder „*wegen Nichterscheinens vor Gericht festhalten*" interpretieren, gegebenenfalls auch im Sinne von „*einen Besitz als Pfand nehmen*" deuten. Vgl. *Latinitatis medii aevi lexicon Bohemorum 15*, Praha 1995, S. 64–66. Zu den Statuten vgl. unten S. 165ff.

Bistums Prag einfordern könne. Sofern die getroffene Verfügung ein *officialis vel beneficiarius* verletze, sollte er seiner Würde verlustig gehen (*officio et beneficio priuatus*). Sofern es sich um eine Person handele, die keinerlei *officium uel beneficium* besitze, sollte diese zwölf Wochen im Kerker schmachten.[419]

Nicht nachweisen lässt sich, inwieweit ähnliche Bestimmungen in der Praxis zur Anwendung kamen. Entscheidend sind aber Verwaltungsstruktur und Gewohnheiten, die diese Festlegungen reflektieren. Als gemeinsames Merkmal erwies sich die Differenzierung im Umfang der Strafe. Während „gewöhnliche" Übeltäter eine Geldstrafe zu entrichten hatten oder in den Kerker kamen, drohte den Inhabern von Benefizien deren Verlust. Die diesbezügliche Verantwortung bezog sich nicht allein auf die Ausübung der anvertrauten Rechte, sondern sie schloss auch das Verhalten der Untergeordneten ein. Die Bestimmung im Privileg der böhmischen Kirche zielte in erster Linie auf jene Personen, die den Zoll physisch eintrieben. Regresspflichtig wurden jedoch auch die Vorgesetzten gemacht, die ein abweichendes Handeln tolerierten. Nicht klar ist, ob in der Verbindung *dominus thelonei* eine konkrete Funktion zum Ausdruck gebracht werden sollte. Die vage Bedeutung des Begriffes, ergänzt lediglich um den allgemeinen Hinweis auf das Benefizium, an dem die Kleriker Schaden nahmen, deutet eher an, dass es sich um ein – nicht näher definiertes – Amt handelte, mit dem die Erhebung des Zolls verbunden sein konnte. Ein ähnliches Beispiel bietet eine für das Kloster Breunau (Břevnov) etwa um die Mitte des 13. Jahrhunderts angefertigte Fälschung. Die durch Böhmen reisenden Angehörigen dieses Klosters wurden vom *iuris thelonearii* befreit und sollten fortan keiner anderen Person mehr auf der Grundlage ihres Benefiziums Geld entrichten.[420] Auch das Privileg König Přemysl Ottokars I. für das Kloster Welehrad (Velehrad) aus dem Jahre 1228 befreite die Güter des Monasteriums von der Zahlung verschiedener Steuern und Abgaben, die dem Herrscher bzw. nicht näher genannten Benefiziaren zustanden.[421]

Ein ähnliches Schema können wir auch in den sog. Statuten Herzog Konrad Ottos beobachten. Die Villici des Kämmerers zählten zum niederen Verwaltungsapparat. Sie

---

419 RBM II, Nr. 1552, S. 666: „[...] *ne aliquis baro, nobilis, vel miles aut alius quisque ad expeditionem nostram vel alias quocumque procedens in eundo, stando vel redeundo in bonis ipsius episcopi et episcopatus predicti se recipere seu ibi pernoctare uel morari presumant in eorundem episcopi et episcopatus – grauamen. Si quis autem – contra mandatum nostrum – huiusmodi recipere se in bonis eisdem seu pernoctare uel morari presumpserit, si talis officialis uel beneficiarius fuerit, extunc ipso facto sit officio et beneficio suo priuatus; quodsi officium uel beneficium aliquod non habuerit, tum per duodecim septimanas in nostro carcere teneatur.*"

420 CDB I, Nr. 379: *„Et quicquid per aquas totius Boemie sive per vias ad usum monachorum homines Brevnovenses duxerint, ab omni iure theloneario sint totaliter exempti, nichil omnino cuiquam ratione beneficii persolvantes.*"

421 CDB II, Nr. 321: „[...] *ab omni onere tributorum, vectigalium, collectarum aliarumque exactionum, sive in quatuordecim ad principem vel beneficiarios spectantibus*". Jüngere Abschrift eines von Heinrich von Kärnten zu Gunsten des Klosters Hradisch (Hradisko) ausgestellten Privilegs, in dem das Monasterium das Dorf Kyjov als Schenkung erhielt. Zugleich befreite der Aussteller dessen Bewohner von „[...] *thelonii onere vel triburotum, rectaglium, collectarum aliarumque exactionum ad nos vel beneficiarios nostros, quoquo modo nominentur.*", CDB IV/1, Nr. 103.

waren ausschließlich in die physische Ausübung der entsprechenden Tätigkeit involviert, worauf sich die Form der materiellen Strafe bezog. Möglicherweise handelte es sich hierbei um eine soziale Kategorie von Personen, von denen eine Urkunde König Přemysl Ottokars II. von 1256 sagt, sie würden ad *ius summi camerarii* gehören.[422] Mit dem Ausdruck *dominus* wiederum zielte der Text auf eine andere gesellschaftliche Gruppe. Es ging dabei um Männer in übergeordneter Stellung, die eine konkrete Funktion ausübten bzw. ein Benefizium besaßen, das man ihnen entziehen konnte.[423] Unmissverständlich wird das genannte Prinzip auch im Privileg Wenzels für das Bistum Prag beschrieben. Interesse verdienen darüber hinaus analoge Bestimmungen, die die Stellung der Geistlichen in der Diözese Olmütz betreffen. Im Jahr 1282 konfirmierte Bischof Theoderich von Neuhaus die von seinem Vorgänger Bruno von Schauenburg erlassenen Statuten und ergänzte sie um einige Artikel. Die erste Bestimmung betraf Kleriker, die ungeachtet aller ernsthaften Anstrengungen nicht in der Lage waren, auf das Konkubinat zu verzichten. Sofern diese Geistlichen Präbenden besaßen, sollten sie dieser für verlustig erklärt werden. Für den Fall, sie würden keine Präbenden besitzen, sollten sie von der Ausübung ihrer geistlichen Funktionen innerhalb der Diözese ausgeschlossen werden.[424]

In allen erwähnten Fällen tritt nicht die Lehnspyramide selbst in den Vordergrund, sondern die Hierarchie des Beamtenapparates, dessen einzelne Vertreter – abhängig vom Ort, an dem sie tätig waren – Verantwortung trugen. Die amtliche Form dieser Hierarchie unterstreicht die bereits erwähnte Bestimmung aus den Staturen der Olmützer Diözese. Das Verhältnis des Benefiziars zum Amtsbenefizium sowie zum Herrscher unterschied sich in seinen Grundlinien nicht von der Beziehung zwischen geistlichen Personen und ihren Präbenden zum Bischof bzw. Bistum. Darüber hinaus macht Wenzels Privileg für das Bistum Prag auf einen Umstand aufmerksam, der uns bereits beschäftigt hat. Die königliche Verfügung betraf alle Personen, ohne Rücksicht auf deren sozialen Status. Die Form einer möglichen Strafe leitete sich allein aus der Tatsache ab, ob der Betreffende ein Amt ausübte oder nicht. Gegenüber dem Landesherrn befanden sich jedoch alle unterschiedslos in gleichartiger Stellung eines „Untertanen".

Im Zusammenhang mit Organisation und Funktionsweise der Benefizialverwaltung verdient darüber hinaus ein konkreter Teil des Privilegs Přemysl Ottokars II. für das

---

422 CDB IV/1, Nr. 76.

423 Praktisch war es auf diese Weise möglich, alle derartigen Personen als Amtsträger des Königs zu bezeichnen, ohne Rücksicht darauf, ob sie ein Benefizium besaßen oder nicht. So konnte beispielsweise in einer Urkunde aus dem Jahr 1280 ein gewisser Martin, Villicus des Olmützer Kämmerers Oneš, unter den „Burg-Benefiziaren" auftauchen (CDB VI/1, Nr. 98: „[...] *coram beneficiariis castri Olomucensis, videlicet Hodisone, iudicio loco regis presidenti et camerarii, Martino, villico camerarii Onsonis prefati*). Es handelt sich hier wiederum um jene Analogie der Verhältnisse, die schon das erste von uns genannte fränkische Kapitular reflektiert. Auch hier wird der Ausdruck *vassus noster* sowohl für die Person verwendet, die über ein Benefizium verfügt, als auch für jene, die nicht im Besitz eines solchen ist. Vgl. hierzu H. MITTEIS, *Lehnrecht*, S. 148.

424 CDB VI/1, Nr. 238, S. 294: „[...] *si beneficiati sunt, a suis beneficiis perpetuo priventur, si autem propriis beneficiis careant, ab omni et maxime sacerdotali officio in Olomucensi dyocesy penitus excludantur.*"

Vyšehrader Kapitel von 1268 Erwähnung. Der König bestimmte darin, dass auf allen „Benefizien des Königreichs“ (*regni beneficiis*), unabhängig davon, welche Bezeichnung diese auch immer trugen, dem Kanzler (diese Funktion übte seit Beginn des 13. Jahrhunderts der Vyšehrader Propst aus) ein Bote für die Aufgaben der Kanzlei zur Verfügung stand.[425] Mit der Bezeichnung *regni beneficiis* verweist die Urkunde allerdings nicht auf die „königlichen Lehen“. Zweck der genannten Bestimmung war es keineswegs, dass jedem durch den böhmischen König verliehenen Lehnsgut als Bonus auch noch ein Kurier des Kanzlers zur Verfügung stand. Vielmehr bestand die Absicht darin, einen engeren Kontakt zwischen Kanzler und Benefiziaren der Verwaltungszentren zu garantieren. Auf den ersten Blick wird damit an die fränkischen *missi* erinnert. Auf der Grundlage einer einzigen Erwähnung ist es jedoch unmöglich, eine eindeutige Analogie herzustellen. Berücksichtigt werden muss nämlich, dass Bedeutung und Umfang der Tätigkeit der karolingischen *missi* grundlegend die Aufgaben eines gewöhnlichen Boten überstiegen.[426] Dessen ungeachtet lässt sich der Passus des Vyšehrader Privilegs gut in das Bild der sich hinter den Begriffen *beneficium – beneficiarius* verbergenden amtlichen Hierarchie einordnen. Er ist darüber hinaus ein aussagekräftiges Beispiel für das Bemühen des Landesherrn, deren Kontrolle und eine Zentralisierung zu stärken.

Eine Ähnlichkeit zwischen den fränkischen und den böhmischen Verhältnissen, die mit Ämtern, Benefizium und ganz allgemein mit der Entwicklung des Lehnswesens zusammenhängt, zeigt sich auch in einem anderen Bereich auf. Eine Ursache dafür, weshalb es neuere Forschungen mit Blick auf die fränkische Zeit ablehnen, von Lehnswesen zu sprechen, ist das vollständige Fehlen der Lehnshierarchie. In den dem sächsischen Milieu gewidmeten Kapiteln wurde bereits herausgearbeitet, dass ein charakteristisches Merkmal des Lehnswesens die Bildung von Lehnsketten auf der Grundlage einer wiederholten Belehnung des vergebenen Besitzes darstellte. In den fränkischen Quellen finden sich jedoch weder sog. Aftervasallen, d. h. „Vasallen der Vasallen“, noch das Phänomen einer Mehrfachvasallität. Anders ausgedrückt: Wir finden keine mehrstufige Organisation von Beziehungen, die das Lehnswesen der jüngeren Zeit charakterisieren und die eine hierarchische Struktur auf der Grundlage der Verleihung unterschiedlichster Güterformen bilden.[427]

Ein identisches Bild präsentieren die böhmischen Quellen. Bereits in den St.-Wenzels-Legenden aus dem 10. Jahrhundert erscheinen přemyslidische Gefolgsleute, im Verlaufe des 12. Jahrhunderts schließlich auch die Klientel der Magnaten und Bischöfe. Im 13. Jahrhundert belegen die Quellen die Klientel des Königs, der Königin, der Adeligen sowie kirchlicher Institutionen. Dessen ungeachtet endet damit, ähnlich wie in fränkischer Zeit, diese Kette. Für Benefiziare findet der Terminus Vasall keine Anwendung. Das

425 CDB V/2, Nr. 571: „[...] *in omnibus regni beneficiis, quocumque nomine censeantur, dictus cancellarius habeat suum nuncium vel druhonem ad iura cancellarie districcius ac diligencius requirenda.*“

426 Josef FLECKENSTEIN, *Die Hofkapelle der deutschen Könige 1*, Stuttgart 1959, S. 60ff.; R. DEUTINGER, *Königsherrschaft*, S. 165ff.

427 Roman DEUTINGER, *Seit wann gibt es die Mehrfachvasallität?*, ZRG GA 119, 2002, S. 78–105; Idem, *Königsherrschaft*, S. 86–87; Idem; *Beobachtungen zum Lehenswesen*, S. 66, 72–73.

Gleiche gilt für die Bezeichnung des Besitzes der Benefiziare, wo der Ausdruck *feudum* nicht auftaucht. Demgegenüber treten die Benefiziare in einigen Fällen als *officiales* in Erscheinung bzw. deren *beneficium* wird als *officium* bezeichnet.[428] Auch die Güter bzw. die Ausübung der Rechte (z.B. Erhebung von Steuern), die die Quellen im Zusammenhang mit einigen Funktionen erwähnen, beziehen sich ausschließlich auf das Amt, niemals jedoch namentlich auf die Person des aktuellen Besitzers. Angesichts der Tatsache, dass der König diese Besitzungen häufig schenkte oder tauschte, konnte er über Amtsgüter fortwährend beliebig verfügen.

Der Kontext, der die Quellen mit den Begriffen *beneficium – beneficiarius* in Verbindung bringen, erinnert in der Tat auffällig an die Angaben in Quellen der Frankenzeit. Der von der tschechischen Historiographie konstruierte Gegensatz zwischen einfachem Anteil an den herrscherlichen Einnahmen und dem in der Einleitung zu diesem Unterkapitel erwähnten „fränkischen Benefizium", erscheint jedoch nicht zweckdienlich. Der Unterschied zwischen beiden methodischen Herangehensweisen beruht nicht auf grundlegenden qualitativen Unterschieden, sondern eher in der näheren Konkretisierung der Quelle der Einnahme. Im ersten Fall gehen wir von einem bestimmten Besitzhintergrund jedes Wirtschafts- bzw. Verwaltungszentrums aus (seien es nun Güter, Zölle, Steuern und Abgaben etc.), dessen Erträge nachfolgend unter den entsprechenden Amtsträgern (re) distributiert wurden. Im zweiten Fall ziehen wir eine „Parzellierung" dieses Besitzes unter den einzelnen Amtsträgern in Betracht. Allerdings wäre es irreführend, diese Güter als Lehen (bzw. „Quasilehen") zu bezeichnen, da ihnen lediglich das Merkmal der Vererbbarkeit fehlte. Aus der Analyse der sächsischen Quellen ging eindeutig hervor, dass das Lehnswesen gewisse Grundmerkmale kennzeichneten – insbesondere ein starkes Eigentumsverhältnis zum übertragenen Gut und die Schaffung eines Verbindungsnetzes mit Hilfe einer wiederholten Verleihung des entsprechenden Besitzes. Im Übrigen haben wir gesehen, daß auch im böhmischen Milieu das Lehnswesen als ein stabilen Besitz sichernder Eigentumstitel wahrgenommen wurde.

Die Tatsache, dass sich die Interpretation der Amtsbenefizien und der zu diesen gehörenden Besitzungen mit Hilfe des Hinweises auf ein (Quasi-)Lehnsverhältnis als fehlerhaft erweist, unterstreicht am deutlichsten das Fehlen höherentwickelter Lehnsketten. Die Villici des Kämmerers und weitere erwähnte untergeordnete Beamten treten klar als an der Ausübung des Amtes beteiligtes niederes Personal in Erscheinung. Bei ihnen handelt es sich nicht um Lehnsmänner, da sie keinen Anteil am Amt hielten. Aus diesem Grund mussten sie lediglich eine Strafe zahlen. Alleiniger Besitzer des Benefiziums war der Kämmerer bzw. ein anderer vorstehender Amtsträger. Die Quellen beschreiben dieses Benefizium eindeutig durch dessen öffentlich-rechtliche Dimension, nämlich durch die Ausübung eines konkreten Rechts bzw. einer bestimmten Berechtigung, und nicht aufgrund des zugeteilten Besitzes. Die quellenmäßig erwähnten Güter waren an das Amt gebunden, der Herrscher verfügte weiterhin über diese, ebenso konnte er entsprechende Würdenträger beliebig absetzen. Das alles musste folglich die Bedeutung des ent-

428 CDB II, Nr. 109; Nr. 227; Nr. 269; CDB V/1, Nr. 62; RBM II, Nr. 1552; Nr. 1573; Nr. 1646. Vgl. darüber hinaus auch *Petri Zittaviensis Cronica Aule Regie*, S. 24–25, 227–228.

sprechenden Gutes vor allem für die Einnahmequelle einschränken. Sofern beispielsweise das Hinterland der přemyslidischen Verwaltungszentren mit Hilfe des Lehnswesens organisiert war, darf davon ausgegangen werden, dass wir im 13. Jahrhundert zumindest ansatzweise eine entwickelte Lehnshierarchie antreffen müssten. Doch aus den Quellen geht dies eben nicht hervor.

Einen ähnlichen Aussagewert besitzt auch die Struktur des adeligen Besitzes und der Klientel.[429] Als im Jahr 1271 der Adelige Hartleb von Myslibořice vor einem Feldzug nach Ungarn sein Testament aufsetzen ließ, sprach er nicht von der Ausstattung seiner Dienstleute (*servientibus*) mit Lehen, sondern mit Pferden, Waffen und Silber (*equos vel arma aut argentum*). Zugleich gewährte er ihnen für den Fall, sie wollten nicht weiter in Diensten seiner Gemahlin stehen, die uneingeschränkte Freiheit, zu gehen, wohin auch immer sie dies wünschten.[430] Hartleb gehörte zu den Nachfahren der Familie der Burggrafen von Znaim, auf deren Initiative hin und mit deren Besitz die Gründung der Abtei Oslawan (Oslavany) erfolgte.[431] Dessen ungeachtet beschrieb der Erblasser in seinem Testament die Absicherung seiner Klientel dergestalt, wie dies noch immer den frühmittelalterlichen Verhältnissen entsprach.[432] Vok von Rosenberg nannte im Falle der Schenkung an das Kloster Hohenfurth die als Lehen vergebenen Dörfer. Der umfangreichste, in seinem Testament bezeugte Besitz umfasste jedoch nur zwei „größere Dörfer" (*maiores villas*). Auch hier findet sich wieder die Versorgung der „Waisen", deren Väter keinerlei Lehen besaßen.[433] Das Bild einer weiteren Strukturierung des Adelsgutes suchen wir auch in anderen Fällen vergeblich.[434]

---

429 Zur adeligen Klientel vgl. Marcin Rafał PAUK, *„Fama, gloria, curia ac ingens familia". Służba i klientela rycerska w otoczeniu możnowładztwa czeskiego (XIII – początek XIV w.)*, in: Marcin Rafał Pauk – Monika Saczyńska (Hrsg.), Dom, majątek, klient, sługa. Manifestacja pozycji społecznej elit średniowiecznych i nowożytnych w przestrzeni materialnej i społecznej, Warszawa 2010, S. 27–62.

430 CDB V/2, Nr. 632: „*Item omnibus servientibus meis, quibus equos vel arma aut argentum dedi, ordino, ut nullus amicorum meorum eos debeat perturbare; et si uxori mee servire noluerint, recedendi quocunque velunt, habeant plenam libertatem.*"

431 Zu den Herren von Miroslav und Myslibořice vgl. Ladislav HOSÁK, *Příspěvky k starému rodopisu moravskému* [Beiträge zur Genealogie eines alten mährischen Geschlechts], ČSPSČ 44, 1936, S. 136–140.

432 In ähnlicher Weise lassen sich auch die Worte des Autors der Legende vom seligen Hroznata aus der Mitte des 13. Jahrhunderts deuten, der das Verhältnis zwischen Hroznata und seinen „Gefolgsleuten" in gleicher Weise beschrieb, wie dies frühmittelalterliche Autoren getan hatten. Der Verfasser bezeichnete Hroznata als „Vater" und „Patron" seiner Getreuen. Vgl. M. R. PAUK, *„Fama, gloria, curia ac ingens familia"*, S. 40–41, 61–62.

433 CDB V/1, Nr. 188; Nr. 230; Nr. 335.

434 Vgl. J. KLÁPŠTĚ, *The Czech Lands*, S. 46ff.; Josef ŽEMLIČKA, *Počátky Čech královských*, S. 405ff.; Tomáš VELÍMSKÝ, *Hrabišici, páni z Rýzmburka* [Die Hrabischitzer, Herren von Riesenburg], Praha 2002, S. 230ff.; Jan URBAN, *Lichtenburkové. Vzestupy a pády jednoho panského rodu* [Die Lichtenburger. Aufstieg und Fall eines Herrengeschlechts], Praha 2003, S. 113–116; Miroslav SVOBODA, *Páni ze Strakonic. Vládci Prácheňska a dobrodinci johanitů* [Die Herren von Strakonitz. Herrscher über die Region Prachen und Wohltäter der Johanniter], Praha 2010,

Die hier kurz beschriebene Situation bedeutet nicht, dass adelige Familien nicht über einen umfangreichen Grundbesitz und Einnahmen verfügt hätten, die es ihnen ermöglichte, Burgen zu errichten, Klostergründungen vorzunehmen und sich dabei auf eine zahlenmäßig umfängliche Klientel zu stützen. Das Fehlen eines umfassenderen Netzwerkes von Vasallenverbindungen sagt dessen ungeachtet etwas über die Entwicklungsstufe des Benefizialwesens und offenkundig auch über Größe und Bedeutung des Besitzes aus, der sich real in den Händen der adeligen Klienten befand.

Zusammenfassung

Das in den Quellen überlieferte Bild der administrativen und politischen Organisation des přemyslidischen Königtums im 13. Jahrhundert zeigt weitgehend keine Übereinstimmung mit den zeitgenössischen Verhältnissen, die die Aussagen aus dem sächsischen Milieu bieten. Es ähnelt in hohem Maße vielmehr der Situation, die mehrere Jahrhunderte zuvor geherrscht hatte. Das Lehnswesen erscheint, zusammen mit dem deutschen Recht (Emphytheuse, Purkrecht), als aus dem deutschen Raum stammende Neuerung, was sich auch in der Terminologie der Quellen widerspiegelt, die eine Trennungslinie zwischen der Verwendung der Termini *feudum/ius feudale* im Zusammenhang mit den verliehenen Gütern und *beneficium/beneficiarius* im Kontext der Verwaltungsämter zieht. Zugleich ist nicht erkennbar, dass das System der Amtsbenefizien einen Verfall erlebt hätte. Noch unmittelbar vor Ende des 13. Jahrhunderts (1299) erwirkte Dětoch von Třebelovice bei König Wenzel II., dass weder er noch seine Untertanen der Jurisdiktion von Benefiziaren unterstehen sollten, sondern ausschließlich der Rechtsprechung der obersten Landesbehörden in Prag.[435] Ein derartiges Vorgehen hätte sich offenkundig gar nicht als notwendig erwiesen, wäre es zu einer grundlegenden Umwandlung älterer Strukturen mittels neuer Formen der Verleihung von Besitz oder Rechten gekommen. Das 13. Jahrhundert gilt unbestreitbar als Zeitraum „großer Veränderungen" – der Errichtung eines Netzes von Städten und Burgen, von Bergbauunternehmungen und des Vordringens neuer Rechtsbräuche. Dessen ungeachtet stellt sich die Frage, wie rasch und in welcher Qualität dieser Prozess eine funktionierende Verwaltungsstruktur und eine reale Stütze der königlichen Macht schuf. Die sich wiederholenden Gefahren eines Ämterverlusts durch Missbrauch und Überschreitung der Berechtigung sowie offenkundig auch das sichtbare Bestreben nach engerer Zentralisierung unter Zuhilfenahme der Kanzlei, wie sie in den ausgehenden sechziger Jahren bezeugt ist, zeigt eher Vitalität und

S. 234ff. Zur Klientel des Adels darüber hinaus auch Petr KLUČINA, *Organizace vojska českého státu za posledních Přemyslovců* [Die Heeresorganisation des böhmischen Staates unter den letzten Přemysliden], Historie a vojenství 1984/1, S. 89–90; neuerdings auch M. R. PAUK, *„Fama, gloria, curia ac ingens familia"*, S. 27– 62.

435 RBM II, Nr. 1841: „[...] *quod predictus Dietoch et homines ipsius predicti eo vivente coram nullis aliis beneficiariis, judicibus vel officialibus provincialibus seu aliis quibuscunque, quocunque nomine censeantur, preterquam coram beneficiariis Pragensibus citari debeant vel etiam judicari.*"

fortdauernde Bedeutung der Benefizialverwaltung. Dies zeigen im Übrigen auch die Emotionen, die den Verfassern der *Königsaaler Chronik* zufolge die Besetzung von Benefizien nicht allein in der Zeit Zawischs von Falkenstein, sondern noch unter der Herrschaft Johanns von Luxemburg auslöste.

II/4 Die přemyslidischen Benefizien im Frühmittelalter

Die Situation, wie sie das Quellenmaterial des 13. Jahrhunderts widerspiegelt, hat ihre Wurzeln eindeutig in der Entwicklung der přemyslidischen Herrschaft der älteren Zeit. Ungeachtet dieser Tatsache ergibt sich hieraus das Problem, dass in den diesbezüglichen Quellen nur in Einzelfällen jene Terminologie erscheint, auf die sich die bisherige Untersuchung stützt, zumal damit in gewissem Sinne die gewählte methodologische Konstruktion zum Einsturz gebracht wird. Die Übersicht zum Forschungsstand hat jedoch gezeigt, dass die Interpretation des Benefizialsystems und der Verwaltungsorganisation in erheblichem Umfang mit drei Fragenkomplexen in Zusammenhang steht: dem Verhältnis zwischen Herrscher und führenden Magnaten, dem Anteil der Magnaten an der Macht und der Frage ihrer Ausstattung mit Besitz. Die nachfolgende Interpretation wird folglich die drei Fragenkomplexe im Kontext der bislang erzielten Ergebnisse hinterfragen.

„Fürsten kämpfen für den Sieg, die Gefolgsleute für den Fürsten“

Bereits die ältesten Quellen, die Legenden der heiligen Ludmilla und des heiligen Wenzel aus dem 10. Jahrhundert, zeigen eine die Herrscher umgebene Gefolgschaft, von ersteren mit Gold, Silber, der vornehmsten Kleidung und Waffen ausstattet.[436] Offen bleibt das Schicksal der ursprünglichen Stammeseliten. Kam es zu deren gewaltsamer Marginalisierung oder begnügten sich die Přemysliden mit einer Zusammenarbeit sowie einer schrittweisen „Assimilierung“ mit Hilfe ihrer wachsenden Macht und ihres Reichtums? Angesichts des Aussagewerts der überlieferten Quellen besitzen sämtliche Lösungsvorschläge, innerhalb derer sich die Forschung bewegt, einen in hohem Maße hypothetischen Charakter. Man kann sich im Übrigen gut vorstellen, dass der přemyslidische Weg zur Hegemonie nicht nach einem einzelnen Szenarium verlief, sondern dass sich die Strategie in Abhängigkeit von der konkreten Situation und den entsprechenden Bedingungen entwickelte. Beide Möglichkeiten ergänzen sich somit eher, ohne in einem diametralen Gegensatz zu stehen. Unter den Magnaten, die die Quellen der jüngeren Zeit allgemein als *primates, optimates, proceres, nobiles* bzw. *milites primi ordinis* bezeichnen, konnten sich so

---

436 *Fuit in provincia Boemorum*, FRB I, Josef Emler (Hrsg.), Praha 1873, S. 145; *Crescente fide Christiana*, FRB I, Josef Emler (Hrsg.), Praha 1873, S. 184; *Legenda Christiani*, Jaroslav Ludvíkovský (Hrsg.), Praha 1978, S. 36, 57.

die einstmals mit den Přemysliden um den Einfluss innerhalb der Stammesgemeinschaft ringenden Nachfahren der Eliten befinden.[437]

Der erste Text, der in gewisser Weise über Gestalt und Charakter der Fürstenmacht reflektiert, ist die vermutlich in den Jahren 1119–1125 verfasste Chronik des Prager Dekans zu St. Veit Cosmas. Das Werk des Cosmas unterlag – ähnlich wie andere Werke dieses Genres – der literarischen Stilisierung und der Absicht des Autors.[438] Dessen ungeachtet bildet es das einzige geschlossene Zeugnis der böhmischen Geschichte des 11. und beginnenden 12. Jahrhunderts sowie der zeitgenössischen Mentalität. Die Macht der Přemyslidenherzöge wird auf den Seiten der Chronik in widersprüchlicher Weise dargestellt. Wenn Cosmas die mythischen Anfänge des Geschlechts und die Haltung des ersten přemyslidischen Fürsten – Přemysl Oráčs (des Pflügers) – zur Macht schildert, bedient er sich einer alttestamentlichen Parallele aus dem ersten Buch der Könige. Die warnende Rede der „Seherin" Libuše, der künftigen Gemahlin Přemysls, illustriert das absolutistische, ja tyrannische Ausmaß der fürstlichen Macht: *„Es ist besonders einfach, einen Herzog einzusetzen, aber schwierig, ihn wieder abzusetzen. Denn solange es noch in euerer Macht steht, ihn einzusetzen, ist er euch untertan, habt ihr ihn aber erst einmal eingesetzt, unterliegt ihr mit Hab und Gut seiner Machtvollkommenheit. Bei seinem Anblick werden euch die Knie schlottern und die Zunge wird euch am Gaumen kleben bleiben. Redet er euch an, werdet ihr aus Furcht kaum die Worte ‚Ja Herr, ja Herr' stammeln können, während er selbst lediglich durch einen Wink diesen ohne Prozess verurteilt, jenen verstümmelt, einen anderen in den Kerker werfen und wieder einen anderen hängen lässt. Wie es ihm gefällt, wird er einige von euch zu Sklaven, Bauern oder Leibeigenen, einige zu seinen Beamten, zu Folterknechten oder Fronboten, andere zu Köchen, Bäckern oder Müllern machen. Er wird sich auch Heerführer und Hauptleute auswählen, Verwalter, Wein- und Ackerbauern, Schnitter, Schmiede und Kürschner. Euere Söhne und Töchter wird er in seinen Hofstaat aufnehmen, von eueren Ochsen, Pferden und übrigen Tieren jeweils das Besthaupt für sich und seinen Hof reservieren. Die ertragreichsten Höfe, Felder, Wiesen und Weinberge wird er konfiszieren.*"[439]

---

437 Vgl. exemplarisch D. KALHOUS, *The Anatomy of a Duchy*, S. 115ff.; Idem, *Čeští velmoži 10. Věku* [Die böhmischen Hochadeligen im 10. Jahrhundert], SPFFBU C 52, 2005, Brno 2006, S. 5–13; Dušan TŘEŠTÍK, *Počátky Přemyslovců. Vstup Čechů do dějin (530–935)* [Die Anfänge der Přemysliden. Der Eintritt der Böhmen in die Geschichte (539–935)], Praha 2001, S. 351–440; Lisa WOLVERTON, *Hastening toward Prague. Power and Society in the Medieval Czech Lands*, Philadelphia 2001, S. 42ff.; Josef ŽEMLIČKA, *K pozemkové výbavě české nobility ve starším středověku* [Zur Grundbesitzausstattung des böhmischen Adels im Frühmittelalter], ČČH 110, 2012, S. 190ff.

438 Eine Analyse der Chronik lieferte Dušan TŘEŠTÍK, *Kosmova kronika. Studie k počátkům českého dějepisectví a politického myšlení* [Die Cosmas-Chronik. Eine Studie zu den Anfängen der böhmischen Geschichtsschreibung und des politischen Denkens], Praha 1968.

439 *Cosmae Pragensis Chronica Boemorum*, I/5, S. 14: *„Inprimis facile est ducem ponere, sed difficile est positum deponere; nam qui modo est sub vestra potestate, utrum eum constituatis ducem an non, postquam vero constitutus fuerit, vos et omnia vestra erunt eius in potestate. Huius in conspectu vestra febricitabunt genua, et muta sicco palato adherebit lingua. Ad cuius vocem pre nimio pavore vix*

Durch einen ähnlichen Tonfall zeichnen sich zudem mehrere andere Schilderungen aus.[440] Zugleich betont Cosmas jedoch die Bedeutung der Magnaten und deren Anteil an der Verwaltung des Landes. Am deutlichsten kommt dieser Gedanke in der angeblichen Ansprache des Fürsten Jaromir zum Ausdruck, die dieser aus Anlass des Machtantritts Herzog Břetislavs im Jahre 1034 gehalten haben soll. Jaromir erinnerte den neuen Herrscher daran, die Angehörigen der bedeutenden Geschlechter wie einen Vater zu ehren, sie wie Brüder zu lieben, sie als Ratgeber heranzuziehen und ihnen Burgen und das Volk zur Verwaltung anzuvertrauen, da allein durch sie das *Boemie regnum* existiere, bestanden habe und auf ewig bestehen werde.[441]

Die ambivalente Aussage in der Chronik des Cosmas über den Umfang der fürstlichen Macht ist keinesfalls dem Zufall geschuldet. Der wechselseitigen Beziehungen zwischen Anführern und deren Nachfolgern waren sich bereits die antiken Autoren bewusst. Der römische Historiker Tacitus schrieb mit Blick auf das Verhältnis zu den Germanen,

---

respondebitis: „Ita domine, ita domine", cum ipse solo suo nutu sine vestro preiudicio hunc dampnabit et hunc obtruncabit, istum in carcerem mitti, illum precipiet in patibulo suspendi. Vos ipsos et ex vobis, quos sibi libet, alios servos, alios rusticos, alios tributarios, alios exac tores, alios tortores, alios precones, alios cocos seu pistores aut molendinarios faciet. Constituet etiam sibi tribunos, centuriones, villicos, cultores vinearum simul et agrorum, messores segetum, fabros armorum, sutores pellium diversarum et coriorum. Filios vestios et filias in obsequiis suis ponet; de bubus etiam et equis sive equabus seu peccoribus vestris optima queque ad suum placitum tollet. Omnia vestra, que sunt potiora in villis, in campis, in agris, in pratis, in vineis, auferet et in usus suos rediget." Vgl. hierzu D. KALHOUS, *The Anatomy of a Duchy*, S. 120ff. Die zitierte deutsche Übersetzung folgt einer neueren deutschen Übersetzung in *Cosmas von Prag – Die Chronik Böhmens I*, in Anlehnung an die Übertragung von Georg Grandaur neu übersetzt und eingeleitet von Franz Huf, Alexander Heine (Hrsg.), Essen – Stuttgart 1987, S. 51–52.

440 Der Fürst bestraft beispielsweise unbarmherzig hohe Adelige, die es ablehnten, sich seinen Wünschen zu unterwerfen. Weitere Magnaten flüchteten aus Angst vor einer Bestrafung, da sie sich den Weisungen des Fürsten widersetzt hatten. In einem anderen Fall akzeptiert der Verweser einer Burg, der in Ungnade gefallen war, das Recht des Fürsten, frei über die verliehenen Ämter zu verfügen. *Cosmae Pragensis Chronica Boemorum*, I/19, S. 38–40; II/19, S. 111; II/24, S. 117.

441 Ibidem, I/42, S. 79: „[...] *hos diligas ut fratres et in omnibus negociis tibi consiliarios habeas. His urbes et populum ad regendum committas, per hos enim Boemie regnum stat et stetit atque stabit in sempiternum.*". Cosmas' sowohl das absolutistische Ausmaß der fürstlichen Macht wie auch den an der Mitregierung und der Verwaltung des Landes aufzeigenden Anteil der führenden Adeligen analysierte Martin WIHODA, *Kníže a jeho věrní. Kosmas o světě předáků a urozených* [Der Herzog und seine Getreuen. Cosmas von Prag über die Welt der Adeligen und Vornehmen], in: Martin Nodl – Martin Wihoda (Hrsg.), Šlechta, moc a reprezentace ve středověku, Praha 2007, S. 11–29. Eingehender hierzu Idem, *První česká království* [Die ersten böhmischen Königtümer], Praha 2015, S. 55–75. In breiteren Zusammenhängen darüber hinaus auch Vratislav VANÍČEK, *Sociální mentalita české šlechty: urozenost, rytířství, reprezentace* [Die soziale Mentalität des böhmischen Adels: adelige Herkunft, Rittertum, Repräsentation], in: Martin Nodl – Martin Wihoda (Hrsg.), Šlechta, moc a reprezentace ve středověku, Praha 2007, S. 141–188.

dass die Fürsten für den Sieg kämpfen, die Gefolgsleute für den Fürsten.[442] Der Sinn der Worte des Tacitus wird am Beispiel der im 11. Jahrhundert verfassten Legende über den Kiewer Fürsten Boris deutlich. Boris hatte den Rat seiner Gefolgsleute abgelehnt, gewaltsam den Kiewer Thron zu usurpieren. Die Gefolgschaft wandte sich daraufhin von ihm ab und der Fürst fiel wenig später einem Mordanschlag zum Opfer.[443] Eine etwas jüngere Quelle mit dem Titel *Erzählung der vergangenen Jahre* (Povest vremennych let), die der Kiewer Chronist Nestor verfasste, verweist auf die Geschichte von den Gefolgsleuten des Kiewer Fürsten Wladimir, die sich über die unzureichende Ausstattung mit Waffen und Kleidung beschwert hatten. Sie forderten zudem, statt mit hölzernen mit silbernen Löffeln zu speisen. Fürst Wladimir habe daraufhin postwendend silberne Löffel anfertigen lassen. Wladimir war sich dabei sehr wohl bewusst, dass gerade die Gefolgschaft dafür Sorge trug, dass er – ebenso wie seine Vorfahren – Schätze anhäufen konnte.[444] Trotz des anekdotenhaften Charakters der zweiten Geschichte lassen sich im Aussagewert der geschilderten Beispiele keine Unterschiede feststellen. Die Symbiose zwischen Anführern und Gefolgsleuten beruht auf der gegenseitigen Abhängigkeit. Die Bereitschaft des Fürsten, alles daran zu setzen, um eine bessere Stellung für sich und seine Anhänger zu sichern, bedingte die Treue und Zuneigung der Gefolgsleute.

Eine ebensolche Art und Weise des Denkens reflektieren auch die böhmischen Quellen. Cosmas beschreibt für das Jahr 1092 eine Rebellion des Prinzen Břetislav (II.) gegen seinen Vater, König Vratislav II. Der länger anhaltende Streit zwischen beiden Männern fand während eines Heerzuges seinen Höhepunkt. Auf Břetislavs Seite schlug sich dabei angeblich der größere und mannhaftere Teil des Heeres. Die konfliktgeladene Situation sollten Verhandlungen beruhigen. Die Anhänger Břetislavs schenkten allerdings dem König kein Vertrauen und entschieden sich dafür, das Land zu verlassen. Břetislav seinerseits schloss sich sicherheitshalber seinen Getreuen an, zumal ihm klar war, dass ein „*Fürst ohne Kämpfer nicht einmal den Namen des Fürsten verdiene*". Wohl am treffendsten beschrieb dieses Verhältnis der Abt des Klosters Mühlhausen (Milevsko) Gerlach, als er in seinen Annalen zu Beginn des 13. Jahrhunderts den Thronstreit zwischen Přemysl Ottokar I. und dessen Bruder Vladislav Heinrich schilderte. 1197 zogen die Anhänger Přemysl Ottokars I. in die entscheidende Schlacht, fest entschlossen, „*entweder zu sterben, oder für sich Brot und für ihren Herrn das Fürstentum zu gewinnen*".[445]

---

442 *Tacitus Germania*, Wilhelm Reeb (Hrsg.), Kommentar W. Reeb unter Mitarbeit von H. Klenk mit Beiträgen von A. Dopsch, H. Reis, K. Schumacher. B. G. Teubner, Berlin – Leipzig 1930, S. 34: „*principes pro victoria pugnant, comites pro principe*".

443 *Vyprávění o svatých mučednících Borisi a Glebovi a o jejich utrpení i jejich pochvala* [Erzählung über die heiligen Märtyrer Boris und Gleb sowie deren Leiden und deren Preisung], in: Staroslověnské legendy českého původu, Marie Bláhová – Václav Konzal (Hrsg.), Praha 1976, S. 366–367.

444 Vgl. Jerome BLUM, *The Beginnings of Large-Scale Private Landownership in Russia*, Speculum 28/4, 1953, S. 787.

445 *Cosmae Pragensis Chronica Boemorum*, II/48, S. 148–155, Zitat S. 155: „[...] *dux sine militibus nec nomen ducis habet*"; *Gerlaci abbatis Milovicensis Annales*, FRB II, Josef Emler (Hrsg.), Praha 1874, S. 514: „[...] *parati aut mori aut optinere panem sibi et domino suo Primizl principatum*." In die gleiche Richtung geht auch der Ausspruch des Hochadeligen Budivoj. Dieser soll gegenüber Fürst

Der „Kampf für den Sieg“, für den die *principes* des Tacitus zu streiten sich bemüht haben sollen, muss dabei nicht notwendigerweise nur als Erreichung eines konkreten Ziels und des Sieges auf dem Schlachtfeld aufgefasst werden. Es handelte sich allgemein um die Erfüllung der Erwartungen der Getreuen, die diese durch ihre Loyalität und Unterstützung erwiderten. In dieser Hinsicht bestand kein Unterschied zwischen der Waffen, Kleidung sowie Wertgegenstände erwartenden frühmittelalterlichen Gefolgschaft und den hochmittelalterlichen Magnaten, die für sich Ämter, Güter und einen Anteil an zu fällenden Entscheidungen beanspruchten.

Grundlegende Informationen, die den Charakter der Beziehungen zwischen böhmischen Fürsten und deren führenden Hochadeligen verständlicher machen, bietet das Werk des sog. *Vyšehrader Kanonikers*. Der unbekannte Chronist knüpft in der Schilderung der Ereignisse an das Werk des Cosmas von Prag an und führte seine Annalen bis zum Beginn der vierziger Jahre des 12. Jahrhunderts fort. Für das Jahr 1128 berichtet er, ohne nähere Einzelheiten zu liefern, dass Herzog Soběslav I. (1125–1140) zahlreiche Magnaten habe festnehmen und einkerkern lassen. Zwei Jahre später konnte der Fürst sodann eine Verschwörung aufdecken, die zu seinem Sturz hatte führen sollen. Soběslav berief daraufhin eine Versammlung hoher und niederer Männer ein, bei der ein Gericht über die Anführer des missglückten Attentats beriet. In seiner Eröffnungsrede soll Soběslav sich direkt an die Magnaten mit den Worten gewandt haben: *„Ihr böhmischen Hochedlen und Schild des Landes Böhmen“*. In seiner Ansprache selbst verteidigte er seine legitime Thronfolge, die er sich nicht durch einen Krieg oder eine andere Gewalttat gesichert habe, sondern durch die rechtskonforme Wahl des Bruders und der Großen. Zugleich sei es ihm um das Wohl des Landes und die Ehre (*honor*) der Magnaten gegangen. Dennoch hätten gerade jene, denen er am stärksten seine Gnade geschenkt, die er geehrt und denen er einen Platz an seiner Seite angeboten habe, eine Verschwörung angezettelt und versucht, ihn zu ermorden.[446] Der Chronist fährt fort, er selbst habe an der

Svatopluk, der sich im Jahre 1106 vergeblich bemüht hatte, die Prager Burg zu erobern, geäußert haben: *„Nos autem, fratres, nondum usque ad sanguinem pugnavimus, nondum fecimus capitibus nostris pontem, quo itur ad solium, quem utique et facturi sumus, si sors facere compulerit.“*, *Cosmae Pragensis Chronica Boemorum*, III/19, S. 183.

446 *Canonici Wissegradensis continuatio Cosmae*, S. 206, 209–210: *„O Bohemienses proceres et scutum Bohemicae terrae! Non laudo neque extollo me, sed veritatem dico, quando fui profugus, Dei gratia ubique felix fui, et habui de hiis sufficienter quae mihi necessaria fuerunt; nunc autem flens dico, vivente fratre meo et duce Wladizlao, neque scuto neque alia vi istum ducatum et honorem percepi, sed Dei misericordia et electione fratrisque mei adhuc viventis vestrique omnium sum adeptus, hacque ratione et iustitia me iuste et rationabiliter arbitror possedisse. Quidam vero ex huius provincia nobiliores instinctu Sathanae commoti, me, proh dolor! perimere voluerunt, veluti quondam illorum antecessores fratrem meum Bracizlaum ducem prudentissimum occiderunt, Suatopluk quoque sine causa perimerunt. Me vero, qui ad utilitatem patriae pariterque ad vestrum honorem enisus sum, nescio ob quam causam me perdere voluerunt, sed Dei gratia auxiliante perficere non valuerunt. Nonne videtis, quanta duritia quantaque impietas cordis eorum fuit? Quibus etenim uberiora dona meae gratiae impertiebar, et quos prae aliis cariori affectu venerabar, atque lateri meo decenter assidere faciebam, horum maligna voluntas mihi exitium molita est.“* Zu den Ereignissen vgl. Josef

Gerichtsverhandlung teilgenommen, wobei die Aufzeichnungen vermutlich bereits kurze Zeit später entstanden. Dennoch bleibt unklar, ob der Verfasser hier nicht eine gewisse Stilisierung vornahm, zumal er in dem Werk seine Sympathien Soběslav gegenüber nicht verbirgt.[447] In jedem Fall kommt jedoch in der Ansprache die eindeutige Verteidigung der Legitimität des regierenden Fürsten zum Ausdruck, einer Legitimität, die auf gleichberechtigten Voraussetzungen fußte – der Wahl, dem Wohl des Landes und der Ehre bzw. dem Erfolg der Magnaten.

Die von dem Chronisten geschilderten Vorgänge hinsichtlich der Bedeutung der Wahl hängen mit der Entwicklung der Nachfolgeregelungen zusammen. Cosmas von Prag zufolge hatte Herzog Břetislav I. unmittelbar vor seinem Tode im Jahre 1055 die führenden Männer des Landes zusammengerufen und das sog. Senioratsprinzip verkündet. Dem Wunsch des Herrschers gemäß sollte die Regierung im Lande fortan stets dem Ältesten innerhalb des Geschlechts der Přemysliden zufallen. Die Nachfolgeregelung hing auch mit einer Reform der innenpolitischen Ordnung des Herzogtums zusammen. Břetislav hatte mehrere Söhne. Während der älteste Sohn die Nachfolge des Vaters antreten sollte, wurde für die jüngeren Söhne das System der Teilfürstentümer eingerichtet. Konkret bedeutete dies, dass Mähren in zwei – später drei – territoriale Einheiten mit den Zentren in Olmütz, Brünn und Znaim (Znojmo) unterteilt wurde.[448] Dieses Prinzip fand in der Praxis lediglich bis zur Enkelgeneration Břetislavs seine Anwendung. Ende des 11. Jahrhunderts versuchten die Söhne König Vratislavs II. die mährischen Vettern von der Nachfolge auszuschließen und den Thron innerhalb der engeren Familie zu vererben. Dieses Vorhaben prägte das gesamte nachfolgende Jahrhundert, das sich durch wiederholte Kriege um den Prager Herzogsthron auszeichnete, den der Chronist Vinzenz von Prag in der zweiten Hälfte des 12. Jahrhunderts als „*Fels, der noch heutigen Tages sich in der Mitte der Stadt befindet, und um welchen auch schon vor alten Zeiten viele tausend Ritter im Kampfe gefallen waren*", bezeichnete.[449]

ŽEMLIČKA, *Vyšehrad 1130: soud, nebo inscenace? (K „nekosmovskému" pojetí českých dějin)* [Vyšehrad 1130: Gericht oder Inszenierung? (Zu der „Cosmas widersprechenden" Auffassung der böhmischen Geschichte)], in: Jaroslav Pánek – Miloslav Polívka – Noemi Rejchrtová (Hrsg.), Husitství – reformace – renesance. Sborník k 60. narozeninám F. Šmahela I., Praha 1994, S. 47–68; Andrzej PLESCZYŃSKI, *Sobiesław I – rex Ninivitarum. Książe czeski w walce z ordynariuszem prskim Meinhardem, biskupem Rzeszy*, in: Jerzy Pysiak – Aneta Pieniądz – Marcin Rafał Pauk (Hrsg.), Monarchia w średniowieczu – władza nad ludźmi, władza nad terytorium. Studia ofiarowane Profesorowi Henrykowi Samsonowiczowi, Warszawa – Kraków 2002, S. 125–138.

447 Zum Werk des *Vyšehrader Kanonikers* vgl. J. NECHUTOVÁ, *Die lateinische Literatur*, S. 83–84. Eingehender hierzu Václav NOVOTNÝ, *Zur böhmischen Quellenkunde I. Der erste Fortsetzer des Kosmas*, Věstník královské české společnosti nauk, 1908, Nr. VII, S. 1–114.

448 *Cosmae Pragensis Chronica Boemorum*, II/14, S. 105, II/13, S. 101–102; II/18, S. 110.

449 *Vincentii canonici Pragensis Annales*, S. 412: „[...] *principali throno, quodam saxo, quod etiam nunc in medio civitatis, pro quo non solum nunc, sed etiam ab antiquo multa milia militum bello corruerunt*".

Das wahre Aussehen des Herzogstuhls kennen wir nicht. Die Nachrichten über diesen verstummen im 12. Jahrhundert. Mit dem steinernen Thron hing freilich die Inthronisation des neuen Herrschers zusammen. Allein durch die Thronbesteigung im Rahmen der Inthronisationszeremonie stieg ein Angehöriger der Přemyslidendynastie zum regierenden Fürsten auf. Unklar bleibt, ob die Wurzeln dieser Zeremonie und die Bedeutung des Ortes in die Stammeszeit zurückreichen oder ob sie erst mit der Durchsetzung der přemyslidischen Hegemonie im 10. Jahrhundert in Zusammenhang stehen. In jedem Fall machte die Anwesenheit des Steinthrons aus der Prager Burg das natürliche Zentrum der přemyslidischen Macht, welches jeder an der Macht im Lande interessierte potentielle Bewerber beherrschen musste.[450]

Die Auswirkungen der Nachfolgekämpfe spiegelten sich in der politisch-geographischen Ordnung des Landes und der wachsenden Macht der Großen wider. Die mährischen Teilfürstentümer verblieben in der Erbfolge der Nachfolger der ersten Teilfürsten. Die führenden Hochadeligen, die der Vorstellung Břetislavs I. zufolge vor allem Garanten der Nachfolgeregelung sein sollten, begannen dabei die Nachfolgeordnung selbst festzulegen. Theoretisch geriet zwar das Senioratsprinzip nicht in Vergessenheit, in der praktischen Politik jedoch besaß es immer weniger Bedeutung. In der Realität entschied über die Thronfolge des přemyslidischen Fürsten die Wahl der „Böhmen", für die der Wahlakt und ihr Einfluss darauf ein unveräußerliches Recht darstellte. Die Wahl selbst wurde zu einer mächtigen Waffe und das machtpolitische Ringen endete bei weitem nicht mit der erfolgreichen Thronbesteigung. Auch in der Folge galt es, sich weiterhin die Unterstützung der Magnaten zu sichern, zumal sich innerhalb der weitverzweigten Přemyslidenfamilie immer ein anderer potentiell geeigneter Herrschaftskandidat und möglicher Herausforderer fand. Wenn sich der herrschende Fürst die Magnaten zu Feinden machte, konnte deren Unzufriedenheit in der Wahl eines neuen Herzogs münden.[451]

Weitere Voraussetzungen für eine legitime Herrschaft des regierenden Fürsten, wie sie der *Vyšehrader Kanoniker* erwähnt, bilden Ehre bzw. Wohl des Landes und der führenden Hochadeligen. Was die Großen unter diesem *honor* verstanden, lässt die weitere Schilderung der Gerichtsverhandlung erkennen. Miroslav, einer der angeklagten Verschwörer, bekannte, er sei durch Božík, Kaplan des Prager Bischofs, zur Teilnahme an der geplanten Verschwörung überredet worden. Božík habe Miroslav angeblich daran erinnert, dass niemand im Lande berühmter und weiser sei als Miroslavs Vater. Miroslav

450 Zur Bedeutung der Prager Burg und zum steinernen Thron für die Inthronisation der Herzöge D. TŘEŠTÍK, *Počátky Přemyslovců*, S. 340–347.

451 Zu den Thronstreitigkeiten, der Unterbrechung des Senioratsprinzips und dem wachsenden Einfluss der führenden Adeligen auf die Nachfolgeregelung R. NOVÝ, *Přemyslovský stát*, S. 16–18, 38–39; J. ŽEMLIČKA, *Čechy v době knížecí*, S. 74, 126–146; Marek STARÝ, *K právním aspektům nástupnictví na knížecí stolec a královský trůn v Čechách za vlády Přemyslovců* [Zu den rechtlichen Aspekten der Thronfolge auf den Fürstenstuhl und Königsthron in Böhmen in der Regierungszeit der Přemysliden], PHS 37, 2005, S. 29–69; L. WOLVERTON, *Hastening toward Prague*, S. 91ff.; František GRAUS, *Adel, Land und Herrscher in Böhmen vom 10. bis 13. Jahrhundert*, Nachrichten der Gießener Hochschulgesellschaft 35, 1966, S. 131–153.

selbst galt aber angeblich unter den führenden Adeligen als der „Geringste" und sein Bruder schmachtete darüber hinaus unschuldig im Kerker. Eine Wende sollte die Tötung des regierenden und die Einsetzung eines neuen Fürsten bringen, von dem Miroslav und die anderen alles erhalten würden, was sie sich wünschen. Als Lohn für die Ausführung des Mordes konnte Miroslav vom neuen Herrscher Saaz (Žatec), Leitmeritz (Litoměřice), Kammer-, Tafel- oder Marschall-Dienst einfordern. Im Falle von Saaz und Leitmeritz handelte es sich um wichtige, in einer der fruchtbarsten Regionen Nordwestböhmens gelegene Burgzentren. Das Angebot umfasste also zwei prominente Kastellanwürden und drei bedeutende Hofämter. Aus dem Kontext wird dabei deutlich, dass Miroslav mit dem Gewinn eines Amtes eine der Stellung seines Vaters vergleichbare Position erringen konnte.[452]

Der Hintergrund der sich an der Wende der zwanziger und dreißiger Jahre des 12. Jahrhunderts abspielenden Geschehnisse spiegelt sich auch in den ein Jahrzehnt späteren Ereignissen. Soběslav I. hatte versucht, die Nachfolge seines Sohnes durchzusetzen. Bei einem Besuch in Regensburg im Jahr 1138 ließ Soběslav seinem Sohn sogar ein Banner durch den römisch-deutschen König Konrad III. überreichen, womit er ihn zu seinem Nachfolger zu designieren beabsichtigte. Nach seiner Rückkehr nach Böhmen lud der Herzog die Magnaten zu einer Versammlung nach Sadská. Dort *„bat er sie halb und halb befahl er ihnen"*, sie mögen nach seinem Tode seinem Sohn die Treue wahren und ihn dadurch als Herzog anerkennen. Ungeachtet des gegebenen Versprechens fanden sich die *primates Bohemi* als Soběslav zwei Jahre darauf verstarb auf dem Vyšehrad ein, wo sie über den künftigen Herzog zu verhandeln begannen. Dem Chronisten zufolge, *„bemühten sich die einen jenen, andere wiederum einen anderen Kandidaten zu wählen und zu inthronisieren"*. Schließlich sollte sich die ganze Versammlung unter Führung des Magnaten Načerat auf eine Auswahl von Prätendenten einigen. Die Wahl fiel auf Vladislav (II.), den Sohn von Soběslavs Bruder und Vorgänger auf dem Herzogsthron Vladislavs I.[453]

452 *Canonici Wissegradensis continuatio Cosmae*, S. 210–211: *„Nonne, charissime fili, patre tuo in hac provincia nullus nobilior nullusque sapientior fuit? tu autem inter alios huius terrae primates pro minimo haberis, insuper et germanum tuum tamdiu in vinculis pro nihilo multa mala perferre pateris. Ergo melius est, ut hoc duce superbissimo perempto, talem inthronizemus, a quo sine dubio cuncta quae nobis placuerint habere poterimus.* [...] *Si vitam ducis perdideris, inter ista quinque, scilicet Satec, Lutomerici et inter cameram et mensam et agazoniam, quodcunque elegeris, me promittente duceque Bracizlao donante, sine dubio cum honore possidebis."*

453 *Canonici Wissegradensis continuatio Cosmae*, S. 229, 231–232: *„Gratia quoque regis sibi favente id obtinuit, ut filius suus Wladizlaus in regimen ducatus ei succederet. Cui licet puero vexillum praesente patre a rege traditum est, ad quod confirmandum omnes Bohemi proceres super reliquias sanctorum coram rege sacramenta fecerunt. Hiis ita peractis, dux Sobezlaus gaudio pro velle repletus, cum suis repatriavit. Cum autem sollemnitas apostolorum Petri et Pauli celebranda fidelibus adventasset, dux Sobezlaus primi et secundi ordinis militibus suis edicit, ut quantocius Saczka ad se conveniant; quod cum factum fuisset, dux ipse partim rogat partimque imperat, quatenus fidem, quam filio suo post mortem eius servare velint, se praesente sub sacramento confirmarent; quod et factum est.* [...] *Confluxerant enim cuncti primates Bohemi in urbem Wissegrad, et die noctuque consilia tractantes, illi illum et illi illum eligere et inthronizare contendebant. Omnis tamen ille conventus solum Nac-*

Vladislav II. trat im Jahre 1140 zwar erfolgreich seine Herrschaft an, doch bereits ein Jahr später vermerkte ohne nähere Einzelheiten der *Vyšehrader Kanoniker*, im ganzen Lande seien zahlreiche Personen hingerichtet worden und viele andere wiederum hätten die Rettung in der Flucht gesucht. 1142 kam es dann unter den Böhmen zu einer Spaltung, die das Land entzweite. Der bessere und edlere (*melior nobiliorque*) Teil der Böhmen sei nach Mähren zum Znaimer Teilfürsten Konrad II. geflohen, mit dessen Unterstützung man versucht habe, Vladislav zu stürzen. Dem Herzog hielt auf der anderen Seite der niedere und jüngere (*inferior vero et iunior*) Teil des böhmischen Adels die Treue. Bei der Schilderung der nachfolgenden Kämpfe erwähnt der Chronist die Namen einiger in den Auseinandersetzungen ums Leben gekommener Personen. Unter ihnen erscheint auch Načerat, den der Kanoniker als einen der Initiatoren der Rebellion bezeichnete. Vladislav rettete erst die Ankunft des vom römisch-deutschen König Konrad III., der auch der Schwager des böhmischen Herzogs war, befehligten Heeres.[454]

Die gleichen Ereignisse schilderte dann ein wenig ausführlicher der jüngere Chronist Vinzenz von Prag, der von Älteren und Edleren (*senioribus et nobilioribus*) sprach, von denen das Recht ausgehen sollte, in Wahrheit jedoch Unrecht ausging. Die Adeligen, die „bessere Benefizien" (*meliora beneficia*) in Besitz hielten, hatten dabei angeblich den Wunsch geäußert, alles möge nach ihrem Willen geschehen. Sie zeigten sich allerdings unzufrieden, da Herzog Vladislav II. sich allein auf den Rat seiner Getreuen verließ. Aus diesem Grund hielten sie geheime Zusammenkünfte ab und zogen schließlich nach Mähren, wo sie Konrad II. von Znaim zum neuen Herzog wählten.[455] Zwar gelang es Vladislav seinen Thron erfolgreich zu verteidigen, dessen ungeachtet war dies keineswegs das letzte Mal, dass die Unzufriedenheit der „*Älteren und Edleren*" zu überwinden war. 1158 erhielt Vladislav von Kaiser Friedrich I. Barbarossa die Königskrone. Nach der Krönung in Regensburg kehrte er nach Prag zurück und ließ eine Zusammenkunft einberufen, auf der er den erhaltenen Königstitel bekanntgab, zugleich aber auch kund tat, gemeinsam mit dem Kaiser gegen Mailand ins Feld ziehen zu wollen. Wenngleich die entsprechenden Verhandlungen über eine Erhebung Vladislavs zum König und die damit verbundene

---

erat intendebant, ut cuicunque ipse faveret, huic omnes pariter unanimiter subiacerent." Zu den Ereignissen vgl. J. ŽEMLIČKA, *Čechy*, S. 229–230.

454 *Canonici Wissegradensis continuatio Cosmae*, S. 234–235: „[...] *per totam regionem Bohemiae multi suspensi sunt in patibulo, praecipui autem in monte Sibenica, ex quibus plures evaserunt et fugam inierunt.* [...] *oritur inter Bohemos vesana seditio, quae eos perfidiae stimulo turbatos in duas turmas divisit, et melior nobiliorque pars ad Conradum ducem Moraviae perrexit, inferior vero et iunior cum Wladizlao remansit.* [...] *maiores belli ductores Nacerat, Smil, Ben et alii quam plures ex utraque parte ceciderunt.*"

455 *Vincentii canonici Pragensis Annales*, S. 410: „*Anno dominice incarnationis 1142. a senioribus et nobilioribus Boemie plurimis, a quibus equitas oriri debuit, egressa est iniquitas. Cum etenim dux Waladizlaus secundum potestatem a Deo sibi collatam, licet etate adhuc sit iuvenis, moribus tamen et sensibus, qui cani sunt hominis, valde maturus, secundum consilium sibi fidelium ducatus sui gubernacula disponeret, quidam nobiles in terra hac meliora beneficia obtinentes, cuncta secundum voluntatem eorum disponere voluerunt*". Zu den Ereignissen vgl. V. NOVOTNÝ, *České dějiny I/2*, S. 765–780; J. ŽEMLIČKA, *Čechy*, S. 230–231.

militärische Unterstützung des Kaisers bereits seit 1156 geführt worden waren, verliefen diese doch heimlich. Unter den *nobiles de senioribus Boemie* rief dies Empörung hervor, zumal eine Entscheidung mit derartiger Tragweite nicht ohne Rücksprache mit ihnen hätte gefällt werden dürfen. Der Groll richtete sich dabei in erster Linie gegen Bischof Daniel von Prag, in dem die Magnaten den Initiator der Abmachungen erblickten. Der König stellte demgegenüber die Verhandlungen als eine persönliche Angelegenheit ausschließlich zwischen seiner Person und Kaiser Friedrich I. dar. Die Teilnahme am Heerzug sollte auf Freiwilligkeit beruhen, den Teilnehmern versprach Vladislav zugleich, ihre dafür erforderlichen Aufwendungen zu ersetzen. Eine ähnliche Situation wiederholte sich wenige Jahre später, als Vladislav beabsichtigte, nach Ungarn einzufallen und zu Gunsten des minderjährigen Königs Stephans III. zu intervenieren.[456] Nochmals prallten die Interessen von König und Magnaten am Ende der Regierungszeit Vladislavs zusammen. Vladislav suchte nach einer Möglichkeit, seine Macht an seinen Sohn übergeben zu können. Er wählte dabei eine überraschende Lösung, als er 1172 abdankte und die Regierung seinem Sohn Bedřich-Friedrich übergab. Gegen Bedřich stellten sich freilich kurze Zeit später die führenden Adeligen, die dem Chronisten Gerlach zufolge, eine Möglichkeit suchten den neuen Fürsten zu stürzen. Der Streit wurde schließlich vor Kaiser Friedrich Barbarossas auf einem Hoftag zu Herminsdorf gelöst. Die Unzufriedenen argumentierten hier, Bedřich habe die Herrschaft zu Unrecht erworben, nämlich allein durch die Übergabe der Regierung vom Vater und ohne Zustimmung der „Böhmen". Das Resultat ist bekannt: Bedřich wurde für abgesetzt erklärt, an seine Stelle trat als neuer Herzog Soběslav II., der Sohn Soběslavs I.[457]

Die hier geschilderten Ereignisse aus der Regierungszeit Soběslavs I. und Vladislavs II. gewähren einen bezeichnenden Einblick in das Verhältnis zwischen Herzog und Magnaten. Zugleich zeigt sich aber auch die Rolle, die in diesem machtpolitischen „Dualismus" Benefizien und Wahl spielten. Die Quellen unterscheiden sich nicht in der Auffassung, dass der Herrscher „Burgen und Volk" zur Verwaltung verleihen und entziehen könne. Es war also deshalb entscheidend, „seinen" Fürsten auf dem Thron zu haben, wie dies der Kaplan Božík andeutete. Der edle Rang war zwar erblich,[458] was allerdings nicht automatisch entsprechendes Prestige und Einfluss garantierte. Miroslav gehörte zwar zu

456 Vgl. *Vincentii canonici Pragensis Annales*, S. 424, 427–428, 455.

457 *Gerlaci abbatis Milovicensis Annales*, S. 464–466: „*Anno dominicae incarnationis 1173. His diebus rex Wladizlaus senex iam et infirmus, videns se non sufficere laboribus expeditionum et curis publicae rei, invenit consilium interim ut videbatur bonum, quod sibi maioris postea laboris seminarium fuit; nam filium suum Fridericum sollempniter intronizatum prefecit dominio totius Boemiae,* [...] *Nam utrum Boemorum perfidia an ipsius inercia nescimus, hoc solum scimus quod in brevi aversi sunt ab eo, querentes occasionem quomodo eum evadere et alium dominum possent habere. Quod diu inter se sicut solent mussitantes, diu occultatum tandem tali ordine, sicut dicemus, processit in publicum.* [...] *ducatus Boemiae per sententiam abiudicatur, quem non legitime sicut dicebatur, sed tantum tradente patre sine consensu Boemorum, et non de manu imperatoris percepisset.*"

458 M. WIHODA, *Kníže*, S. 27; Tomáš VELÍMSKÝ, *Paní Bohatěj a její blízcí* [Die Frau Bohatěj und ihre Verwandten], in: Martin Nodl – Martin Wihoda (Hrsg.), Šlechta, moc a reprezentace ve středověku, CMP 9, Praha 2007, S. 62.

den *primatibus*, während sein Vater einer der edelsten Männer war, doch Miroslav selbst galt als „geringster" unter den Magnaten. Der *Vyšehrader Kanoniker* kannte nur eine einzige Möglichkeit, wie Miroslav die Stellung seines Vaters erlangen könne. Den Weg unter die „besseren und edleren (Männer)" sollte hier eines der fünf bedeutenden herzoglichen Ämter ebnen. Auf allgemeiner Ebene charakterisierte dieses Verhältnis Vinzenz von Prag, der die Erwähnung der „älteren und edleren (Männer)" weiter im Text mit dem Verweis auf jene umschrieb, die die „besseren Benefizien" in Besitz hielten. Eindeutig jedoch sprach er von der gleichen Gruppe von Personen.[459]

Deren Gruppenprofil lässt sich am Beispiel des mehrfach genannten Magnaten Načerat kennzeichnen. In den Quellen tritt dieser erstmals im Jahre 1126 in Erscheinung, als er im Namen Soběslavs I. mit König Lothar III. unmittelbar von der Schlacht bei Chlumetz (Chlumec) verhandelte.[460] Auch an der Versammlung in Sadská nahm Načerat vermutlich teil, auf der die Magnaten Soběslav gelobten, dessen Sohn zum Nachfolger zu wählen. Am Ende sollte es jedoch gerade Načerat sein, der mit dem Gewicht seiner Stimme die Magnaten überzeugte, nicht Soběslavs Sohn zum Herzog zu wählen, sondern dessen Neffen Vladislav. Wir gehen dabei keineswegs fehl in der Annahme, dass Načerat zu jenen Inhabern „besserer Benefizien" gehörte, die sich kurz nach der Wahl mit Vladislavs Regierung unzufrieden zeigten und einen Aufstand mit dem Ziel anzettelten, einen neuen Fürsten einzusetzen. Die Motivation Načerats und seiner „Gruppe" liegt hierbei auf der Hand. Aufgrund ihrer Stellung fühlten sie sich berechtigt, einen maßgeblichen Anteil an der Macht für sich zu beanspruchen und vor allem einen entscheidenden Einfluss auf die Wahl des neuen Fürsten auszuüben.

Obwohl es Vladislav II. gelang, den Aufstand unbeschadet zu überstehen, kann man seine Regierung mit Blick auf deren Schicksal in vielerlei Hinsicht als eine Kopie seines Vorgängers bezeichnen. Im Verlaufe der Kämpfe im Jahr 1142 erhielt Vladislav Unterstützung durch seine Getreuen, die der Chronist als „Niedere und Jüngere" beschreibt. Gerade im Falle dieser Gruppe können wir dabei die Bedeutung der „besseren Benefizien" erkennen. Dem *Vyšehrader Kanoniker* und Vinzenz von Prag zufolge hinterließ der Widerstand sichtbare Spuren in den Reihen der Adeligen. Die Chronisten verweisen in diesem Zusammenhang auf die große Zahl der Gefallenen auf beiden Seiten.[461] Vladislav bot sich jedenfalls die Möglichkeit, die frei gewordenen Würden mit seinen Unterstützern zu besetzen. Laut Vinzenz von Prag entlohnte der Herzog seine *milites* durch zahlreiche Benefizien (*plurismis beneficiis*). Konkret ist die Rede von der Verleihung der Festung Vyšehrad an einen gewissen Velislav, der dem Fürsten bereits seit seiner Jugend

459 Treffend beschrieb die Stellung der „Älteren und Edleren" L. WOLVERTON, *Hastening toward Prague*, S. 50: „*To be „elder" probably did not indicate any specific or even advanced age, but instead a combination of maturity, prowess, wealth and wisdom, respect, and experience that set them apart. Distinctions between iuniores and seniores primarily differentiate those eager to make their name, increase their wealth, and occupy positions of prominence, and men who had already done so.*"

460 *Monachi Sazaviensis continuatio Cosmae*, FRB II, Josef Emler (Hrsg.), Praha 1874, S. 255.

461 *Canonici Wissegradensis continuatio Cosmae*, s. 235; *Vincentii canonici Pragensis Annales*, S. 410–412.

treue Dienste geleistet haben soll.[462] 16 Jahre später hingegen widersetzten sich die *nobiles de senioribus Boemie* der Königskrönung sowie den Heerzügen gegen Mailand und Ungarn. Nach Vladislavs Abdankung zu Beginn der siebziger Jahre setzten die führenden Hochadeligen die Absetzung seines Sohnes Bedřich und die Inthronisation Soběslavs II. durch.[463] Wir dürfen dabei zu Recht davon ausgehen, dass sich unter unzufriedenen Magnaten von 1158, 1164 und 1172 einige Getreuen Vladislavs aus der Zeit der Rebellion befanden. Die „besseren Benefizien" machten dabei aus den ursprünglich „Niederen und Jüngeren" nicht allein „bessere und edlere" Männer, sondern sie veränderten zugleich deren Verhältnis zu Vladislav. Ebenso wie ihre Vorgänger erwarteten sie, dass sie der Herzog als Ratgeber hinzuziehen und sie in wichtigen Angelegenheiten konsultieren würde. Vor allem beabsichtigten sie nicht, das Recht auf die Wahl eines neuen Fürsten preiszugeben, das die Übergabe der Macht vom Vater an den Sohn bedrohte.[464]

Die Bedeutung des Grundbesitzes

Die Problematik des Privateigentums an Boden gehört zu den am meisten diskutierten Themen innerhalb der Interpretationen des früh- und hochmittelalterlichen „Staates" der Přemysliden. In den meisten Fällen schweigen die Quellen über den Charakter der in Besitz befindlichen Güter oder sie liefern unklare Zeugnisse. Die mit dieser Frage verbundenen interpretatorischen Schwierigkeiten führt am besten der Streit vor Augen, der in der Forschung über die Kirche des Biliner Kastellans Mstiš geführt wird. Cosmas schilderte das Schicksal des Verwesers der Burg Bilin (Bílina), der Herzog Vratislav II. zur Weihe der Kirche einlud, die er im Bereich des Suburbiums hatte errichten lassen. Der Fürst nahm die Einladung an und wohnte der Zeremonie bei. Im Anschluss an die feier-

462 *Vincentii canonici Pragensis Annales*, S. 413–414.

463 Zu den Geschehnissen zu Beginn der siebziger Jahre vgl. Jan ZELENKA, *Kosmas, Mnich sázavský, Jarloch a 70. léta 12. století* [Cosmas, der Mönch von Sasau, Gerlach und die siebziger Jahres des 12. Jahrhunderts], in: Michal Mašek – Petr Sommer – Josef Žemlička u. a. (Hrsg.), Vladislav II. druhý král z Přemyslova rodu, Praha 2009, S. 57–59. Mit abweichender Akzentuierung der Rolle Kaiser Friedrichs I. Josef ŽEMLIČKA, *Křižovatky Vladislava II. Co mohl či nemohl druhý český král* [Die Kreuzwege Vladislavs II. Was konnte der zweite böhmische König und was konnte er nicht], in: ibidem, S. 22.

464 Zum Verhältnis zwischen Fürst und Hochadel vgl. des Weiteren M. WIHODA, *Kníže*, S. 18ff. Idem, *Macht und Struktur der Herrschaft im Herzogtum Böhmen. Grundlagen, Legitimierung und zeitgenössische Vorstellungen*, in: Norbert Kersken – Grischa Vercamer (Hrsg.), Macht und Spiegel der Macht. Herrschaft in Europa im 12. und 13. Jahrhundert von dem Hintergrund der Chronistik, Wiesbden 2013, S. 341–358; Idem, *První česká království*, S. 57ff.; Marie BLÁHOVÁ, *Macht und Machtausübung im Licht der böhmischen Geschichtsschreibung des 12. Jahrhunderts*, in: Norbert Kersken – Grischa Vercamer (Hrsg.), Macht und Spiegel der Macht. Herrschaft in Europa im 12. und 13. Jahrhundert von dem Hintergrund der Chronistik, Wiesbaden 2013, S. 359–381; V. VANÍČEK, *Sociální mentalita*, S. 153ff.; Josef ŽEMLIČKA, *„Omnes Bohemi": Od svatováclavské čeledi ke středověké šlechtě* [„Omnes Bohemi": Von der „Gemeinde des hl. Wenzels" bis zum mittelalterlichen Adel], MHB 3, 1993, S. 111–133.

liche Weihe begab sich Vratislav zum Festmahl auf die Burg selbst, während Mstiš und der Bischof an der Tafel im Hof des Verwesers nahe der Kirche Platz nahmen. Noch während des Essens erschien hier ein Bote, der Mstiš mitteilte, der Herzog habe ihm die Verwaltung der Burg entzogen und einen gewissen Kojat mit dieser Funktion betraut, von dem Cosmas wiederum zu berichten wusste, dieser sei in jener Zeit „Primus" am Fürstenhofe gewesen. Laut Cosmas ließ Mstiš verkünden, der Herzog könne natürlich mit seiner Burg verfahren, wie ihm beliebe. Allerdings stünde ihm nicht das Recht zu entziehen, was der Kirche des Mstiš gehöre.[465]

Die von Cosmas geschilderte Begebenheit hat in der Historiographie zu zwei diametral entgegengesetzten Interpretationen geführt. Einige Historiker neigen dabei zu der Ansicht, Mstiš habe sich mit der Errichtung der Kirche und deren Besitzausstattung bemüht, einige zu seinem Benefizium gehörende Güter zu „privatisieren". Während der fürstliche Besitz in kirchliche Hände gelangt sei, habe sich Mstiš durch seine Gründungsrechte Anspruch auf die Kirche gewahrt.[466] In den Augen anderer Historiker lässt die ganze Geschichte als Zeugnis für umfangreiche Besitzungen der Magnaten deuten, die es sich auf der Basis ihres privaten Eigentums erlauben konnten, kirchliche Institutionen auszustatten.[467]

Eine erkennbare Schwäche in beiden Interpretationen ist allerdings dem Umstand geschuldet, dass die Quellen weder über Mstiš noch die Kirche selbst weitere Informationen liefern. Im Verborgenen bleibt darüber hinaus, ob es sich um einen mit umfangreichem Besitz ausgestatteten ertragreichen Steinbau handelte oder um ein einfaches hölzernes Kirchlein (Kapelle) mit bescheidenem Grundbesitz. In zweitem Fall können wir Mstiš dann wohl kaum die Absicht unterstellen, sich den vormals fürstlichen Besitz mit Hilfe einer Stiftung an die Kircheneinrichtung aneignen zu wollen – und zwar unabhängig davon, dass sich ähnliche Absichten in anderen Fällen kaum bestreiten lassen. Auf der anderen Seite darf die Formulierung von „seiner" Kirche und dem hierzu gehörenden Besitz nicht überbewertet werden. Am Beispiel der Kaunitzer Dienstmannen haben wir bereits feststellen können, dass Versuche, sich auf unterschiedliche Weise verliehene Güter selbst anzueignen, dem böhmischen Milieu keineswegs fremd waren. Die Quellen belegen darüber hinaus, dass sich die Struktur der Besitzverhältnisse auch für die Zeitgenossen keineswegs übersichtlich darstellte. Laut einer Urkunde von 1177 erhielt der Pra-

465 *Cosmae Pragensis Chronica Boemorum*, II/19, S. 111: „*Venerat dux et episcopus, et ecclesia, que est sita in suburbio, mox dedicata ascendit dux in urbem ad prandium, episcopus vero et comes in sua curte, que fuit ante ecclesiam, similiter positis mensis epulis discumbunt. Et inter prandendum venit nuncius, qui diceret in aure comiti: Ablata est tibi urbis prefectura et data est Koyate, filio Wseboris; qui tunc temporis primus erat in palatio ducis. Ad hec comes respondit: Dux est et dominus, de civitate sua faciat, quod sibi placet. Quod autem mea ecclesia hodie habet, auferendi dux potestatem non habet.*"

466 Vgl. u.a. Petr SOMMER, *Svatý Prokop. Z počátků českého státu a církve* [Der hl. Prokop. Aus den Anfängen des böhmischen Staates und der Kirche], Praha 2007; J. ŽEMLIČKA, *K pozemkové výbavě*, S. 204–205.

467 Vgl. beispielsweise L. JAN, *K počátkům*, S. 45–46; Idem, *Skrytý původ*, S. 892–894; M. WIHODA, *Kníže*, S. 22.

ger Bischof Friedrich I. von Herzog Soběslav II. einen Umritt unweit von Rokytzan (Rokycany). Bald darauf jedoch tauchte ein gewisser *miles* Přibyslav auf, der behauptete, der Besitz gehöre ihm. Wie die Urkunde weiter berichtet, wurde die Angelegenheit mehrfach vor den Herzog und die führenden Magnaten getragen, ohne dass es zu irgendeinem Zeitpunkt zu einer Entscheidung gekommen wäre. Přibyslav selbst verzichtete schließlich, *„geführt von der Liebe zu Gott"*, auf das Gut und wurde vom Bistum mit einem Dorf entschädigt.[468]

Es handelte sich dabei keineswegs um einen Ausnahmefall. Einen aussagekräftigen Beleg hierfür liefert ein Beispiel, das wir in einer Urkunde Přemysl Ottokars II. für Otto von Hardegg finden. Als Herzog von Österreich hatte Přemysl bestätigt, dass nach Ottos Tod dessen Lehen der Gemahlin und den Söhnen zufallen würden. Die Urkunde benennt in der Folge die betreffenden Lehnsgüter, doch endet die Aufzählung mit der Bemerkung: *„und weitere, derer man sich jetzt nicht entsinnt"*.[469] Přemysl hatte folglich Otto und dessen Familie den Anspruch auf die Güter bestätigt, über die er selbst allerdings keinen genauen Überblick besaß. In ähnlicher Weise verhielt sich mehrere Jahrzehnte später Přemysls Sohn, Wenzel II. Der Orden der Kreuzherren mit dem Roten Stern hatte sich 1290 mit der Bitte an den König gewandt, ihm das Patronat für die Kirche in Königsberg an der Eger (Kynšperk) zu übertragen. Nach Auffassung der Antragsteller stünde das Patronatsrecht dem König zu. Wenzel II. bestätigte in der Urkunde, dass er über das Patronat frei verfügen könne, und entsprach der Bitte der Kreuzherren. Die geplante Transaktion stieß freilich auf den Protest des Waldsassener Abtes Theoderich, der mit Hilfe von drei Zeugen nachwies, dass sich das Patronatsrecht bereits seit mehr als sechzig Jahren in den Händen des Klosters befände. Wenzel musste auf der Grundlage dieses Zeugnisses anerkennen, dass der Protest des Abtes berechtigt sei, woraufhin er dem Kloster Waldsassen das Patronatsrecht bestätigte.[470]

Die Verhältnisse veränderten sich dabei auch später kaum, ungeachtet der Tatsache, dass es im Verlaufe des 13. Jahrhunderts zu einem grundlegenden Wandel in den Rechtsbräuchen, der Konstituierung des Landesgerichts und der Eintragung des Besitzes in den

---

468 CDB I, Nr. 280: „*Fridericus, dei gratia Pragensis ecclesie humilis minister XIIII a domino duce Sobezlao circuitum iuxta Rokican deservivi, sed quidam miles suus Pribizlaus nomine suum esse dicebat. Et hec causa sepius coram duce et primatibus eius multociens ventilata fuerat nec determinata. Tandem predictus Pribizlaus zelo dei ductus dampnationem sibi inde considerans in manum ducis resignavit. Duce vero eum mihi et ecclesie mee in hereditatem conferente, ipsius ducis consilio, conventu meo in id ipsum consentiente, ut hec querela sopiatur per omnia, villam ecclesie Lazi nomine hereditario iure ei possidendam contuli.*"

469 CDB V/1, Nr. 208, S. 327, „[...] *et alia, que ad presens in memoria non habentur.*"

470 „[...] *jus patronatus ejusdem ecclesiae, quod nobis tunc secundum assertionem eorundem fratrum competere credebamus*". Das Original der Urkunden befindet sich im StA Amberg, Kloster Waldsassen Urkunden 115. Das Zitat stammt aus dem Apograph in *Acta Waldsassensia*, Nr. 775, S. 442–443, wo sich darüber hinaus das Zeugnis des Pfarrers Friedrich von Königsberg, des Dekans Siegfried von Falkenau an der Eger (Sokolov) und Wolfhards von Königsberg in dieser Causa findet. Ibidem, Nr. 776–778, S. 443–444. Vgl. D. HAVEL, *Katalog listin*, Nr. 464, 470, 508.

Land- und Hoftafeln kam.[471] Im Jahr 1460 verkaufte Aleš von Riesenburg *suam hereditatem* in Krčín, das bereits sein Vater besessen hatte. Allerdings griff König Georg von Podiebrad in das Geschäft ein, auf dessen Betreiben die Güter in den Hoflehentafeln verzeichnet wurden, da es sich um ein Lehen handelte. Die Verfahrensweise, bei der Aleš die Güter wie Eigentum behandelte, entschuldigte dem Eintrag nach die Tatsache, dass er in Unkenntnis gehandelt habe.[472] Die Erwähnungen „seines" Besitzes lassen sich ohne genaue Kenntnis weiterer Zusammenhänge nicht als eindeutiger Beleg für die realen Eigentumsverhältnisse ansehen. Der geschilderte Fall des Kastellans Mstiš kann somit zwar als Beispiel für das Selbstbewusstsein der böhmischen Hochadeligen dienen, doch trägt er andererseits kaum substantiell zur Diskussion über die Besitzstruktur der přemyslidischen Herrschaft bei.[473]

Abgesehen von der vielfach sehr pointiert geführten Diskussionsform darf doch festgestellt werden, dass sich das von der Forschung präsentierte Bild der Entwicklung des adeligen Besitzes in zahlreichen Aspekten überschneidet. Nicht einmal die Verfechter einer starken und zentralisierten Fürstenmacht leugneten die Existenz des wohl schon aus

471 Während der Regierungszeit Přemysl Ottokars II. begann man am Landesgericht in Prag, die Güter in den Landtafeln zu verzeichnen. Die Eintragungen enthielten Vermerke, die adelige und freie Güter betrafen. Dies geschah technisch in Quaternen aus Pergament, die am Ende zu Büchern gebunden wurden. Zu den ältesten überlieferten Tafeln gehören die Ladungsquaterne (*libri citationum*), die vor das Gericht gelangten, sowie die Markttafeln (*libri contractuum*), in die Verkäufe und Käufe frei verfügbaren Grundbesitzes einen Eintrag fanden. Die Landtafeln fielen leider im Jahre 1541 einem Feuer zu Opfer. Aus der älteren Zeit sind daher lediglich Bruchstücke überliefert. Im Unterschied zu den Landtafeln dienten die Hoflehentafeln der Evidenz der durch den Landesherrn verliehenen Güter. Vgl. hierzu u. a. Pavla BURDOVÁ, *Desky zemské království českého* [Die Landtafeln des Königreichs Böhmen], Praha 1990; Ivan HLAVÁČEK, *Die böhmischen Landtafeln als Produkt der höchsten Landesgerichtsbarkeit im Mittelalter (Ein Forschungsbericht)*, in: Giovanna Nicolaj (Hrsg.), La diplomatica dei documenti giudiziari (dai placiti agli acta – secc. XII–XV), Città del Vaticano 2004, S. 479–497; Pavla BURDOVÁ, *Desky dvorské* [Die Hoflehentafel], SAP 47, 1997, S. 75–123.

472 „[...] *hereditatem suam im Krczinye*, [...] *prout solus et olim pater eius tenuit et habuit*, [...] *princeps et dom. Georgius, Boh. rex, indulsit, ut hereditates in Krczinie transferantur ad tabulas curie, ex eo, quod sint hereditates omagiales, a také že se jest to stalo z nevědomie* (und so ist dies aus Unkenntnis geschehen).", *Reliquiae tabularum terrae regni Bohemiae anno MDXLI igne consumptarum* II, Josef Emler (Hrsg.), Praha 1872, S. 304–305.

473 Ähnlich bereits Tomáš VELÍMSKÝ, *K problematice pozemkové držby českých velmožů a družiníků v období 11. – 12. století* [Zur Problematik des Grundbesitzes böhmischer Hochadeliger und Gefolgsleute im 11.–12. Jahrhundert], SMB 1/2, 2009, S. 177–180, wo sich in Anm. 7 auch eine knappe Zusammenfassung der bisherigen Auffassungen findet; Idem, *Vzestupy a pády bílinských hradských správců* [Aufstieg und Fall der Biliner Burgverwalter], in: Ivana Boháčová – Petr Sommer (Hrsg.), Středověká Evropa v pohybu. K poctě Jana Klápště, Praha 2014, S. 325 – 363, insbes. S. 337–347. Velímský verweist zugleich auf Dörfer, die mit dem Namen des Kastellans von Bilin in Zusammenhang stehen könnten. Doch auch für die neuen Erkenntnisse bietet sich mit Blick auf den Streit um die Kirche keineswegs eine der beiden erwähnten Interpretationen an.

der „vorstaatlichen“ Ära stammenden privaten Grundbesitzes.[474] Quellenzeugnisse für den Grundbesitz Adeliger finden sich seit dem 11. Jahrhundert. Seit dem Beginn des nachfolgenden Jahrhunderts nimmt die Zahl entsprechender Beispiele zu, was insbesondere für die zweite Hälfte des 12. Jahrhunderts gilt. Quellen belegen den wachsenden Umfang der Patrimonien, die sich aus ursprünglich zersplitterten kleinen Enklaven vornehmlich in neu kolonisierten Gebieten zu abgeschlosseneren Einheiten zu formieren begannen. Es stellt sich dennoch die Frage nach dem realen Wert des Besitzes. Im Testament des Adeligen Hroznata von 1197 ist die Rede von der Auszahlung der Hroznatas *predia* in Besitz haltenden *milites* durch den Abt des Klosters Tepl (Teplá). Für das Vorwerk sollte ein *miles* zwei Pfund Silber erhalten, für ein Dorf fünf. Der relativ geringe Unterschied zwischen beiden Summen wirft die Frage nach der wahren wirtschaftlichen bzw. machtpolitischen Bedeutung eines solchen Dorfes auf.[475] Der Umfang der in Besitz befindlichen Güter beeinflusste unbestritten Stellung, Prestige und repräsentative Möglichkeiten. So begegnen wir im ausgehenden 12. Jahrhundert in der Chronik des Gerlach einem Truchsess (*dapifer*) Georgs von Mühlhausen. Solch ein höfischer Würdenträger in Georgs Diensten kann zweifellos als Aushängeschild für Prestige und Macht des betreffenden Adeligen angesehen werden. [476]

Für das Verständnis des Funktionierens und der administrativen Organisation der přemyslidischen Herrschaft ist es jedoch eher unwesentlich, ob wir in den Quellen Besitzungen identifizieren, die wir als privates Eigentum adeliger Familien bezeichnen können. Viel wichtiger erscheint die Frage, welche Bedeutung sich einem solchen Besitz im Vergleich zu weiteren Besitzformen beimessen lässt.

Kehren wir noch einmal zum Fall des vom *Vyšehrader Kanoniker* erwähnten adeligen Verschwörers Miroslav zurück. Eine entscheidende Rolle bei dessen Streben zur Wiedereinnahme eines „Sonnenplatzes“ an der Macht spielte hier der Erwerb eines fürstlichen Amtes. Dürfen wir folglich davon ausgehen, dass das grundlegende Selbst-Identifikationsmerkmal der elitären Schicht der Besitz des freien Grundeigentums darstellte, aus dem sich weitere Befugnisse ableiteten?[477] Warum also forderte Miroslav keine andere Form der Entlohnung? Es ließe sich einwenden, der *Vyšehrader Kanoniker* habe die ganze Geschichte erfunden. Der Chronist bewegte sich allerdings unbestritten im Rahmen der zeitlichen Gedankenschemata. Er bemühte sich, den Zeitgenossen die Beweggründe für eine derartige Tat, d. h. die Ermordung des herrschenden Fürsten, vor Augen zu führen.

474 Des Weiteren siehe auch B. KRZEMIEŃSKA – D. TŘEŠTÍK, *Hospodářské základy*, S. 117; D. TŘEŠTÍK – J. ŽEMLIČKA, *O modelech*, S. 146–147.

475 CDB I, Nr. 357. Zur Entwicklung des Grundbesitzes vgl. L. JAN, *Václav II.*, S. 213–214; Idem, *Skrytý původ*, S. 891–892; J. KLÁPŠTĚ, *The Czech Lands*, S. 52–87; Idem, *Die Frühzeit des böhmischen Adels aus der Sicht eines Archäologen*, Historia archeologica 70, 2009, S. 540ff.; T. VELÍMSKÝ, *Paní Bohatěj*, (passim); Idem, *K problematice*, (passim); L. WOLVERTON, *Hastening toward Prague*, S. 64–78; J. ŽEMLIČKA, *K pozemkové výbavě*, (passim).

476 *Gerlaci abbatis Milovicensis Annales*, S. 507; zum Herrscherhof in dieser Zeit vgl. D. DVOŘÁČKOVÁ-MALÁ – J. ZELENKA, *Curia ducis, curia regis*, S. 38ff.

477 Vgl. L. JAN, *Václav II.*, S. 213–214; Idem, *Hereditas*, S. 50; Idem, *Budování monarchie*, S. 136; R. ANTONÍN, *České země*, S. 100–102.

Božík und weitere Verschwörer drängten Miroslav zur Tat unter Verweis auf sein niederes soziales Ansehen und die Möglichkeiten seines Aufstiegs. Sofern in den Überlegungen der Zeitgenossen die Größe des allodialen Grundbesitzes eine primäre Rolle in der sozialen Stratifikation spielte, warum suchten sie dann Miroslav mit einer lediglich Ämter umfassenden Belohnung zu motivieren? Gerade mit Blick auf den Kontext der Ereignisse wäre sicherlich ein Angebot beweglicher und unbeweglicher Güter besser geeignet gewesen als ein Amt. Der *Vyšehrader Kanoniker* verband hingegen Miroslavs gesellschaftlichen Aufstieg mit der Annahme des Kastellan-Amtes oder einer höfischen Würde.

Wohlstand galt unbestritten als ein wichtiges Erkennungszeichen der *primatum*. Der Reichtum konnte sich aus verschiedenen Quellen speisen, wobei die Spanne von Grundbesitz bis hin zu mobilen Einnahmen und Wertgegenständen, einschließlich von Familienschätzen, reichen konnte. Eine nicht minder wichtige Rolle spielte – ohne Rücksicht auf den realen Umfang und die Zusammensetzung der Güter – auch das „Charisma" der Adeligen. Cosmas beschreibt die Geschichte des Dienstmannes Hovor, der das Leben seines Herrn, Herzog Jaromirs, rettete. Der Böhmenherzog ließ als Belohnung für diese Tat den Namen Hovors an allen Marktorten feierlich ausrufen, außerdem sollten der so gepriesene Dienstmann und seine Nachfahren fortan für immer dem Stand der Adeligen und Freien (*inter nobiles et ingenuos*) angehören. Darüber hinaus erhielten sie die Würde eines Jägers am Hof in Sbetschno (Zbečno), ein Amt – das sie dem Chronisten zufolge – noch zu dessen Lebzeiten besaßen. Der Adelsstatus der Nachfahren des Hovor beruhte also nicht in erster Linie auf Größe und Form des Besitzes, sondern fußte auf der Memoria, der Erinnerung an die verdienstvolle Tat des Vorfahren.[478] So lässt sich Miroslavs Lebensgeschichte eben auch in diesem Kontext interpretieren.

In diesem Zusammenhang muss an das Verhalten der einheimischen Magnaten und der sächsischen Adeligen in Konfliktsituationen erinnert werden. Bereits die angebliche Ansprache Ottos von Northeim unterstrich die Bedeutung der Burgen als Machtzentren. Deutlich wurde zudem, dass auch in jüngeren Quellen sächsischer Provenienz die Streitigkeiten in stereotyper Weise aufgelöst wurden – durch die Eroberung oder Verteidigung befestigter Punkte wie Städte und Burgen. Die Konflikte erscheinen dabei nicht als Ausdruck von Emotionen und Affekten, sondern sie enthüllen den sozialen Hintergrund und die Möglichkeiten der Beteiligten, die Mechanismen, die ihnen zur Verfügung standen und die sie in Abhängigkeit von ihrer Wirksamkeit zum Einsatz brachten. Anders ausgedrückt: Der Konflikt reflektiert die Spielregeln des politischen Systems und das Funktionieren seines Gefüge.[479] Die Gründe und der Verlauf der Konflikte innerhalb der

478 *Cosmae Pragensis Chronica Boemorum*, I/34, S. 62–63: *„Nam voce preconica indicitur ubique per fora, ut quam ipse Douora tam eius proles postera sit inter nobiles et ingenuos in eternum et ultra. Insuper dant ei et dignitatem venatoriam, que pertinet ad curtem Stbecnam, quam ex tunc et usque modo per generationes eius possident nepotes."*

479 Thorsten BONACKER – Peter IMBUSCH, *Zentrale Begriffe der Friedens- und Konfliktforschung: Konflikt, Gewalt, Krieg, Frieden*, in: Thorsten Bonacker – Ralf Zoll (Hrsg.), Friedens- und Konfliktforschung. Eine Einführung, Wiesbaden 2005³, S. 69–144, hier insbes. S. 70–80; Peter IMBUSCH, *Sozialwissenschaftliche Konflikttheorien – ein Überblick*, in: ibidem, S. 145–180. Eine

sächsischen Aristokratie spiegelten dabei, wie aufgezeigt werden konnte, stets in irgendeiner Weise die Machtgrundlagen des Adels – den aus Allodial- und Lehnsgütern bestehenden Familienbesitz – wider. Unabhängig davon, ob es um Unzufriedenheit, Bedrohung bzw. Expansion ging, stets haben sich die sächsischen Adeligen ihrer Güter und Rechte besonnen und hiermit in Zusammenhang stehende Mechanismen – in erster Linie Vasallenverhältnisse – genutzt.

Ein keineswegs weniger stereotyper Verlauf kennzeichnete die für das 12. Jahrhundert bezeugten Auseinandersetzungen zwischen Přemysliden und Magnaten. Die einheimischen Adeligen pochten mit Nachdruck auf die Wahl eines neuen Herzogs. Auch wenn sie Scharen eigener Kämpfer zu mobilisieren verstanden und sich dabei auf befestigte Sitze in Form von Kastellan-Burgen zu stützen vermochten, bildete doch das abstrakte Instrument der Wahl das entscheidende Momentum. Damit kommen wir wiederum zur Gestalt und Bedeutung des Benefizialwesens. Wenn wir davon ausgehen würden, dass der gesamte herzogliche Verwaltungsapparat durch Lehensverleihungen verwaltet wurde, müsste man folglich erwarten, dass sich die Kastellaneien im Laufe der Zeit in Machtzentren verwandelten, deren Inhaber sich auf die Hierarchie eigener Vasallen verlassen konnten. Die Verwalter derart wichtiger Zentren wie Leitmeritz und Saaz hätten demzufolge einen Großteil der fruchtbarsten Gebiete Böhmens beherrscht. Doch aus welchem Grund agierten dann die Inhaber „besserer Benefizien" zu keinem Zeitpunkt eigenständig gegen den Landesherrn? Vielmehr finden wir das immer gleiche Szenario vor. Die unzufriedenen Magnaten flüchteten sich zunächst in die Wahl, der sich mitunter ein bewaffneter Kampf mit dem gewählten Prätendenten an der Spitze anschloss. Mit Ausnahme der von den přemyslidischen Nebenlinien beherrschten mährischen Teilfürstentümer, fand in Böhmen ausschließlich ein Kampf um die Prager Burg statt. Keiner der Přemyslidenherzöge sah sich gezwungen, in den Händen rebellierender Magnaten befindliche Burgen zu erobern.[480] Die Bedeutung der Wahl musste einen Einfluss auf die Ausnutzung weiterer politischer Instrumente haben. Gerade aus diesem Grund brachte der *Vyšehrader Kanoniker* das Angebot nicht etwa für Grundbesitz, sondern für eines der bedeutenden Ämter ins Spiel. Es waren gerade die Inhaber „besserer Benefizien", die einen Anteil an den herrschaftlichen Entscheidungsfindungen für sich beanspruchten und die die Quellen als Triebkräfte der Herrscherwahl bezeichnen.

übersichtliche Analyse der Entwicklung der soziologischen Theorien des Konflikts in *Sozialwissenschaftliche Konflikttheorien. Eine Einführung*, Thorsten Bonacker (Hrsg.), Opladen 2005. Mit Blick auf die Ausnutzung der „Konflikttheorien" in der Historiographie vgl. insbes. die Studie von Warren C. BROWN – Piotr GÓRECKI, *What Conflict Means: The Making of Medieval Conflict Studies in the United States 1970–2000*, in: Warren C. Brown – Piotr Górecki (Hrsg.), Conflict in medieval Europe: changing perspectives on society and culture, Aldershot – Hampshire u. a. 2003, S. 1–35.

480 Vgl. L. WOLVERTON, *Hastening toward Prague*, S. 107–109. Eine genaue Analyse der politischen Geschichte in dieser Zeit bietet V. NOVOTNÝ, *České dějiny I/2*, v. a. S. 354ff.; im Überblick des Weiteren auch J. ŽEMLIČKA, *Čechy*, S. 121ff. Die Kämpfe um Prag fasst aus anderer Perspektive zusammen Pavel CHOC, *Boje o Prahu za feudalismu* [Kämpfe um Prag im Feudalismus], Praha 1957, insbes. 129ff.

Das bedeutet selbstverständlich nun nicht, dass die Magnaten einfache – von den přemyslidischen Herrschern abhängige – „Bürokraten" gewesen seien, oder dass diese Gesellschaftsschicht den Reichtum, die Macht oder die privilegierte, auf der adeligen Herkunft fußende Stellung entbehrt hätte. Die „Spielregeln" zwischen Magnaten und Přemysliden-Herrschern wichen allerdings erheblich von der zeitgenössischen Situation im Heiligen Römischen Reich ab, wie diese die diesbezüglichen Quellen beschreiben. In ähnlicher Weise unterschied sich darüber hinaus auch die politische Struktur, auf der diese „Spielregeln" basierten. Die böhmischen Quellen verbinden mit der politischen Macht bzw. der sozialen Stellung keine private oder andere Form des Grundbesitzes.[481] Übereinstimmend schreiben sie die entscheidende Rolle den „besseren Benefizien" und deren Verbindung mit der Herzogswahl zu.

Die Statuten Konrad Ottos

Bei der Erforschung des böhmischen Benefizialwesens und des adeligen Grundbesitzes müssen auch die sog. „Statuten Konrad Ottos" berücksichtigt werden. Herzog Konrad II. Otto regierte nur kurz im Jahr 1182 sowie noch einmal in den Jahren 1189 bis 1191. Aus dem Jahr 1189 ist eine Urkunde überliefert, in der es heißt, dass die Zeugen der geschilderten Verhandlungen in Sadská zusammentrafen und hier von den nicht näher beschriebenen Statuten Herzog Konrads Kenntnis erhielten. Der eigentliche Text der Statuten, der sich aus einer Reihe einzelner, überwiegend der Ausübung des Rechts und der Gerichtstätigkeit der Amtsträger gewidmeten Artikel zusammensetzt, ist allerdings ausschließlich in jüngeren Urkundenabschriften überliefert. Die Aufzeichnungen sind darüber hinaus lediglich für Teile Mährens bestimmt. Die älteste, von König Přemysl Ottokar I. im Jahre 1222 ausgefertigte Version konfirmierte die Statuten für die Provinzen Znaim (Znojmo) und Vöttau (Bítov), zwei jüngere Exemplare aus den Jahren 1229 und 1237 erfüllten diese Funktion für Brünn und Lundenburg (Břeclav).[482] Unbekannt bleibt, ob eine schriftliche Ausfertigung der etwa für Böhmen oder weitere Teile Mährens erlassenen Bestimmungen existierte. Gleiches gilt für die Verbindung zwischen den in Sadská verkündeten Statuten und den später aufgezeichneten Artikeln. Bereits die

481 Hierauf machte bereits Stanislaw RUSSOCKI, *Z badań nad czeskim systemem beneficjalnym*, Czasopismo prawno-historyczne 27, 1971, S. 36, aufmerksam; ähnlich auch D. KALHOUS, *Anatomy of a Duchy*, S. 119, 134–135, 137–140.

482 Zur Urkunde, die die Zusammenkunft in Sadská erwähnt, vgl. CDB I, Nr. 323, S. 297. Die einzelnen Texte der *Statuten* in CDB II, Nr. 234; Nr. 325; CDB III/1, Nr. 164. Zuletzt widmete sich der Quelle Libor JAN, *Statuta Konráda Oty a problémy jejich historické a právněhistorické interpretace* [Die Statuten Konrad Ottos und die Probleme ihrer historischen und rechtsgeschichtlichen Interpretation], ČMM 136/1, 2017, S. 3–34, wobei der Autor zugleich die bisherige Literatur und die Auffassungen zu dieser Thematik zusammenfasst.

Urkunde von 1222 erinnert nämlich daran, dass in ihrem Text nicht allein Konrads Statuten Aufnahme fanden, sondern auch „Gesetze" vorheriger Fürsten und Přemysls.[483]

Der Inhalt der Statuten liefert Informationen besonders über den Verlauf von Gerichtsverfahren. In der Forschung gilt die größte Aufmerksamkeit jedoch dem ersten Artikel des Textes, der sehr unterschiedlich interpretiert wird. Die entsprechende Bestimmung schreibt vor, dass sämtliche *hereditates*, die *„sowohl höhere adelige als auch niedere adelige Männer, zu Zeiten Herzog Konrads und bis heute unbestritten ohne Querelen und friedlich in Besitz hielten, auch weiterhin in guter Eintracht und in Frieden in Besitz gehalten werden mögen"*.[484] Den entscheidenden Streitpunkt in dieser Formulierung bildet der Terminus *hereditas*. Ein Teil der Forschung geht von der allgemeinen Bedeutung des Begriffes aus und sieht in dem erwähnten Artikel eine Legitimierung und Bestätigung für die Erblichkeit der in Besitz befindlichen Güter – ohne Rücksicht auf deren ursprüngliche Herkunft und Erwerbungsart.[485] Die dieser Vorstellung entgegenstehende Auffassung stützt sich auf die rechtliche Situation in jüngerer Zeit. Die Statuten werden dabei in die Sphäre des Land(es)rechts eingeordnet, innerhalb dessen der Terminus *hereditas* stets einen eindeutigen Inhalt besitzen sollte, der die Qualität des freien Grundbesitzes bezeichnete. Der Text würde somit den Besitz unstrittiger „allodialer" Güter bestätigen.[486] Beide Interpretationen spielen folglich in der oben angedeuteten Diskussion über die Entwicklung des Grundbesitzes des Adels eine Rolle.

Die unterschiedlichen Interpretationen stoßen freilich an gewisse Grenzen, bei denen bestehende Unsicherheiten deutlich zum Vorschein kommen. So geht die Forschung beispielsweise nahezu selbstverständlich von der Existenz einer Vorlage der erhaltenen Versionen der Statuten aus.[487] Wir wissen hierbei allerdings nicht, ob es sich um die Originalfassung aus den Zeiten Konrads oder um die jüngere Urkunde Přemysls handelte. Darüber hinaus ist unklar, in welcher Form die erste Bestimmung ein Bestandteil dieser Vorlage war bzw. ob sie überhaupt enthalten war. Dabei geht es gerade im Fall des ersten Artikels um wichtige Details. Die Forschung richtet ihren Blick primär auf die Deutung des Terminus *hereditas*. Die Quellennachricht legt dessen ungeachtet besondere

---

483 CDB II, Nr. 234, S. 223: „[...] *iura, que prius a nostris predecessoribus, ut a bone memorie duce Conrado et ab aliis, postmodum autem a nobis*".

484 CDB II, Nr. 234, S. 223: *„Omnes hereditates, quas viri nobiles tam minores, quam maiores tempore ducis Conradi sine querela iuste et pacifice huc usque possederunt, in bona tranquilitate pacis amodo possideant.*"

485 Mit einer Übersicht zu den bisherigen Auffassungen insbes. J. ŽEMLIČKA, *Přemysl Otakar II.*, S. 69ff.

486 Vgl. Libor JAN, *Hereditates a soudy statut Konráda Oty* [Die Hereditates und die Gerichte der Statuten Konrad Ottos], in: Libor Jan – Dalibor Janiš (Hrsg.), Ad iustitiam et bonum commune. Proměny zemského práva v českých zemích ve středověku a raném novověku, Brno 2010,, S. 10–19; Idem, *Statuta*, S. 3–34; V. VANÍČEK, *Sociální mentalita*, S. 165–166.

487 Vgl. V. NOVOTNÝ, *České dějiny I/3*, S. 51 und Anm. 1.; Jaroslav BAKALA, *K výkladu prvního ustanovení Statut Konráda Oty* [Zur Auslegung des ersten Artikels der Statuten von Konrad Ota], in: Eva Fuxová (Hrsg.), Český stát na přelomu 12.–13. století, Opava 1993, S. 12–13; L. JAN, *Statuta*, S. 26–27.

Betonung auf den Kontext, in dem der Terminus im Text hervortritt. *„Zu Zeiten Herzog Konrads und bis heute unbestritten"* lautet die grundlegende Einschränkung, die die sich hinter dem Begriff *hereditas* verbergenden Güter betrifft. Dem Verfasser der entsprechenden Textstelle bzw. der Bestimmung standen mehrere Möglichkeiten zur Verfügung, wie diese Information auf allgemeiner Ebene formuliert werden konnte. So genügte es beispielsweise, eine zeitliche Beschränkung wegzulassen. Doch der Verfasser ging anders vor und verwies klar auf Kontinuität und Legitimität des Besitzes im entsprechenden Zeitraum. Der Text spricht von *hereditates*, die die Adeligen legitim und dauerhaft seit Konrad Otto bis zum Zeitpunkt der Aufzeichnung bzw. der Verkündigung des Artikels in Besitz gehalten haben müssen. Jene Interpretationsversuche, die sich bemühen die Bestimmung als allgemeingültige Besitzbestätigung (ohne Rücksicht auf dessen eigentumsrechtlichen Charakter) zu deuten, übersehen dabei in gewissem Sinne den wahren Wortlaut der Quelle.

Bevor wir nun eine eigene Interpretation des ersten Artikels der Statuten vorlegen, wollen wir nochmals den eigentlichen Begriff *hereditas* betrachten. Wir konnten bereits feststellen, dass die sächsischen Quellen den Terminus kontinuierlich als allgemeine Bezeichnung des von Generation zu Generation weitergereichten Besitzes verwenden. Dabei musste es keineswegs um die Vererbbarkeit im modernen Wortsinn gehen, vielmehr um den Anspruch, dessen Berechtigung bei weitem keinen Automatismus darstellte. Wohl am anschaulichsten charakterisieren dieses Prinzip der Streit um das Lehen des Lampert von Helperthe sowie weitere bereits beschriebene Fälle. Auch in den böhmischen Quellen fand der Begriff *hereditas* bei Besitzungen der verschiedenen Rechtstitel Verwendung.[488] Die entsprechenden Quellennachrichten berechtigen zu der Annahme, dass es sich bei *hereditas* um eine allgemeine Bezeichnung für eine breite Gruppe von Eigentumstiteln handeln könnte. Dagegen steht dennoch die Theorie, dass sich die Statuten in der Sphäre des Land(es)rechts bewegten, in dem der Terminus stets im Sinne eines freien Privatbesitzes verwendet wurde.[489] Unbeantwortet lässt diese Auffassung aber die Frage, wie wir das böhmische „Land(es)recht" an der Wende vom 12. zum 13. Jahrhundert überhaupt definieren können und welche Gestalt es besaß. Nähere Informationen liefern diesbezüglich erst Quellen aus dem 14. und 15. Jahrhundert. Am Beispiel des *Sachsenspiegels* konnten wir dabei feststellen, dass ein normativer Text weder für den Zeitraum seiner schriftlichen Fixierung noch für die jüngere Zeit eine unproblematische Quelle darstellt. Die Applikation jüngerer Rechtsbräuche auf ältere Zeiten bleibt also stets mehr als umstritten.

Darüber hinaus entsprechen auch die zeitgenössischen Quellennachrichten nicht der Auffassung von einem klar rechtlich definierten Charakter des Terminus. 1220, also zur Zeit der Niederschrift des ersten erhaltenen Exemplars der Statuten, ließ König Přemysl Ottokar I. eine Urkunde für seinen Kaplan, den Olmützer Kanoniker Siegfried, ausfertigen. Siegfried hatte demütig um die Zustimmung gebeten, „sein" Dorf – im Text als *hereditatem* bezeichnet – verkaufen zu dürfen. Den Besitz hatte Siegfried einst von

488 Vgl. z. B. S. 108, 113, 137, 162.

489 Zuletzt hierzu L. JAN, *Statuta*, S. 3–34.

Herzog Heinrich Břetislav verliehen bekommen. Der König, „von Milde ergriffen", entsprach der Bitte.[490] Ein identisches Bild bietet die Urkunde Wenzels II. aus dem Jahr 1292. Der Text beschreibt den Eigentümerwechsel eines Teils eines Dorfes (*partem seu hereditatem*), das der Notar Heinrich vormals vom König erhalten hatte. Bei jedem Tausch und Verkauf musste dabei, so der Urkundentext, der Landesherr seine Zustimmung erteilen.[491] Ein Diplom von 1278 wiederum bezeichnet einen – darüber hinaus *iure hereditario* verliehenen – Besitz als *hereditatem*, der einem Adeligen mit Namen Markwart dessen Gemahlin aus ihrer Morgengabe vermacht hatte. Diesen Besitz konnte Markwart allerdings nur bis zu seinem Tode nutzen.[492] In allen erwähnten Fällen bezeichnete der Terminus Güter, deren Besitz bestimmten Beschränkungen unterlag. Ein aussagekräftiges Zeugnis mit Blick auf den heterogenen Inhalt des Begriffs *hereditas* bietet darüber hinaus eine Passage in der bereits zitierten Urkunde Wenzels II. für Leobschütz. Der Landesherr gestattete darin den Bürgern, von Adeligen *hereditates* zu erwerben, freilich nur jene, die *feudales non sunt*.[493] *Hereditas* wird hier eindeutig als Gesamtbezeichnung für den Besitz von Adeligen verwendet. Es dürfte also unstrittig sein, dass das Diplom das Eigentum (*hereditas*) des Adels als Gesamtheit verliehener und privater Güter auffasst, von denen die Bürger lediglich die privaten Güter erwerben konnten.

Identisch formulierte Einträge finden wir zudem in einer jüngeren Quelle, der innerhalb der Entwicklung des Land(es)rechts eine grundlegende Rolle zukommt – in den sog. Landtafeln. Ein Eintrag für das Jahr 1401 verzeichnet den Verkauf eines Zinses (*census*) aus mehreren Dörfern. Dem ursprünglichen Besitzer stand zugleich die Möglichkeit offen, die Einnahme zurückzugewinnen – durch den Tausch gegen einen aus anderen Lokalitäten in gleicher Höhe erworbenen Zins. Diesen Zins konnte besagter Besitzer freilich lediglich *in hereditatibus liberis et non omagialibus* erwerben.[494] Ein weiterer Ein-

490 CDB II, Nr. 199: „[...] *Sifridus Olomucensis canonicus quandam villam suam Jarosow nomine, quam a progenitore suo, illustri duce Bretizlao, promeruerat, vellet abbati et fratribus de Welegrad pro certa vendere pecunie quantitate, ad nos accedens humiliter postulavit, ut sibi liceret prefatam hereditatem cum nostro permissu venundare abbati et fratribus antedictis. Nos vero ipsius devocionem attendentes, moti misericordia, largam et plenam sibi dedimus licenciam prenotatam hereditatem Jarosow vendendi libere abbati et fratribus memoratis.*"

491 RBM II, Nr. 1561: „*Qui Henricus partem seu hereditatem predictam, cum Zdezlao, filio Blehonis, pro hereditate ipsius Zdezlai dicta Nahayu prope Nychan de assensu nostro postmodum commutauit, a quo partem seu hereditatem eandem Wocko de Burenicz siue de Crisenche emit nostro ad hoc accedente consensu. Tandem dictus Wocko partem seu hereditatem predictam cum agris cultis et incultis, pratis, pascuis, aquis, aquarum ductibus, piscationibus, molendinis, siluis, nemoribus et aliis pertinenciis - d.· Thobie, Prag. episcopo, - ad hoc interueniente consensu nostro uenditionis titulo dedit, tradidit et donauit.*"

492 CDB V/2: Nr. 872: „[...] *nos Marquardus de Reuh hereditatem in Kanitz, terciam partem ville, quam ex parte domine Agnetis; uxoris nostre, usque ad finem vite sue iure hereditario possidere debuimus*"; zum Testament der Gemahlin des Markwart vgl. CDB V/1, Nr. 108.

493 RBM II, Nr. 1794: „[...] *civium civitatis nostre Lubschiz* [...] *eis et eorum cuilibet, quod a quibuscunque nobilibus hereditates suas, que feudales non sunt, licite possint emere*".

494 *Reliquiae tabularum terrae regni Bohemiae anno MDXLI igne consumptarum* I, Josef Emler (Hrsg.), Praha 1870, S. 593: „*Ista condicione adiecta, quod quandocunque idem Smilo poterit sibi*

trag, diesmal in alttschechischer Sprache, spricht sodann von Schäden, die die betroffene Person *auf erblichen Gütern nicht so erleidet wie auf Manngütern*.[495] Das Urteil im Streit um einen Witwenanteil im Jahre 1406 besagte, dass der geschädigten Witwe zurückgegeben werden solle, was *super hereditates omagiales tamquam super liberas* verblieben war.[496]

Wie diese Formulierungen zu interpretieren sind, macht ein Eintrag aus dem Jahr 1403 deutlich. Wenzel IV. hatte das Spital in Pisek mit einem Jahreszins von 6000 Prager Groschen ausgestattet. Die Summe sollte u. a. für einen Besitzerwerb verwendet werden, wiederum jedoch nur *in bonis tamen liberis, non feodalibus*.[497] Ähnlich klingt ein Vermerk von 1457, der festlegt, dass das Verzeichnis zweier Dörfer aus den Hof- in die Landtafeln übertragen werden solle, da es sich um *bona libera et non omagialia* handele.[498] Weder der lateinische Terminus *hereditas* noch sein alttschechisches Äquivalent *dědina* kennzeichnet in den erwähnten Fällen eine besondere Qualität hinsichtlich der Eigentumsansprüche. Der Begriff findet ganz allgemein als synonymer Begriff für *bona* Verwendung. Ähnlich wie in der Urkunde für Leobschütz handelt es sich um eine zusammenfassende Bezeichnung für Güter, von denen einige freie Güter waren, andere wiederum Lehns-(Mann-)Güter.

Unmissverständlich erscheinen in dieser Hinsicht die Eintragungen aus dem Jahr 1464, die die Konfiszierung der Güter Albrecht Berkas von Duba und deren Schenkung bzw. Übertragung an Heinrich Berka von Duba sowie Johann von Wartenberg betreffen. Den gesamten Rechtsakt beschreiben drei Aufzeichnungen – eine in Alttschechisch, zwei in Latein mit alttschechischen Ausdrücken durchdrungen. König Georg von Podiebrad hatte Albrechts freie und Manngüter (*zbožie svobodná i manská*) beschlagnahmt und den genannten Herren übertragen. Der sich anschließende Eintrag vermerkt sodann die Schenkung der meisten dieser Güter durch Heinrich von Berka an Johann von Wartenberg. Die in der alttschechischen Notiz erwähnten *„zbožie"* (Güter) werden im lateinischen Text als *„hereditates et bona* [...] *siue sint libera seu feodalia"* beschrieben. Der Schlussteil der entsprechenden Eintragung benutzt dann für diese Güter wiederum die Verbindung *„hereditates et bona"* bzw. lediglich *„hereditates"*.[499] Die Termini *zbožie, here-*

---

similem et eque certum censum in hereditatibus liberis et non omagialibus in simili vel propinquiori distancia reemere". Zu den Landtafeln vgl. Anm. 471.

495 *Reliquiae tabularum terrae* I, S. 167, Nr. 83.

496 *Reliquiae tabularum terrae* II, S. 23.

497 *Reliquiae tabularum terrae* II, S. 13: „[...] *in regno nostro Boemie in bonis tamen liberis, non feodalibus, empte et comparate, seu ad ipsum hospitale ex pia hominum largicione donate fuerint, eidem hospitali et ipsius ministris apropriamus*",

498 *Reliquiae tabularum terrae* II, S. 290.

499 *Reliquiae tabularum terrae* II, S. 330–331: *„Henricus Berka de Dubee et de Lipeho p. e. oc, quod omne jus suum, quodcunque habet virtute regie donationis, neb kterým koli jiným právem ad hereditates et bona in Tolssteyn et ad Sslaknow et quidquid ad Tolssteyn et ad Sslaknow pertinet, siue sint libera seu feodalia, i se všemi many, kteréžkoli zboží a many Albrecht z. Dubé a z Tolšteina tenuit et habuit, dedit et resignavit in toto Johanni juniori de Wartmberk et de Dieczin, foytoni Sex civitatum, et suis heredibus, nullum sibi jus ad dictas hereditates a k manóm et ad bona amplius reservando, excluso Walentinowa et quiquid ad Walentinow pertinet, quia hoc pro se et suis heredibus reservat.*

ditates, bona treten hier wiederum als gegenseitig austauschbare Ausdrücke mit übereinstimmendem Aussagewert in Erscheinung. Auf den keineswegs eindeutigen Inhalt des Terminus weist auch der weitere Umstand hin, dass wir in den Landtafeln regelmäßig die Verbindung „*vera hereditas*", „*verum ius hereditatis*"[500] bzw. „*libera hereditas*", mitunter auch die alttschechische Variante „*svobodná dědina*" finden.[501] Eine Präzisierung mit Hilfe des Adjektivs „wahrhaft", „recht" bzw. „frei" besaß gerade deshalb einen Sinn, weil der Begriff selbst in bestimmten Fällen einen klar festgelegten Inhalt vermissen ließ, den es mitunter näher zu definieren galt.[502]

Es hat also nicht den Anschein, dass den Inhalt des Terminus *hereditas* (*dědina*) innerhalb des Land(es)rechts eine besondere Qualität gekennzeichnet hätte. Darüber hinaus stellt sich die Frage, ob der Charakter des mittelalterlichen Rechts selbst die Bedingungen schuf bzw. das Bedürfnis hervorrief, die Termini exakt zu definieren. Im vorangegangenen Kapitel haben wir mehrere Beispiele angeführt, die die komplizierte Eigentumsstruktur aufgezeigt haben. Dies kann nun nicht als Zeugnis für ein Desinteresse an Eigentumsfragen bzw. als ein Hinweis auf nicht ausreichende Mittel angesehen werden, mit deren Hilfe Besitzungen registriert bzw. näher identifiziert werden konnten – unabhängig davon, ob es sich um die Schriftagenda oder „Instrumente" der symbolischen Kommunikation handelte. Die Gründe, warum die Herrscher Güter verliehen, die sich bereits im Besitz einer bestimmten Person befanden, oder aber weshalb sie Besitzungen konfirmierten, über deren Status sie keinen genauen Überblick besaßen, hängen vielmehr mit dem Charakter der Rechtsbräuche bzw. mit der Rechtsfindung zusammen. Das Verhalten von Přemysl und Wenzel erscheint am nachvollziehbarsten, wenn man sich vor Augen führt, in welcher Weise das Recht garantiert wurde. Eine Stiftung des Herrschers,

---

[...] *hereditates ac bona in Tolssteyn, ac alias hereditates, quas olim Albertus de Tolssteyn teinuit, dicens, quod ipse Albertus easdem hereditates proti králov milosti ztratiti a zavésti nou potuit ei in prejudicium, et quod ad easdem hereditates et bona habet melius jus quam ipse Albertus, aut aliquis alius post eum.*"

500 Vgl. *Reliquiae tabularum terrae* I, S. 21, 33, 81, 82, 84, 91, 97, 101, 104, 108, 114, 121, 138, 457, 466, 474, 484; *Reliquiae tabularum terrae* II, S. 65, 137, 327, 331; *Die Landtafel des Markgrafthumes Mähren*, Brünner Cuda, Petr Chlumecký – Josef Chytil – Karel Demuth – Adolf Wolfskron (Hrsg.), Brno 1856, S. 41, Nr. 498; S. 51, Nr. 114; S. 125, Nr. 461; S. 188, Nr. 676; S. 192, Nr. 768; S. 193, Nr. 780; S. 206; 1051; S. 211; Nr. 1141; S. 394, Nr. 8; S. 396, Nr. 28; S. 398, Nr. 52; S. 398–399, Nr. 59; S. 399, Nr. 61; S. 399, Nr. 67; S. 400, Nr. 81; S. 401, Nr. 92; S. 401, Nr. 96; S. 401, Nr. 97; S. 401, Nr. 98 usw.

501 *Reliquiae tabularum terrae* I, S. 94, 99, 104, 112, 114, 119, 146, 162–163, 166–167, 170, 184, 226, 474, 477, 538; *Reliquiae tabularum terrae* II, S. 39, 49, 52, 69, 78, 99, 114, 118, 120, 129, 140, 160, 191, 197, 217, 221, 256, 257, 265, 282, 290, 305, 335, 351, 354, 363, 384, 389, 422, 459, 507.

502 Auf die unklare Begrifflichkeit der benutzten Terminologie und die Notwendigkeit einer genaueren Definition im Kontext des entsprechenden Eintrags hat eindringlich Miroslav BOHÁČEK, *Římské právo v listinné praxi českých zemí 12.–15. století* [Das römische Recht in der Urkundenpraxis der böhmischen Länder vom 12. bis 15. Jahrhundert], SAP 24/2, 1974, s. 461–486, insbes. S. 467ff., hingewiesen; vgl. auch Idem, *Einflüsse des römischen Rechts in Böhmen und Mähren*, Mediolani 1975.

eine Verleihung oder irgendeine andere Form der Besitzübertragung musste keine – sofern wir den modernen Begriff verwenden – „rechtsgültige“ Entscheidung an sich bedeuten. Der Rechtsakt erhielt für den Fall Gültigkeit, sofern keine andere Person den Nachweis erbrachte, dass sie in der konkreten Angelegenheit auf das „bessere Recht“ zurückgreifen konnte.[503] Vereinfacht ausgedrückt: König Wenzel konnte den Kreuzherren mit dem Roten Stern ruhigen Gewissens Glauben schenken, da jemand, dem dadurch ein Nachteil entstünde, Protest einlegen würde. Darauf sollte nach dem „besseren Recht“ gesucht werden, wodurch der „Gerechtigkeit“ Genugtuung widerfahren würde. Genau dies geschah auch. In diesen Kontext können wir dabei Přemysls Konfirmation der Güter einordnen, an die sich zum gegebenen Zeitpunkt nicht einmal jene mehr erinnerten, denen sie verliehen worden waren.

Ein grundlegendes Merkmal der Rechtsfindung ist demnach die Tatsache, dass weder die zusammenhängenden Rechtsnormen noch einzelne Rechtshandlungen automatisch einen Anspruch auf Allgemeingültigkeit haben. In den Urkunden oder später den Landtafeln sind tausende Besitzstreitigkeiten verzeichnet, die freilich keine Reflektion des festgefügten Rechtssystems darstellen. Wenn auch die jeweiligen Rechtssprüche in gewissem Sinne schematische und übereinstimmende Merkmale aufwiesen, handelte es sich um individuelle Fälle mit einer ad hoc-Lösung. Der böhmische Adel pflegte darüber hinaus ein dezidiert ablehnendes Verhältnis gegenüber dem geschriebenen und kodifizierten Recht als solchem, was auch die seit dem 14. Jahrhundert überlieferten Rechtsbücher erkennen lassen.[504] Dies alles musste sich auch in der Verwendung und Entwicklung der entsprechenden Terminologie widerspiegeln. Für das auf diese Weise entstandene Rechtssystem ist nicht eine durchdachte und verbindliche Terminologie von wesentlicher Bedeutung und nur allmählich entstehen die Bedingungen für eine inhaltliche Präzisierung der verwendeten Begriffe.[505] Gerade hiervon zeugen die bereits beschriebenen Quellenbeispiele, in denen der Terminus *hereditas* mit einem ähnlich heterogenen Inhalt in den Schriftzeugnissen des 13. und 15. Jahrhunderts auftritt.

Die Quellenbelege und der Gesamtcharakter der Rechtsbräuche sprechen also eher gegen die Auffassung, der Terminus *hereditas* sei in den Statuten Konrad Ottos inhaltlich eindeutig verwendet worden. Dabei konnten wir bereits darauf verweisen, dass die Begriffserklärung primär vom Kontext der eigentlichen Eintragung ausgehen sollte. Diejenige Person, die den ersten Artikel formulierte, legte eine besondere Betonung auf die

503 Zu jenem „*melius ius*“, mit dem sich regelmäßig die einzelnen Parteien im Streit um Besitzungen auf den Seiten der Landtafeln zu schützen suchten, vgl. u. a. die *Reliquiae tabularum terrae* I, S. 20, Nr. 64; S. 44, Nr. 155 und 158; S. 47, Nr. 167 usw.

504 Vgl. Dalibor JANIŠ, *Nalézání práva a zemské soudnictví v českých zemích* [Rechtsfindung und Landesgerichtsbarkeit in den böhmischen Ländern], in: Libor Jan – Dalibor Janiš (Hrsg.), Ad iustitiam et bonum commune: proměny zemského práva v českých zemích ve středověku a raném novověku, Brno 2010, S. 44–45.

505 Wir haben in diesem Zusammenhang darauf verwiesen, dass es im sächsischen Milieu mehr als ein Jahrhundert dauerte, ehe es zu einer endgültigen inhaltlichen Unterscheidung der Begriffe *beneficium* und *feudum* kam.

zeitliche Eingrenzung. Die kurze Regierungszeit Konrad Ottos endete nach zwei Jahren mit dem Tod des Herzogs während eines Italienzugs 1191. In Böhmen brachen bald darauf Kämpfe um die Nachfolge aus. Innerhalb der folgenden sechs Jahre wechselten auf dem Prager Thron fünf Herrscher, darunter auch Přemysl Ottokar I., der im Jahre 1197 endgültig die Herrschaft an sich riss. Die Zeit, von der der erste Artikel der Statuten spricht, war eine Periode des Chaos und der wiederholten Kämpfe um den Prager Thron.[506] Verwiesen wurde bereits auf den Umstand, dass die Thronwechsel – insbesondere bei gewaltsamen Umstürzen – zu Veränderungen in wichtigen Machtpositionen führten. Die Motivation der einzelnen Parteien verdeutlicht in diesem Zusammenhang am eindrucksvollsten die bereits erwähnte Anmerkung des Chronisten Gerlach für das Jahr 1197, als die Anhänger Přemysl Ottokars I. in den Kampf zogen, um *„entweder zu sterben oder für sich Brot und für ihren Herrn das Herzogtum zu erobern“*.

Die Statuten sind, wie bereits angemerkt, lediglich in jüngeren Abschriften überliefert. Die Frage ihrer möglichen Vorlage lässt sich ausschließlich hypothetisch beantworten. Herzog Konrad Otto verkündete im Jahr seiner Thronbesteigung nicht näher verifizierbare Statuten. Unbekannt bleibt, ob es sich hierbei um einen Einzelfall handelte oder eine mit dem Machtantritt jedes neuen Herzogs verbundene Tradition. Für die zweite Möglichkeit spräche jener Textteil, der daran erinnert, dass die durch Přemysl vorgenommene Bestätigung der Statuten nicht allein Konrads Bestimmungen enthält, sondern auch die „Gesetze“ weiterer Fürsten sowie auch Přemysls eigene. Sofern beispielsweise Přemysl seine Statuten aus Anlass der endgültigen Thronbesteigung im Jahre 1197 verkündet haben sollte, könnte der erste Artikel lediglich eine aktuelle Reaktion auf die zeitgenössische Situation darstellen. Přemysl hatte sich um eine Beruhigung der Verhältnisse bemüht, wobei eine Regelung der Eigentumsfragen zweifellos hierzu beitrug. Auf eine gewisse Aktualität des ersten Artikels verweist im Übrigen dessen Platz in der Einleitung der Statuten, die sich mehrheitlich in ihren Bestimmungen gänzlich anderen Angelegenheiten widmen. Der Verweis auf die Besitzkontinuität im beschriebenen Zeitraum überbrückte das mehrere Jahre anhaltende Chaos und schuf einen gewissen *Status quo*, auf den man sich im Falle der Besitzstreitigkeiten stützen konnte. Der erste Artikel der Statuten bot einen „objektiven“ Maßstab, wie sich Streitfälle lösen ließen.[507] So mochte seine spätere Reflektion in den Bestätigungen für mährische Provinzen eher mit dem Gesamtcharakter der Quelle und den verbleibenden Bestimmungen zusammenhängen, die den Verlauf der Gerichtsverhandlung regelten. Diesen Vorschriften kam eine allgemeine Gültigkeit zu, die deren wiederholte Verkündigungen erklärt, die auch den ersten Artikel in anachronistischer Weise umfassten.

In diesem ersten Artikel ging es folglich weder um Erbe oder Besitz, sondern vielmehr um eine Ruhigstellung der Inhaber unterschiedlicher Arten von Gütern und eine Stabilisierung der Verhältnisse auf Besitzebene. Hierbei handelt es sich natürlich um ein Interpretationsmodell, das partiell hypothetischen Charakter besitzt. Die hier vorgestell-

506 Übersichtlich hierzu J. ŽEMLIČKA, *Čechy*, S. 367–377.

507 Zu einem ähnlichen Schluss gelangte im Übrigen bereits S. RUSSOCKI, *Z badań*, S. 44; vgl. des Weiteren auch J. ŽEMLIČKA, *Heredes*, S. 379–380.

te Deutung respektiert dessen ungeachtet den Wortlaut der Quelle und verbindet in gewisser Hinsicht auch die beiden gegensätzlichen Interpretationen des Terminus *hereditas*. Ähnlich wie im Falle des Kastellans Mstiš erscheinen die Statuten dabei nicht als geeignetes Argument in der Diskussion über Existenz und Bedeutung des Privateigentums an Boden bzw. ein Beleg für das adelige Bemühen, fürstlichen Besitz zu usurpieren.[508]

Zusammenfassung

Wenngleich sich für den Zeitraum vom 10. bis 12. Jahrhundert das in den vorangegangenen Kapiteln angewandte methodologische Vorgehen nicht anwenden lässt, liefern die chronikalischen Quellenaussagen in gewisser Weise eine Erklärung für jene Situation, die das Quellenmaterial des 13. Jahrhunderts widerspiegelt. Wenn die Quellen bis zum ausgehenden 12. Jahrhundert von der Macht der Hochadeligen sprechen oder den sozialen Aufstieg von Einzelpersonen erwähnen, betonen sie stets in gewisser Weise die Rolle fürstlicher Ämter. Keine einzige Quellennachricht verbindet mit politischer Macht bzw. der sozialen Stellung die private oder eine andere Form des Grundbesitzes.[509] Hovor und seine Nachfahren wurden keine *nobilibus*, weil sie auf einen immensen Güterbesitz zurückgreifen konnten, sondern weil Hovor eine heroische Tat vollbrachte, die als Aushängeschild der familiären Nobilität und Freiheit fungierte. Zum Lohn erhielt er kein Allod, sondern das Amt des Jägers. Nicht einmal für den Mord am Herzog sollte Miroslav privaten Grundbesitz erhalten. Der Weg zur Erlangung einer mit der Position des Vaters vergleichbaren privilegierten Stellung führte über das fürstliche Amt. Es waren hier die Inhaber „besserer Benefizien", die einen Einfluss auf die Entscheidung und auf die Wahl des Herrschers besaßen und die so in entscheidender Weise die politischen Verhältnisse prägten.

Sofern von den böhmischen Hochadeligen des 10. bis 12. Jahrhunderts als „Amtsträgern" die Rede ist, wird keineswegs deren Macht und adelige Herkunft in Abrede gestellt. Interessant ist in diesem Kontext, dass – während die Reichsfürsten und Grafenfamilien von einer langjährigen Kontinuität von Macht und Reichtum profitierten, die auf direkter Nachkommenschaft fußte – wir in Böhmen zwar von einer Kontinuität der Macht der Přemyslidendynastie sprechen können, diese de facto jedoch im Verlaufe des 12. Jahrhunderts die Form einer zyklischen Regierung einzelner Herrscher annahm und real mit der Wahl der führenden Magnaten begann und endete. Trotz der realen Macht und dem mythischen Charisma, über die die Přemysliden verfügten, gelang es keinem einzigen böhmischen Fürsten des 12. Jahrhunderts die Wahl zu übergehen. Die Stärke des Wahlmechanismus zeigt sich hierbei besonders deutlich am Schicksal jener Herrscher, deren Regierungen zu den längsten und stabilsten gehörten. Soběslav I. und Vladi-

508 Dies hat bereits D. KALHOUS, *The Anatomy of a Duchy*, S. 136–137, beschrieben.
509 Hierauf haben bereits S. RUSSOCKI, *Z badań*, S. 36 sowie in ähnlicher Weise D. KALHOUS, *Anatomy of a Duchy*, S. 119, 134–135, 137–140 verwiesen.

slav II. sahen sich nur kurze Zeit nach ihrem Machtantritt einer starken Opposition gegenüber. Erst nach der Niederschlagung des Widerstands konnten die Herzöge ungehindert und erfolgreich regieren. Der Versuch hingegen, die Nachfolgefrage im familiären Sinne zu regeln, endete jedes Mal in einem Fiasko. Hierbei hatten zweifellos auch jene ihren Anteil, die ursprünglich zu den Getreuen beider Herrscher gezählt hatten.

Gerade die Bedeutung der Wahl lässt sich offenkundig als eine der Ursachen ausmachen, warum noch im 13. Jahrhundert ein System des Benefizialwesens überwog, dessen Gestalt an die frühmittelalterlichen Verhältnisse erinnert. Die sich ständig wiederholende und in zahlreichen Fällen erfolgreiche Strategie musste einen Einfluss auf die Hierarchie der machtpolitischen Mechanismen ausüben. Auf der einen Seite stellte die Wahl das entscheidende Instrument des politischen Kampfes dar. Auf der anderen Seite hemmte gerade deren Bedeutung die Entwicklung weiterer machtpolitischer Strukturen. Die Bedeutung der Kastellanei in Leitmeritz und Saaz bzw. der Würden von Kämmerer, Truchsess und Marschall, beruhen nicht auf dem Gewinn eines (Quasi)Lehens. Unabhängig von ihrem Charakter führten die Einnahmen aus dem Amt zu Reichtum, der zu verschiedenen Zwecken benutzt werden konnte – zur Ausstattung der eigenen Gefolgschaft, zum Besitzerwerb, der Stiftung kirchlicher Institutionen usw. Die primäre Bedeutung lag jedoch im Anspruch auf einen angemessenen Machtanteil und sozialem Prestige.

Wir dürfen zu Recht davon ausgehen, dass für die materielle Grundsicherung des Beamtenapparats Erträge aus den entsprechenden Gütern sowie aus der Ausübung des Amts fließende Einnahmen verantwortlich zeichneten. Nichts spricht dabei gegen die Vorstellung, dass konkrete Besitzungen bereits in älterer Zeit der Absicherung einzelner Würden dienten. Es wäre allerdings ein Fehler, diese Güter als Lehen zu bezeichnen. In einem derartigen Fall dürften wir erwarten, dass sich in den Quellen sichtbare Anzeichen für eine bestimmte Form der Lehnshierarchie spiegeln müssten. Diese finden wir jedoch nicht einmal im 13. Jahrhundert – weder im Zusammenhang mit herrschaftlichen Verwaltungszentren noch auf den Gütern des Adels.

Das System der benefizialen Verwaltung bewahrte dabei seine Lebensfähigkeit auch in jüngerer Zeit. Unter den Verhältnissen des 12. und 13. Jahrhunderts lässt sich dabei eine klare Kontinuität feststellen.[510] Dies geschah ungeachtet der Tatsache, dass die Schicht der Magnaten im Wandel begriffen war, der zur Entstehung des hochmittelalter-

510 Ein grundlegendes, freilich schwer lösbares Problem, stellen dabei die Ereignisse an der Wende vom 12. zum 13. Jahrhundert dar. In dieser Zeit enden die Nachrichten über den Herzogsstuhl und Přemysl Ottokar I. gelang es, die erbliche Königswürde durchzusetzen. Leider fehlen gerade für diesen Zeitraum komplexe Quellennachrichten narrativen Charakters. Somit bleibt also die Frage, warum die führenden Adeligen plötzlich Instrumente aus der Hand gaben, mit deren Hilfe sie zumindest im Verlaufe des gesamten 12. Jahrhunderts in entscheidendem Maße die politische Szene bestimmt hatten, und warum sie dem Prinzip der erblichen – vom Vater auf den Sohn übergehenden – Regierung zustimmten, der sie bis dahin konsequent gerade mit Hilfe des Wahlmechanismus getrotzt hatten. Etwas Derartiges war offenkundig nicht ohne tiefere gesellschaftliche Veränderungen möglich, die in gewisser Weise die Grundlagen der Macht des Adels berührten. Mit Blick auf die Entwicklung des Adels im 13. Jahrhundert lässt sich spekulieren, dass die Veränderungen mit der Bedeutung zusammenhingen, die der wachsende Grundbesitz erlangte.

lichen Adels führte. Der Adel formte sich schrittweise zur Landesgemeinde, deren wichtigste Institution das Landesgericht wurde. In gleichem Atemzug wuchs auch die Bedeutung des allodialen Grundbesitzes und der Familienherrschaften weiter. Die Entwicklung des Land(es)rechts und der Landesinstitutionen ist dabei ein weiteres Argument, das gegen die Existenz von Lehnsverhältnissen in der vergangenen Periode spricht. Wenn in älterer Zeit in den böhmischen Ländern ein den Lehnsverbänden ähnliches Netz von Beziehungen existiert hätte, das lediglich der Aufmerksamkeit der überlieferten Quellen entgangen wäre, müsste man aber doch erwarten, dass sich im 13. Jahrhundert die politische Struktur zu einem den deutschen Verhältnissen entsprechenden Bild ausformte. Dies geschah jedoch nicht und das Lehnswesen spielte im Verhältnis zwischen König und Adel lediglich eine Nebenrolle. Die Bedeutung des ursprünglichen Benefizialwesens blieb dessen ungeachtet erhalten. Interesse verdient in diesem Zusammenhang, dass die bereits erwähnte Urkunde Wenzels II. für das Bistum Prag von 1291 auch weiterhin das Ausmaß der Strafe allein auf der Grundlage des Umstands bestimmte, ob der Schuldige *officialis uel beneficiarius* oder eine andere Person war. Wenngleich der Text von „Baronen", Adeligen und Rittern spricht, bildet die grundlegende soziale Distinktion die Tatsache, ob der Betroffene ein königliches Amt ausübte oder nicht. Zudem stellt sich auch weiterhin die Frage, ob trotz aller Veränderungen des 13. Jahrhunderts im Vergleich zur älteren Zeit in einigen Aspekten nicht eine größere Kontinuität herrschte, als die Forschung bisher vermutet.[511]

511 Das Problem zeichnet sich in bedeutendem Umfang durch eine methodologische Dimension aus. Es erweist sich als sehr schwierig, in der historischen Entwicklung auf der Grundlage der überlieferten Quellen jene „Wendepunkte" auszumachen, die in grundlegender Weise die bisher gültigen Muster an Verhalten, Denken und beispielsweise auch das Funktionieren des Verwaltungsapparats veränderten. Dabei lassen wir die Frage, ob sich die Zeitgenossen einiger Veränderungen voll bewusst waren, und ob diese überhaupt in irgendeiner Art und Weise eine Reflektion in den Quellennachrichten fanden, außer Acht. Grundlegende Veränderungen reiften dabei offenkundig in der Langzeitperspektive sowohl auf ideeller, als auch auf realer Ebene. Es musste sich darüber hinaus nicht um einen Prozess handeln, den eine Person bewusst vorbereitete und lenkte. Es genügte, dass in einem bestimmten Augenblick eine Tendenz gegenüber einer anderen überwog, mitunter konnten ältere und „modernere" Mechanismen lange Zeit in gegenseitigem Einklang koexistieren. Dies ist offenkundig auch der Grund, weshalb trotz der Entwicklung des Land(es) rechts, der Landesinstitutionen und der wachsenden Bedeutung des privaten Grundbesitzes die Quellen während des gesamten 13. Jahrhunderts eine fortdauernde Bedeutung der Benefizialverwaltung nachweisen.

Schlussbemerkungen

Ein Großteil der Untersuchungsergebnisse ist bereits im Anschluss an die jeweiligen Kapitel als Zusammenfassungen präsentiert worden. Wir wollen daher versuchen, im Folgenden ein allgemeines Fazit zu ziehen und einige weiterführende Gedanken zu formulieren. Erstellt man auf der Grundlage der analysierten Quellenzeugnisse eine Stufenleiter der charakteristischen Merkmale eines Lehens im Untersuchungszeitraum, dann spiegeln sich hierin mehrere Primärmerkmale. Zu diesen zählen die Besitzqualität der verliehenen Güter, der hierauf erhobene Anspruch der Nachfahren oder Verwandten sowie nicht zuletzt die Dominanz adeliger Personen innerhalb des Lehnssystems. Somit wären ein sekundäres Merkmal der Zweck der Verleihung und die hieraus sich ableitenden Verpflichtungen. Insbesondere die Aussagen des sächsischen Urkundenmaterials relativieren die Bedeutung bei der Verwendung des Terminus „rechtes Lehen" und des damit verbundenen Konzepts der Vasallenabhängigkeit im Untersuchungszeitraum, d. h. bis zum Beginn des 14. Jahrhunderts. Ungeachtet der Bemühungen Eikes von Repgow hinsichtlich einer Klassifizierung und Systematisierung des Lehnsrechts lässt sich in der – durch die Urkunden widergespiegelten – täglichen Praxis, nicht bezeugen, dass die Zeitgenossen den Lehen, die das Vasallenverhältnis begründeten, eine besondere, übergeordnete Bedeutung beigemessen hätten. Eine Problemlösung zeigt nicht einmal die Möglichkeit auf, alle durch *homagium/hominium* verliehenen Lehen als „rechte" Lehen zu bezeichnen. Es wurde bereits deutlich gemacht, dass der Vollzug des Homagiums lediglich in Ausnahmefällen aus den Quellen hervorgeht und der Terminus selbst eher seinen Allgemeincharakter bewahrte, was am deutlichsten im Verweis auf den Treueschwur ohne eindeutige rechtliche Konnotation zum Ausdruck kommt.

Trotz aller Unklarheiten und der heterogenen Gestalt des Lehnswesens präsentieren die sächsischen Quellen dennoch das Bild eines spezifischen Systems, das sich durch bestimmte Charaktermerkmale auszeichnete und das für einen Vergleich mit den böhmischen Verhältnissen geeignet scheint. Unbestritten ist, dass Versuche, die böhmischen Quellenzeugnisse unter Verweis auf das Lehnswesen zu interpretieren, untauglich sind und keine überzeugenden Schlussfolgerungen anzubieten vermögen. Die gravierenden Unterschiede in Struktur und Funktionsweise beider Milieus kommen nur allzu deutlich zum Vorschein. Auf der anderen Seite bot der Rezeptionsprozess des Lehnswesens in Böhmen während des 13. Jahrhunderts das gewinnbringende Feedback und eine überzeugende Bestätigung der Interpretation der sächsischen Quellenzeugnisse an. Gerade unter diesem Aspekt erweist sich der – auf einer Analyse des Bedeutungsrahmens der benutzten Terminologie basierende – Vergleich als tragfähige und zugleich geeignete Methode.

Ungeachtet der Tatsache, dass wir im Hinblick auf das böhmische Benefizialwesen von fränkischen Parallelen gesprochen haben, stellt sich die Frage, ob hier die Rede von einem direkten Zusammenhang mit den fränkischen Sitten sein kann. Die přemyslidische Herrschaft war – ebenso wie das vorangegangene Großmährische Reich – seit ihrer Entstehung fest mit dem Reich verknüpft, wobei Anregungen und Einflüsse natürlich nicht ausgeschlossen werden können. Die Ausformung des einheimischen Benefizialwesens kann allerdings auch als lediglich notwendige Reaktion auf die fortschreitende Herrschaftsentwicklung gedeutet werden. Die Ausdehnung des přemyslidischen Einflusses, der Macht und die damit verbundene Ausformung des Verwaltungsapparats gestalteten die direkte Beschenkung der Gefolgschaft folglich immer anspruchsvoller. In einer bestimmten Phase ließen diese Entwicklungstendenzen eine entsprechende Art und Weise der Absicherung der Anhänger dann nicht mehr zu. Eine Lösungsmöglichkeit boten Grundstücke, Einnahmen und Abgaben an, die an bestimmte Verwaltungszentren und Ämter gebunden waren oder an Einzelpersonen verliehen wurden. Mit diesen ließen sich sämtliche Bedürfnisse der Gefolgschaft und Amtsträger befriedigen, die ursprünglich unmittelbar aus den Händen des Herrschers saturiert werden konnten.

Gerade diese Form des Benefizialwesens zeichnet sich auch zwischen geographisch oder mitunter sogar zeitlich voneinander entfernten Gesellschafts-Milieus durch zahlreiche übereinstimmende Merkmale aus, wobei man diese eher als Begleiterscheinung einer bestimmten Phase innerhalb der gesellschaftlichen Entwicklung denn als Kopie bewährter Modelle höher entwickelter Nachbarn bezeichnen kann. Sämtliche Parallelen können somit ausschließlich auf vergleichbaren Entwicklungstrends fußen, womit jedoch der Aussagewert keineswegs in Abrede gestellt werden soll.

Wenn wir die Frage der inhaltlichen Ausgestaltung der Terminologie und der äußeren Form des Benefizial- bzw. Lehnswesens aus einer gewissen Distanz betrachten, lässt sich diese sehr wohl mit Hilfe von Braudels Modell von einer „unterschiedlich langen Dauer" beschreiben. Auftreten und schrittweise Ausbreitung neuer Begriffe lassen sich auf der einen Seite als Symptom einer beginnenden Transformation deuten. Die sich hinter der ungenauen Terminologie verbergenden Erscheinungen kennzeichneten auf der anderen Seite jedoch eine ausgesprochen langfristige Kontinuität und Stabilität. Das sich in den untersuchten sächsischen Quellen widerspiegelnde Lehnswesen behielt bis zum Beginn des 14. Jahrhunderts in zahlreichen Punkten seine heterogene Gestalt, die weiterhin der Situation in älteren Zeiten näherstand als dem im *Sachsenspiegel* gezeichneten Bild. Ähnliche Schlussfolgerungen gelten für das Benefizialwesen unter den Přemysliden, das – ungeachtet aller Veränderungen und Innovationen des 13. Jahrhunderts – seine Lebensfähigkeit und Bedeutung aus der vorangegangenen Ära bewahrte. Dabei stellt sich wiederum die Frage, welche Gründe zu einer Präzisierung der verwendeten Terminologie führten, insbesondere zu einer schrittweisen Trennung der Termini *beneficium* und *feudum* in den sächsischen Quellen. Mit einem gewissen Automatismus haben wir hier die Antwort in der allmählichen Ausdehnung des Lehnsrechts gesucht. Die Ursachen für diese Veränderung könnten jedoch in tiefergehenden Gründen zu suchen sein. Wenn wir die Ergebnisse der Analyse sächsischer Quellen in den Kontext der Situation in den böhmischen Ländern setzen, stellt sich die Frage, welche Rolle in dem gesamten Prozess die Entwicklung der „Philosophie des Eigentums" spielte.

Offenkundig ist es kein Zufall, dass sich die Verwendung des Terminus *beneficium* allmählich auf kirchliche Präbenden beschränkte. Den Anspruch des Geistlichen bestimmte nicht allein eine zeitliche Grenze (maximal auf Lebenszeit), sondern auch die Beziehung gegenüber dem verliehenen Gut, das aus dem Inhaber einen „reinen" Ertragsnutzer machte. Hinter der Vorstellung von einem kirchlichen Benefizium verbarg sich somit im Grunde der ursprüngliche allgemeine Inhalt des Begriffes im Sinne einer „Wohltat". Der Lehnsempfänger wurde im Gegenteil zum „Eigentümer" mit umfangreichen Rechten, auf die Nachfahren und Verwandte Anspruch erhoben. In ähnlicher Weise können wir auch im mittelalterlichen Dorfmilieu eine Entwicklung beobachten, die schrittweise zur Stärkung der Herrschaft des Pächters über den verliehenen Besitz führte, während sich andererseits der Anspruch des ursprünglichen Eigentümers auf die Erhebung der Pacht beschränkte.[512] Die inhaltliche Aufsplitterung der Begriffe *beneficium – feudum* konnte so das immer stärkere Bedürfnis widerspiegeln, und dabei bereits auf terminologischer Ebene den grundsätzlichen Unterschied zum Ausdruck bringen, der primär mit der Qualität des „Eigentums" zweier verschiedener Besitzkategorien zusammenhing. Die wahre Triebkraft musste so nicht das schrittweise entstandene System des Lehnsrechts bilden, sondern vielmehr ein allgemeinerer Trend, der auch weiterhin auf die Ausformung der einzelnen Rechtssphären wirkte.

Eine solche Situation ist in den böhmischen Quellen des 13. Jahrhunderts klar erkennbar. Auf der einen Seite finden wir Ämter und Güter, deren Besitz die für kirchliche Präbenden charakteristischen Merkmale erfüllte, und die wir in die Kategorie Benefizium – „Wohltat" einordnen können. Auf der gegenüberliegenden Seite sehen wir die wachsende Bedeutung des von der Landesgemeinde, dem Landesrecht und den Landesinstitutionen garantierten privaten Eigentums an Boden. Zwischen diesen Ebenen entwickelt sich dann ein System der Besitzverleihungen, das Merkmale der beiden genannten Formen aufweist. Darin fand auch das Lehnswesen seinen Platz. Nicht erkennen lässt sich allerdings, dass das Lehnswesen eine privilegierte Stellung eingenommen hätte oder als spezifische, lediglich der Absicherung einer bestimmten Bedürfnisart vorbehaltene Form betrachtet worden wäre. So wie in anderen Fällen sich neu formierender Rechtsbereiche richteten die böhmischen Quellen die Aufmerksamkeit insbesondere darauf, dass das Lehen seinem Besitzer eine gewisse Qualität des „Eigentums" bot. Primär beobachten wir also einen allgemeinen sozioökonomischen Prozess, in dem sich auf der Grundlage einer abweichenden „Eigentums"-Stufe schrittweise verschiedene Besitzformen, Bindungen etc. ausprägten und es zur Ausbildung zusammenhängender Rechtskreise und deren Systematisierung kam.

---

512 Vgl. K. S. BADER, *Rechtsformen*, S. 26ff.

In ähnlicher Weise lassen sich hier auch die Angaben sächsischer Quellen interpretieren. Der ursprüngliche Allgemeinbegriff *beneficium*, hinter dem sich das umfangreiche Phänomen Leihewesen verbarg, beschränkte sich allmählich auf kirchliche Präbenden, während der Terminus *feudum* dessen Platz in der Frage des weltlichen Besitzes einnahm. Innerhalb dieser neu definierten Kategorie kam es dann zu einer weiteren inhaltlichen Differenzierung. Davon unabhängig handelte es sich um eine Entwicklung, die im Untersuchungszeitraum keinen Abschluss fand, wobei sich hinter dem Begriff *feudum* ein heterogenes Geflecht von (Ver)Pachtungen verbarg. Wir dürfen freilich zu Recht davon ausgehen, dass – ähnlich wie im böhmischen Milieu – die Entfaltung der Rechtsbräuche (in unserem Fall des Lehnsrechts) erst in dem Augenblick möglich wurde, als die reale Situation eine Neubewertung des ursprünglichen Systems erzwang, das nunmehr eine neue Struktur, theoretische Begründung sowie Regulierung hervorbrachte.[513] Die unterschiedlichen Aussagen in *Sachsenspiegel* und Urkundenkorpus lassen sich somit auf die unterschiedliche Geschwindigkeit zurückführen, mit der sich die entsprechenden Veränderungen auf theoretischer Ebene und im Alltagsleben widerspiegeln konnten.

Damit sprechen wir erneut das Problem an, warum es sich als unvorteilhaft erwies, das Lehnswesen von dem breiteren Spektrum an Besitzverleihungen, Abhängigkeitsverhältnissen, Beziehungen usw. zu trennen, das das Gerüst des Feudalismus bildete. Hiermit zusammen hängt auch die umstrittene Rolle, die bei diesem methodologischen Herangehen der Bedeutung der Verbindung von Lehen und Vasallität zugeschrieben wurde. Man muss sich vor Augen führen, dass der Großteil der Quellen, und zwar vornehmlich jene narrativen und normativen Charakters, auf die wir uns seit dem Frühmittelalter stützen, seine Hauptaufmerksamkeit auf Lebensraum und Taten adeliger – weltlicher wie geistlicher – Personen richtet. Ins Zentrum rücken so folglich bestimmte spezifische Erscheinungen, die derjenigen Gesellschaftsschicht eigen sind, die sich durch eine außergewöhnliche Stellung auszeichnet und die einen Monopolanspruch auf die Machtausübung erhebt. Es sei dahingestellt, ob das derart abgefasste Bild fähig ist, eine objektive Antwort hinsichtlich der realen Bedeutung des entsprechenden Phänomens und seines Einflusses auf die (Mit-)Bestimmung der geschichtlichen Entwicklung zu bieten.

Wir sind uns natürlich der Gefahr einer allzu großen Verallgemeinerung bewusst, die in einem bestimmten Moment die Unterschiede zwischen den untersuchten Prozessen verwischen kann. Eine gewisse Distanz schafft jedoch auf der anderen Seite die Möglichkeit, das beschriebene Phänomen sachlich und im Kontext verwandter Erscheinungen zu bewerten. Immerhin ist deutlich geworden, dass noch an der Wende vom 13. zum

---

513 Sicherlich ließe sich einwenden, dass der Prozess auch in entgegengesetzte Richtung hätte verlaufen können und dass gerade die Entfaltung des Lehnsrechtes eine entscheidende Rolle spielte. In diesem Fall dürfte man freilich unter Umständen erwarten, dass in der Phase der endgültigen Trennung der Begriffe *beneficum* und *feudum* der letztgenannte Terminus auf einen bestimmten – zumindest rahmenmäßig geschlossenen – Rechtskreis verweisen werde. Der Trend verlief jedoch genau in entgegengesetzter Richtung.

14. Jahrhundert Vasallität und militärischer Dienst nur eine partielle Erscheinung des Lehnswesens bildeten. Dabei handelte es sich jedoch keineswegs um dessen alleinige Wesensmerkmale. Somit muss zum Schluss noch einmal darauf verwiesen werden, dass das Feudalismus-Konzept bzw. allgemein jenes des breiteren Phänomens Leihewesen, das das Potential besitzt, einem traditionellen Forschungsthema neue Impulse zu verleihen, einen geeigneten Rahmen für weitere Untersuchungen und Betrachtungen liefert.

Anhang[514]

I.
Morgen (*iugera*) (13x):

UB Halb. II.: Nr. 1555; **UB Hild. I.:** Nr. 564; **UB Hild. II.:** Nr. 676; Nr. 464; Nr. 774; **UB Hild. III.:** Nr. 218; Nr. 254; Nr. 273; Nr. 1171; Nr. 1280; Nr. 1332; **UB Mers. I:** Nr. 231; Nr. 580.

II.
Parzelle (*area*) (31x):

CDA II.: Nr. 149; Nr. 362; Nr. 363; **UB Halb. I.:** Nr. 411; Nr. 435; **UB Halb. II.:** Nr. 773; Nr. 797; Nr. 818; Nr. 820; Nr. 822; Nr. 883; Nr. 1201; Nr. 1259; Nr. 1541a; Nr. 1608; **UB Hild.: I.:** Nr. 398; Nr. 566; Nr. 722; Nr. 762; **UB Hild III.:** Nr. 143; Nr. 212; Nr. 609; Nr. 665; Nr. 712; Nr. 1609; Nr. 1695; **UB Naum. I.:** Nr. 279; **UB Naum. II.:** Nr. 441; Nr. 466; Nr. 576; Nr. 667.

III.
½ Hufe (26x[515]):

CDA I.: Nr. 784; **CDA II.:** Nr. 386 (3/4 Hufe); Nr. 558; Nr. 589; Nr. 673; Nr. 782; Nr. 815; **UB Halb. II.:** Nr. 772; Nr. 791; Nr. 805; Nr. 872; Nr. 873; Nr. 973; Nr. 1051; Nr. 1259; Nr. 1328; Nr. 1358; Nr. 1541a; Nr. 1589; **UB Hild. III.:** Nr. 384; **UB Meiss. I.:** Nr. 238; **UB Mers. I:** Nr. 378; Nr. 580; **UB Naum. II.:** Nr. 335; Nr. 337; Nr. 775.

514 Urkunden sind entsprechend der Größe der verliehenen Güter aufgeteilt.

515 Diese Zahl enthält auch jene Lehen, die neben den Hufen weiteren Grundbesitz umfassten, dessen Gesamtumfang sich mit Hilfe des Verhältnisses zur Hufeneinheit, also Morgen (*iugera*) und Parzellen (*area*), näher verifizieren lässt. In einigen Fällen wird der Besitz einer Hufe zusammen mit einer oder mehreren Parzellen erwähnt. Angesichts der Tatsache, dass die Urkunden nahelegen, dass eine Hufe in der Regel etwa 30 Morgen umfasste, eine Parzelle hingegen sechs bzw. sieben Morgen (vgl. UB Hild. II, Nr. 516; UB Hild. III, Nr. 180; Nr. 700; Nr. 908), werden die aus einer Hufe und einer einzigen Parzelle bestehenden Lehen der Gruppe „1 Hufe" zugerechnet. Der z. B. eine Hufe und drei Parzellen umfassende Besitz wird hingegen in die Gruppe „1 ½ Hufen" eingegliedert. Lehen, die neben Hufen, Morgen und Parzellen noch aus weiterem Besitz – z. B. Höfen, Mühlen, Wäldern, Zehnten bzw. Rechten usw. – bestanden, werden weiter unten in einer besonderen Kategorie aufgeführt (Nr. XXVII).

IV.
1 Hufe (121x):

CDA I.: Nr. 245; Nr. 259; Nr. 261; Nr. 678; Nr. 696; Nr. 785; **CDA II.:** Nr. 308; Nr. 322; Nr. 329; Nr. 344; Nr. 387; Nr. 403; Nr. 406; Nr. 411; Nr. 434; Nr. 448; Nr. 487; Nr. 630; Nr. 770; Nr. 771; Nr. 754; Nr. 818; Nr. 821; Nr. 838; Nr. 846; Nr. 881; Nr. 883; **UB Halb. I.:** Nr. 169; Nr. 187; Nr. 192; Nr. 213; Nr. 241; Nr. 277; Nr. 348; Nr. 360; Nr. 379; Nr. 383; Nr. 416; Nr. 433; Nr. 485; Nr. 525; Nr. 579; Nr. 587; Nr. 622; **UB Halb. II.:** Nr. 671; Nr. 676; Nr. 690; Nr. 742; Nr. 844; Nr. 851; Nr. 872; Nr. 942; Nr. 958; Nr. 1102; Nr. 1239; Nr. 1269; Nr. 1295; Nr. 1391; Nr. 1435; Nr. 1469; Nr. 1544; Nr. 1700; Nr. 1511; Nr. 1555; Nr. 1643; Nr. 1662; Nr. 1692; **UB Hild. I.:** Nr. 195; Nr. 201; Nr. 222; Nr. 365; Nr. 427; Nr. 438; Nr. 607; **UB Hild. II.:** Nr. 464; Nr. 475; Nr. 482; Nr. 845; Nr. 966; **UB Hild. III.:** Nr. 9; Nr. 81; Nr. 186; Nr. 187; Nr. 191; Nr. 275; Nr. 501; Nr. 577; Nr. 710; Nr. 977; Nr. 1021; Nr. 1123; Nr. 1315; Nr. 1325; Nr. 1372; Nr. 943; Nr. 1449; Nr. 1482; **UB Meiss. I.:** Nr. 238; Nr. 270 (in der Edition irrtümlich unter der Nummer 286 verzeichnet); **UB Mers. I:** Nr. 315; Nr. 410; Nr. 580; Nr. 583; **UB Naum. I.:** Nr. 217; Nr. 279; **UB Naum. II.:** Nr. 387; 406; Nr. 478; Nr. 492; Nr. 610; Nr. 613; Nr. 672; Nr. 727; Nr. 728; Nr. 740; Nr. 767; Nr. 773; Nr. 776; Nr. 805; Nr. 816; Nr. 818; **UHdL:** Nr. 50.

V.
1 ½ Hufen (18x):

CDA II.: Nr. 677; Nr. 690; **UB Halb. I.:** Nr. 256; **UB Halb. II.:** Nr. 1259; Nr. 1339; Nr. 1343; Nr. 1541a; **UB Hild. II.:** Nr. 114; **UB Hild. II.:** Nr. 398; Nr. 602; Nr. 871; **UB Hild. III.:** Nr. 1713; **UB Mers. I:** Nr. 593; Nr. 617; **UB Naum. I.:** Nr. 284; **UB Naum. II.:** Nr. 252; Nr. 630; Nr. 754.

VI.
2 Hufen (82x):

CDA I.: Nr. 245; **CDA II.:** Nr. 474; Nr. 495; Nr. 690; Nr. 771; **UB Halb. I.:** Nr. 71; Nr. 187; Nr. 256; Nr. 309; Nr. 335; Nr. 420; č. 447; Nr. 465; **UB Halb. II.:** Nr. 678; Nr. 774; Nr. 777; Nr. 911; Nr. 1128; Nr. 1229; Nr. 1233; Nr. 1379; Nr. 1427; Nr. 1541a; Nr. 1555; Nr. 1624; Nr. 1726; **UB Hild. I.:** Nr. 201; Nr. 479; Nr. 613; **UB Hild. II.:** Nr. 390; Nr. 447; Nr. 483; Nr. 550; Nr. 598; Nr. 844; **UB Hild. III**.: Nr. 42; Nr. 47; Nr. 56; Nr. 101; Nr. 176; Nr. 291; Nr. 282; Nr. 417; Nr. 504; Nr. 715; Nr. 776; Nr. 1014; Nr. 1192; Nr. 1263; Nr. 1514; Nr. 1520; Nr. 1657; Nr. 1735; **UB Meiss. I.:** Nr. 211; Nr. 364; **UB Mers. I:** Nr. 260; Nr. 282; Nr. 357; Nr. 493; Nr. 514; Nr. 530; Nr. 580; Nr. 595; **UB Naum. I.:** Nr. 230; Nr. 279; Nr. 326; Nr. 364; Nr. 366; Nr. 427; **UB Naum. II.:** Nr. 10; Nr. 140; Nr. 218; Nr. 247; Nr. 295; Nr. 338; Nr. 396; Nr. 430; Nr. 433; Nr. 652; Nr. 712; Nr. 804; **UHdL:** Nr. 27.

VII.
2 ½ Hufen (10x):

CDA I.: Nr. 674; **CDA II.:** Nr. 342; Nr. 412; Nr. 532; **UB Halb. II.:** Nr. 1259; **UB Hild. II.:** Nr. 719; **UB Mers. I:** Nr. 430; Nr. 485; **UB Naum. II.:** Nr. 38; Nr. 450.

VIII.
3 Hufen (44x):

CDA I.: Nr. 413; **CDA II.:** Nr. 126; Nr. 473; Nr. 603; Nr. 794; Nr. 843; **UB Halb. I.:** Nr. 146; Nr. 298; Nr. 306; **UB Halb. II.:** Nr. 867; Nr. 982; Nr. 1515; Nr. 1617; **UB Hild I.:** Nr. 189; Nr. 190; Nr. 297; Nr. 399; Nr. 421; Nr. 565; Nr. 624; Nr. 639; **UB Hild. II.:** Nr. 223; Nr. 717; Nr. 790; Nr. 808; Nr. 914; Nr. 1114; **UB Hild. III.:** Nr. 191; Nr. 209; Nr. 335; Nr. 364; Nr. 426; Nr. 682; Nr. 772; Nr. 1014; Nr. 1182; Nr. 1507; Nr. 1675; **UB Naum. I.:** Nr. 175; Nr. 261; **UB Naum. II.:** Nr. 43; Nr. 628; Nr. 786; Nr. 817.

IX.
3 ½ Hufen (7x):

CDA II.: Nr. 842; **UB Halb. I.:** Nr. 230; **UB Halb II.:** Nr. 886; **UB Hild. III.:** Nr. 653; Nr. 1078; **UB Naum. II.:** Nr. 262; Nr. 300.

X.
4 Hufen (32x)

CDA II.: Nr. 439; Nr. 615; Nr. 817; **UB Halb. I.:** Nr. 213; Nr. 419; Nr. 1600; **UB Hild. I:** Nr. 298; Nr. 409; Nr. 625; Nr. 731; **UB Hild. II.:** Nr. 311; Nr. 464; Nr. 631; Nr. 712; Nr. 1144; **UB Hild. III.:** Nr. 159; Nr. 176; Nr. 498; Nr. 504; Nr. 1385; Nr. 1442; Nr. 1584; Nr. 1606; **UB Meiss. I.:** Nr. 119; Nr. 192; **UB Mers. I:** Nr. 285; Nr. 292; Nr. 679; **UB Naum. I.:** Nr. 326; **UB Naum. II.:** Nr. 227; Nr. 318; **UHdL:** Nr. 50.

XI.
4 ½ Hufen (7x):

CDA I.: Nr. 245; **CDA II.:** Nr. 558 **UB Halb. I.:** Nr. 187; **UB Halb. II.:** Nr. 982; **UB Hild. I.:** Nr. 409; **UB Hild. III.:** Nr. 172; **UB Naum. I.:** Nr. 235.

XII.
5 Hufen (18x):

CDA II.: Nr. 281; **UB Halb. I.:** Nr. 328; Nr. 379; **UB Halb. II.:** Nr. 737; Nr. 782; Nr. 1099; Nr. 1296; Nr. 1632; **UB Hild I:** Nr. 332; **UB Hild. II.:** Nr. 125; Nr. 837; **UB**

Hild. III.: Nr. 703; Nr. 718; Nr. 914; **UB Meiss. I.:** Nr. 207; Nr. 211; **UB Naum. I.:** Nr. 283; Nr. 321.

XIII.
Größere Zahl (44x – die Nummern in den Klammern stehen für die Anzahl der Hufen):

CDA II.: Nr. 38 (6); Nr. 430 (14); Nr. 771 (10); Nr. 878 (8); **UB Halb. I.**: Nr. 99 (44); Nr. 488 (16); Nr. 508 (16); Nr. 518 (15); **UB Halb. II.:** Nr. 736 (8); Nr. 1087 (27); Nr. 1118 (6); Nr. 1197 (13); Nr. 1541a (6); Nr. 1727 (7,5); **UB Hild I.:** Nr. 222 (10); Nr. 401 (10); Nr. 473 (14); Nr. 640 (14); Nr. 667 (6); **UB Hild. II.:** Nr. 1006 (6); **UB Hild. III.:** Nr. 373 (9,5); Nr. 535 (6); Nr. 848 (6); Nr. 1069 (7); **UB Meiss. I.:** Nr. 31 (8); Nr. 51 (7); Nr. 214 (11); Nr. 251 (7); **UB Mers. I:** Nr. 101 (7); Nr. 362 (8); Nr. 481 (14); Nr. 554 (10,5); Nr. 580 (6); **UB Naum. I.:** Nr. 236 (7); Nr. 277 (7,5); Nr. 273 (11); Nr. 283 (6,5); Nr. 292 (6); **UB Naum. II.:** Nr. 104 (22,5); Nr. 119 (8); Nr. 436 (5,5); Nr. 518 (14); Nr. 846 (7); **UHdL:** Nr. 41 (30).

XIV.
Feld (*agrum, campus*) (9x):

UB Halb. II.: Nr. 768; Nr. 1618; **UB Hild. I.:** Nr. 196; **UB Meiss. I.:** Nr. 327; **UB Naum. I.:** Nr. 171; **UHdL:** Nr. **97**; **UB Naum. II.:** Nr. 39; Nr.. 20; Nr. 72.

XV.
Weingarten (4x):

CDA I.: Nr. 785; **CDA II.:** Nr. 656; **UB Naum. II.:** Nr. 254; Nr. 755.

XVI.
Garten bzw. Wiese (*hortus, pratum*) (3x):

UB Naum. II.: Nr. 484; Nr. 515; Nr. 798.

XVII.
Waldbestände (16x):

CDA I.: Nr. 38; **CDA II.:** Nr. 653; Nr. 673; Nr. 714; Nr. 835; Nr. 830; **UB Halb. I.:** Nr. 298; **UB Halb II.:** Nr. 872; **UB Hild. I.:** Nr. 231; **UB Meiss. I.:** Nr. 296; **UB Mers. I:** Nr. 606; **UB Naum. I.**, Nr. 177; Nr. 302; Nr. 316; **UB Naum. II.:** Nr. 207; Nr. 669.

XVIII.
Saline (*salina*) (2x):

UB Hild. I: Nr. 537; **UB Halb II.:** Nr. 1596.

XIX.
Haus (*domus*) (2x):

UB Hild. II.: Nr. 327; **UGHBL:** Nr. 63.

XX.
Mühle (14x, davon 3x Ort der Mühle):

CDA I.: Nr. 675 (fundum solummodo molendini); **CDA II.:** Nr. 435; **UB Halb. I.:** Nr. 429 (locum quendam molendini); **UB Halb. II.:** Nr. 1338; **UB Hild. I:** Nr. 282 (2); **UB Hild. II.:** Nr. 676 (medietatem molendini); **UB Hild. III.:** Nr. 390; Nr. 473; Nr. 1147 (tres iurnales [...] cum fundo molendini); **UB Mers. I:** Nr. 522; Nr. 481; Nr. 536; Nr. 580; **UHdL:** Nr. 39.

XXI.
Hof (*curia, curtis*) (20x):

CDA II.: Nr. 564; **UB Halb. II.:** Nr. 1183; Nr. 1355; **UB Hild I.:** Nr. 337; Nr. 373; Nr. 375; Nr. 310; **UB Hild. III.:** Nr. 230; Nr. 1017; Nr. 1121; Nr. 1490; **UB Mers. I:** Nr. 265; Nr. 479; **UB Naum. II.:** Nr. 585; Nr. 697; Nr. 775; **UGHBL:** Nr. 155; Nr. 169; **UHdL:** Nr. 17; Nr. 75.

XXII.
Kirche (2x):

UB Hild I.: Nr. 210; **UB Naum. II.:** Nr. 409.

XXIII.
Dorf und dessen Teile (34x):

CDA I.: Nr. 72; Nr. 316; Nr. 454; Nr. 487; Nr. 500; **CDA II.:** Nr. 14; Nr. 22; Nr 257; Nr. 223; Nr. 272; Nr. 623; Nr. 868; Nr. 884; **UB Halb. II.:** Nr. 1298; **UB Hild. III.:** Nr. 727; **UB Meiss. I.:** Nr. 37; Nr. 48; Nr. 56; Nr. 114; Nr. 319; **UB Mers. I:** Nr. 353; Nr. 435; **UB Naum. I.:** Nr. 42; Nr. 45; Nr. 131; Nr. 175; Nr. 177; Nr. 179; Nr. 277; Nr. 394; Nr. 418; **UB Naum. II.:** Nr. 126; Nr. 315; **UGHBL:** Nr. 28.

XXIV.
Burgen und „Städte" (*castrum*; *burgward*; *municio*; *civitas*; *opidum*; *urbs*) (37x):

UB Hild I.: Nr. 169; Nr. 422; Nr. 263; **UB Hild. III.:** Nr. 487; **CDA I.:** Nr. 41; Nr. 93; **CDA II.:** Nr. 197; Nr. 227; Nr. 249; Nr. 393; **UB Halb. I.:** Nr. 499; **UB Halb. II.:** Nr. 1040; Nr. 1075; Nr. 1081; Nr. 1159; Nr. 1166; **UB Meiss. I.:** Nr. 206; Nr. 272; Nr. 335; Nr. 305; **UB Mers. I:** Nr. 318; Nr. 359; Nr. 558; Nr. 646; **UB Naum. II.:** Nr. 417; Nr. 638; Nr. 699; **UGHBL:** Nr. 49; Nr. 59; Nr. 80; Nr. 99; Nr. 114; Nr. 123; Nr. 124; Nr. 160; Nr. 173; **UHdL:** Nr. 35.

XXV.
Zehnt, Erträge, Renten (184x):

CDA I.: Nr. 184; Nr. 298; Nr. 322; Nr. 323; Nr. 330; Nr. 368; Nr. 370; Nr. 437; Nr. 674; **CDA II.:** Nr. 156; Nr. 377; Nr. 384; Nr. 385; Nr. 392; Nr. 453; Nr. 527; Nr. 551; Nr. 576; Nr. 720; Nr. 793; Nr. 795; **UB Halb. I.:** Nr. 206; Nr. 226; Nr. 231; Nr. 239; Nr. 246; Nr. 362; Nr. 375; Nr. 420; Nr. 440; Nr. 485; Nr. 500; Nr. 503; Nr. 517; Nr. 534; Nr. 573; Nr. 587; Nr. 606; Nr. 629; **UB Halb. II.:** Nr. 703; Nr. 706; Nr. 713; Nr. 715; Nr. 721; Nr. 726; Nr. 733; Nr. 760; Nr. 771; Nr. 780; Nr. 815; Nr. 846; Nr. 920; Nr. 922; Nr. 923; Nr. 1087; Nr. 1100; Nr. 1117; Nr. 1125; Nr. 1133; Nr. 1190; Nr. 1191; Nr. 1194; Nr. 1320; Nr. 1362; Nr. 1369; Nr. 1397; Nr. 1453; Nr. 1465; Nr. 1508; Nr. 1519; Nr. 1541; Nr. 1541a; Nr. 1570; Nr. 1576; Nr. 1578; Nr. 1599; Nr. 1629; Nr. 1687; Nr. 1718; Nr. 1728; **UB Hild. I:** Nr. 187; Nr. 201; Nr. 253; Nr. 269; Nr. 282; Nr. 350; Nr. 365; Nr. 370; Nr. 386; Nr. 434; Nr. 514; Nr. 563; Nr. 566; Nr. 570; Nr. 607; Nr. 614; Nr. 627; Nr. 638; Nr. 646; Nr. 663; Nr. 718; Nr. 760; **UB Hild. II.:** Nr. 111; Nr. 277; Nr. 346; Nr. 408; Nr. 432; Nr. 441; Nr. 458; Nr. 463; Nr. 464; Nr. 511; Nr. 514; Nr 547; Nr. 548; Nr. 556; Nr. 570; Nr. 636; Nr. 665; Nr. 676; Nr. 689; Nr. 728; Nr. 744; Nr. 832; Nr. 1024; Nr. 1116; **UB Hild. III.:** Nr. 92; Nr. 170; Nr. 188; Nr. 214; Nr. 226; Nr. 282; Nr. 364; Nr. 577; Nr. 641; Nr. 762; Nr. 994; Nr. 1008; Nr. 1014; Nr. 1055; Nr. 1085; Nr 1184; Nr. 1261; Nr. 1595; Nr. 1673; Nr. 1693; Nr. 1713; **UB Meiss. I.:** Nr. 64; Nr. 117; Nr. 188; Nr. 215; Nr. 252; Nr. 279; Nr. 295; Nr. 297; Nr. 303; Nr. 331; **UB Mers. I:** Nr. 102; Nr. 105; Nr. 248; Nr. 363; Nr. 382; Nr. 449; Nr. 665; čNr 684; **UB Naum. I.:** Nr. 155; Nr. 273; **UB Naum. II.:** Nr. 472; Nr. 315; Nr. 381; Nr. 392; Nr. 477; Nr. 478; Nr. 703; Nr. 755; Nr. 769; Nr. 803; Nr. 830; **UGHBL:** Nr. 26; Nr. 32; Nr. 39; Nr. 70; Nr. 147; **UHdL:** Nr. 52.

XXVI.
Ämter/Rechte (86x):

CDA I.: Nr. 497; Nr. 517; Nr. 585; **CDA II.:** Nr. 86; Nr. 90; Nr. 110; Nr. 127; Nr. 136; Nr. 156; Nr. 247; Nr. 256; Nr. 267; Nr. 324; Nr. 394; Nr. 398; Nr. 404; Nr. 466; Nr. 552; Nr. 554; Nr. 592; Nr. 607; Nr. 804; Nr. 886; **UB Halb. I.:** Nr. 76; Nr. 387; Nr. 629; Nr. 643; **UB Halb. II.:** Nr. 676; Nr. 673; Nr. 724; Nr. 752; Nr. 927; Nr. 953; Nr. 986; Nr. 1004; Nr. 1024; Nr. 1247; Nr. 1274; Nr. 1348; Nr. 1484; Nr. 1524; Nr. 1581; Nr. 1641; **UB Hild. I.:** Nr. 86; Nr. 592; **UB Hild. II.:** Nr. 160; Nr. 283; Nr. 285; Nr. 337;

Nr. 365; Nr. 401; Nr. 432; Nr. 556; Nr. 575; Nr. 676; Nr. 722; **UB Hild. III.:** Nr. 329; Nr. 1058; Nr. 1107; Nr. 1633; **UB Meiss. I.:** Nr. 93; Nr. 245; **UB Mers. I:** Nr. 224; Nr. 243; Nr. 296; Nr. 321; Nr. 325; Nr. 351; Nr. 568; Nr. 408; **UB Naum. II.:** Nr. 23; Nr. 158; Nr. 381; Nr. 467; Nr. 479; Nr. 498; Nr. 531; Nr. 537; Nr. 538; Nr. 607; Nr. 667; Nr. 801; Nr. 815; **UHdL:** Nr. 8; Nr. 43; Nr. 57.

XXVII.
Aus unterschiedlichen Besitzanteilen bestehende Einheiten (89x):

CDA II.: Nr. 278 (unum mansum [...] decima duorum mansorum et dimidii [...] allodium et aream); Nr. 331 (proprietatem quinque mansorum et unius curie); Nr. 379 (tres mansos [...] cum duabus areis et quodam braxatorio); Nr. 471 (iij mansos et curiam unam); Nr. 730 (proprietatem dimidii mansi [...] cum una curia); Nr. 808 (mansum unum [...] curiam unam magnam [...] pratum unum et silvam unam de quindecim iugeribus); Nr. 844 (proprietatem de tercio dimidio manso ac de tribus iugeribus [...] ad quos in eadem villa dinoscuntur quatuor curie pertinere).

UB Halb. I.: Nr. 188 (vallo); č. 213 (dimidium mansum et silvam et pratum); Nr. 277 (dimidium mansum cum decima ipsius dimidii mansi); Nr. 335 (vij mansis et xj mansorum decima); Nr. 445 (vj mansos [...] v videlicet areis et silvula); Nr. 573 (in inferiori Anfordesleve quinque mansos, novem iugeribus minus, et septem areas, Ebbekestorp duos mansos cum areis, Lincike quinque mansos et dimidium cum areis attinentibus, vineam in Bornikere habentem xxiij ingera); Nr. 628 (mansum in Glusinge et dimidium in Lindeche, partem decime in villa Veltern).

UB Halb. II.: Nr. 666 (mansum dimidium et sex iugera et molendinum / mansum unum et curiam); Nr. 775 (mansum dimidium [...] curiam medietatem); Nr. 687 (mansum unum et dimidium et unam aream in Anvordesleve, molendinum unum et salictum adiacens molendino); Nr. 714 (villicatio); Nr. 736 (quinque mansos in Esbike et tres mansos in minori Dhenchte [...] iiij mansos et dimidium in campo Scheningen et v areas in ipsa villa et censum salis); Nr. 796 (mansum unum [...] et unum iuger et pratum parvum); Nr. 961 (octo mansos in Ditforede, duos mansos in parvo Quenstide, unum et dimidium in Ergenstide [...] decimam in Asterendorp); Nr. 1023 (castrum Emersleve, officium in Quenstede et officium in Gatersleve); Nr. 1104 (tres mansos et decimam); Nr. 1105 (quator mansos [...] duo molendina [...] unum pratum); Nr. 1241 (medietatem decime [...] et tres mansos et dimidium); Nr. 1500 (proprietatem unius mansi et curie); Nr. 1510 (quinque mansos [...] et curiam et advocatiam super decem et septem mansos in ipsa villa); Nr. 1600 (proprietatem decime viginti duorum mansorum et dimidii [...] et proprietatem sex mansorum et dimidii); Nr. 1620 (molendinum cum piscina); Nr. 1723 (mansum et curiam).

UB Hild I.: Nr. 201 (molendinum [...] cum decima [...], quatuor mansos [...] cum omnium istorum advocatia); Nr. 230 (curtim unam et sedecim iugera); Nr. 241 (quinquaginta iugera cum curtibus duabus); Nr. 242 (XXIII mansi cum omnibus appendiciis suis [...] et duo molendina et pratum spaciose amplitudinis et forestum in circuitu prati [...] due decime in duabus villis [...] tria molendina et tres mansi cum tribus mancipiis et VII mansi et dimidius [...] et area una [...] et super hoc omnia advocatia); Nr. 323 (curtem [...] cum decima et advocacia); Nr. 372 (XXX librarum [...] in Honethe due curtes cum XXIII litonum mansis et tribus areis eiusdemque ville decima; una curtis in Lecstide et medietate decime eiusdem ville; in Listringe curtis una et VI mansi cum decima eiusdem ville et molendino adiacente; decima quoque in Hokenem); Nr. 429 (decimam et sex mansos); Nr. 537 (decima in Luderdessen et octo mansis in ipsa villa et molendino et duabus areis in Esschershusen); Nr. 631 (decimam in villa Egem cum tribus mansis et curia in eadem villa); Nr. 642 (V mansos et dimidium cum decima eorundem, II areas adiacentes curie, silvulam unam, prata molendinum et preter ista capellam cum tribus mansis.).

UB Hild. II.: Nr. 516 (dimidium mansum [...] et duas areas [...] et pratum); Nr. 555 (septem et dimidium mansos in Mandere et unum et dimidium mansum in Bokenem et tres in Haverlo [...] tres libras); Nr. 574 (curiam in villa Essern cum quatuor mansis et decima eorundem); Nr. 1062 (duas curias in villa Bethenem sitas, quarum maior videlicet curia septuaginta tria habet iugera, minor vero curia quadraginta tria, necnon et duas areas cum iuribus suis, que ethwart in theutonico nuncupantur, similiter et molendinum [...] cum piscatura).

UB Hild. III.: Nr. 113 (dimidiam mansum [...] cum advocatia); Nr. 122 (curiam [...] cum tribus mansis); Nr. 180 (curiam unam cum tribus mansis [...] et duas areas et pratum infra villam, aream cum manso feodali et aream cum sex iugeribus feodalibus, insuper unam aream); Nr. 408 (medietatis ville in Selekenvelde [...] quinque mansorum in Gravestorpe); Nr. 606 (xi mansos [...] cum duobus allodiis et tribus areis, et preterea decimam de uno manso); Nr. 617 (duos mansos et dimidium cum silva una continente mansum dimidium); Nr. 727 (xxviiii mansos et xxxiiii areas, unum molendinum et silvam); Nr. 789 (duos mansos [...] et unam curiam et duas areas ad eandem curiam pertinentes); Nr. 825 (tres mansos cum dimidio et decimam ibidem cum una curia); Nr. 889 (x iugera et unam curiam et unum pratum et partem in silva); Nr. 908 (curiam cum quatuor mansis, mansum de triginta iugeribus, et duas areas, item unam aream cum septem iugeribus); Nr. 852 (duodecim mansos litonum cum hominibus attinetibus et cum omni iure suo et sex talentorum redditus in censu episcopali); Nr. 1525 (duos mansos et unam curiam); Nr. 1527 (proprietatem novem mansorum [...] molendini [...] et tercie partis magne piscine); Nr. 1586 (tres mansos [...] cum una curia et duabus areis); Nr. 1600 (molendinum in minori villa Dungem, unam casam cum area sua sitam in villa Henethe et sex iugera in eiusdem ville).

UB Mers. I: Nr. 102 (septem mansos cum sex curiis); č. 125 (villam Heinrichstorp [...] mansum unum in Drosecowe et duosin Bukuwiz [...] et ecclesiam Clobelochstorph cum dote et denariis, qui missales dicuntur); Nr. 416 (quatuor mansos [...] cum molendino); Nr. 591 (mansum dimidium cum curia); Nr. 598 (mansum cum curia); č. 637 (medium mansum et curiam) Nr. 642 (mansum cum dimidio, cum uno prato et una curia et uno horreo).

UB Naum. I.: Nr. 324 (V mansos [...] et III curtes cum arbustis ad mansos iam dictos attientes).

UB Naum. II.: Nr. 50 (quinque mansos et silvam ad sexaginta iugera); Nr. 101 (tres mansos et dimidium et duo arbusta); Nr. 104 (XX unum mansum et silvulam); Nr. 141 (venalem stupam et tres hortos et unum salictum); Nr. 283 (unum mansum [...] cum curia una et orto uno); Nr. 305 (piscinam [...] et duas areas); Nr. 310 (VI mansos, III areas [...] et IX alias areas [...] necnon XII scocos decime siliginis et avene); Nr. 313 (quosdam ortos et aream); Nr. 392 (unum mansum et dimidium [...] unam aream et unam vineam); Nr. 462 (IIII mansos cum duabus curiis); Nr. 525 (castrum Tyfenowe cum silvis sive nemoribus ei attinentibus, Lezene videlicet merica et silva Vrowenhain); Nr. 592 (castra Eckehartsberg, Botinstete et Raspinberg necno comicias in Aspe, in Buch et in Bichelingin); Nr. 627 (duos mansos [...] et unam aream cum domo et orto et area); Nr. 628 (duos mansos [...] item unam curiam predictis mansis annexam [...] aliam quoque curiam ad bona supradicta pertinentem); Nr. 711 (pomerium et agros); Nr. 713 (castrum Haynßberg cum silva eidem castro inmediate adiacente, que vulgariter der Hayn dicitur, allodium in Gosseraw ad idem castrum pertinens et villam Doltzk); Nr. 774 (molendinum et aream); Nr. 824 (quator mansos in Rozbach, navigium trans Salam iuxta eandem villam, mansum unum in Tesniz, duas areas in Rodec); Nr. 831 (unum mansum et unum quartale [...] et unam curiam ipsis bonis attinentem et unum ortum prope illam curiam situm [...] et unum ortum situm ante villam Prizzeicz [...] et insuper quinque ortos sitos ibidem); Nr. 838 (castrum Echardisberge cum omnibus suis pertinenciis, castrum Botinstete et comiciam Maspe cum omni iure et dominio ad hance attinente, item castrum Raspinberg et villam Immibeley cum omnibus siusi utilitatibus, eciam castrum et comiciam Bichelingin cum ceteris conpertinentibus).

UGHBL: Nr. 19 (duas insulas [...] comiciam [...] centum et quinquaginta marcas denariorum [...] et centum marcas [...] et sexcentas marcas argenti tribus).

Summary

Source material forms the cornerstone of a historian's work. However, the question is how to continue research when sources are limited, especially for the earliest periods of history, and iterations of interpretation only lead to a vicious circle? One potential solution is to expand our sources to materials from different regions. But how can one approach this type of comparison and transform theoretical assumptions into a methodologically defensible and successful result?

This book builds on an ongoing debate within Czech medieval studies that began in the 19th century. At its core is a dispute over the nature of the medieval Přemyslid state. A key point here is the importance of the feudal system in relations between the Přemyslid sovereigns and the elites, specifically whether feudal relations actually existed in the Czech lands. The issue of "Lehnswesen" is thus a thread that ties the questions about the Přemyslid lands to recent discussions about feudal relations within medieval studies in Western Europe. Since Czech source material from the Early and High Middle Ages has been exhausted and research has found itself at something of a dead end, the only option for confronting current interpretations are comparisons with the situation abroad.

This work uses a semantically-focused analysis of two bodies of sources to give perspective on the establishment, functioning, and spread of the feudal system. It is based on a select set of sources from an area in Upper Saxony around Harz. The region was chosen because the cultural level was similar to that in the Czech lands and for the comparable state of the sources available, especially diplomatic materials. Another key factor in selecting the region was the fact that the *Sachsenspiegel*, a legal book that significantly impacted the perception of the feudal system in academic literature, was written here. However, the level the *Sachsenspiegel* is reflected in the sources from the territory where Eike was active casts doubt on whether this "normative" text is a suitable tool for interpreting other sources.

The analysis focused on Latin terminology mainly preserved in documents from about the 10th to the early 14th centuries that have a particular relationship to the feudal system (*beneficium*, *feudum*, *vasallus*, *homagium/hominium*, *consilium et auxilium*, *fidelitas,* etc.). The analysis focused on terms that appeared in the documents, the composition of what the documents call estates; their holders; and the rights, duties, and other characteristics arising from their bestowment. The image of the feudal system the analysis produced was subsequently used as a reference point for an identical analysis of Czech sources.

The 13th century, during which the *Sachsenspiegel* and other legal books were written, was not a significant break from the previous period despite the feudal system constantly evolving. The speed and mechanism of how feudal law changed and its impact on everyday life can be seen in shifts in terminology. The first appearance of the term *feudum* is in the first half of the 12th century and it became more widely used in the century's final third. The word entirely supplanted the word *beneficium* in regard to secular holdings more than 50 years later, while the term *beneficium* continued to be used solely for church benefices. It thus took over a century for *feudum* to be adopted to describe a general set of properties and rights conferred to secular individuals, usually the nobility. How long did it take for a legal system based at least partially on generally known and acknowledged standards to be created within this category?

The analysed records were used to produce a set of characteristics of fiefs in the period that proved to be the quality of the estate's "ownership", the rights of heirs/relatives to the holdings, and the predominance of various levels of the nobility within the feudal system. The purpose of the bestowal and the obligations arising from it were only secondary attributes. In particular, the testimony of the Saxon diplomatic material relativizes the meaning of the term "true fief" and the related concept of vassal dependence during the period up to the early 14th century. Despite Eike's effort to classify and systematise feudal law, the sources show contemporaries did not attribute any special importance to fiefs granted to vassals in everyday practice. This also does not deal with the question of labelling all fiefs bestowed through *homagium/hominium* as "true" fiefs. The taking of pledges was recorded only exceptionally and the term held a general meaning best characterised as a reference to a loyalty oath without clear legal connotations.

Despite all the ambiguities and the persistent heterogeneous nature of the feudal establishment, the Saxon sources provide a picture of a specific system with its own characteristics that could be compared with the Czech situation. There is no doubt that attempts to interpret Czech sources using references to the feudal system are not justified and cannot result in convincing conclusions because the differences in the structure and operation of both environments are too great. However, the reception of feudal forms during the 13th century provided useful feedback and convincing confirmation of the interpretation of the Saxon records. It is here where the comparison based on an analysis of the terminology has been shown to be an effective and productive method.

If we look at the evolution of the terminology and forms of the *beneficium*/feudal system from a distance, it can be visualised using a "periods of various length" model. On the one hand, we can consider the occurrence and gradual spread of new terms as a sign of an incipient transformation. On the other hand, the phenomena described by the changing expressions were characterised by significant long-term continuity and stability. The feudal system depicted in the examined Saxon sources maintained a heterogeneous form in many regards until the early 14th century. This system remained closer to the situation in the early medieval period than to the sophisticated picture in the *Sachsenspiegel*. A similar conclusion applies to the Přemyslid *beneficium* system that maintained the viability and importance it had in previous periods despite all the transformations and innovations of the 13th century. The question is what led to the specification of the terminology, in particular the gradual separation of the terms *beneficium* and *feudum* in the Saxon sources? To a certain extent, the answers are rather naturally sought in the gradual evolution of feudal law, but the roots of the transformation may go deeper. The role the development of a "philosophy of ownership" played in the whole process should be considered if we put the results of our analysis of Saxon sources into the context of the Czech lands.

It seems to be no coincidence that the use of the term *beneficium* in regard to granted holdings gradually became restricted to church benefices. The clergyman's entitlement was limited not just temporally (for their lifetime), but also in terms of the goods bestowed upon them that made the holder "merely" a user of the proceeds. Thus, the concept of the church *beneficium* essentially kept to the original meaning of the word as being a "benefaction". In contrast, recipients of fiefs became "owners" with extensive rights their heirs and relatives could claim. We see similar developments in the medieval rural environment that gradually led to the growing power of the estates over bestowed assets from tenants, whereas the rights of the original owners were limited to rent collection. Thus, the separation in the meaning of the terms *beneficium* and *feudum* may have reflected the increasing need to show a fundamental difference at the level of terminology that was primarily related to the nature of "ownership". The real driver may not have been the gradually evolving system of feudal law, but a more general trend that continued to delineate the different legal states.

This situation is particularly visible in 13th-century Czech sources. On the one hand we find a group of offices and properties that essentially corresponded to church benefices and can thus be listed under the category *beneficium* – "benefaction". At the opposite end, we can see the growing significance of private ownership of land guaranteed by law, community, and institutions. A system of bestowing property then developed between these two and incorporated parts of both of them. The feudal system had its place within this framework, but it is not clear whether it occupied a privileged position or whether it was perceived as a specific form of relationship reserved for securing particular needs. As in the case of other newly-forming legal areas, Czech sources in particular noted that fiefs offered their holders a particular quality of "ownership". This is a general socioeconomic process where different forms of holding gradually took shape on the basis of a different level of "ownership" leading to the definition of related legal areas and their systematisation.

The Saxon data can be interpreted similarly. Originally, the general term *beneficium* that represented various types of bestowed property (*Leihewesen*) was gradually limited to church benefices and replaced by the term *feudum* in secular holdings. These newly-defined categories also led to further differentiation. Nevertheless, this was an evolution that was far from complete in the period observed here, and the term *feudum* continued to incorporate a heterogeneous set of holdings. We can assume that just as in the Czech environment, the evolution of legal conventions (in our case feudal law) was possible once the actual situation forced a reassessment of the original system that had acquired a new structure, theoretical justification, and regulation. The difference in the testimony of the *Sachsenspiegel* and the documents examined can therefore be interpreted through the different speeds at which any changes could be reflected at a theoretical level as well as in everyday life.

This brings us to the problem of why it was clearly unfortunate to remove the "*Lehnswesen*" from the wider spectrum of relations that comprised the feudal system. This also relates to the disputed role assigned to the importance of associating fiefs and vassals in this approach. It should be remembered that many of the sources we rely on from the Early Middle Ages, especially those of a narrative and normative nature, pay the most attention to the lives and acts of nobles, both secular and ecclesiastic. That means specific phenomena that apply to a particular social class endowed with exceptional status and claiming to have a right to exercise power logically come to the fore. The question remains as to whether this picture is able to provide an objective testimony of the actual importance of a particular phenomenon and its impact on shaping historical developments. I am acutely aware of the danger of over-generalisation that can sometimes obscure differences between the processes involved, but a certain distance is provided by a substantive evaluation of the particular phenomenon in the context of other similar phenomena. We have seen the vassal system and military service still formed only a partial manifestation of the *Lehnswesen* at the turn of the 13th and 14th centuries, and they were certainly not its defining elements.

Abkürzungsverzeichnis

BDLG	Blätter für deutsche Landesgeschichte
CDB	Codex diplomaticus et epistolaris regni Bohemiae
CDM	Codex diplomaticus et epistolaris Moraviae
CMP	Colloquia mediaevalia Pragensia
ČČH	Český časopis historický
ČMM	Časopis Matice moravské
ČsČH	Československý časopis historický
ČSPS	Časopis Společnosti přátel starožitností
FHB	Folia Historica Bohemica
FRA	Fontes Rerum Austriacarum
FRB	Fontes rerum Bohemicarum
HD	Hospodářské dějiny
HJ	Historisches Jahrbuch
HV	Historische Vierteljahrschrift
LexMA	Lexikon des Mittelalters
MHB	Mediaevalia Historica Bohemica
MGH	Monumenta Germaniae Historica
MGH SS	MGH Scriptores
MGH SS rer. Germ.	MGH Scriptores rerum Germanicarum
MIÖG	Mitteilungen des Instituts für Österreichische Geschichtsforschung
RBM	Regesta diplomatica nec non epistolaria Bohemiae et Moraviae
SAP	Sborník archivních prací
SlSb	Slezský sborník
SMB	Studia Mediaevalia Bohemica
SPFFBU	Sborník prací filozofické fakulty brněnské univerzity
ZBLG	Zeitschrift für bayerische Landesgeschichte
ZRG GA	Zeitschrift der Savigny-Stiftung für Rechtsgeschichte. Germanistische Abteilung

Literatur- und Quellenverzeichnis

Diplomata

Codex diplomaticus Anhaltinus I. (936–1212), Otto von Heinemann (Hrsg.), Dessau 1867–1873.

Codex diplomaticus Anhaltinus II. (1212–1300), Otto von Heinemann (Hrsg.), Dessau 1875.

Codex diplomaticus et epistolaris Moraviae IV, Antonín Boček (Hrsg.), Olomouc 1845.

Codex diplomaticus et epistolaris Moraviae V, Antonín Boček † – Josef Chytil (Hrsg.), Brno 1850.

Codex diplomaticus et epistolaris Moraviae VI, P. Ritter v. Chlumecky – Josef Chytil (Hrsg.), Brno 1854.

Codex diplomaticus et epistolaris regni Bohemie I, Gustav Friedrich (Hrsg.), Praha 1904–1907.

Codex diplomaticus et epistolaris regni Bohemie II, Gustav Friedrich (Hrsg.), Praha 1912.

Codex diplomaticus et epistolaris regni Bohemie III/1, Gustav Friedrich (Hrsg.), Praha 1942.

Codex diplomaticus et epistolaris regni Bohemie III/2, Gustav Friedrich – Zdeněk Kristen (Hrsg.), Praha 1942.

Codex diplomaticus et epistolaris regni Bohemie III/Additamenta, Gustav Friedrich – Zdeněk Kristen – Jan Bistřický (Hrsg.), Olomouc 2000.

Codex diplomaticus et epistolaris regni Bohemie IV/1, Jindřich Šebánek – Sáša Dušková (Hrsg.), Praha 1962.

Codex diplomaticus et epistolaris regni Bohemie V/1, Jindřich Šebánek – Sáša Dušková (Hrsg.), Praha 1974.

Codex diplomaticus et epistolaris regni Bohemie V/2, Jindřich Šebánek – Sáša Dušková (Hrsg.), Praha 1981.

Codex diplomaticus et epistolaris regni Bohemie VI/1, Zbyněk Sviták – Helena Krmíčková – Jarmila Krejčíková (Hrsg.) in Zusammenarbeit mit Jana Nechutová, Praha 2007.

Moravské a slezské listiny liechtenštejnského archívu ve Vaduzu I [Mährische und Schlesische Urkunden des liechtensteinischen Archivs in Vaduz I], Jan Bistřický – František Spurný – Ludvík Václavek – Metoděj Zemek (Hrsg.), Praha 1991.

Regesta diplomatica nec non epistolaris regni Bohemiae et Moraviae II, Josef Emler (Hrsg.), Praha 1882.

Die Urkunden Heinrichs des Löwen, Herzogs von Sachsen und Bayern, MGH Laienfürsten und Dynastenurkunden 1, Karl Jordan (Hrsg.), Leipzig 1941.

Urkunden zur Geschichte der Herzöge von Braunschweig und Lüneburg, Hans Sudendorf (Hrsg.), Hannover 1859.
Urkundenbuch der Stadt Hildesheim I, Richard Doebner (Hrsg.), Hilldesheim 1881.
Urkundenbuch des Stiftes Klosterneuburg bis zum Ende des vierzehnten Jahrhunderts I, Hartmann Joseph Zeibig (Hrsg.), FRA X, Wien 1857.
Urkundenbuch des Hochstifts Halberstadt und seiner Bischöfe I (bis 1236), Gustav Schmidt (Hrsg.), Leipzig 1883.
Urkundenbuch des Hochstifts Halberstadt und seiner Bischöfe II. (1236–1302), Gustav Schmidt (Hrsg.), Leipzig 1884.
Urkundenbuch des Hochstifts Hildesheim und seiner Bischöfe I. (815–1221), Karl Janicke (Hrsg.), Leipzig 1896.
Urkundenbuch des Hochstifts Hildesheim und seiner Bischöfe II. (1221–1260), Hermann Hoogeweg (Hrsg.), Hannover – Leipzig 1901.
Urkundenbuch des Hochstifts Hildesheim und seiner Bischöfe III. (1260–1310), Hermann Hoogeweg (Hrsg.), Hannover – Leipzig 1903.
Urkundenbuch des Hochstifts Meissen I., E. G. Gersdorf (Hrsg.), Leipzig 1864.
Urkundenbuch des Hochstifts Merseburg (962–1357), Paul Fridolin Kehr (Hrsg.), Halle 1899
Urkundenbuch des Hochstifts Naumburg I. (967–1207), Felix Rosenfeld (Hrsg.), Magdeburg 1925.
Urkundenbuch des Hochstifts Naumburg II. (1207–1304), Hans K. Schulze (Hrsg.). Auf der Grundlagen der Vorarbeiten von Felix Rosenfeld und Walter Möllenberg bearbeitet von Hans Patze und Josef Dolle, Köln – Weimar – Wien 2000.

Narrative Quellen

Annales de rebus gestis post mortem Przem. Ottakari regis, FRB II, Josef Emler (Hrsg.), Praha 1874.
Annales de rebus gestis Wenceslai I. regis, Josef Emler (Hrsg.), FRB II, Praha 1874.
Annales Erphordenses, MGH SS XVI, Georg Heinrich Pertz (Hrsg.), Hannover 1859.
Annales Pegavienses et Bosovienses, MGH SS XVI, Georg Heinrich Pertz (Hrsg.), Hannover 1859.
Annales Stedenburgenses, MGH SS XVI, Johannes Lappenberg (Hrsg.), Hannover 1859.
Annales Stadenses auctore Alberto, MGH SS XVI, Johannes Lappenberg (Hrsg.), Hannover 1859.
Annalista Saxo, MGH SS VI, Georg Waitz (Hrsg.), Hannover 1844.
Arnoldi Chronica Slavorum, MGH SS rer. Germ. in usum scholarum separatim editi XIV, Johann Martin Lappenberg (Hrsg.), Hannover 1868.
Auctor vetus de beneficiis, MGH Fontes iuris Germanici antiqui N. S. II/1, Karl August Eckhardt (Hrsg.), Hannover 1964.
Brunos Buch vom Sachsenkrieg, MGH Kritische Studientexte II, Hans-Eberhard Lohmann (Hrsg.), Leipzig 1937.

Canonici Wissegradensis continuatio Cosmae, Josef Emler (Hrsg.), FRB II, Praha 1874.
Capitularium regum Francorum I., Alfred Boretius (Hrsg.), MGH Leges II., Hannover 1883.
Capitularium regum Francorum II., Alfred Boretius – Victor Kraus (Hrsg.), MGH Leges II., Hannover 1897.
Cosmae Pragensis Chronica Boemorum, Bertold Bretholz (Hrsg.), MGH SS rer. Germ., N. S. II, Berlin 1923.
Crescente fide Christiana, FRB I, Josef Emler (Hrsg.), Praha 1873.
Cronica ducum de Brunsvick, Deutsche Chroniken II, Ludwig Weiland (Hrsg.), Hannover 1877.
De Antiquis Legibus Liber. Cronica Maiorum et Vicecomitum Londoniarum, Thomas Stapleton (Hrsg.), London 1846.
Excerptum Chronicae Principum Saxoniae, MGH SS XXV, O. Helder-Egger (Hrsg.), Hannover 1880.
Fuit in provincia Boemorum, FRB I, Josef Emler (Hrsg.), Praha 1873.
Gerlaci abbatis Milovicensis Annales, FRB II, Josef Emler (Hrsg.), Praha 1874.
Germania sive de origine et situ Germanorum, Manfred Fuhrmann (Hrsg.), Stuttgart 1972.
Gesta episcoporum Halberstadensium, MGH SS XXIII, Ludwig Weiland (Hrsg.), Hannover 1874.
Helmoldi presbyteri Bozoviensis Cronica Slavorum, MGH SS rer. Germ. in usum scholarum separatim editi XXXII, Post Iohannem M. Lappenberg recognovit Bernhardus Schmeidler, Hannover 1937.
Henrici de Antwerpe Tractatus de Captione urbis Brandenburg, MGH SS XXV, O. Helder-Egger (Hrsg.), Hannover 1880.
Chronicae Principum Brunsvicensium Fragmentum, MGH SS XXX/1, O. Helder-Egger (Hrsg.), Hannover 1896.
Chronicon Montis Sereni, Ernest Ehrenfeuchter (Hrsg.), MGH SS XXIII, Hannover 1874.
Karoli Magni Constitutio de expeditione Romana, Ludwig Weiland (Hrsg.), MGH Leges VI, Constitutiones et acta publica imperatorum et regum I, Hannover 1893.
Legenda Christiani, Jaroslav Ludvíkovský (Hrsg.), Praha 1978.
Monachi Sazaviensis continuatio Cosmae, FRB II, Josef Emler (Hrsg.), Praha 1874.
Petri Zittaviensis Cronica Aule Regie, Josef Emler (Hrsg.), FRB IV, Praha 1884.
Sachsenspiegel Landrecht, MGH Fontes iuris Germanici antiqui N. S. I/1, Karl Gustav Eckhardt (Hrsg.), Berlin – Frankfurt 1955.
Sachsenspiegel Lehnrecht, MGH Fontes iuris Germanici antiqui N. S. I/2, Karl Gustav Eckhardt (Hrsg.), Berlin – Frankfurt 1956.
Sächsische Weltchronik, MGH Deutsche Chroniken II, Ludwig Weiland (Hrsg.), Hannover 1877.
Summa Gerhardi. Ein Formelbuch aus der Zeit des Königs Johann von Böhmen (c. 1336–45), Ferdinand Tadra (Hrsg.), in: Archiv für österreichische Geschichte 63, Wien 1882, S. 305–594.

Thietmari Merseburgensis episcopi chronicon, MGH SS rer. Germ., NS IX, Robert Holtzmann (Hrsg.), Berlin 1935.

Vyprávění o svatých mučednících Borisi a Glebovi a o jejich utrpení i jejich pochvala [Erzählung über die heiligen Märtyrer Boris und Gleb sowie deren Leiden und deren Preisung], in: Staroslověnské legendy českého původu, Marie Bláhová – Václav Konzal (Hrsg.), Praha 1976.

Widukindi monachi Corbeiensis rerum gestarum Saxonicarum libri tres, MGH SS rer. Germ. in usum scholarum separatim editi LX, Paul Hirsch – Hans-Eberhard Lohmann (Hrsg.), Hannover 1935.

Literatur

Gerd ALTHOFF, *Verwandte, Freunde und Getreue. Zum politischen Stellenwert der Gruppenbindungen im früheren Mittelalter*, Darmstadt 1990.

Robert ANTONÍN, *České země za posledních Přemyslovců. Cestou proměny společnosti k vrcholně středověké monarchii* [Die böhmischen Länder unter den letzten Přemysliden. Auf dem Wege zur Umwandlung der Gesellschaft in eine hochmittelalterliche Monarchie], Praha 2012.

Benjamin ARNOLD, *German Knighthood 1050–1300*, Oxford 1985.

Oliver AUGE, *Hominium, tributum, feudum. Zu den Anfängen des Lehnswesens im Nordosten des Reiches*, in: Jürgen Dendorfer – Roman Deutinger (Hrsg.), Das Lehnswesen im Hochmittelalter. Forschungskonstrukte – Quellenbefunde – Deutungsrelevanz, Ostfildern 2010, S. 195–215.

Karl Siegfried BADER, *Rechtsformen und Schichten der Liegenschaftsnutzung im mittelalterlichen Dorf*, III, Wien – Köln – Graz 1973.

Adolf BACHMANN, *Geschichte Böhmens I. (bis 1400)*, Gotha 1899.

Jaroslav BAKALA, *K počátkům lenního zřízení v českém státě* [Zu den Anfängen der Lehnsordnung im böhmischen Staat], SlSB 57, 1959, S. 378–388.

Jaroslav BAKALA, *K výkladu prvního ustanovení Statut Konráda Oty* [Zur Auslegung des ersten Artikels der Statuten von Konrad Ota], in: Eva Fuxová (Hrsg.), Český stát na přelomu 12. – 13. století, Opava 1993, S. 9–15.

Friedrich BIERMANN, *Die Adelsherrschaften an Ober- und Mittelweser des 13. und 14. Jahrhunderts im Kräftespiel zwischen einer neu formierten welfischen Hausmacht und expandierenden geistlichen Territorien*, Inaugural-Dissertation, Philosophischen Fakultät der Wesfälischen Wilhelms – Universität zu Münster, 2005.

Marie BLÁHOVÁ, *Macht und Machtausübung im Licht der böhmischen Geschichtsschreibung des 12. Jahrhunderts*, in: Norbert Kersken – Grischa Vercamer (Hrsg.), Macht und Spiegel der Macht. Herrschaft in Europa im 12. und 13. Jahrhundert von dem Hintergrund der Chronistik, Wiesbaden 2013, S. 359–381.

Jerome BLUM, *The Beginnings of Large-Scale Private Landownership in Russia*, Speculum 28/4, 1953, S. 776–790.

Eduard BODEMANN, *Die ältere Zunfturkunden der Stadt Lüneburg*, Hannover 1883.

Thorsten BONACKER – Peter IMBUSCH, *Zentrale Begriffe der Friedens- und Konfliktforschung: Konflikt, Gewalt, Krieg, Frieden*, in: Thorsten Bonacker – Ralf Zoll (Hrsg.), Friedens- und Konfliktforschung. Eine Einführung, Wiesbaden 2005[3], S. 69–144.

Michael BORGOLTE, *Die mittelalterliche Kirche*, München 1992.

Egon BOSHOF, *Die Entstehung des Herzogtums Braunschweig-Lüneburg*, in: Wolf-Dieter Mohrmann (Hrsg.), Heinrich der Löwe, Göttingen 1980, S. 249–274.

Karl BOSL, *Die Reichsministerialität der Salier und Staufer. Ein Beitrag zur Geschichte des hochmittelalterlichen deutschen Volkes, Staates und Reiches*, 1-2, Schriften der MGH 10, Stuttgart 1950–1951.

Karl BOSL, *Das ius ministerialum. Dienstrecht und Lehnrecht im deutschen Mittelalter*, in: Theodor Mayer (Hrsg.), Studien zum mittelalterlichen Lehenswesen, Vorträge und Forschungen 5, Lindau – Konstanz 1960, S. 51–94.

Bertold BRETHOLZ, *Geschichte Böhmens und Mährens bis zum Aussterben der Premysliden (1306)*, München – Leipzig 1912.

Elizabeth A. R. BROWN, *The Tyranny of a Construct: Feudalism and Historians of Medieval Europe*, The American Historical Review 79/4, 1974, S. 1063–1088.

Warren C. BROWN – Piotr GÓRECKI, *What Conflict Means: The Making of Medieval Conflict Studies in the United States 1970–2000*, in: Warren C. Brown – Piotr Górecki (Hrsg.), Conflict in medieval Europe: changing perspectives on society and culture, Aldershot – Hampshire u.a. 2003, S. 1–35.

Die Burgen im deutschen Sprachraum. Ihre rechts- und verfassungsgeschichtliche Bedeutung, 2 Bde., Vorträge und Forschungen 19/I–II, Hans Patze (Hrsg.), Sigmaringen 1976.

Jaroslav ČECHURA, *Člověčenství* [Untertanenwesen], Právněhistorické studie 33, 1993, S. 33–52.

Philippe DEPREUX, *Lehnsrechtliche Symbolhandlungen. Handgang und Investitur im Bericht Galberts von Brügge zur Anerkennung Wilhelm Ditos als Graf von Flandern*, in: Jürgen Dendorfer – Roman Deutinger (Hrsg.), Das Lehnswesen im Hochmittelalter. Forschungskonstrukte – Quellenbefunde – Deutungsrelevanz, Ostfildern 2010, S. 387–399

Jürgen DENDORFER, *Zur Einleitung*, in: Jürgen Dendorfer – Roman Deutinger (Hrsg.), Das Lehnswesen im Hochmittelalter. Forschungskonstrukte – Quellenbefunde – Deutungsrelevanz, Ostfildern 2010, S. 11–39.

Roman DEUTINGER, *Seit wann gibt es die Mehrfachvasallität?*, ZRG GA 119, 2002, S. 78–105.

Roman DEUTINGER, *Königsherrschaft im ostfränkischen Reich. Eine pragmatische Verfassungsgeschichte der späten Karolingerzeit*, Ostfildern 2006.

Roman DEUTINGER, *Beobachtungen zum Lehenswesen im frühmittelalterlichen Bayern*, ZBLG 70, 2007, S. 57–83.

Roman DEUTINGER, *Das hochmittelalterliche Lehnswesen: Ergebnisse und Perspektiven*, in: Jürgen Dendorfer – Roman Deutinger (Hrsg.), Das Lehnswesen im Hochmittelalter. Forschungskonstrukte – Quellenbefunde – Deutungsrelevanz, Ostfildern 2010, S. 463–473.

Bernard DIESTELKAMP; *Das Lehnrecht der Grafschaft Katzenelnbogen (13. Jahrhundert bis 1479). Ein Beitrag zur Geschichte des spätmittelalterlichen deutschen Lehnrechts, insbesondere zu seiner Auseinandersetzung mit oberitalienischen Rechtsvorstellungen*, Aalen 1969.

Bernhard DIESTELKAMP, *Homagium*, in: Handwörterbuch zur deutschen Rechtsgeschichte 2, Berlin 1978, S. 225–228.

Georg DROEGE, *Landrecht und Lehnrecht im hohen Mittelalter*, Bonn 1969.

Dana DVOŘÁČKOVÁ-MALÁ – Jan ZELENKA, *Curia ducis, curia regis. Panovnický dvůr za vlády Přemyslovců* [Curia ducis, curia regis. Der Herrscherhof in der Regierungszeit der Přemysliden], Praha 2011.

Wilhelm EBEL, *Über den Leihegedanken in der deutschen Rechtsgeschichte*, in: Theodor Mayer (Hrsg.), Studien zum mittelalterlichen Lehenswesen, Vorträge und Forschungen 5, Lindau – Konstanz 1960.

Joachim EHLERS, *Erzbischof Wichmann und das Reich*, in: Matthias Puhle (Hrsg.), Erzbischof Wichmann (1152–1197) und Magdeburg im hohen Mittelalter, Magdeburg 1992, S. 20–31.

Joachim EHLERS, *Heinrich der Löwe und der sächsische Episkopat*, in: Alfred Haverkamp (Hrsg.), Friedrich Barbarossa. Handlungsspielräume und Wirkungsweisen des staufischen Kaisers, Sigmaringen 1992, S. 435–466.

Joachim EHLERS, *Der Hof Heinrichs des Löwen*, in: Bernd Schneidmüller (Hrsg.), Die Welfen und ihr Braunschweiger Hof im hohen Mittelalter, Wiesbaden 1995, S. 43–59.

Joachim EHLERS, *Heinrich der Löwe. Europäisches Fürstentum im Hochmittealter*, Zürich 1997.

Joachim EHLERS, *Heinrich der Löwe: eine Biographie*, München 2008.

Klaus van EICKELS, *Vom inszenierten Konsens zum systematisierten Konflikt. Die englisch-französischen Beziehungen und ihre Wahrnehmung an der Wende vom Hoch- zum Spätmittelalter*, Stuttgart 2002.

Klaus van EICKELS, *Verwandtschaft, Freundschaft und Vasallität: Der Wandel von Konzepten personaler Bindung im 12. Jahrhundert*, in: Jürgen Dendorfer – Roman Deutinger (Hrsg.), Das Lehnswesen im Hochmittelalter. Forschungskonstrukte – Quellenbefunde – Deutungsrelevanz, Ostfildern 2010, S. 401–411.

Lutz FENSKE, *Soziale Genese und Aufstiegsformen kleiner niederadliger Geschlechter im südöstlichen Niedersachsen*, in: Lutz Fenske – Werner Rösener – Thomas Zotz (Hrsg.), Institutionen, Kultur und Gesellschaft im Mittelalter, Sigmaringen 1984, S. 693–726.

Lutz FENSKE – Ulrich SCHWARZ, *Das Lehnsverzeichnis Graf Heinrichs I. von Regenstein 1212/1217. Gräfliche Herrschaft, Lehen und niederer Adel am Nordostharz*, Göttingen 1990.

Zdeněk FIALA, *O vyjasnění pojmů v marxistickém výkladu starších českých dějin. Na okraj článku D. Třeštíka „K sociální struktuře přemyslovských Čech“* [Zur Begriffsklärung in der marxistischen Interpretation der älteren böhmischen Geschichte. Randnotizen zum Artikel von Dušan Třeštík „Zur Sozialstruktur des přemyslidischen Böhmen“], ČsČH 20, 1972, S. 234–244.

Julius FICKER, *Vom Heerschilde. Ein Beitrag zur deutschen Reichs- und Rechtsgeschichte*, Innsbruck 1862.

Josef FLECKENSTEIN, *Die Hofkapelle der deutschen Könige 1*, Stuttgart 1959.

Johannes FRIED, *Susan Reynolds: Fiefs and Vassals*, German Historical Institute London Bulletin 19, 1997, S. 28–41.

Günter GATTERMANN, *Die deutschen Fürsten auf der Reichsheerfahrt. Studien zur Reichskriegsverfassung der Stauferzeit*, masch. Diss. phil. Frankfurt am Main 1956.

Dieter GRABSCHEID, *Die Bürgerlehen im altdeutschen Reichsgebiet*, Phil. Diss. Frankfurt 1957.

František GRAUS, *Lenní právo v Čechách* [Das Lehnsrecht in Böhmen], ČL 39, 1952, S. 67–73.

Ewald GUTBIER, *Das Itinerar des Königs Philipp von Schwaben*, Phil. Diss. Berlin 1912.

Jan HABERMANN, *Die Grafen von Wernigerode. Herrschaftsprofil, Wirkungsbereich und Königsnähe hochadliger Potentaten am Nordharz im späten Mittelater*, Norderstedt 2008.

Otto HAENDLE, *Die Dienstmannen Heinrichs des Löwen. Ein Beitrag zur Frage der Ministerialität*, Stuttgart 1930.

Claus-Peter HASSE, *Die welfischen Hofämter und die welfische Ministerialität in Sachsen. Studien zur Sozialgeschichte des 12. und 13. Jahrhunderts*, Husum 1995.

Dalibor HAVEL, *Katalog listin a listů k VII. dílu Českého diplomatáře I.* Zpracování diplomatického materiálu pro období květen 1283 – květen 1297 [Katalog der Urkunden und Briefe zum VII. Teil des Böhmischen Diplomatars I. Die Berarbeitung des diplomatischen Materials für die Zeit vom Mai 1283 – Mai 1297], Brno 2011.

Karl HEINEMEYER, *Der Prozeß Heinrichs des Löwen*, BDLG 117, 1981, S. 1–60.

Heinrich der Löwe und seine Zeit. Herrschaft und Repräsentation der Welfen 1125–1235, Bd. 2. Essays, Jochen Luckhardt – Franz Niehoff (Hrsg.), München 1995.

Werner HECHBERGER, *Das Lehnswesen als Deutungselement der Verfassungsgeschichte von der Aufklärung bis zur Gegenwart*, in: Jürgen Dendorfer – Roman Deutinger (Hrsg.), Das Lehnswesen im Hochmittelalter. Forschungskonstrukte – Quellenbefunde – Deutungsrelevanz, Ostfildern 2010, S. 41–56.

Josef HEYDEL, *Das Itinerar Heinrichs des Löwen*, Niedersächsisches Jahrbuch für Landesgeschichte 6, 1929, S. 1–166.

Ruth HILDEBRAND, *Der sächsische „Staat“ Heinrichs des Löwen*, Berlin 1937.

Friedrich HILLEBRAND, *Das Öffnungsrecht bei Burgen, seine Anfänge und seine Entwicklung in den Territorien des 13.–16. Jahrhunderts unter besonderer Berücksichtigung Württembergs*, Diss. phil. Tübingen 1967.

André HOLENSTEIN, *Die Huldigung der Untertanen. Rechtskultur und Herrschaftsordnung (800–1800)*, Stuttgart – New York 1991.

Libuše HRABOVÁ, *Ekonomika feudální državy olomouckého biskupství ve druhé polovině 13. století* [Die Oekonomik der feudalen Grundherrschaft des Olmützer Bistums in der 2. Hälfte des 13. Jahrhunderts], Praha 1964.

Die Chronik Arnolds von Lübeck. Neue Wege zu ihrem Verständnis, Stephan Freund – Bernd Schütte (Hrsg.), Frankfurt am Main u. a. 2008.

Pavel CHOC, *Boje o Prahu za feudalismu* [Kämpfe um Prag im Feudalismus], Praha 1957.

Peter IMBUSCH, *Sozialwissenschaftliche Konflikttheorien – ein Überblick*, in: Thorsten Bonacker – Ralf Zoll (Hrsg.), Friedens- und Konfliktforschung. Eine Einführung, Wiesbaden 2005^3, S. 145–180.

Investitur- und Krönungsrituale. Herrschaftseinsetzungen im kulturellen Vergleich, Marion Steinicke – Stefan Weinfurter, Köln 2005.

Libor JAN, *Lenní přísahy a přísahy věrnosti na dvoře posledních Přemyslovců* [Lehns- und Treueide am Hofe der letzten Přemysliden], in: Martin Wihoda – Demeter Malaťák (Hrsg.), Stát, státnost a rituály přemyslovského věku. Problémy, názory, otázky. Sborník příspěvků z konference konané dne 18. října 2005 v Brně, Brno 2006, S. 101–113.

Libor JAN, *Václav II. a struktury panovnické moci* [Wenzel II. und die Strukturen der landesherrlichen Macht], Brno 2006.

Libor JAN, *K počátkům české šlechty. Družina, beneficium, pozemkové vlastnictví* [Zu den Anfängen des böhmischen Adels. Gefolgschaft, Benefizium, Grundbesitz], in: Martin Nodl – Martin Wihoda (Hrsg.), Šlechta, moc a reprezentace ve středověku, Praha 2007, S. 45–52.

Libor JAN, *Skrytý půvab „středoevropského modelu“* [Der verborgene Reiz des „mitteleuropäischen Modells“], ČČH 105, 2007, S. 874–902.

Libor JAN, *Budování monarchie českých Přemyslovců. Postřehy a úvahy* [Der Aufbau der Monarchie der böhmischen Přemysliden. Beobachtungen und Reflexionen], in: Martin Wihoda – Lukáš Reitinger a kolektiv (Hrsg.), Proměna středovýchodní Evropy raného a vrcholného středověku. Mocenské souvislosti a paralely, Brno 2010, S. 117–136.

Libor JAN, *Hereditas, výsluha, kastelánie. Několik poznámek k terminologii a metodologii současné historiografie přemyslovského období* [Hereditas, vysluha, kastelanie – Einige Anmerkungen zu Terminologie und Methodologie der gegenwärtigen Historiographie der Přemyslidenzeit], ČMM 128, 2009, S. 461–472.

Libor JAN, *Hereditates a soudy statut Konráda Oty* [Die Hereditates und die Gerichte der Statuten Konrad Ottos], in: Libor Jan – Dalibor Janiš (Hrsg.), Ad iustitiam et bonum commune. Proměny zemského práva v českých zemích ve středověku a raném novověku, Brno 2010, S. 10–22.

Libor JAN, *Zur Frage der Entstehung des böhmisch-mährischen Adels und der Entwicklung großer Herrschaftskomplexe in Grenzgebieten*, in: Klaus Birngruber – Christina

Schmid (Hrsg.), Adel, Burg und Herrschaft an der „Grenze“: Österreich und Böhmen, Linz 2012, S. 107–117.

Libor JAN, *Statuta Konráda Oty a problémy jejich historické a právněhistorické interpretace* [Die Statuten Konrad Ottos und die Probleme ihrer historischen und rechtsgeschichtlichen Interpretation], ČMM 136/1, 2017, S. 3–34.

Dalibor JANIŠ, *Lenní systém olomouckého biskupství za episkopátu Dětřicha z Hradce (1281–1302). K problematice lenních a lokačních listin* [Das Lehensystem des Olmützer Bistums unter dem Episkopat Dietrichs von Grätz, 1281–1302], ČMM 116, 1997, S. 325–346.

Dalibor JANIŠ, *Nalézání práva a zemské soudnictví v českých zemích* [Rechtsfindung und Landesgerichtsbarkeit in den böhmischen Ländern], in: Libor Jan – Dalibor Janiš (Hrsg.), Ad iustitiam et bonum commune. Proměny zemského práva v českých zemích ve středověku a raném novověku, Brno 2010, S. 23–67.

Hermenegild JIREČEK, *Slovanské právo v Čechách a na Moravě. Do konce X. století.* [Das slawische Recht in Böhmen und Mähren. Bis zum Ende des 10. Jahrhunderts], Praha 1863.

Hermenegild JIREČEK, *Slovanské právo v Čechách a na Moravě. Od počátku XI. do konce XIII. století.* [Das slawische Recht in Böhmen und Mähren. Vom Beginn des 11. bis zum Ende des 13. Jahrhunderts], Praha 1864.

Karl JORDAN, *Die Bistumsgründungen Heinrichs des Löwen. Untersuchungen zur Geschichte der ostdeutschen Kolonisation*, Leipzig 1939.

Karl JORDAN, *Heinrich der Löwe. Eine Biographie*, München 1979.

David KALHOUS, *Čeští velmoži 10. věku* [Die böhmischen Hochadeligen im 10. Jahrhundert], SPFFBU C 52, 2005, Brno 2006, S. 5–13.

David KALHOUS, *Anatomy of a Duchy. The Political and Ecclesiastical Structures of Early Přemyslid Bohemia*, Leiden – Boston 2012.

David KALHOUS, *Model státu středoevropského typu: Koncept na pomezí tradice a inovace.* (Ke kontinuitě a diskontinuitě v české historiografii po r. 1948.) [Das Modell des Staates mitteleuropäischen Typs: ein Konzept an der Grenze von Tradition und Innovation. (Zur Kontinuität und Diskontinuität in der tschechischen Historiographie nach 1948)], Forum Historiae 2, 2014, S. 159–173.

Brigitte KASTEN, *Beneficium – zwischen Landleihe und Lehen – eine alte Frage, neu gestellt*, in: Dieter R. Bauer – Rudolf Hiestand – Brigitte Kasten – Sönke Lorenz (Hrsg.), Mönchtum – Kirche – Herrschaft 750–1000, Sigmaringen 1998, S. 243–260.

Brigitte KASTEN, *Das Lehnswesen – Fakt oder Fiktion?*, in: Walter Pohl – Veronika Wieser (Hrsg.), Der frühmittelalterliche Staat – europäische Perspektiven, Wien 2009, S. 331–353.

Brigitte KASTEN, *Zum Gedankengut der Fürstenerhebungen im 12. und 13. Jahrhundert*, in: Karl-Heinz Spiess (Hrsg.), Ausbildung und Verbreitung des Lehnswesens im Reich und in Italien im 12. und 13. Jahrhundert, Ostfildern 2013, S. 159–186.

František KAVKA, *Západoevropský lenní institut jako nástroj vnitřní královské politiky za posledních Přemyslovců a za Jana Lucemburského* [Westeuropäisches Lehen als ein Instrument der königlichen Innenpolitik in der Zeit der letzten Přemysliden und Johanns von Luxemburg], ČČH 88, 1990, S. 225–251.

Hagen KELLER, *Zwischen regionaler Begrenzung und universalem Horizont. Deutschland im Imperium der Salier und Staufer 1024–1250*, Frankfurt am Main – Berlin 1986.

Hagen KELLER, *Die Investitur. Ein Beitrag zum Problem der 'Staatssymbolik' im Hochmittelalter*, Frühmittelalterliche Studien 27, 1993, S. 51–86.

Jan KEUPP, *Ministerialität und Lehnswesen. Anmerkungen zur Frage der Dienstlehen*, in: Jürgen Dendorfer – Roman Deutinger (Hrsg.), Das Lehnswesen im Hochmittelalter. Forschungskonstrukte – Quellenbefunde – Deutungsrelevanz, Ostfildern 2010, S. 347–366.

Walther KIENAST, *Die fränkische Vasallität. Von den Hausmeiern bis zu Ludwig dem Kind und Karl dem Einfältigen*, Frankfurt am Main 1990.

Jan KLÁPŠTĚ, *The Czech Lands in Medieval Transformation*, Leiden – Boston 2012.

Jan KLÁPŠTĚ, *Die Frühzeit des böhmischen Adels aus der Sicht eines Archäologen*, Historia archeologica 70, 2009, S. 527–546.

Petr KLUČINA, *Organizace vojska českého státu za posledních Přemyslovců* [Die Heeresorganisation des böhmischen Staates unter den letzten Přemysliden], Historie a vojenství 1984/1, S. 87–102.

Vilém KNOLL, *Jus vassallorum vel ministerialium ecclesiae Magdeburgensis. Poznámka k otázce původu olomouckého lenního práva* [Jus vassallorum vel ministerialium ecclesiae Magdeburgensis. Eine Bemerkung zur Ursprungsfrage des Olmützer Lehnrechts], PHS 37, 2005, S. 17–28.

Rudolf KOSS, *Zur Frage nach der Entstehung und Entwicklung des böhmischen Herrenstandes*, Prag 1920.

Krzysztof KOWALEWSKI, *Rycerze, włodycy, panosze. Ludzie systemu lennego w średniowiecznych Czechach* [Ritter und andere Gruppen von Lehnsleuten im mittelalterlichen Böhmen], Warszawa 2009.

Karl-Friedrich KRIEGER, *Die Lehnshoheit der deutschen Könige im Spätmittelalter (ca. 1200–1437)*, Aalen 1979.

Karl-Friedrich KRIEGER, *Susan Reynolds, Fiefs and Vassals*, Historische Zeitschrift 264/1, 1997, S. 174–179.

Karl KROESCHELL, *Rechtsaufzeichnung und Rechtswirklichkeit. Das Beispiel des Sachsenspiegels*, in: Karl Kroeschell, Studien zum frühen und mittelalterlichen deutschen Recht, Berlin 1995, S. 419–456.

Karl KROESCHELL, *Lehnrecht und Verfassung im deutschen Hochmittelalter*, Erste europäische Internetzeitschrift für Rechtsgeschichte, Artikel vom 27. April 1998, http://fhi.rg.mpg.de/98_04/krsch.htm.

Nathalia KRUPPA, *Die Grafen von Dassel (1097–1337/38)*, Bielefeld 2002.

Barbara KRZEMIEŃSKA – Dušan TŘEŠTÍK, *Hospodářské základy raně středověkého státu ve střední Evropě (Čechy, Polsko, Uhry v 10. – 11. století)* [Die wirtschaftlichen Grundlagen des frühmittelalterlichen Staates in Mitteleuropa. (Böhmen, Polen, Ungarn im 10.–11. Jahrhundert)], HD 1, 1978, S. 149–230.

Charlotte KUCK, *Das Itinerar Lothars von Supplinburg*, Phil. Diss. Greifswald 1945.

Jaroslav KUDRNA, *Studie k otázce beneficia a prekarie* [Eine Studie zur Frage des Benefiziums und Prekarie], SPFFBU C, Řada historická, 5, 1956, S. 25–37.

Jaroslav KUDRNA, *Studie k barbarským zákoníkům Lex Baiuvariorum a Lex Alamanorum a počátkům feudálních vztahů v jižním Německu* [Studien zur Lex Baiuvariorum und Alamanorum und den Anfängen des Feudalismus in Südwestdeutschland], Praha 1959.

Karl LAMPRECHT, *Deutsches Wirtschaftsleben im Mittelalter auf Grund der Quellen zunächst des Mosellandes 1.2*, Leipzig 1886.

Latinitatis medii aevi lexicon Bohemorum 15, Jana Nechovová u. a. (Hrsg.), Praha 1995.

Das Lehnswesen im Hochmittelalter. Forschungskonstrukte – Quellenbefunde – Deutungsrelevanz, Jürgen Dendorfer – Roman Deutinger (Hrsg.), Ostfildern 2010.

Julius LIPPERT, *Die Knechtschaft in Böhmen*, Bohemia Nr. 1, 3, 10, 13, 16, 35, 36, 55, 1890.

Julius LIPPERT, *Social-Geschichte Böhmens in vorhussitischer Zeit I-II*, Prag – Wien – Leipzig 1896–1898.

Josef MACEK, *Česká středověká šlechta* [Der böhmische Adel im Mittelalter], Praha 1997.

Heinrich MITTEIS, *Lehnrecht und Staatsgewalt. Untersuchungen zur mittelalterlichen Verfassungsgeschichte*, Weimar 1933.

Ernst MÜLLER, *Das Itinerar Kaiser Heinrichs III. (1039–1056) mit besonderer Berücksichtigung seiner Urkunden*, Berlin 1901.

Václav NOVOTNÝ, *České dějiny I/1. Od nejstarších dob do smrti knížete Oldřicha* [Geschichte Böhmens I/1. Von den ältesten Zeiten bis zum Tod des Fürsten Ulrich], Praha 1912.

Václav NOVOTNÝ, *České dějiny I/2. Od Břetislava I. do Přemysla I.* [Geschichte Böhmens I/2. Von Břetislav I. bis zu Přemysl I.], Praha 1913.

Václav NOVOTNÝ, *České dějiny I/3. Čechy královské za Přemysla I. a Václava I. (1197–1253)* [Geschichte Böhmens I/3. Das königliche Böhmen unter Přemysl I. und Wenzel I. (1197– 1253)], Praha 1928.

Václav NOVOTNÝ, *České dějiny I/4. Rozmach české moci za Přemysla II. Otakara (1253–1271)* [Geschichte Böhmens I/4. Die Entfaltung der böhmischen Macht unter Přemysl II. Ottokar (1253–1271)], Praha 1937.

Rostislav NOVÝ, *Přemyslovský stát 11. a 12. století* [Der přemyslidische Staat des 11. und 12. Jh.], Praha 1971.

Ferdinand OPLL, *Das Itinerar Kaiser Friedrich Barbarossas (1152–1190)*, Wien – Köln – Graz 1978.

František PALACKÝ, *Dějiny národu českého w Čechách a w Moravě I/2* [Geschichte des tschechischen Volkes in Böhmen und Mähren], Praha 1854.

Franz PALACKY, *Geschichte von Böhmen II/1*, Prag 1839.

Lutz PARTENHEIMER, *Albrecht der Bär*, Köln 2003[2].

Steffen PATZOLD, *Ein klösterliches Lehnswesen? Der Zusammenhang von Besitz und personalen Bindungen im Spiegel von Klosterchroniken des 12. Jahrhunderts*, in: Jürgen Dendorfer – Roman Deutinger (Hrsg.), Das Lehnswesen im Hochmittelalter. Forschungskonstrukte – Quellenbefunde – Deutungsrelevanz, Ostfildern 2010, S. 103–124.

Stefan PATZOLD, *Das Lehnswesen*, München 2012.

Marcin Rafał PAUK, *„Fama, gloria, curia ac ingens familia". Służba i klientela rycerska w otoczeniu możnowładztwa czeskiego (XIII – początek XIV w.)*, in: Marcin Rafał Pauk – Monika Saczyńska (Hrsg.), Dom, majątek, klient, sługa. Manifestacja pozycji społecznej elit średniowiecznych i nowożytnych w przestrzeni materialnej i społecznej, Warszawa 2010, S. 27– 62.

Johann PEISKER, *Die Knechtschaft in Böhmen.* Eine Streitfrage der böhmischen Socialgeschichte. Gegen Herrn Julius Lippert, Prag 1890.

Josef PEKAŘ, *K českým dějinám agrárním ve středověku* [Zur böhmischen Agrargeschichte im Mittelalter], ČČH 7, 1901, S. 326–363.

Josef PEKAŘ, *Dějiny naší říše. Se zvláštním zřetelem ke královstvím a zemím v říšské radě zastoupeným* [Geschichte unseres Reiches. Unter besonderer Berücksichtigung des Königreichs und der im Reichsrat vertretenen Länder], Praha 1914.

Otto PETERKA, *Rechtsgeschichte der böhmischen Länder I.*, Reichenberg 1923.

Inge-Maren PETERS, *Heinrich der Löwe als Landesherr*, in: Wolf-Dieter Mohrmann (Hrsg.), Heinrich der Löwe, Göttingen 1980, S. 85–126.

Jürgen PETERSOHN, *Friedrich Barbarossa, Heinrich der Löwe und die Kirchenorganisation in Transalbingien. Vorausetzungen, Bedeutung und Wirkungen des Goslarer Privilegs von 1154*, in: Johannes Fried – Otto Gerhard Oexle (Hrsg.), Heinrich der Löwe. Herrschaft und Repräsentation, Ostfildern 2003, S. 239–279.

Gudrun PISCHKE, *Der Herrschaftsbereich Heinrichs des Löwen. Quellenverzeichnis*, Hildesheim 1987.

Andrzej PLESCZYŃSKI, *Sobiesław I – rex Ninivitarum. Książe czeski w walce z ordynariuszem praskim Meinhardem, biskupem Rzeszy*, in: Jerzy Pysiak – Aneta Pieniądz – Marcin Rafał Pauk (Hrsg.), Monarchia w średniowieczu – władza nad ludźmi, władza nad terytorium. Studia ofiarowane Profesorowi Henrykowi Samsonowiczowi, Warszawa – Kraków 2002, S. 125–138.

Frederick POLLOCK – Frederic William MAITLAND, *The History of English Law before the Time Edward I.*, Volume I., Cambridge 1899[2].

Susan REYNOLDS, *Fiefs and Vassals. The Medieval Evidence Reinterpreted*, Oxford 1994.

Paul ROTH, *Geschichte des Beneficialwesens von den ältesten Zeiten bis ins 10. Jahrhundert*, Erlangen 1850.

Stanislaw RUSSOCKI, *Z badań nad czeskim systemem beneficjalnym*, Czasopismo prawno-historyczne 27, 1971, S. 33–46.

Gerhard SEELIGER, *Forschungen zur Geschichte der Grundherrschaft im früheren Mittelalter*, HV 10, 1907, S. 305–361.

Hubertus SEIBERT, *Non predium, sed beneficium esset ... Das Lehnswesen im Spiegel der bayerischen Privaturkunden des 12. Jahrhunderts (mit Ausblicken auf Tirol)*, in: Jürgen Dendorfer – Roman Deutinger (Hrsg.), Das Lehnswesen im Hochmittelalter. Forschungskonstrukte – Quellenbefunde – Deutungsrelevanz, Ostfildern 2010, S. 143–163.

Rudolf SCHIEFFER, *Der Ottonische Reichsepiskopat zwischen Königtum und Adel*, Frühmittelalterliche Studien 23, 1989, S. 291–301.

Ernst SCHUBERT, *Fürstliche Herrschaft und Territorium im späten Mittelalter*, München 1996.

Hans K. SCHULZE, *Grundstrukturen der Verfassung im Mittelalter*, Bd. I., Stamm, Gefolgschaft, Lehenswesen, Grundherrschat, Stuttgart 1985.

Petr SOMMER, *Svatý Prokop. Z počátků českého státu a církve* [Der hl. Prokop. Aus den Anfängen des böhmischen Staates und der Kirche], Praha 2007.

Miloslav SOVADINA, *Lenní listiny biskupa Bruna* [Die Lehnsurkunden Bischof Brunos], SAP 24/2, 1974, S. 426–460.

Miroslav SVOBODA, *Páni ze Strakonic. Vládci Prácheňska a dobrodinci johanitů* [Die Herren von Strakonitz. Herrscher über die Region Prachen und Wohltäter der Johanniter], Praha 2010.

Sozialwissenschaftliche Konflikttheorien. Eine Einführung, Thorsten Bonacker (Hrsg.), Opladen 2005.

Karl-Heinz SPIESS, *Lehnsrecht, Lehnspolitik und Lehnsverwaltung der Pfalzgrafen bei Rhein im Spätmittelalter*, Wiesbaden 1978.

Karl-Heinz SPIESS, *Das Lehnswesen in Deutschland im hohen und späten Mittelalter*, Stuttgart 2011[3].

Karl-Heinz SPIESS, *Das Lehnswesen in den frühen deutschen Lehnsverzeichnissen*, in: Jürgen Dendorfer – Roman Deutinger (Hrsg.), Das Lehnswesen im Hochmittelalter. Forschungskonstrukte – Quellenbefunde – Deutungsrelevanz, Ostfildern 2010, S. 91–102.

Hans-Jochen STÜLLEIN, *Das Itinerar Heinrichs V. in Deutschland*, Phil. Diss. München 1971; *Regesten und Itinerar Lothars von Süpplingenburg*, in: Herbert W. Vogt, Das Herzogtum Lothars von Süpplingenburg, Hildesheim 1959.

Jiří ŠTAIF, *Historici, dějiny a společnost. Historiografie v českých zemích od Palackého a jeho předchůdců po Gollovu školu 1790–1900* [Historiker, Geschichte und Gesellschaft. Die Historiographie in den böhmischen Ländern von Palacký und seinen Vorgängern bis zur Goll-Schule 1790–1900], Bd. I., Praha 1997.

Josef ŠUSTA, *Dvě knihy českých dějin I. Poslední Přemyslovci a jejich dědictví 1306–1308* [Zwei Bücher der böhmischen Geschichte I. Die letzten Přemysliden und deren Erbe 1306–1308], Praha 1917.

Josef ŠUSTA, *České dějiny II/1. Soumrak Přemyslovců a jejich dědictví* [Geschichte Böhmens II/1. Das Aussterben der Přemysliden und deren Erbe], Praha 1935.

Gerhard THEUERKAUF, *Lex, Speculum, Compendium iuris: Rechtsaufzeichnung und Rechtsbewusstsein in Norddeutschland vom 8. bis zum 16. Jahrhundert*, Forschungen zur Deutschen Rechtsgeschichte 6, Köln – Graz 1968.

Gertrud THOMA; *Leiheformen zwischen Grundherrschaft und Lehnswesen. Beneficia, lehen und feoda in hochmittelalterlichen Urbaren*, in: Jürgen Dendorfer – Roman Deutinger (Hrsg.), Das Lehnswesen im Hochmittelalter. Forschungskonstrukte – Quellenbefunde – Deutungsrelevanz, Ostfildern 2010, S. 367–385.

Bernhard TÖPFER, *Kaiser Friedrich I. Barbarossa und der deutsche Reichsepiskopat*, in: Alfred Haverkamp (Hrsg.), Friedrich Barbarossa. Handlungsspielräume und Wirkungsweisen des staufischen Kaisers, Sigmaringen 1992, S. 389–433.

Dušan TŘEŠTÍK, *K sociální struktuře přemyslovských Čech* [Zur Sozialstruktur des premyslidischen Böhmen], ČsČH 19, 1971, S. 543–544.

Dušan TŘEŠTÍK, *Kosmova kronika. Studie k počátkům českého dějepisectví a politického myšlení* [Die Cosmas-Chronik. Eine Studie zu den Anfängen der böhmischen Geschichtsschreibung und des politischen Denkens], Praha 1968.

Dušan TŘEŠTÍK, *Počátky Přemyslovců. Vstup Čechů do dějin (530–935)* [Die Anfänge der Přemysliden. Der Eintritt der Böhmen in die Geschichte (539–935)], Praha 2001.

Dušan TŘEŠTÍK – Josef ŽEMLIČKA, *O modelech vývoje přemyslovského státu* [Über die Entwicklungsmodelle des přemyslidischen Staates], ČČH 105, 2007, S. 122–164.

Adolf TUREK, *Příspěvky k dějinám manského zřízení na statcích moravských klášterů do třicetileté války* [Beiträge zur Geschichte des Lehnssystems auf den Gütern mährischer Klöster bis zum Dreißigjährigen Krieg], Časopis Společnosti přátel starožitností 55, 1947, S. 15–29.

Adolf TUREK, *Manové bývalého benediktinského kláštera Třebíckého* [Die Dienstleute des ehemaligen Benediktinerklosters Trebitsch], ČMM 26, 1902, S. 201–227, 365–431.

Jan URBAN, *Lichtenburkové. Vzestupy a pády jednoho panského rodu* [Die Lichtenburger. Aufstieg und Fall eines Herrengeschlechts], Praha 2003.

František VACEK, *Sociální dějiny české doby starší* [Böhmische Sozialgeschichte der älteren Zeit], Praha 1905.

František VACEK, *Emfyteuse v Čechách ve XIII. a XIV. století* [Die Emphytheuse in Böhmen im 13. und 14. Jahrhundert], Agrární archiv/Časopis pro dějiny venkova, č. 6, 1919, S. 67–78, č. 7, 1920, S. 1–17, č. 8, 1921, S. 17– 45, č. 9, 1922, S. 1–24.

Václav VANĚČEK, *Základy právního postavení klášterů a klášterního velkostatku ve starém českém státě (12.–15. stol.), II. Pozemková vrchnost. Imunita hospodářská* [Die Grundlagen der Rechtsstellung der Klöster und des klösterlichen Großgrundbesitzes im alten böhmischen Staat 12.–15. Jh. II. Grundherrschaft. Wirtschaftsimmunität], Praha 1937.

Vratislav VANÍČEK, *Sociální mentalita české šlechty: urozenost, rytířství, reprezentace* [Die soziale Mentalität des böhmischen Adels: adelige Herkunft, Rittertum, Repräsentation], in: Martin Nodl – Martin Wihoda (Hrsg.), Šlechta, moc a reprezentace ve středověku, CMP 9, Praha 2007, S. 141–188.

Tomáš VELÍMSKÝ, *Hrabišici, páni z Rýzmburka* [Die Hrabischitzer, Herren von Riesenburg], Praha 2002.

Tomáš VELÍMSKÝ, *Paní Bohatěj a její blízcí* [Die Frau Bohatěj und ihre Verwandten], in: Martin Nodl – Martin Wihoda (Hrsg.), Šlechta, moc a reprezentace ve středověku, CMP 9, Praha 2007, S. 53–62.

Tomáš VELÍMSKÝ, *K problematice pozemkové držby českých velmožů a družiníků v období 11. – 12. století* [Zur Problematik des Grundbesitzes böhmischer Hochadeliger und Gefolgsleute im 11.–12. Jahrhundert], SMB 1/2, 2009, S. 177–186.

Tomáš VELÍMSKÝ, *Vzestupy a pády bílinských hradských správců* [Aufstieg und Fall der Biliner Burgverwalter], in: Ivana Boháčová – Petr Sommer (Hrsg.), Středověká Evropa v pohybu. K poctě Jana Klápště, Praha 2014, S. 325 – 363.

Georg WAITZ, *Deutsche Verfassungsgeschichte 4*, Kiel 1861.

Georg WAITZ, *Deutsche Verfassungsgeschichte 6*, bearbaitet von Gerhard Seeliger, Berlin 1896².

Georg Michael WEBER, *Handbuch des in Deutschland üblichen Lehnrechts*, 4 Teile, Leipzig 1807–1818.

Stefan WEINFURTER, *Die Entmachung Heinrichs des Löwen*, in: Jochen Luckhardt – Franz Niehoff (Hrsg.), Heinrich der Löwe und seine Zeit. Herrschaft und Repräsentation der Welfen 1125–1235, Bd. 2. Essays, München 1995, S. 180–189.

Wilhelm WEIZSÄCKER, *Olmützer Lehenwesen unter Bischof Bruno*, Zeitschrift des deutschen Vereines für Geschichte Mährens und Schlesiens 20, 1916, S. 32–56.

Wilhelm WEIZSÄCKER, *Die Entstehung des böhmisch-mährischen Lehnwesens im Lichte der germanischen Forschung*, Zeitschrift des deutschen Vereines für Geschichte Mährens und Schlesiens 21, 1917, S. 207–238.

Martin WIHODA, *Kníže a jeho věrní. Kosmas o světě předáků a urozených* [Der Herzog und seine Getreuen. Cosmas von Prag über die Welt der Adeligen und Vornehmen], in: Martin Nodl – Martin Wihoda (Hrsg.), Šlechta, moc a reprezentace ve středověku, Praha 2007, S. 11–29.

Martin WIHODA, *Macht und Struktur der Herrschaft im Herzogtum Böhmen. Grundlagen, Legitimierung und zeitgenössische Vorstellungen*, in: Norbert Kersken – Grischa Vercamer (Hrsg.), Macht und Spiegel der Macht. Herrschaft in Europa im 12. und 13. Jahrhundert von dem Hintergrund der Chronistik, Wiesbaden 2013, S. 341–358.

Martin WIHODA, *První česká království* [Die ersten böhmischen Königtümer], Praha 2015.

Dietmar WILLOWEIT, *Dominium und Proprietas: Zur Entwicklung des Eigentumsbegriffs in der mittelalterlichen und neuzeitlichen Rechtswissenschaft*, HJ 94, 1974, S. 131–156.

Herwig WOLFRAM, *Salzburg, Bayern, Österreich. Die Conversio Bagoriorum et Carantanorum und die Quellen ihrer Zeit*, München 1996.

Lisa WOLVERTON, *Hastening toward Prague. Power and Society in the Medieval Czech Lands*, Philadelphia 2001.

Jan ZELENKA, *Sic sapiens imperator coniurationem rebellium repressit. Fridrich Barbarossa a české knížectví v optice procesu s vévodou Jindřichem Lvem* [Friedrich Barbarossa und das Herzogtum Böhmen aus der Sicht des Prozesses gegen Heinrich den Löwen], MHB 11, 2008, S. 39–78.

Jan ZELENKA, *Kosmas, Mnich sázavský, Jarloch a 70. léta 12. století* [Cosmas, der Mönch von Sasau, Gerlach und die siebziger Jahres des 12. Jahrhunderts], in: Michal Mašek – Petr Sommer – Josef Žemlička a kolektiv, Vladislav II. druhý král z Přemyslova rodu, Praha 2009, S. 50–68.

Stanislav ZHÁŇEL, *Jak vznikla staročeská šlechta* [Wie entstand der alttschechische Adel], Brno 1930.

Thomas ZOTZ, *Das Lehnswesen in der privaturkundlichen Überlieferung des Herzogtums Schwaben*, in: Jürgen Dendorfer – Roman Deutinger (Hrsg.), Das Lehnswesen im Hochmittelalter. Forschungskonstrukte – Quellenbefunde – Deutungsrelevanz, Ostfildern 2010, S. 163–175.

Josef ŽEMLIČKA, *„Omnes Bohemi": Od svatováclavské čeledi ke středověké šlechtě* [„Omnes Bohemi": Von der „Gemeinde des hl. Wenzels" bis zum mittelalterlichen Adel], MHB 3, 1993, S. 111–133.

Josef ŽEMLIČKA, *Vyšehrad 1130: soud, nebo inscenace? (K „nekosmovskému" pojetí českých dějin)* [Vyšehrad 1130: Gericht oder Inszenierung? (Zu der „Cosmas widersprechenden" Auffassung der böhmischen Geschichte], in: Jaroslav Pánek – Miloslav Polívka – Noemi Rejchrtová (Hrsg.), Husitství – reformace – renesance. Sborník k 60. narozeninám F. Šmahela I., Praha 1994, S. 47–68.

Josef ŽEMLIČKA, *Počátky Čech královských 1198–1253. Proměna státu a společnosti* [Die Anfänge des königlichen Böhmens 1198–1253. Eine Umwandlung des Staates und der Gesellschaft], Praha 2002.

Josef ŽEMLIČKA, *Čechy v době knížecí* [Böhmen in der Fürstenzeit], Praha 2007^2.

Josef ŽEMLIČKA, *Kasteláni, vilikové a beneficia v netransformované transformaci* [Kastellane, Villici und Benefizien in der „nicht-transformierten" Transformation], ČČH 106, 2008, S. 109–136.

Josef ŽEMLIČKA, *O „svobodné soukromosti" pozemkového vlastnictví (K rozsahu a kvalitě velmožské držby v přemyslovských Čechách)* [Vom „freien Privatcharakter" des Grundbesitzes (Zu Umfang und Qualität des Magnatenbesitzes im přemyslidischen Böhmen)], ČČH 102, 2009, S. 269–308.

Josef ŽEMLIČKA, *Křižovatky Vladislava II. Co mohl či nemohl druhý český král* [Die Kreuzwege Vladislavs II. Was konnte der zweite böhmische König und was konnte er nicht], in: Michal Mašek – Petr Sommer – Josef Žemlička a kolektiv, Vladislav II. druhý král z Přemyslova rodu, Praha 2009, S. 17–27.

Josef ŽEMLIČKA, *Přemysl Otakar II. Král na rozhraní věků* [Přemysl Ottokar II. Ein König an der Zeitenwende], Praha 2011.
Josef ŽEMLIČKA, *K pozemkové výbavě české nobility ve starším středověku* [Zur Grundbesitzausstattung des böhmischen Adels im Frühmittelalter], ČČH 110, 2012, S. 189–233.

Ortsnamen- und Personenregister

A

Adelog von Dorstadt, Bischof von Hildesheim (1171–1190) 35
Adolf I. von Dassel, Graf von Dassel 35, 84, 87
Adolf II. von Schauenburg, Graf von Schauenburg (1130–1164) 86–88
Adolf III. von Schauenburg, Graf von Schauenburg (1164–1225) 48, 49, 83, 84–88, 90
Agnes von Quedlinburg, Äbtissin 78
Aicho von Dorstadt, Adeliger 35, 42, 59, 89, 91
Albert von Stade, Chronist 45, 47, 48
Albert, *miles* 24
Albert, *miles* 30
Albrecht I. von Habsburg, römisch-deutscher König (1298–1308) 44, 116
Albrecht I., Graf von Anhalt-Köthen (1281–1316) 37
Albrecht I. von Brandenburg (Albrecht der Bär), Markgraf von Brandenburg (1157–1170) 33, 36, 47
Albrecht II., Herzog von Sachsen-Wittenberg (1260–1298) 36, 41
Albrecht II., Landgraf von Thüringen (1265–1314) 45, 60
Albrecht Berka von Duba, Adeliger, 169
Arnold Covot, Adeliger 67, 68, 75
Arnold von Lübeck, Chronist 45, 47, 48, 83, 84, 85, 87, 88, 89, 90, 91

B

Bakala, Jaroslav, Historiker 123–124
Bedřich (Friedrich), Bischof von Prag und Herzog von Böhmen (1172–1173; 1178–1189) 98, 156, 158
Beneš von Wartenberg, Adeliger 134, 135
Bernhard I., Bischof von Hildesheim (1130–1153) 33, 34, 59, 75, 77
Bernhard von Wölpe, Graf von Wölpe 77, 79
Bertold von Boblas 30
Bertold von Hoym, Adeliger 78, 79
Bertold, Adeliger 35, 36
Bilin (Bílina) 158, 161
Bisenz (Bzenec) 116
Bodo, Adeliger 35, 36
Bohuslav, Burggraf 106
Boris, Fürst von Kiew 150
Bortelin, 107
Božík, Kaplan 153, 156, 163
Braudel, Ferdinand, Historiker 178
Brünn (Brno), 102, 108, 152, 166
Brown, Elizabeth A. R., Historikerin 12
Bruno von Schauenburg, Bischof von Olmütz (1245–1281) 104, 105, 106, 107, 110, 111, 112, 123, 125, 129, 130, 140,
Bruno, Chronist 91
Braunschweig 30, 85, 88, 94,
Břetislav I., Herzog von Böhmen (1035–1055) 149, 152, 153
Břetislav II., Herzog von Böhmen (1092–1100) 150
Břevnov (Breunau), Stift 114, 134, 139
Budivoj, Adeliger 106, 150
Bautzen 109
Burchard von Essem, Ministeriale 66
Burchard von Querfurt, Burggraf 40

C

Cosmas von Prag, Chronist 97, 99, 114, 121, 148, 149, 150, 151, 152, 158, 159, 163

D
Daniel I., Bischof von Prag (1148–1167) 99, 156
Dedi, Adeliger 46
Demmin 87
Deutinger, Roman, Historiker 57, 82
Dietrich II. von Meißen, Bischof von Naumburg (1242–1272) 77
Dietrich III. (der Bedrängte), Markgraf von Meißen (1198–1221) 30
Dietrich von Berge, Adeliger 59
Dietrich von Escherde, Adeliger 77
Dietrich, Bürger von Merseburg 30
Dolní Kounice (Kanitz) 104, 135

E
Ebel, Wilhelm, Historiker 54–55, 56
Eike von Repgow, Chronist 13, 18, 61–63, 77, 79, 80, 82, 177
Eichhorn (Veveří) 116
Ekkard von Tropau 101
Elisabeth, Gemahlin Smils von Lichtenburg 107
Elisabeth, Bürgerin von Halberstadt 32
Elisabeth, Witwe 25, 59, 60, 62, 81
Etheler 49

F
Friedrich I. Barbarossa, römisch-deutscher König und Kaiser (1152–1190) 50, 83, 88, 155, 156
Friedrich I., Bischof von Prag (1169–1179) 160
Friedrich, Bürger von Halberstadt 32

G
Gelnhausen 48, 50
Geltmar, Probst des Klosters Heiningen 70
Georg von Podiebrad, König von Böhmen (1458–1471) 161, 169
Georg von Mühlhausen (Milevsko), Adeliger 162
Gerbord, *miles* 37
Gerhard von Hoya, Adeliger 85
Gerhard von Obersess, Adeliger 107
Gerlach, Abt des Klosters Mühlhausen (Milevsko) und Chronist 150, 156, 162, 172
Gernrode 70, 73
Gerung 107
Glatz (tschech. Kladsko, poln. Kłodzko) 98, 100
Goslar 36, 46, 74, 76
Graus, František, Historiker 123, 124
Gunzelin von Schwerin, Graf von Schwerin (1160–1185) 84, 86, 87, 88, 90
Guta, Gerhards von Obersess Gemahlin 107

H
Halberstadt 16, 30, 32, 36, 37, 39, 40, 43, 59, 64, 70, 72, 73, 74, 78, 94
Halton, Adeliger 77, 78
Hannover 77
Hartbert, Bischof von Hildesheim (1199–1216) 77
Hartleb von Myslibořice, Adeliger 143
Hartwig I. von Stade, Erzbischof von Bremen (1148–1168) 49
Harz 16
Havel von Lämberg (z Lemberka), Adeliger 111
Heiningen, Kloster 66, 69, 70, 73
Heinrich Břetislav, Herzog von Böhmen (1193–1197) 168
Heinrich III., römisch-deutscher König und Kaiser (1039–1056) 46
Heinrich IV., römisch-deutscher König und Kaiser (1056–1105) 91
Heinrich V., römisch-deutscher König und Kaiser (1116–1125) 48
Heinrich VI., römisch-deutscher König und Kaiser (1190–1197) 24
Heinrich VII., römisch-deutscher König und Kaiser (1308–1313) 116
Heinrich III. (der Erlauchte), Markgraf von Meissen (1221–1288) 29, 90
Heinrich (V.) der Ältere von Braunschweig, Pfalzgraf bei Rhein (1195–1212) 87–88

Heinrich der Löwe, Herzog von Bayern (1156–1195) und Sachsen (1142–1195) 47, 48, 83–88, 90, 91, 94, 95
Heinrich der Stolze, Herzog von Bayern (1126–1138) und Sachsen (1137–1139) 47
Heinrich von Kärnten, Herzog von Kärnten (1295–1335) und König von Böhmen (1307–1310) 116, 139
Heinrich von Hodenhagen, Adeliger 36, 41, 61
Heinrich von Liechtenstein, Adeliger 104, 130
Heinrich von Ratzeburg, Adeliger 86
Heinrich von Wohldenberg, Adeliger 29, 67
Heinrich „der Sachse" 103, 104, 108, 135
Heinrich, Abt des Klosters Conradsburg 73
Heinrich, Bürger von Quedlinburg 70, 81
Heinrich, Bürger von Olmütz 107, 130
Heinrich, Münzmeister 109
Heinrich, *miles* 37
Heinrich, Notar 168
Heinrich 30
Heinrich Berka von Duba, Adeliger 169–170
Heinrich Schönekind, Bürger 25
Helmold von Bosau, Chronist 48, 49, 86, 87
Herbord, Bürger 70
Hermann von Harbke, Adeliger 35
Hermann von Winzenburg, Adeliger 59, 77, 79
Hermann von Wohldenberg, Adeliger 67
Hermann, Adeliger 30
Hertfordshire 72, 24, 25
Hildesheim 16, 35, 37, 39, 44, 66, 67, 69, 74, 77, 94
Hohenfurth (Vyšší Brod) 106, 129, 143
Holstein 49
Homburg 35, 77
Horina, *famulus* 104
Hroznata, Adeliger 143, 162

Ch
Chlumetz (Chlumec) 157
Chotouň 104, 111

I
Irmingarda, Äbtissin des Klosters Gernrode 70

J
Jan, Libor, Historiker 122, 125, 126–127
Jaromír, Herzog von Böhmen (1003/1004–1012; 1034/1035) 149, 163
Jarosch von Grabstein, Adeliger 107
Jenzo von Mährisch Schönberg (Šumperk), Adeliger 104, 135
Jireček, Hermenegild, Historiker 118, 119, 121, 124
Johann von Luxemburg, König von Böhmen (1310–1346) 105, 109, 115, 116, 145
Johann von Gatersleben, Adeliger 64, 68
Johann von Mahndorf 78, 79
Johann von Michalovice 131
Johann von Wartenberg, Adeliger 116, 169–170
Johann von Wunstorf, Adeliger 36, 90
Johannes VI. von Waldstein, Bischof von Olmütz (1302–1311) 113
Jusarius, *miles* 71–72, 81

K
Karl der Große, fränkischer König und Kaiser (768–814) 71
Kavka, František, Historiker 71
Keupp, Jan, Historiker 125
Knut V., König von Dänemark (1146–1157) 49
Kojata, Adeliger 159
Königgrätz (Hradec Králové) 99, 116
Konrad III., römisch-deutscher König (1138–1152) 154, 155
Konrad I. von Wittelsbach, Erzbischof von Mainz (1161–1200) 48, 50
Konrad II. von Riesenberg, Bischof von Hildesheim (1221–1246) 43, 77–78,
Konrad II. Otto, Herzog von Böhmen (1182; 1189–1191) 123, 124, 138, 139, 165–173
Konrad II., Teilfürstent von Znaim 155
Konrad von Roden, Adeliger 84, 87, 88
Krieger, Karl-Friedrich, Historiker 33, 55–56
Kunigunde von Staufen, Gemahlin Wenzels I. 113

L
Lampert von Helperthe 77–78, 79, 167
Lamprecht, Karl, Historiker 53
Lauenrode 77
Leobschütz (poln. Głubczyce, tschech. Hlubčice) 108, 168, 169
Libuše, mythische Fürstin und Seherin 148
Lippert, Julius, Historiker S. 117, 118, 119, 121
Lippold von Escherde, Adeliger 77
Leitmeritz (Litoměřice) 154, 164, 174
Lothar III. von Supplinburg, römisch-deutscher König und Kaiser (1125–1137) 47, 157
Ludolf von Rostorf, Bischof von Minden (1295–1304) 36
Ludolf von Dahlum, Ministeriale 85, 90
Ludolf von Dassel, Adeliger 35
Ludwig III. (der Fromme), Landgraf von Thüringen (1172 – 1190) und Pfalzgraf von Sachsen 1180) 47
Lundenburg (Břeclav) 166
Lüneburg 36, 45, 86, 94

M
Mailand 155, 158
Magdeburg 34, 50, 73, 94, 105
Marienthal 101, 107, 113, 130
Margarete von Babenberg, 1. Gemahlin Přemysl Ottokars II. 130
Margarete, Witwe 23, 60, 62
Meinfried, Adeliger 74
Meinhard von Zeitz, Burggraf 77, 79
Meinher von Neuenburg, Bischof von Naumburg (1272–1280) 34,
Meißen 16, 23
Merseburg 16, 30, 35, 44, 60
Minden 28, 85, 90, 94, 95
Miroslav, Adeliger 153–157, 162–163, 173
Mitteis, Heinrich, Historiker 45, 53–54, 55, 89, 125, 127
Mstiš, Burgverwalter 158–159, 161, 173

N
Načerat, Adeliger 154, 155, 157
Naumburg 16, 30, 37, 74
Nestor, Chronist 150
Nikolsburg (Mikulov)S. 104, 130
Niuta 36, 38, 41, 75, 81
Nový, Rostislav, Historiker 124, 126

O
Oexle, Otto Gerhard, Historiker 13
Oslawan (Oslavany) 143
Otto IV., römisch-deutscher König und Kaiser (1198/1208–1218) 35, 50, 87, 94
Otto II. der Strenge, Herzog von Braunschweig-Lüneburg (1277–1330) 77, 79, 85, 95
Otto der Reiche, Markgraf von Meißen (1156–1190) 101, 113
Otto von Northeim, Herzog von Bayern (1061–1070) 91, 163
Otto IV., Markgraf von Brandenburg (1267–1308/09) 45, 47
Otto von Harbke, Adeliger 35
Otto von Hardegg, Adeliger 160
Otto Teutonicus 134

P
Paderborn 94
Palacký, František, Historiker 11, 117, 118, 119, 122
Pekař, Josef, Historiker 10
Peisker, Johann, Historiker 117, 118
Philipp von Schwaben, römisch-deutscher König (1198–1208) 87–88
Pisek 169
Prag 10, 11, 99, 100, 109, 115, 116, 117, 138–139, 140, 144, 151, 152, 153, 155, 161, 164, 172, 175
Prachatitz (Prachatice) 103
Přemysl Ottokar I., Herzog und König von Böhmen (1192–1193; 1197–1230) 114, 139, 150, 165, 168, 172, 175
Přemysl Ottokar II., König von Böhmen (1253–1278) 49, 98, 100, 102, 103, 104, 107, 108, 109, 112, 115, 129, 130, 132, 140, 160, 161, 171
Přemysl Oráč (der Pflüger) 120, 148
Přibyslav, *miles* 160
Přítoky 104, 111

Q
Quedlinburg 40, 70, 78
Quenstedt 69

R
Rammelsberg 46
Rapoto V., Pfalzgraf von Bayern 99
Reginhaldis 59
Reynolds, Susan, Historikerin 12, 13, 56, 127
Riechenberg 74, 75, 76, 78
Richard I., König von England (1189–1199) 49
Richard von Altenburg, Bürger 37, 45, 63
Robert, Bischof von Olmütz (1201–1240) 108, 114
Robert de Aguilon, Adeliger 72
Rokytzan (Rokycany) 160
Roth, Paul, Historiker 52
Rudolf I. von Habsburg, römisch-deutscher König (1273–1291) 49, 104, 130, 132
Rudger, Bürger 108
Rulko von Bieberstein, Adeliger 130, 131, 132

S
Saaz (Žatec) 154, 164, 174,
Sbetschno (Zbečno) S. 163
Seeliger, Gerhard, Historiker 52, 53
Siegfried I. von Lichtenberg, Bischof von Hildesheim (1216–1221) 67
Siegfried II. von Querfurt, Bischof von Hildesheim (1279–1310) 39
Siegfried von Leisnig, Burggraf 30
Siegfried von Zetsch 61
Siegfried, Olmützer Kanoniker, 168
Smil von Lichtenburg, Adeliger 106, 107
Smil II. von Lichtenburg, Adeliger 113
Soběslav I., Herzog von Böhmen (1125–1140) 151, 152, 154, 156, 157, 174
Soběslav II., Herzog von Böhmen (1173–1179) 99, 156, 158, 160
Stederburg 85
Stephan III., König von Ungarn (1162–1172) 156
Stephan, Bürger von Olmütz 112, 130
Stephan 101
Sven III., König von Dänemark (1146–1157) 49

T
Tacitus, Historiker 149, 150, 151
Theoderic, Bürger von Goslar 74, 76
Theoderich von Neuhaus, Bischof von Olmütz (1281–1302) 105, 110, 111, 140
Theoderich, Abt von Waldsassen (1286–1302), 160
Thiedelin 74
Tobias von Bechin, Bischof von Prag (1278–1296) 115
Třeštík, Dušan, Historiker 120, 121

U
Ulrich (Oldřich), Sohn Soběslavs I. 99
Ulrich von Lichtenburg, Adeliger 113

V
Verden 43, 94
Vinzenz von Prag, Chronist 99, 152, 155, 157
Vizelin, Bischof von Oldenburg (1149–1154) 49
Vladislav II., Herzog und König von Böhmen (1140–1172) 99, 154, 155, 156, 157, 158, 174
Vladislav Heinrich (Vladislav Jindřich), Markgraf von Mähren 150
Vok von Rosenberg, Adeliger 106, 108, 112, 129, 130, 132, 143
Volpert 107
Volrad von Kranichfeld, Bischof von Halberstadt (1254–1295) 34, 73, 78
Vratislav II., Herzog und König von Böhmen (1061–1092) 99, 150, 152, 158–159
Vyšehrader Kanoniker, Chronist 99, 103, 151, 153, 155, 157, 162, 163, 164

W
Waitz, Georg, Historiker 52
Wasmod 30
Weber, Georg Michael, Historiker 51, 53

Weizsäcker, Wilhelm, Historiker 123, 124, 125, 126, 136, 137
Wenzel I., König von Böhmen (1230–1253) 100, 101, 106, 107, 113, 115, 129, 134
Wenzel II., König von Böhmen (1283–1305) 98, 100, 104, 108, 109, 115, 116, 131, 138, 140, 144, 160, 168, 171, 175
Wenzel IV., König von Böhmen (1363–1419) und römisch-deutscher König (1376–400) 169
Welehrad (Velehrad) 101, 139
Werner, Münzmeister 37
Werner, *famulus* 37, 70, 81
Westfalen 35
Winzenburg 59, 77
Wilhelm von Holland, römisch-deutscher König (1247–1256) 50
Wilhelm von Auspitz (Hustopeče), Adeliger 107
Wilimov (Vilémov) 113, 135
Wiprecht von Groitzsch, Graf von Groitzsch (od 1170) Markgraf von Meißen (1123–1124) 50
Wladimir I., Großfürst von Kiew (980–1015) 150

Z

Zawisch von Falkenstein, Adeliger 115, 145
Zdenice bei Prachatitz (Prachatice) 103
Zittau 98

Geschichte: Forschung und Wissenschaft

Mlada Holá, Martin Holý
Das Studentenkolleg der Böhmischen Nation der Prager Universität
Edition der Rechnungen aus den Jahren 1541 – 1611
Rechnungen des Kollegs der Böhmischen Nation der Prager Universität aus den Jahren 1541 – 1611 stellen eine einzigartige Quelle dar, und zwar im (mittel)europäischen Kontext. Sie ermöglichen nämlich, einer ganzen Reihe von weiteren Fragen zum Funktionieren von Studentenkollegien in der Frühen Neuzeit nachzugehen. Sie geben nicht nur die direkt mit der Verwaltung, dem Wirtschafen und dem Alltag des Kollegs verbundenen Ausgaben und Einnahmen wieder, sondern ermöglichen zudem das Kennenlernen der damaligen Kommunikationsstrategien der Karlsuniversität und ihrer Repräsentanz.
Bd. 60, 2019, 440 S., 49,90 €, br., ISBN 978-3-643-14182-8

Martin Holý; Michaela Hrubá; Tomáš Sterneck (Hg.)
Die frühneuzeitliche Stadt als Knotenpunkt der Kommunikation
Im Vergleich zu anderen sozialen Milieus zeichneten sich europäische Städte auch im 16. – 18. Jahrhundert durch eine auffällige Verdichtung zwischenmenschlicher Kontakte aus. Aufgabe der vorliegenden kollektiven Monographie ist es, eine Serie von Modellbeispielen vorzustellen, die dokumentieren, auf welche Art und Weise die postmediävalen städtischen Organismen Europas bzw. Mitteleuropas die Funktion von Knotenpunkten der Kommunikation erfüllten. In vorliegenden Fallstudien aus der Feder von renommierten europäischen Historikern werden relevante Formen des Informationsflusses berücksichtigt, die sich auf verschiedenen Ebenen direkt im urbanen Milieu abspielten oder damit anderweitig verbunden waren.
Bd. 57, 2019, 290 S., 34,90 €, br., ISBN 978-3-643-13941-2

LIT Verlag Berlin – Münster – Wien – Zürich – London
Auslieferung Deutschland / Österreich / Schweiz: siehe Impressumsseite

Geschichte

Ingrid Adams
Ernst Biberstein: Vom evangelischen Pfarrer zum SS-Verbrecher
Eine Biographie als Strukturanalyse der NS-Täterschaft
Bd. 174, 2019, 856 S., 109,9 €, gb., ISBN 978-3-643-14531-4

Ivan Glaser
Marx' Verabschiedung des Historischen Materialismus im „Kapital"
Die Geschichte eines Verstummens
Bd. 173, 2019, 112 S., 24,90 €, br., ISBN 978-3-643-91244-2

Claudia Puschmann
Diakonisse Emilie Heuser (1822 – 1898)
Zwischen Demut und Leitungsverantwortung
Bd. 172, 2019, 92 S., 24,90 €, br., ISBN 978-3-643-14439-3

Joël Eschmann
Idealisierung und Imagination des Kreuzzugsgedankens im 20. Jahrhundert
Wie der Kreuzzugsgedanke in England und Amerika transformiert wurde und im Medium Film als Derivat auftaucht
Bd. 171, 2019, 264 S., 34,90 €, br., ISBN-CH 978-3-643-80307-8

Manfred P. Emmes
Die Nachgeschichte des Ersten Weltkriegs
Vom Frieden, der zunächst keiner werden sollte
Bd. 169, 2019, 204 S., 29,90 €, br., ISBN 978-3-643-14343-3

Jan Zelenka
Vom Beneficial- zum Lehnswesen
Eine vergleichende Analyse sächsischer und böhmischer Quellen des 10. – 14. Jahrhunderts
Bd. 167, 2019, 304 S., 49,90 €, br., ISBN 978-3-643-14281-2

Peter Gorzolla
Magie, Politik und Religion
Theologische Magiekritik als politisches Handeln im Frankreich Karls VI.
Bd. 166, 2019, 448 S., 49,90 €, br., ISBN 978-3-643-14279-5

Karl-Heinz Halbedl
Kleine Völker im Pindosbereich
Historisch-geographische Untersuchungen in Nordwest-Griechenland A: Darstellung und eine weiterführende historisch-epigraphische Betrachtung, B: Quellenteil
Bd. 165, 2019, 808 S., 84,90 €, br., ISBN 978-3-643-14269-6

Marta Marková
Auf Knopfdruck
Vienna Postwar Flair
Bd. 164, 2018, 384 S., 39,90 €, br., ISBN 978-3-643-50902-4

Udo Schemmel
Vom Drucker zum politischen Verleger?
Der „stamp act" als Auslöser einer Entwicklung zweier Zeitungen im Pennsylvania des 18. Jahrhunderts
Bd. 163, 2019, 166 S., 29,90 €, br., ISBN 978-3-643-14239-9

Hubert Schneider
Das Tagebuch der Susi Schmerler, eines jüdischen Mädchens aus Bochum
Bd. 162, 2019, 184 S., 29,90 €, gb., ISBN 978-3-643-14170-5